JN418593

김현승시논평집

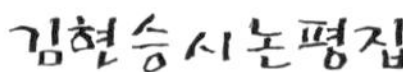

초판 인쇄 2007년 6월 25일
초판 발행 2007년 6월 28일
2쇄 발행 2009년 9월 1일

엮은이 김인섭

펴낸이 김대근

펴낸곳 숭실대학교 출판부
서울시 동작구 상도동 511
등 록 제14-2호(1982. 1. 25)
TEL. 02)820-0771~2
FAX. 02)817-5297
http://press.ssu.ac.kr

찍은곳 한컴인쇄정보
TEL. 02)2274-3394
FAX. 02)2274-3397

값 22,000원

ISBN 978-89-7450-217-1 03810

김현승시논평집

숭실대학교 출판부

머릿말

김현승은 선천적으로 수용한 기독교 사상을 한국인으로서 자각하는 동안 겪은 갈등과 고뇌를 시적인 대상으로 삼아 천착하였기 때문에 남다른 주목을 받고 있는 시인이다. 시 세계 또한 전반에 걸쳐 뚜렷한 변화를 보여주고 있어 시의식의 변모과정을 몇 단계로 나누어 살피는 일에 별다른 의견이 없는 시인이기도 하다. 그의 시는 군더더기 없이 논리적 골격이 정연하고 유기적으로 구성되어 있어 조금만 집중하면 시의 속내가 쉽사리 드러나는 편이며, 그러기 때문에 시적 사유체계를 나름대로 가늠해보고픈, 분석적인 논의 욕구를 불러일으키기도 한다. 이러한 사정으로 그에 대한 비평과 논의는 꾸준히 이루어져 김현승은 우리 근현대 시인 가운데 논의가 가장 활발한 시인 가운데 한 사람이 되었다.

본 논평집은 다형 김현승 시인의 시세계를 고찰하고 비평한 방대한 성과 가운데 연구사적인 의의를 지니는 글들 일부를 유형별로 선정, 재수록함으로써 앞으로 새로운 연구를 하고자 하는 논자들에게 기존 연구의 주요 논점을 일차적으로 확인할 수 있노록 하였다. 이울러 최근 시인의 30주기를 맞이하여 숭실대학교 인문과학연구소에서 그의 시세계를 두 차례에 걸쳐 재조명한 세미나의 결실을 아울러 수록함으로써 다형 김현승시 연구의 새로운 방안을 모색히고 전망을 가늠하는 데도 도움을 주고자 하였다.

글을 엮은 체제는 기존연구와 재조명 논의를 한데 아울러 몇 가지 유형에 따라 분류하여 실었다. 수록된 글을 세분해서 보면,

시인론(4편) : 시인으로서 김현승의 전반적인 면모

상상력(4편) : 시인의 상상력의 독특한 특질과 그 패턴

스타일,기질(3편) : 시세계에 나타난 시인 특유의 시적인 풍모

시의식(4편) : 시인의 시의식과 지향성

인간적인 면모(2편) : 시인의 전기적 측면

등 총 17편의 글을 다섯 유형으로 나누어 본문으로 엮고, 마지막에 편자의 '해설'을 덧붙여 놓았다. '시인론'은 주로 1980년대 초반기의 글들로, 시인 타계 후 일정 시간이 흐른 뒤 집중적으로 쓰여진 시인론 가운데 주목할 만한 논점을 모은 것인데, 특히 문덕수의 글은 『시문학』에 3회에 걸쳐 논의한 것을 한데 묶은 것으로 시세계에 대한 총체적인 이해를 얻을 수 있다. '상상력' 편은 시인 생존 당시 『숭전대학신문』에 특별 기고한 김 현의 글과, 이미지를 중심으로 상상력의 패턴과 궁극적 지향점을 규명한 곽광수와 권영진의 글, 최근 세미나에서 새로운 관점으로 시인의 시적 사유의 독특한 성격과 원리를 지적하여 주목하게 한 황현산의 글로 구성하였다.

그리고 '스타일, 기질' 편에서 시인 생존 당시 '견고에의 집념'이라는 말로 그의 시적 특성의 본질을 견고하게 만든 김종길의 글과 함께, 시인의 30주기 및 31주기를 맞이하여 1970년대 중반 김현승론의 근본적인 논점을 제기했던 김윤식이 '주'와 '객'의 독특한 대화형식으로 시인의 기질을 재론, 심화한 글, 시의 대위적 구조에 주목하여 김현승의 시적 방법을 명료하게 규명한 유성호의 글을 실어, 다형 시의 원형질이 무엇인지를 엿볼 수 있게 하였다.

'시의식' 편에서는 김현과 더불어 시인의 생존 당시 『숭전대학신문』에 특집 기고를 했던 홍기삼의 선행 논의와, 김현승론의 근본적인 논점을 제기하여 이후 논쟁을 촉발시킨, 앞서 언급한 김윤식의 글, 종교의식과의 관련성을 중심으로 고독의 문제를 천착하여 이후 논의의 한 유형을 마련한 오규원의 글, 신성과 인간성 사이의 근본적인 관계에 입각하여 다형 시의식의 본질적인 문제를 제기한 안수환의 글 등을 수록하였다.

‘인간적인 면모’를 다룬 두 글은, 시인이 아꼈던 제자가 가까이서 직접 지켜본 인간적인 여러 모습을 회고한 글과, 언론사 기자가 시인의 문단 이면사와 일화 등을 광범위하게 재구성하여 여태까지 잘 알려지지 않았던 시인의 전기적 측면을 밝힌 글을 실어, 시인의 삶과 문학의 연관성을 살펴볼 수 있도록 하였다. 마지막으로 ‘해설’에서는 편자가 이 책에 수록된 논의를 포함하여 김현승론 전반에 걸친 성과와 논점, 그리고 앞으로의 과제를 제시한 글이다.

수록된 글은 원문 그대로 수록하는 것을 원칙으로 하되, 본문의 한자는 문맥상 불필요하다고 판단된 경우에는 병기하지 않았고, 일부 서지사항은 원문에서 중복된 것은 생략하거나 편의를 위해 일부 사항은 간략하게 표기하기도 하였다.

이미 고인이 되셨거나 강단에서 은퇴하신 원로, 강단과 문단에서 활발하게 논의를 개진하고 있는 학자 및 비평가, 시인의 제자, 언론사 기자 등 상아탑 안팎의 많은 분들께서 필진으로 참여해주셨다. 오래 전에 쓴 글이 불만족스러워 꺼리면서도 허락해주신 분, 옥고가 거듭 수록되는 데 따른 불편한 마음을 무릅쓰고 글을 내 주신 분, 부족한 글이라고 겸양하시면서도 끝내 동의해 주신 분 등 이 책이 금지옥엽이 될 수 있게 해주신 소중한 글들의 필자 선생님 모두에게 깊은 감사를 드린다.

아울러 시전집 발간과 다형 재조명 세미나를 기획, 추진하고 본 논평집 발간에 이르기까지 다형 김현승 시인의 삶과 문학의 체취를 오롯이 되살려 널리 확산시키는 일에 물심양면으로 배려를 아끼지 않은 숭실대학교 인문과학연구소(소장 하정식)와, 책을 정교하고도 아름답게 꾸며내는 일에 수고를 아끼지 않은 숭실대학교 출판부 관계자 여러분에게도 감사의 마음을 전해드린다.

2007년 6월
엮은이 김인섭

목차

머릿말

Ⅰ. 시인론

김우창, 김현승의 시 – 세 편의 소론 | 12
권오만, 김현승과 성 · 속의 갈등 | 24
홍기삼, 김현승론 | 42
문덕수, 김현승시연구 | 67

Ⅱ. 상상력

김 현, 보석의 상상체계 | 118
곽광수, 사라짐과 영원성 – 김현승의 시세계 | 124
권영진, 시와 종교적 상상력 | 202
황현산, 관념시에서의 구체성의 자리 | 242

Ⅲ. 스타일, 기질

김종길, 견고에의 집념 –그의 스타일을 중심으로 | 254
김윤식, 인류적 보편성과 개인적 기질의 분리문제 | 268
유성호, 김현승시의 구조와 방법 | 288

Ⅳ. 시의식

홍기삼, 고독과 르네상스적 딜레마 | 306
김윤식, 신앙과 고독의 분리문제-김현승론 | 311
오규원, 비극적 종교의식과 고독 - 김현승의 시세계 | 329
안수환, 신의 부재와 초월성 -다형시를 중심으로 | 338

Ⅴ. 인간적인 면모

권영진, 스승 김현승 선생 회고담 | 352
김광일, 대쪽보다 더 단단했던 대추씨 선생 | 360

해설

김인섭, 다형 김현승론의 논점과 시의 본질 | 372

시인론

김우창, 김현승의 시 – 세 편의 소론

권오만, 김현승과 성속의 갈등

홍기삼, 김현승론

문덕수, 김현승시연구

I 시인론

김현승의 시 - 세편의 소론(小論) -

김우창*

1. 견고한 고독의 시

최근에 김현승씨는 시집 『견고(堅固)한 고독』을 내었고 또 『창작과 비평』의 봄호에는 다섯 편의 시를 싣고 있다.

김현승씨 시의 아름다움은 이미지의 선명한 조소성(彫塑性)에 있다. 조소성은 감각적 경험에 대한 단순한 충실에서보다 오히려 '이미지에 내재하는 관념'을 보아낼 수 있는 정신적 시력의 날카로움에서 온다. 이것은 김현승씨의 경우에도 마찬가지다. 그러니까 다른 쪽에서부터 말해 간다면 김현승씨 시의 아름다움은 관념의 조소성에 있다고 할 수도 있다.

관념과 이미지가 어울려서 하나의 선명한 인상을 낳는 예는 다른 초기 모더니스트의 시에서도 볼 수 있지만 김현승씨의 뛰어난 점은 그의 시적 능력을 중요한 문제의 검토에 사용했다는 것이다. 그것은 재치나 멋의 전시를 위한 도구로 전락하지 않는다. 그는 우리 시에서 드물게 보는 모랄리스트인 것이다. 1957년의 『김현승시초(金顯承詩抄)』의 한 詩에서 가령 그는 5月의 녹음을 이렇게 이야기한다. "그늘,/밝음을 너는 이렇게도 말하는고나,/나는 기쁠 때는 눈물에 젖는다.//그늘, 밝음에 너는 옷을 입혔고나,/우리도 일일이 형상을 들어 때로는 진리를 이야기한다."(「5월(月)의 환희(歡喜)」), 여기에서 5월에 있어서의 양광(陽光)과 녹음(綠陰)의 대조는

*고려대학교 영어영문학과 명예교수

실재와 현상에 대한 철학적 관념으로 변용된다. 그리고 이미지와 관념은 동시에 놀라운 조소성에 고착된다.

「견고(堅固)한 고독」에서 우리는 위에서 이야기한, 뛰어난 시적 능력을 다시 확인한다. "뜨거운 햇빛 오랜 시간(時間)의 회유(懷柔)에도/더 휘지 않는/마를 대로 마른 목관악기(木管樂器)의 가을,/그 높은 언덕에 떨어지는,/굳은 열매/쌉쓸한 자양(滋養)/에 스며드는……/네 생명(生命)의 마지막 남은 맛!" 표제의 시의 이러한 구절에서 이미지와 관념은 혼연일체가 되어 어떤 영혼의 자세를 시사해 준다.그러나 전체적으로 보아 「견고(堅固)한 고독」은 만족할 만한 성과라 할 수 없다. 김현승씨는 드물게 보는 지성의 시인이지만 이상하게도 시에 수미일관한 구조를 주는 데에는 실패한 경우가 많다(단지 『창작과 비평』의 다섯편의 시는 예외가 되겠다. 이들은 한국시로서는 놀랍게 끌진긴 사색의 구조를 가지고 있다). 또 다른 한편으로 우리는 그의 근작에서 초기시에서보다 더 자주 그의 이미지들이 관념의 시녀로 전락해 버리는 경우를 보게 된다. "빛이 잠드네/따위에/라이락 우거질 때,/하늘엔 무엇이 피나,/아무 것도 피지 않네." 「무형(無形)의 노래」의 이러한 구절을 앞에 인용한 「5월(月)의 환희(歡喜)」에 비교해 볼 일이다. 여기에서 이미지들은 미리 정해져 있는 관념에 대한 적이 억지스러운 예증의 노릇을 하고 있는 것이다. 관념과 이미지의 유리는 이 시집에 표명되어 있는 인생관과도 관계 있다.

「5月의 환희(歡喜)」나 「무형(無形)의 노래」는 다 같이 실재와 현상의 관계를 이야기하고 있지만, 역점은 전혀 판이하다. 초기시의 경우, 현상의 세계는 실재를 통해서 긍정을 얻고 있지만 근작시의 경우 그것은 부정되어 있다. 「견고(堅固)한 고독」에서 '견고' 함은 시인이 자랑하는 인생태도로 되어 있는데, 이것은 초기시의 감상주의를 대치하는 것으로서는 환영할 만한 것이다. 그리고 한 시인이 생에 대해서 일정한 태도를 발전시킨다는 것은 값있는 일이다. 문제는 그것이 좁다는 데 있다. 김현승씨의 '견고' 는 그로 하여금 어떤 추상화된 태도에 사리고 앉아 구상(具象)의 풍요한 세계를 거부하게 하는 결과를 가져온다.

우리는 김현승씨의 시에서 전례없이 자주 상투적인 사고들을 발견한다.

구상의 세계와의 쉬운 접근을 포기한 관념은 우도할계(牛刀割鷄)의 거칠음을 얻기 마련인 것이다. 이번 시집에서 사회적 현실을 다룬 시들은 가장 현저하게 이런 상투성에 의존하고 있다.

"여기까지 오면/바위의 마른 이리떼 눈앞에 울부짖고"(「아벨의 노래」), 이렇게 이미저리마저도 진부하고 일반화된 것이 되어 버린다. 앞에서 구성의 빈약함을 지적했지만 이것도 이런 추상화 경향의 한 표현이라 할 수 있다. 여기서 구성의 빈약이란 반드시 외적으로 균제된 형식이 결여되어 있음을 말하는 것은 아니다. "나의 길은/발을 여이고/배로 기어간다/5월(月)의 가시밭을."(「길」)이라는 시는 이와 같이 시작하여 같은 패턴을 세 번 반복하는 정연한 외형을 갖추고 있으나 오히려 이런 밖으로부터 부과된 통제는 이미지가 그 의미를 충분하고 완전하게 펼쳐나가는 것을 방해한다. 그리하여 시는 매우 조잡해지고 만다. 중요한 것은 정신을 경험의 유동적인 구체를 향하여 열어 놓는 일이다. 시인은 그의 시적 작업을 위하여 어떤 한 태도, 한 추상에 안주할 수 없다. 시적 과정은 늘 새로운 모색과 발견의 과정인 것이다.

그러나 우리가 「견고(堅固)한 고독」에 실망을 표현하는 것은 오로지 그것이 젊은 시인의 첫 약속이 아니라 노경에 접어든 시인의 늦은 수확이기 때문이며 그것도 우리의 암중모색 가운데 가장 밝은 하나의 길을 터 놓은 시인의 수확이기 때문이다.

2. 칼집 속의 칼

시라는 것도 지성 작용의 한가지라고 한다면 김현승씨는 오늘의 한국시단에서 가장 뛰어난 지성의 시인에 속한다고 할 수 있다. 이렇게 말하는 것은 그가 관념적이고 현학적인 시인이라는 것이 아니라 삶의 진지한 이해를 위하여 끊임없이 노력하고, 그 이해를 정확한 언어로써 기록하려고 한 시인이라는 말이다. 사실 김현승씨 만큼 삶의 의미를 탐구해 온 시인도 드물다 하겠다.

김현승씨의 시적 지성은 사물과 관념의 직접적인 현존을 끊임없이 파헤치고 가려내는 정의(定義)작업으로서 가장 잘 나타난다. 초기에 있어서 이 작업은 주로 감각적인 경험을 대상으로 하였다. 초기의 시는 다른 '이미지스트' '모더니스트' 시들과 취향을 같이 하는 것으로서 이 계열의 시로서는 가장 뛰어난 업적으로 손꼽힐 만한 것이다. 그러나 감각경험의 정확한 시화가 중요한 것이기는 하지만 그것의 정태적인 추구가 어떠한 경박성을 띠는 것도 사실이라고 하겠는데 김현승씨의 초기시도 이러한 면을 가지고 있었다. 그러나 이것은 초기시에도 보이던 윤리적인 관심이 보다 중요한 주제가 됨에 따라 많이 사라지게 되었다. 근년에 올수록 김현승씨의 정의작업은 보다 진지하게 인간의 윤리적 실존을 확립하는 작업이 된 것이다.

아마 그의 시에서 가장 눈에 띄는 것은 강한 명징성에의 의지이다. 초기에 그는 광선의 명암에 민감하고 눈물과 보석과 별, 그리고 가을의 선명한 윤곽을 즐겨 이야기하였다. 근년에 와서 그의 이미지들은 보다 어둡고 메마른 것이 되었지만 그것들도 역시 초기의 맑고 빛나는 것들에 대한 한 변주라고 할 수 있다. 후기에 등장하는 마른 피부, 건조한 목관악기, 까마귀, 독수리 그리고 모든 것이 최소한으로 오므라든 겨울—이런 '이미지' 들이 시사하는 "남을 것이 남아 있을 뿐"인 최소한의 세계는 햇빛이 새겨내는 육감의 세계에 못지 않는 투명성의 청결함을 가지고 있다고 할 것이다.

투명한 '이미지'에 대한 추구는 정신적 추구에 대한 비유가 된다. 초기에 있어서 김현승씨는 감각경험의 극명함을 통하여 명징한 정신자세를 수립하려 하였다. 근년의 윤리기에 있어서 그의 관심은 있는 그대로의 세계에 대한 명징한 인식에 도달하고자 한다. 이것은 사람과 세계의 관계에 있어서 일체의 인위적인 왜곡, 초기에 노래되었던 감각과 감정의 개입까지도 배제할 것을 요구한다. 있는 그대로의 세계는 외로운 세계이다. 거기서 인간은 세계로부터 고립해 있으며 세계는 인간으로부터 고립해 있다.

고절(孤絕)의 세계에 대한 김현승씨의 '비전'은 그가 종교시인이라는 데 관계된다. 그의 신앙은 神에의 적극적인 접근에 의해서가 아니라 神의 불가지성(不可知性)을 확인하는 데에서 얻어진다. 있는 대로의 세계란 세계가 타자로 있는 세계이며 그는 세계의 타자성을 통하여 절대적인 타자로서의 神을 확인하고자 하는 것이다.

이러한 타자성에의 접근은 각고(刻苦)의 자기수련을 필요로 한다. 주관적인 감정과 욕심은 제어되고 훈련되어야 한다. 그리하여 자아는 맑고 투명한 유리빛으로 비어 있는 것이라야 한다. 그러나 역설적으로 자기소멸은 본질적인 자아를 획득하는 일, '너'를 세우는 일이 된다. 세계와 神에의 순응은 자아의 가열한 의지에 의해서만 지탱된다. 이러한 종교적 추구는 어려운 시대에 있을 수 있는 하나의 정신 자세를 나타내준다. 정신이 상실된 시대에 있어서, 정신은 시대의 얼굴을 직시함으로써 스스로의 우위를 확인할 수 있는다고 믿는다. 시각의 명징성은 그대로 명징한 정신 세계를 증언하는 것이 아닌가. 감옥에 있는 사람은, 몸은 사슬에 묶여도 내 정신만은 자유라고 선언한다. 그리하여 "빼지않은 칼은/빼어든 칼보다/더 날카로운 법"이라는 논리도 성립된다. 시대를 보는 정신의 명징성은 곧 시대를 거부하는 강력한 내면의 의지가 된다.

김현승씨의 시는 다분히 서구적이다(이국취미적일 정도로). 그러나 다른 한편으로 그의 근본적인 자세는 한국 정신의 한 전형에로 이어지는 것이다. 그것은 시련의 시기에 꿋꿋할 수 있는 지조와 절의를 높이 샀던 선비주의에 통하는 것이다. 이렇게 말하는 것은 김현승씨의 시적 탐구가 한국 시와 정신사에 갖는 중요성을 말하는 것이다. 그는 우리 시대에 살며, 느끼고 생각하는 존재로서의 인간의 모습을 탐구하여 마지 않았다. 그리고 그 탐구를 뛰어난 시로 결정(結晶)시켰다. 물론 그의 서구적 한국적 정신주의를 말하는 것은 그것의 깊은 한계성을 말하는 것이기도 하다. 그것이 근본적으로 정태적(情態的)이며 자기만족적인 폐쇄성에 연결되어 있는 것이라는 것도 사실이기 때문이다. 그러나 이것은 보다 큰 정신사의 문제로서 달리 규명되어야 할 것이다.

3. 모둠의 공간으로서의 시

시는 어디에 쓸 수 있는가? 말할 것도 없이 시의 쓰임새를 한마디로 끊어낼 수는 없는 일이다. 그렇긴 하나 시의 쓰임새의 하나는 그것이 우리에게 조용한 생각의 시간을 준다는 데에 있다고 할 수 있다. 바쁜 생활 가운데서 시를 읽는다면, 그것은 주로 우리가 거기에서 어떤 고요한 위안을 기대하기 때문일 것이다. 물론 살고 움직이고 했으면 됐지, 그 외에 조용하게 생각하는 순간이 무엇 때문에 필요하냐고 할 수 있을는지 모른다. 또 이것은 그것 나름으로 일리가 있는 주장이다. 그러나 이러한 주장이 옳다고 하더라도 바로 살고 움직이는 데에 있어서, 생각의 뒷받침은 빼어놓을 수 없는 것이라는 점을 놓칠 수 없는 일이다. 결국 산다는 것이나 움직인다는 것은 그러한 행동의 주체로서의 나 또는 나의 이웃, 또 보다 넓은 세계와의 관계에서 그 의의를 가지게 되는 것이다. 그리고 우리의 삶과 움직임의 연속을 하나의 속에 모두어 주는 것이 생각인 것이다. 그리고 시는 우리의 삶의 흩어진 순간들과 널려 있는 공간을 하나로 모두어 주는 특별한 순간이 될 수 있는 것이다. 이러한 순간들을 통하여 우리는 우리 스스로를 하나로서, 한 일체적인 존재로 의식하며, 우리 이웃 사람과 우리 자신이 이어져 있음을 알고 우리가 살고 있는 세계와 자연을 짐작한다.

큰일을 벌이려고 할 때, 사람들은 심호흡을 하고 마음을 가다듬는다. 또는 어떤 사람들은 기도를 하거나 기도에 비슷한 정신 집중에 들어간다. 이것은 흩어진 주의를 모아 안으로 침잠하는 행동이지만, 동시에 사람의 정신의 안으로의 집중은 밖에 있는 물건, 일 또는 세계와의 일치와 조화를 이룩하게 해준다. 시는 우리의 삶에 있어서 이러한 순간을 언어의 힘으로써 포착한 결과이다. 물론 모든 시가 다 그렇다는 것은 아니지만, 어느 시나 어느 정도 이러한 계기를 가지고 있는 것은 사실일 것이다. 또 사람이 삶의 모든 순간에 이러한 모둠의 자세를 유지할 수 있는 것도 아니고 또 그것이 바람직한 것도 아니라고 하겠지만(이런 점에 있어서 시인은 조금 특수한 사람이라고 해야 할 것이다) 누구나 삶에 있어서 어느 정도의 시적 순간이 없이는 온전한 삶을 누릴 수는 없는 일이다.

오늘날에 있어서, 우리의 삶은 날마다 조급해지고 정신없는 것이 되어, 조용한 생각의 순간은 비비고 들어설 자리도 없어져 버리고 마는 느낌이다. 오늘날 우리가 다형 김현승선생의 시를 문제 삼는다면, 그것은 그의 시가 그 자체로서 우리 현대시의 빛나는 한 부분을 이루기 때문이기도 하지만, 동시에 그의 시가 조용한 정신 집중의 소산으로서 거칠어져 가는 오늘의 삶에 중요한 반대 명제를 보여주는 것이기 때문이다.

다형의 시의 가장 주목할 만한 특징은 사물에 대한 투명한 관찰이다(이것은 정신집중의 최초의 산물이다). 그러나 이 관찰은 단순히 사물 자체를 면밀하게 기록함으로써 이루어지는 것이 아니다. 그것은 인간이 사물을 정리하는 도구인 관념이나 언어가 사물에 절묘하게 맞아떨어지는 경우에 이루어진다(케플러는 유성의 운행을 정확하게 관찰하였지만 이 관찰은 그가 수학이라는 형식 학문에 밝았기 때문에 가능한 것이었다). 그 전에도 한번 들었던 예이지만 「5월(月)의 환희(歡喜)」에서 그가 녹음을 이야기하는 것을 보라.

그늘,
밝음을 너는 이렇게도 말하는구나.
나도 기쁠 때는 눈물에 젖는다.

녹음의 아름다움을 우리의 심정의 움직임과 함께 이렇게 정확하게 포착한 시귀절을 달리 찾아보기는 어려운 일일 것이다. 또는 겨울의 새 눈을 읊은 다음 구절을 보라.

시인(詩人)들이 노래한 1월(月)의 어느 언어(言語)보다도
영하(零下) 5도가 더 차고 깨끗하다.

메아리도 한 마정이나 더 멀리 흐르는 듯……

우리는 위 구절에서 추운 겨울에 메아리가 멀리 간다는 사실을 새로운

즐거움을 가지고 확인한다. 그러나 그것보다도 시적 언어의 순수함과 새눈의 정결함의 병치에서 우리는 새로운 지각의 고양을 경험한다. 그것은 정확한 지각표현이면서 또 시인의 신발명이기도 하다.

관찰의 정확성(그것은 이미 본 바와 같이 상상력 또는 발명력과 불가분의 관계에 있다)은 우리의 내적인 생활을 그리는 데에서도 볼 수 있다. 가령 우리의 「양심(良心)의 금속성(金屬性)」을 보라.

모든 것은 나의 안에서
물과 피로 육체(肉體)를 이루어 가도,

너의 밝은 은(銀)빛은 모나고 분쇄(粉碎)되지 않아,

드디어는 무형(無形)하리만큼 부드러운
나의 꿈과 사랑과 나의 비밀(秘密)을,
살에 박힌 파편(破片)처럼 쉬지 않고 찌른다.

이와 같이 시인의 조용하고 확실한 관찰 속에서 사물은 그 분명한 모습을 드러내는 것이다. 그러나 더욱 중요한 것은 하나 하나의 사물보다 이들의 상호관계이고 또 이들이 만들어내는 공간이다. 여기에서 사물을 모두는 지적 상상력은 가장 중요하게 작용한다. 우리는 다형의 조용한 명상을 통해서 삼림(森林)의 마음의 너그러움을 깨닫는다.

보석(寶石)들을 더 던져 두어도 좋을 그곳입니다.
별을 더 안아 주어도 좋을 그곳입니다.

샘물 소리 샘물 소리 그곳을 지나며
달빛처럼 밝아집니다.

또 우리는 시인의 섬세한 귀를 통하여 봄비의 음악을 듣고 그것이 도시에, 땅 위에, 종로의 아스팔트 위에, 수선화의 봉오리들에 내리는 것을 깨닫는다.(「봄비는 음악(音樂)의 상태(狀態)로」) 결국 시인의 명상 속에서, 모든 것은 가로수의 "우정(友情) 짙은/……그늘"(「가로수(街路樹)」) 속에 있다. 또 우리는 "우리의 모든 아름다움은/너의 지붕 아래에서 산다"고 빛의 넓은 포용성을 인식한다(「빛」).

그러나 중요한 것은 우리가 시인의 생각을 통하여 고요한 조화의 공간을 안다는 사실만이 아니다. 우리가 보고 느끼는 것은 모두 우리 자신의 삶에 대한 모범이 되는 것이다. 시인은 그의 시상 속에 사물을 돋보이게 하고 그 공간을 설치할 뿐만 아니라 우리의 삶을 하나의 조화 속에 모두어 놓는다.

푸른 잎새들이 떨어져 버리면
내 마음에
다수운 보금자리를 남게 하는
시간(時間)의 마른가지들……

내 마음은 사라진 것들의
푸리즘을 버리지 아니하는
보석상자(寶石箱子)—

사는 날, 사는 동안 길이 매만져질
그것은 변함 없는 시간(時間)들의 결정체(結晶體)!

시인은 떨어진 잎이 포근한 자리를 이루듯이 삶의 모든 순간을 하나의 지속적인 추억 속에 보존케 한다. 그렇게 함으로써, 우리의 삶은 그때 그때 흩어짐이 없이 하나의 온전한 덩어리를 이룬다. 다형이 대체로 이슬이라든지, 사랑이라든지, 나무라든지, 영원하면서도 또 무상한 것들을 아끼고 그것들을 노래하는 것도 같은 시적 충동에서 나온다. 시인은 우리의 삶의 순간들을 하나로 모두고 세상의 모든 스러져가는 것들을 그의 시 속에 보존하고자 하는 것이다.

그런데 시인의 아끼고 보존하는 행위는 특정한 정신적 자세와 생활태도를 요구한다. 우리는 다형의 시가 가라앉고 투명한 것들을 자주 이야기하는 것을 본다. 그에게 있어서는 사물들이 각각 개별적인 사물들로서 존재하면서 서로 범람하지 않고 평화와 조화의 관계를 유지하는 모습이 곧 투명성인 것이다. 이것은 사람의 마음의 경우에 있어서도 마찬가지다. 그는 들뜨고 폭발적인 합일의 감정보다는 가라앉아 따로 있으면서, 그 가라앉음 속에 사물을 포용하는 평정의 감정을 즐겨 이야기한다. 그리하여 그에게는 평정의 극단적인 표현인 눈물이 중요하고 슬픔이 중요하다. 그는 「슬픔」에서 슬픔의 정화작용을 다음과 같이 이야기한다.

슬픔은 나를 어리게 한다.

슬픔은 죄(罪)를 모른다
사랑하는 시간보다도 오히려

슬픔은 내가 나를 안는다
아무도 개입(介入)할 수 없다
슬픔은 나를
목욕시켜 준다
나를 다시 한번 깨끗게 하여 준다

슬픈 눈에는 그 영혼이 비추인다
고요한 밤에는 먼 나라의 말 소리도 들리듯이

슬픔안에 있으면
나는 바르다!

다형은 삶을 볼 때도 욕심을 통해서 삶을 소유하기보다는 욕심을 줄여서 삶을 아끼고 감상하려고 한다. 그에게 가난은 사물을 바르게 보는 방법이다(사실 소유욕 속에서 사물은 그 개체성을 상실하고 단지 욕망의 대상, 재산의 증표로 전락해버리고 만다).

내가 가난할 때…
저 별들이 더욱 맑음을 보올 때,
내가 가난할 때…
당신의 얼굴을 다시금 대할 때.

내가 가난할 때…
내가 육신(肉身)일 때.

은밀한 곳에 풍성한 생명(生命)을 기르시려고.
작은 꽃씨 한알을 두루 찾아
나의 마음 저 보랏빛 노을속에
고이 묻으시는

당신은 오늘 내집에 오시어
금은(金銀)기명과 내평생의 값진 도구(道具)들을
짐짓 문(門)밖에 내어 놓으시다!

사물과 시간과 삶을 조촐하고 가난한 마음 가운데 모두는 일은 근본적으로 우리 내면의 문제이다. 그러나 내면과 외면이 따로 있을 수는 없다. 내면의 조용한 공간은 내 자신의 내면적 수련에 못지않게 우리 이웃과 사회제도의 뒷받침으로 유지된다. 다형도 이러한 것을 몰랐던 것이 아니다. 그는 「옹호자(擁護者)의 노래」에서 이미 이러한 공간과 그러한 공간에 놓일 수 있는 귀한 것들이 무너져가고 있음을 말하고 그러한 것들의 옹호자가 되겠다는 스스로의 결심을 선언하였다.

말할 수 있는 모든 언어(言語)가
노래할 수 있는 모든 선택된 사조(詞藻)가
소통(疏通)할 수 있는 모든 침묵들이
고갈(枯渴)하는 날,
나는 노래하련다!

모든 우리의 무형(無形)한 것들이 허물어 지는 날
모든 그윽한 꽃향기들이 해체(解體)되는 날
모든 신앙(信仰)들이 입증(立證)의 칼날 위에 서는 날,
나는 옹호자(擁護者)들을 노래하련다!

이러한 선언 이후 다형의 시는 거칠어져가는 우리의 현실에 대한 관심을 표명하기 시작하였다. 오늘날 다형 선생의 시를 돌아보는 우리에게도 중요한 것은 그의 시가 예시하여주었던 바 우리의 정신과 우리의 삶의 조용한 공간의 내면적 실현이고 또 그와 동시에 이러한 실현을 가능케 하는 현실적 조건을 위한 투쟁인 것으로 생각된다.

출전 : 『지상의 척도』(민음사, 1981)

김현승과 성(聖) · 속(俗)의 갈등(葛藤)

권오만*

1

모두 300여 편의 시를 낳은 것으로 알려져 있는[1] 김현승의 40년에 걸친 시작(詩作) 기간은 그의 시에 투영된 기독교 신앙과 관련하여 세 시기로 구분되어진다.

제1기는 그의 출세작인 「쓸쓸한 겨울 저녁이 올 때 당시들은」과 「어린새벽은 우리를 찾아온다 합니다」 등 두 편의 시가 『동아일보』지상에 실렸던 1934년 5월에서 그의 시작이 일단 정지된 1936년말에 이르는 시기이다.

제2기는 그의 시작이 재출발된 1946년부터 1973년 이른 봄까지의 시기이며, 제3기는 1973년 여름 이후 1975년 4월 11일 그의 최후에 이르는 시기이다.

이 세 시기 중 제 1기의 김현승 시에는 이십대의 그의 청신한 감각이 포착한 자연에의 경이감이 노래되어 있다. 이 시기 다음에 이어지는 그의 시작품의 미적 · 이념적 근간을 이루는 기독교 신앙이 제 1기의 그의 시에서는 배제되어 있는 것이다.

김현승이 스스로 평가하고 있듯[2] 그의 제1기 시들은 상당한 수준에 도달해 있는 작품이기는 하다. 무엇보다 그의 초기작들에 결정(結晶)된 이미지의 신선함에 있어서 그렇다고 말할 수 있다.

김현승의 초기작들이 당대의 문단에서 호평을 얻고 있었던 점도 그의 시에 나타나는 청신한 감각, 그리고 그 청신한 감각으로 포착한 밝고 건강한 이미지의 결정(結晶)으로 말미암은 것이다. 그러나 김현승의 초기시들은 그 나름의 한계를 벗어나지 못한 작품들이다. 앞에서 거론된 그의 초기

* 서울시립대학교 국어국문학과 명예교수

1) 권영진(權永溱), 『김현승시연구(金顯承詩硏究)』(고려대학교 대학원, 1980), p.1.

2) 김현승(金顯承), 「시인(詩人)으로서의 '나'에 대하여」, 『고독(孤獨과 시(詩)』(지식산업사, 1977), P.219.

시의 청신한 감각이나 신선한 이미지는 당대 모더니스트류(流)의 그것에서 제대로 벗어나지 못한 것일 뿐만 아니라, 그의 시가 추구하던 자연 탐구도 김현승 나름의 세계를 구축한 것으로 판단하기는 어렵기 때문이다. 좋은 시적 자질을 보여 준 것이 제1기의 김현승 시임에는 틀림없으나, 그렇다고 그 작품들이 문학사상 상당한 의의를 갖고 있는 것은 아니다. 김현승의 시가 한국 시문학사의 새로운 지평을 열게 된 것은 1946년 이후, 위에서 제2기로 구분한 시기에 들어선 뒤의 일이다. 제2기에 들어선 김현승의 시는 기독교 신앙을 중심축으로 하는 청결한 퓨리탄과 고독하고 메마른 신앙인이라는 대조적인 두 퍼스나(persona)를 보이던 끝에 끝내는 기독교신앙—기독교의 내세관, 영혼관—을 부인하는, '절대 고독'에 사로잡힌 고독한 인간 실존의 모습을 보여 준다. 다시 말하여 1946년에서 1972년까지 27년이라는 긴 시간 속에서 전개된 김현승 시의 제2기는 신(神)에게 기쁘게 순명하는 자세에서 출발하여 신의 존재에 의문을 거는 회의론적인 자세에서 끝나게 되는 것이다. 그러나 신의 존재에 대한 회의론적인 자세의 뒤를 잇는 제3기의 김현승 시는 다시 급격하게 선회하면서 그의 젊은 시절의 정통 신앙의 자세로 회귀한다. 이 무렵의 김현승의 심경 표백을 따르면 이 신앙에의 회귀는 그의 시의 성패에 우선하는 것이다.[3] 실제로도 이 시기의 그의 시는 그의 1,2기의 시에 비해 저조하고 있다. 기독교 정통 신앙에의 고착으로 말미암아 시의 탄력성을 확보하는 데 실패하고 있기 때문이다.

1934년에서 1975년에 이르는 김현승 시의 전개과정을 위와 같이 간략하게 살펴보았을 때, 김현승 제2기의 시가 지니는 의의가 새삼스럽게 부각되지 않을 수 없을 것이다. 이와 아울러 제2기의 김현승 시가 때로는 기쁘고 경건하게, 또 때로는 고통스럽고 부담스럽게 형성하였던 기독교 신앙의 실체란 무엇인가? 그것이 이 시인에게서 어떤 궤적을 그으며 변모되기에 이르렀는가? 그의 신앙의 변모는 그의 시에 어떻게 작용하고 있는

3) 김현승(金顯承),「나의 생애(生涯)와 나의 확신(確信)」,『고독(孤獨과 시(詩)』, p.167. "시는 내 생활의 전부는 아니다. (중략) 나는 이 날 이후 시를 버릴지언정 나의 구원인 나의 신앙을 다시금 떠날 수는 없다."

가? 그의 시에 형상된 기독교 신앙의 변모는 이 시대의 한국인에게 어떤 의미로 다가올 것인가? 등의 문제가 크게 대두되지 않을 수 없을 것이다.

이런 뜻에서 이 글은 김현승 제2기 시에 형상된 기독교 신앙의 변모를 중심으로 하여 그의 시의 특징적 양상을 밝혀 보려는 의도에서 씌어진 것이다.

2

하버드 대학의 신학 교수인 에이모스 N. 와일더(Aimos N. Wilder)는 그의 「현대시(現代詩)에 나타난 기독교(基督敎)의 영향」[4]이란 글에서 현대를 확신이 없는 시대라고 논증하면서, 확신이 없는 시대의 시인이 성서적(聖書的) 세계상(世界像)을 외면하는 요인을 두 가지로 들고 있다. 그가 제시하는 두 요인은 ① 19세기 이래의 합리주의적, 실증주의적 세계관의 유포로 말미암아 인간 존재가 '거대한 머리를 우둔하게 쳐드는 자'[5]가 되었다는 사실과 ② 기독교적 세계관이 금욕적이며 현세부정적인 방향으로 흐르고 있다는 점이다. A. 테이트의 시구에서의 인용 그대로 '거대한 머리를 우둔하게 쳐드는 자'가 된 인간은 '카르페 디엠'(Carpe diem, 오늘을 즐겨라)이라는 이 시대의 풍조에 사로잡혀 기독교 신앙을 외면하고 있으며, 시인 또한 이 일반적인 경향에서 예외가 아니라는 것이 현대시에 나타난 기독교적 양상을 점검한 와일더의 견해다.

1946년에서 1972년에 이르는 김현승 시의 제2기를 논술의 편의상 전·후 양기로 나누었을 때, 김현승의 전기 시는 위에서 살펴본 와일더의 진단과는 대조적이다.

가령 그의 전기 시 중 대표적인 작품으로 꼽히는 「푸라타나스」나 「오월

4) A.N. 와일더, 「현대시(現代詩)에 나타난 기독교(基督敎)의 영향」, 『거독교(基督敎)와 현대사조(現代思潮)』, 이경식(李景植) 편역, (현대사상사, 1980), pp.318~343.

5) 위의 책, p.325. 위의 인용구는 테이트의 「Sonnets at Christmas」라는 작품의 한 구절이다.

(五月)의 환희(歡喜)」를 살펴보면 이러한 성격은 확연하게 드러난다.

그늘,
밝음을 너는 이렇게도 말하는구나.
나도 기쁠 때는 눈물에 젖는다.
그늘,
밝음에 너는 옷을 입혔구나.
우리도 일일이 형상을 들어
때로는 진리(眞理)를 이야기한다.

이 밝음, 이 빛은,
채울 대로 가득히 채우고도 오히려 남음이 있구나.
그늘—너에게서…….

내 아버지의 집
풍성한 대지(大地)의 원탁(圓卓)마다,
그늘,
오월(五月)의 새 술을 가득 부어라!

이깔나무—네 이름 아래
나의 고단한 꿈을 한때나마 쉬어 가리니……

—「오월(五月)의 환희(歡喜)」전연[6]

자연이 현출하는 지상의 아름다움, 그 중에도 오월 신록의 아름다움을 노래하고 있는 이 시는, 지상적(地上的)인 것보다 천상적(天上的)인 것, 현세보다 내세를 추구하는 기독교적 세계인식을 투영하면서, 지상세계의 아름다움을 역동적으로 노래하고 있다. 이 시에서 기독교적 세계인식의 기반을 이루는 두 대립항으로서의 천상적인 것과 지상적인 것은 '밝음'과

6) 김현승, 『김현승시전집』(관동출판사, 1974), p.44.

'그늘'이라는 현상적 대립항으로 나타나 있다.[7] 이 '밝음'과 '그늘'이 원형비평(原型批判)에서 말하는 '빛'과 '어둠'의 대립항[8]임은 물론인데, 이 대립항 중의 '빛'은 김현승의 다른 시[9]에서 모든 "창조(創造)된 것들에 문(門)을 열어 주는" 존재로, "살고 있는 신(神)에 가장 가까운" 모습으로 노래되어 있다. 「오월의 환희」는 '밝음'과 '그늘'이 표상하는, 기독교의 천상적인 것과 지상적인 것이라는 두 대립항에 대한 이해를 전제로 하여 씌어진 작품으로, 시인은, 관념적인 두 대립항이 지상의 오월이 현출하는 아름다움으로 말미암아 사라지는 순간의 감격을 노래하고 있는 것이다. 이제껏 기독교의 관념적인 두 대립항에 묶여 있던 시인은 오월의 지상에서 천상을 경험하면서

> 내 아버지의 집/ 풍성한 대지(大地)의 원탁(圓卓)마다,/그늘, /오월의
> 새술을 가득 부어라 !

라고 새로운 세계인식에 따른 영탄을 행하고 있는 것이다.

「오월의 환희」에 형상된 김현승의 인생관 및 세계관은 와일더가 진단하고 있는 현대시의 그것들과는 대조적이다. 와일더는 현대시에서 기독교 신앙이 외면당하는 요인들을 합리주의적 세계관의 유포로 인한 인간 이성(理性)의 대두와 카르페 디엠(Carpe diem, 오늘을 즐겨라) 풍조의 만연으로 보았으나, 김현승의 시 「오월의 환희」는 인간 이성의 대두도, 카르페 디엠의 풍조도 수용하지 않고 있다. 오히려 김현승의 이 시는 성서적 신앙에 따른 세계상을 제시하면서, 그 세계상에의 상상적 참여에 대한 기쁨을 토로하고 있는 것이다. 이런 뜻에서 이 무렵의 김현승이 지닌 신앙은 합리

7) 관념을 현상으로 은유한 이 작품을 통하여 김현승의 특징적 기법인 관념의 사물화(事物化) 기법의 일면을 엿볼 수 있다. 참조: 김종길, 「견고(堅固)에의 집념(執念)」, 『창작(創作)과 비평(批評)』(1968년 여름호(號) 및 김윤식, 「신앙(信仰)과 고독(孤獨)의 분리문제(分離問題)」, 『한국현대시론비판(韓國現代詩論批判)』(일지사,1975).

8) Wilfred L. Guerin 등, *A Handbook of Critical Approaches to Literature*(Harper & Row,1979) p. 158

9) 김현승, 『김현승시전집』, p.76.

주의적 사고가 풍미하기 이전의 기독교의 정통적인 신앙 바로 그것이었다고 말할 수 있다.

이 시에서의 김현승의 기독교 신앙이 거친 세파와 이성 제일의 시대사조에 감염되지 않을 수 있었던 것은 그를 둘러싼 환경이 남달랐다는 데서 기인할 것이다. 김현승은 태어나서 성장하고 활동하는 동안 줄곧 기독교 신앙의 권내에 머물러 있었다. 그의 부친 김창국(金昶國)은 장로교파의 목사이었으며 그의 형 김현정(金顯晶)도 대를 이어 목사가 되었다. 그가 수학하던 숭실중학, 숭실전문도 장로교파가 운영하던 학교였다. 그가 자라난 환경은 위와 같이 외형상으로 기독교 신앙 일색이었을 뿐 아니라, 그 내용에 있어서도 철저하다 하리만큼 기독교적이었다.[10] 이러한 환경으로 말미암아 김현승은 그의 시에 크게 영향을 미친 것은 어느 시인의 시보다도 예수의 언행(言行)이었다고 표백하기도 하고,[11] 불혹(不惑)이 넘은 그의 시는 기독교 신앙을 형상하는 작업이 되어야 하겠다고 다짐하기도[12] 하는 것이다.

1950년대와 1960년대 중반까지의 김현승의 시는 이러한 스스로의 다짐에 충실하고 있었다. 그러나 이 무렵의 그의 시가 외견상 「오월의 환희」에서의 정통적인 기독교 신앙을 그대로 반영하고 있다고 해서 그 시에서의 밝고 건강한 세계인식을 그대로 견지하고 있었던 것은 아니다. 가령 1957년 4월호 『현대문학(現代文學)』에 발표되어 있는 시 「인간(人間)의 고독(孤獨)하다」에는 인간 실존의 절망과 고독이 깊은 오뇌의 고랑을 파놓고 있는 것이다.

10) 김현승,「하느님께 감사를 보내며」, 『고독(孤獨)과 시(詩)』,p.162.는 젊은 시절 그에게 주어진 기독교 교육이 얼마나 엄격한 것이었던가를 다음과 같이 알려 주고 있다.
"나와 목사이었던 나의 형은 전문학교에 다닐 때가지도 방학 때 집에 내려가면 목사님이시던 아버님이 사랑채에 우리를 불러 꿇어앉게 하시고 객지에서 공부할 때 십계명(十誡命)을 어긴 일이 있느냐고 조목조목이 물으셨다. 그러나 형과 나는 양심의 가책을 느끼지 않고 어기지 않았다고 떳떳이 대답하곤 하였었다."

11) 김현승, 『고독(孤獨)과 시(詩)』, p.198.

12) 위의 책, p.221.

나로 하여금
세상의 모든 책을 덮게 한
최후(最後)의 지혜(智慧)여,
인간(人間)은 고독하다 !

우리들의 꿈과 사랑과
모든 광채(光彩)있는 것들의 열량(熱量)을 흡수(吸收)하여 버리는
최후(最後)의 언어(言語)여,
인간(人間)은 고독하다 !

—「인간(人間)은 고독하다」1, 2연

모두 12연으로 짜여 진 이 시의 벽두에서 김현승은 고독을 인간의 근원적인 모습으로 파악하면서 그것은 "세상의 모든 책을 덮게 한/최후의 지혜"이며 세상의 "모든 광채있는 것들의 열량을 흡수하여 버리는/ 최후의 언어"라고 선언한다. 아울러 인간의 이 근원적인 모습은 그의 정신적 기반인 신앙으로도 해소될 수 없음을 다음과 같이 표백하고 있다.

신앙(信仰)을 가리켜 그러나 고독에 나리는 축복(祝福)이라면
깊은 신앙(信仰)은 우리를 더욱 고독으로 이끌 뿐,
내 사랑의 뜨거운 피로도 너의 전체(全體)를 녹일 수는 없구나 !

추상(抽象)으로도 육체(肉體)로도
용해(溶解)되지 않는,
오오, 너의 이름은 모든 애정(愛情)과 신앙(信仰)을 떠나
내 마음의 왕국(王國)에서 자유(自由)와 독립(獨立)을 열렬히 호소
(呼訴)하는구나 !

인간의 고독이 원죄에 뿌리를 둔 것이라면 고독의 해소는 이 원죄의 해소에 말미암은 것이 아니면 안 될 것이다. 죄의 반대는 덕이 아니라 신앙

이라는 것이 기독교의 가장 확고한 규정의 하나이며, 죄—신앙의 대립이 모든 기독교 윤리의 틀을 이루는 것이라면,[13] 고독을 포함한 인간의 원죄상은 신앙에 의해서 해소되지 않으면 안 된다. 절망이라는 인간 조건 속에서 신 앞에 선 단독자(單獨者)로 신앙의 비약을 감행함으로 실존의 참모습을 회복할 수 있다고 본 키에르케고르는 신앙이란 "자아가 자기 자신으로 있으며, 또 자기자신이려고 하면서, 신의 내부에 투명하게 기초를 두는"[14] 행위로 보았다.

> 우리들이 지금까지 문제로 삼아온 자아의식의 단계는 인간적인 자아, 혹은 인간을 척도로 하는 자아의 범주 안에 있다. 그러나 자아는 그것이 신과 맞서 있는 자아라고 하는 것에 의하여, 새로운 성질과 자격을 얻게 된다. 이 자아는 이미 단순한 인간적인 자아가 아니다. 오히려 그것은, 오해되지 않기를 바라는 바이지만, 신학적인 자아, 신과 맞서 있는 자아라고 부르고 싶다. 자아가 신 앞에 현존하고 있음을 의식하게 되고, 신을 척도로 하는 인간적인 자아가 될 때, 자아는 무한한 실재성(實在性)을 획득하게 되는 것이다! 양과 마주선 자아로서의 목자(이런 것이 가능하다면)는 극히 비천한 자아이다. 노예와 맞선 자아로서의 지배자도 마찬가지 경우이다. 그것은 본래적인 자아가 아니다. (중략) 그러나 신을 척도로 삼게 될 때, 그 자아에게는 무한한 의미가 부여될 것이다![15]

위에서 인용한 키에르케고르의 견해대로 신앙의 참된 모습이 '신과 맞서 있는 자아'라면, 자아는 참된 신앙으로 하여 신을 척도로 한 '새로운 성질과 자격' 곧 '무한한 실재성'을 획득할 것임은 당연한 일이다. 또한 이 무한한 실재성의 획득이 인간의 본래적인 자아로의 회복 그것이라면, 인간의 본래적인 자아에게 있어 고독이란 이미 중요한 것이 아니다. 왜냐

13) 케에르케고르, 『죽음에 이르는 병(病)』, 손재준(孫載駿) 역(譯), 삼성출판사, 1982, p.336.
14) 위의 책, 같은 곳.
15) 위의 책, p. 333.

하면 이 본래적인 자아에 철저해지는 길이야말로 또 다른 본래적인 자아인 타자(他者)와의 진정한 연대를 낳는 길이기 때문이다.[16)]

김현승의 시 「인간(人間)은 고독(孤獨)하다」에 형상된 고독과 신앙은 위에서 살펴본 신(神) 앞에 선 단독자라는 키에르케고르의 사유(思惟)에 반영된 고독, 신앙과는 현저하게 다르다. 「인간은 고독하다」에 형상된 고독은 신앙과 분리되어 있음[17)]에 비하여 케이르케고르의 단독자는 신앙을 통하여 고독을 극복하기 때문이다. 이 점에서 김현승의 시 「인간은 고독하다」에 형상된 고독은 키에르케고르가 사유한 신 앞에서의 자아와 관련된 것이기보다 인간을 척도로 한 자아와 관련된 것이라고 볼 수 있다. 다시 말하여 이 무렵의 김현승 시에 나타나는 고독은 인간의 본래적인 모습으로서의 고독이기보다는 세상살이의 고립의식에 근거한 적료감(寂寥感)에 가까운 것으로 볼 수 있는 것이다. 김현승 시에 나타나는 이러한 고독의식은 거의 같은 무렵에 발표된 「독신자(獨身者)」라는 이름의 시 속에 뚜렷이 드러나 있다.

> 나는 죽어서도
> 무덤 밖에 있을 것이다.
>
> 누구의 품안에도 고이지 않은
> 나는 지금도 알뜰한 제 몸 하나 없다.
>
> 나의 그림자마저
> 내게서 가르자,
> 그리하여 뉘우쳐 머리 숙인 한 그루 나무와 같이
> 나의 문 밖에 세워 두자.

16) 김윤식(金允植), 「신앙(信仰)과 고독(孤獨)의 분리문제(分離問題)」, 『한국현대시론비판(韓國現代詩論批判)』(일지사, 1975), p.145.
17) 위의 책, p.148.

제단(祭壇)은 쌓지 말자,
무형(無形)한 것들은 나에게는 자유(自由)롭고 더욱 선연(鮮姸)한
것……

크리스머스와
새해가 오면,
나의 친구는 먼 하늘의 물머금은 별들……
이단(異端)을 향하여 기류(氣流) 밖에 흐릿한 보석(寶石)들을
번지우고,

첫눈이 나리면
순결한 살엔 듯
나의 볼을 부비자 !

—「독신자(獨身者)」전연[18]

위의 시 「독신자」는 '나'라는 개별적 자아가 지닌 고립감의 전모(全貌)를 노래하는 데 시종(始終)하고 있다. 이 점에서 「독신자」는 '나'라는 개별적 자아의 고립감에서 출발하여 그 고립감을 인간 보편적 자아의 고독감으로 확산하고 있는 「인간은 고독하다」와는 그 성격을 달리하고 있다. 인간의 보편적 고독을 노래한 「인간은 고독하다」가 노래하는 주체와 노래하는 대상 사이의 거리로 하여 추상적(抽象的)으로 흐른 데 비하여 노래하는 주체와 대상 사이에 어떤 간격도 없는 「독신자」는 보다 구체적인 양상을 띠고 있는 것이다.

「독신자」에 나타난 고립감은 「인간은 고독하다」의 그것에 비해 한결 처절한 형상을 얻고 있다. 이 시 속의 '나'는 어느 누구의 참된 사랑도 받지 못하는 자아의 고립("누구의 품안에도 고이지 않은")을 절실하게 의식하면서 '남'과의 관계 정립에 실패한 '나'는 참된 '나'가 아니라고까지 표백한다.("나는 지금도 알뜰한 제 몸 하나 없다") 그리하여 뼈저린 고립감에 젖어 있는 '나', 원만한 인간관계의 정립에 실패한 '나'를 부정하는

18) 김현승, 『전집(全集)』, p.70.

'나'는 '죽어서도 무덤 밖'을 떠도는 자아의 모습을 예견하며, 자신의 그림자마저 자신에게서 떼어내는 처절한 고절감(孤絕感)에 자신을 맡기려 하는 것이다. 이 시에서 보면 이 처절한 고립감은 인간관계 설정의 실패에서 연원하는 것으로 나타나는데, 이 시 속의 인간관계 설정이 실패한 이유는 시적 자아가 추구한 가치의 이원성(二元性)—신을 척도로 한 자아 정립과 인간을 척도로 한 자아 정립의 동시적인 추구—의 모순된 성격에 말미암은 것으로 지적될 수 있다.

이 시의 5연과 6연은 이 대조적인 가치의 충돌이 빚은 비극적인 양상을 뚜렷하게 보여 주고 있는데, 그것은 대체로 기독교 신앙에 따른 순결 콤플렉스와 세속적 가치에의 선망이라는 모순 위에서 나타난다. 달리 말하여 이 시의 비극상은 성(聖)과 속(俗)의 대립, 갈등 위에서 나타나고 있는 것이다. 「독신자」의 시적 자아가 현실에서의 시인의 모습을 그대로 투영한다고 이해할 경우,[19] 이 시에서의 성과 속의 대립 · 갈등을, 유년기 이래 김현승이 익혀 온 기독교적 세계상(世界像)과 그가 접해 온 현실적 세계상(世界像)이 충돌하고 있는 양상으로 이해할 수 있다.

지향을 달리하는 두 세계관의 갈등에서 시인은 성의 길을 택한다.("첫눈이 나리면/순결한 살엔 듯/나의 볼을 부비자 !") 그러나 이 선택이 잠정적인 것은 이 시 이후에도 그의 고독이 여전히 해소되지 못하였다든가, 그의 시세계가 어둡고 메마른 정서를 벗어나지 못하였다는 사실로써 확인된다. 곽광수(郭光秀) 교수의 명명대로 '어둠과 검은색 동류(同類)의 이미지'[20]가 이 이후의 그의 시를 어둡게 만들면서 자리 잡고 있는 것이다. 김현승에게 내재한 이 두 세계관의 갈등은 마치 한 인간의 의식 속에서 부단

19) 김현승, 「나의 고독(孤獨)과 나의 시(詩)」, 『고독(孤獨)과 시(詩)』, p.206. "그러나 나의 나이 50대에 이르러, 나의 이러한 긍정적인 청교도 사상에는 큰 변혁이 일어났다. 간단히 말하여 무조건 부모에게서 전습(傳襲)한 신앙에 대하여 나는 50을 넘어서야 회의를 일으키게 되고, 점점 부정적인 데로 기울어져 갔다."

20) 곽광수(郭光秀), 「사라짐과 영원성(永遠性)—김현승(金顯承)의 시세계(詩世界)」, 『김현승(金顯承)—한국시문학대계(韓國現代詩文學大系)17』,(지식산업사, 1982), p.248에서 필자는 밤, 재, 까마귀, 검은 나무가지, 납 등으로 나타나는 '어둠과 검은색 동류(同類)의 이미지'들은 서양의 비극적인 기독교 문학을 연상시키는 어두운 이미지를 나타낸다고 밝히고 있다.

한 충돌을 빚는 본능(Id)과 초자아(Superego)의 싸움처럼 집요한 것이다.

그의 시 「독신자」에서 은밀하게 노출된 이 두 세계관 사이의 갈등이 일정한 시적 논리와 이미지를 획득하면서 형상된 것은 『기독교논단(基督教論壇)』 제2호에 발표된 「제목(題目)」에 이르러서이다. 이 시는 전체 14연 33행으로 이루어진 작품으로 33행 모두가 의문형으로 끝나는 특이한 구조로 되어 있다.

> 떠나갈 것인가.
> 남을 것인가.
>
> 나아가 화목할 것인가
> 쫓김을 당할 것인가.
>
> 어떻게 할 것인가,
> 나는 네게로 흐르는가
> 너를 거슬러 내게로 오르는가.
>
> 두 손에 고삐를 잡을 것인가
> 품 안에 인길 짓인가.
>
> 허물을 지고 갈 것인가
> 허물을 묽을 것인가.
>
> 어떻게 할 것인가
> 눈이 밝을 것인가
> 마음이 착할 것인가.
>
> —「제목(題目)」1~6연[21]

21) 김현승, 『전집(全集)』 p.206.

「독신자」에서 보이던 시적 자아의 세속적 쾌락, 곧 카르페 디엠(Carpe diem)에의 선망이 이성 제일의 합리적 사고로 변용되었음을 보여 주는 이 작품에는 양자택일의 짙은 고뇌가 판박혀져 있다. 이 작품의 시적 자아가 고뇌하는 딜레마는 대체로 다음과 같은 두 계열로 정리될 수 있는 성질의 것이다.

> (A) 남음, 화목함, 네게로 흐름, 품 안에 안김, 허물을 지고 감, 마음이 착함, 진주(眞珠)의 눈이 됨……
>
> (B) 떠남, 쫓김을 당함, 내게로 오름, 고삐를 잡음, 허물을 물음, 눈이 밝음, 파도(波濤)가 됨……

위의 (A), (B) 두 계열 중 '품 안에 안김으로 너와 화목하고 네게 남는 것'으로 형상된 (A)는 그때까지의 김현승을 이끌던 기독교 신앙에 해당된다. 이에 반하여 '스스로 고삐를 잡음으로 네게 쫓김을 당하여 너를 떠남'으로 형상된 (B)는 50대의 김현승이 구축한 합리적 세계관, 곧 반신앙적(反信仰的) 태도에 해당한다. 위의 시 「제목」은 「독신자」 이후의 6, 7년 사이에 김현승의 신앙이 부딪히고 있는 양자택일의 갈등양상을 보여 주고 있는 것이다. 위의 인용에서 볼 수 있듯이 「제목」에 형상된 기독교 신앙과 합리적 사고 사이의 갈등은 어느 쪽의 승리로도 귀결되어 있지 않다. 두 세계관 사이에서의 갈등이 아직도 치열하게 진행중임을 드러내는 것이 전체의 시행을 물음으로 끝내게 하는 이 시의 구조인 것이다. 그러나 이 작품 이후의 김현승 시의 전개양상을 보면, 시 「제목」은 시인의 변모된 세계관을 나타내는 이정표로서의 성격을 띠고 있는 것으로 판단된다. 그것은 이 작품 이후의 그의 시가 합리적 세계관 쪽으로 뚜렷하게 기울고 있기 때문이다.

김현승의 작품 중 합리적 세계관을 가장 선명하게 제시하고 있는 작품으로는 「절대(絕對)고독」,「고독의 끝」 등을 들 수 있다. 이 작품들에서 김현승은 그가 50대에 이르기까지 신봉하여 오던 정통적 기독교 신앙과 어떻게 결별하게 되는가를 보여 주고 있다.

나는 이제야 내가 생각하던
영원의 먼 끝을 만지게 되었다.

그 끝에서 나는 눈을 비비고
비로소 나의 오랜 잠을 깬다.

내가 만지는 손끝에서
영원의 별들은 흩어져 빛을 잃지만,
내가 만지는 손끝에서
나는 네게로 오히려 더 가까이 다가오는
따뜻한 체온을 새로이 느낀다.
이 체온(體溫)으로 나는 내게서 끝나는
나의 영원을 외로이 내 가슴에 품어준다.

—「절대(絶對)고독」1~3연[22]

이제까지 신의 세계에 속하는 것으로 관념하던 영원, 곧 사후(死後)의 세계가 유한한 목숨과 함께 끝난다는 합리적 사고 위에서 씌어진 이 작품은 정통 기독교 신앙[23]을 정면으로 부인하고 있다. 신에의 기쁜 순명(順命)과 확고한 기독교적 세계관 위에서 시작된 김현승 시의 제2기가 정통적인 기독교적 세계관의 거부로 끝난 것이다. 그러나 김현승에게 있어 이 시기는 길지 않다. 아울러 정통적인 기독교적 세계관을 회의 또는 부인하는 그의 작품의 수효가 그의 전체 시작에 비해 많은 것도 아니다. 이뿐 아니라 1973년 이후에 시작되는 김현승 시의 제3기는 정통적인 기독교 신앙으로 급격

22) 위의 책, p.300.

23) 야스퍼스, 『철학적(哲學的) 신앙(信仰)』, 김병우(金炳宇) 역(譯), 『삼성판(三省版) 세계사상전집(世界思想全集) 34』(삼성출판사), 1982), p.263.에 따르면, 참된 신앙이란 "그것에 있어서는 내가 그것을 근원으로 하여 확신하고 있는 신앙과 그리고 내가 파악하고 있는 신앙의 내용—신앙의 근원(fides qua creditur)과 신앙의 대상(fides quae creditur)이 분리될 수 없는 것이다." 이러한 관점에서 보면, 신앙의 대상을 부인한 위 작품은 결과적으로는 신앙의 근원까지도 부인한 셈이다.

하게 회귀하고 있기도 하다. 이런 이유들로 말미암아 1957년에 발표된 「인간은 고독하다」에서 1972년에 발표된 「재」에 이르는, 기독교 신앙을 중심으로 한 김현승의 내면적 갈등은 자칫 간과되기 쉬운 것이다.

김현승은 한국의 대표적인 기독교 시인의 한 사람이다. 그러나 그가 한국의 대표적인 기독교 시인이라는 말은 그의 시에 형상된 기독교 신앙이 한결같이 정통적인 신앙의 권내에 안주하고 있었다는 사실을 의미하는 것은 아니다. 앞에서 보아 왔듯 그의 기독교 신앙은 이성을 중심으로 한 합리적 사고와의 마주침에서 고뇌, 동요하고 있었으며, 여기서 빚어진 드라마야말로 '확신이 없는 시대'의 시인으로서의 김현승을 크게 부각시키고 있는 면이기도 하다.

3

앞에서 검토한 대로 김현승 제2기 시에 형상된 기독교 신앙은 경건한 독신자(篤信者)의 자세에서 출발하여 이와는 대조적인 비판적 자세로 끝나고 있다. 처음과 끝의 현격한 차이를 보이는 김현승 시의 제2기의 이러한 전개 과정에서 가장 주목할 만한 양상은 그의 시가 형상하는 견고성[24)] 과 고독의 모습이다. 김현승 시의 중요한 특징을 이루는 견고성과 고독은 각기 그 성질을 달리하고 있다. 그의 시에서의 견고성은 주로 시의 이미지

24) 김종길(金宗吉), 「견고(堅固)에의 집념(執念)」, 『창작(創作)과 비평(批評)』(1968년 여름호)에서는 창(窓), 보석(寶石), 열매, 씨, 마른 나무가지, 납, 은(銀), 순금(純金) 등으로 나타나는 김현승 시의 견고한 것들에 대하여 다음과 같은 요지의 설명을 행하고 있다.

(1) 그의 시에는 현저하게 딱딱한 한자어(漢字語)가 많이 쓰인다.

(2) 그의 시에는 단단한 물체를 가리키는 말들이 많이 쓰인다.

(3) 무형(無形)한 것(예:기적(汽笛)), 관념적인 것(예: 희망(希望), 역사(歷史))들을 무형한 물체로 바꾸는 사물화(事物化) 기법은 그의 시를 더욱 견고하게 한다.

(4) 견고한 것들은 흔히 그의 시의 이미지로 쓰이지만, 그의 시의 경도(硬度)는 시의 이미지에서만 연유하는 것이 아니라 그의 시적(詩的) 사고(思考) 전반에서 연유한다.

(5) 그의 시의 사물화(事物化) 및 견고성은 기독교와 관련된 서구적(西歐的) 발상(發想)에서 유래하는 것으로 보인다.

와 관련되는 감각적 양상이다. 이에 대하여 고독은 그 이미지를 형성하는 정신적 자세 또는 그 이미지가 형상한 정신적 풍모에 관련되는 양상인 것이다. 견고성과 고독은 그 개념상 이처럼 이질적인 것임에도 불구하고 김현승 시의 이미지 형성을 매개로 하여 긴밀하게 관련되어 있다. 김현승의 정신적 풍모를 드러내는 고독은 그의 시에서 추상적으로 형상되는 것이 아니라, 그것의 외부적 표상인 견고한 이미지들을 획득함으로써 형상되어지기 때문이다.

이미지 분석을 중심으로 김현승 시에 대한 괄목할 만한 연구를 이루어낸 곽광수 교수는 김현승 시의 고독을 거듭 변모하고 있는 양상으로 파악하고 있다.[25] 그는 김현승 시의 고독이 변모하는 양상을 ① 기질적 고독 ② 수단으로서의 고독 ③ 사회적 고독 ④ 형이상학적 고독 ⑤ 가치로서의 고독 등 다섯 단계로 나누고 있다. 각개 작품의 이미지에 대한 정밀한 분석에서 출발한 곽 교수는 김현승의 고독이 변모하는 양상에 대해서도 정치(精緻)한 성과를 얻어낸 셈이다. 곽 교수가 분류한, 위의 다섯 단계를 김현승 시에 형상된 기독교 신앙과 관련시켜 보면 보다 폭이 큰 세 단계로 재편할 수 있다. 곽 교수가 제시한 ①, ② 단계를 통합한 제1단계는 기독교 세계관에 대한 시인의 고뇌가 나타나기 이전의 단계이다. 이 단계에서의 시인의 고독은, 그 자신이 술회하듯[26] 그의 기질 및 반세속적(反世俗的)인 퓨리터니즘 자체에서 연유한다. 퓨리턴 정신에 철저한 모랄리스트로서의 시인은, 세속적인 것을 차단하기라도 하듯이 견고한 이미지들을 형상하고 있다. 그러나 이 단계의 그가 형상한 이미지는 그 이미지의 견고성에도 불구하고 투명하고 청징(淸澄)한 성격을 띠고 있는 것이다.

위에서 살펴본, ③, ④ 단계를 통합한 제2단계는 기독교 신앙에 대한 시인의 고뇌가 잠재의식 상태에서 촉발되어 뚜렷하게 의식되고, 심각한 갈등을 일으키는 시기이다. 이 단계에서 시인의 고독은 이중의 의미를 띠는데, 그 하나는 세속적인 삶과의 거리에서 생겨나는 고독이며 다른 하나는

25) 곽광수, 앞의 글, pp.272~290.
26) 김현승, 『고독(孤獨)과 시(詩)』, pp.200~205.

그의 삶의 기반으로서의 기독교적 세계관마저 동요하고 있다는 의미의 고독이다. 이 시기의 김현승 시의 이미지는 위에서 말한 고독의 이중적 의미와 관련되어, 제1단계의 투명하고 청징한 성격을 잃어버리고 어둠과 검은색 동류의 이미지와 복합된다.

곽 교수에 의해 '가치로서의 고독의 단계' 라는 이름으로 불린 제3단계는 김현승 시의 시적 자아가 신을 떠난 시기에 해당된다. 이 시기의 그의 시에 형상된 고독은 시인 자신의 술회대로 '신을 잃을 고독' 으로, 고독 자체가 가치로 변모된 모습을 띠고 있다. 이 단계의 그의 시에 나타나는 이미지 역시 견고성을 띠고 있다는 점에서는 전단계의 그것들과 다를 것이 없다. 그러면서도 이 단계의 그의 시의 견고성은 제2단계의 견고한 이미지에 복합되어 있던 어둠과 검은색 동류의 이미지에서 벗어나 있다는 점이 주목된다. 아마도 이러한 변모는 이 시기의 김현승 시가 신의 영원성이라는 이제까지의 힘겨운 지향점에서 벗어난 결과일 것이다.

4

우리는 앞에서 김현승 제2기 시에 나타난 변모양상을 검토하여 왔다. 이 검토에서 얻어진 결과를 중심으로 김현승 시의 문학사적 의의를 정리하여 보면 대체로 다음과 같이 요약할 수 있다.

(1) 김현승의 시는 기독교적 세계인식에 뿌리를 둔 영원성을 노래하는 데에 그 특질이 있다. 그의 시에서 흔히 나타나는 견고성(堅固性), 근원회귀(根源回歸), 상승(上昇), 공간적(空間的) 무한(無限)의 이미지[27]들은 그의 시의 궁극적 지향성으로서의 영원성을 형상하는 데 기여하고 있다. 기독교 신앙을 시적 인식의 바탕으로 삼는 시인치고 영원성을 노래하지 않는 시인이란 없을 것이다. 그러나 김현승은 어느 시인의 경우보다도 그것을 강렬하게, 지속적으로 노래했다는 데 그 특징이 있다.

27) 곽광수, 앞의 글, p.233.

(2) 김현승의 시는 기독교 신앙과 현실적, 합리적 사고 사이의 갈등을 보여 주고 있다. 김현승의 일련의 작품이 보여 주는 인간 내면의 연쇄적 드라마를 통해 한국 문학사는 기독교적인 성(聖)과 속(俗)의 갈등이라는 새로운 체험을 축적하게 된다.

(3) 김현승의 시가 보여 준 일련의 고독의 형상화가 주목된다. 그 중에도 '절대 고독'이라 지칭된 '가치로서의 고독'은 국문학사상 달리 유례를 구하기 어려운 정서적 체험이라는 관점에서 그 의의가 각별하다. 이 '절대 고독'의 세계가 시인의 반인간적(反人間的) 기질의 귀결점[28]임은 물론이다.

(4) 그의 시의 기법으로서 관념의 사물화(事物化)가 주목된다. 시집『옹호자(擁護者)의 노래』에서부터 비롯된 관념의 사물화는 그의 견고한 이미지 구축에 중요한 몫을 담당하고 있다.

출전:『한국현대시사연구』(일지사, 1983)

28) 김윤식, 앞의 책, p.158.

김현승론(金顯承論)

홍기삼*

1

우리들은 지금 실로 무수한 시인(詩人)들과 더불어 살아가고 있다. 그러나 대부분의 시인들은 그들의 잉크병에 너무 많은 물을 타거나 불순물(不純物)을 섞어 시를 쓰고 있음을 본다. 불순물로 시를 쓰는 자일수록 그들의 시는 색깔이 화려하고 조류(潮流)에 민감하며 왁자지껄한 평판을 기술적으로 도모하는 데에 능소능대하기까지 하다.

어느 시대에나 마찬가지지만 이러한 상태 속에서 오히려 피해를 입는 시인은 정직하고 양심적인 시인들이다. 이들 시인이 어쩔 수 없이 이 혼탁하고 야멸찬 세상에 모든 것을 희생하게 되더라도 단 한 가지만은 결코 포기하지 않는 것이 있다. 그것은 시인으로서의 굳센 자존심(自尊心)이다. 혹은 그것을 인간적인 품격(品格)이라 불러도 무방할 것이다. 자존심을 버린 시인과 그것을 지닌 시인과의 차이란 사랑을 가진 자와 가지지 못한 자, 꿈을 지닌 자와 지니지 못한 자, 예지를 가진 자와 가지지 못한 자, 양심을 가진 자와 가지지 못한 자, 눈물을 가진 자와 가지지 못한 자, 그리고 철학을 지닌 자와 철학을 지니지 못한 자의 모든 차이를 그대로 포괄하는 어마어마한 차이라고 설명될 수 있을 것이다. 그럼에도 불구하고 자존심을 지닌 시인은 그것을 포기하지 않는 대가로 인간 사회로부터 받아야 하는 고난 역시 형벌처럼 가혹하고 무자비한 것도 사실이다. 그런 연유로 정직하고 양심적인 시인들에게 우리가 마땅히 바쳐야 할 존경심의 부피가 적어질 수 없는 것이며, 물과 불순물 대신 진한 피와 잉크로 생명과 사랑과 고뇌의 이야기를 기술(記述)해 간 시인의 작업에 대하여 진지한 경의(敬意)를 표하게 되는 것이다.

* 동국대학교 국어국문학과 명예교수

2

다형 김현승은 1913년 2월 평양(平壤)에서 태어난 우리나라의 대표적 시인이자 시론가요, 국문학 교수이기도 하다.

1936년에 숭실전문학교(崇實專門學校) 문과(文科)를 졸업하였으나 그가 문단에 데뷔한 것은 숭실전문학교 문과 2년에 재학 중이던 1934년 「쓸쓸한 겨울 저녁이 올 때 당신들은」이라는 처녀작을 『동아일보(東亞日報)』에 발표하면서부터이다. 이 당시 우리 문단은 월간(月刊) 문예지(文藝紙)에서 신인(新人) 공모제(公募制)를 마련하여 일종의 등용문(登龍門)을 제도적으로 설치해 두고 있었으나 김현승은 이례적으로 그러한 관문의 통과 없이 양주동(梁柱東, 당시 숭실전문 교수)의 추천으로 시단에 화려한 데뷔를 거친 셈이다. 지금이나 그때나 기성 문인이 되기까지는 거추장스럽고도 부작용이 많은 추천제도 혹은 신춘문예제도를 통해서 대부분이 등단을 하기 마련이지만, 다형은 차라리 그의 기질에 맞게 그러한 절차를 밟지 않고 한 시인으로서 차지하기에 부족함이 없는 위치를 구축하기 시작하였던 것이다.

다형의 시가 발표되자 김기림(金起林) · 임화(林和) · 서항석(徐恒錫), (당시 『동아일보』문화부장) · 이태준(李泰俊), (당시 『조선일보(朝鮮日報)』 문화부장) · 양주동(梁柱東) 등의 문인들로부터 깊은 관심을 받게 되었으며, 1934년 『신동아(新東亞)』시단(詩壇) 총평에는 '혜성같이 나타난 신예시인(新銳詩人)' 으로 두각을 나타나게 되었다(그 중에서도 모더니스트였던 김기림의 높은 평가는 다형의 시세계와 관련해서 생각할 때 의미심장한 바 있다).

1936년 그의 정신적인 고향이기도 했던 평양을 떠나 다형은 그의 본적지인 광주(光州)로 내려가 교원생활을 시작하게 되면서 시작생활(詩作生活)보다도 가족을 부양하는 문제와 일제의 탄압에 시달리게 된다. 1945년 해방이 되자 거의 창작생활(創作生活)을 포기하다시피 붓을 놓고 있던 그는 해방과 함께 새로운 시혼(詩魂)의 눈을 뜨게 된다. 다형은 이 당시의 상태를 스스로 이렇게 술회한 바 있다.

이러한 중에 8.15를 맞았다. 해방은 생존에 허덕이던 나를 다시 정신(精神)의 세계로 돌아오게 만들었다. 깊은 생존(生存)의 바다 속으로 가라앉아 가던 나의 불쌍한 시혼(詩魂)에 한 가닥 빛을 던져 주고 꺼져가던 생명의 등잔에 기름을 부어 주었다.

-「대표작(代表作) 자선자평(自選自評)」

해방과 더불어 그의 시혼(詩魂)이 부활하고 왕성한 창작 의욕을 가지게 되었지만, 당시의 상황은 다형에게 매우 복잡한 의미를 그대로 남기고 있었던 듯하다. 그것은 첫째 문단과 지나치게 소원(疏遠)했던 까닭으로 쉽사리 발표의 기회를 갖기가 어려웠다는 외부적인 조건과 또 한 가지는 "해방이 된 마당에 어떻게 나의 시를 써 나갈까"하는 근원적인 고민들이 그를 계속 머뭇거리게 했던 것 같다. 그러한 고민과 주저는 다형의 철저한 지조나 과도할 정도의 결벽증세라 해석될 수도 있을 것이다. 하여튼 다형이 본격적으로 작품 활동에 몰두하고, 그 성과가 또한 두드러진 시기는 초기가 아니라 중반기 이후, 이를테면 1960년대 후반기라고 볼 수 있다. 끊임없이 노작(勞作)을 발표해 온 1960년대의 업적만으로써도 다형의 초기의 과작시대(寡作時代)를 채워 주기에 부족함이 없고, 이 땅의 대표적인 시인으로서 갖춰야 할 여러 조건에도 부족함이 없을 정도인 것이다.

3

이 시인의 언어는 화려한 꽃의 음향을 갖지 않고 있다. 꽃의 요염한 관능, 꽃의 풍만한 욕망을 거부하고 있다. 그의 언어는 성하(盛夏)의 무성한 진록색 숲과 같거나 그보다는 싱싱한 나무, 나무의 푸른 잎사귀로부터 흘러내리는 언어이다. 그런 점에서 다형은 나무의 시인이지 꽃의 시인은 아니다. 그의 시에 간혹 꽃의 이미저리가 보이지 않는 것은 아니지만 장미나 모란의 이미저리가 아니라 히야신스 · 코스모스 · 라일락과 같이 비관능적인 사물의 변조(變調)를 목격하게 된다. 꽃의 시인은 많아도 나무의 시인은 그리 흔한 것이 아니다.

그는 또한 불교와 샤머니즘의 동양적인 시인이 아니라 서구적이고 기독교적인 모더니스트요, 프로테스탄티즘이 그에게 제공한 갈등을 통해서 삶의 우수와 고독으로 전진한 인생파(人生派) 시인이라고 부를 수 있다. 그의 시는 대체로 이국정취를 느끼게 하며, 동양적인 허무주의와 허무주의의 그늘 대신 삶을 긍정하는 밝음의 시인이지 절망의 시인은 아니다. 그는 또한 농촌(農村)의 시인, 복고풍(復古風)의 시인이 아니라 도시적인 시인이다. 그가 사랑하는 자연(自然)과 전원(田園), 그가 매우 사랑하는 지상의 사계(四季)까지도 그는 도시적인 감수성으로 복고적인 감각 없이 수용하는 것을 볼 수 있다.

그는 열정적(熱情的)으로 외치는 시인이 아니라 차분히 기도(祈禱)하는 시인이다. 헬레니스틱한 고뇌까지도 그는 기도하는 마음으로 노래한다. 그리하여 그는 육신을 가진 자로서 플라톤적인 승리를 거두고 마침내 고독의 성에 도달한다.

여기서부터 그의 시는 돌연한 변화를 나타내기 시작한다. 지상의 이야기보다도 천국의 노래를, 흙과 웃음보다도 보석과 눈물의 이미지를, 상황(狀況)의 아픔이 아니라 한 개인의 아픔만을 노래하던 그가 조국의 현실을 날카롭게 다져보고 신(神)에의 복종이 아닌 고독의 성으로 진주했던 것이다. 1934년부터 1960년대 초기까지 다형의 시정신은 기독교정신과 모더니즘이라는 양면에서 이해될 수 있었을 것이다. 그러니 1964년, 그러니까 다형이 시를 발표한지 30년 만에 발표된 「제목(題目)」이라는 문제의 시를 발표하면서부터 그는 오히려 인생파적(人生派的)인 모습으로 발전적인 변모를 나타내게 된다. 이 무렵을 전후로 해서 그의 시는 뚜렷한 분수령(分水嶺)을 이루게 되는데 그것은 무엇보다도 신(神)의 문제로부터 인간(人間)의 문제로, 즉물적(卽物的)인 감각(感覺)의 세계로부터 현실(現實)의 장(場)으로 넘어오는 분기점이었다고 표현될 수 있을 것이다. 다형 시문학(詩文學)의 분기점이 된 문제의 시 「제목」이란 과연 어떤 작품인가, 그 내용을 살펴보기로 한다.

제목(題目)
떠날 것인가
남을 것인가.

나아가 화목할 것인가
쫓김을 당할 것인가.

어떻게 할 것인가
나는 내게로 흐르는가
너를 거슬러 내게로 오르는가.

두 손에 고삐를 잡을 것인가
품안에 안길 것인가.

허물을 지고 갈 것인가
허물을 물을 것인가.

어떻게 할 것인가
알아야 할 것인가
살고 볼 것인가.

될 것인가
빛을 뿌릴 것인가.

간직할 것인가
바람을 일으킬 것인가.

하나인가
그 중의 하나인가.

어떻게 할 것인가
뛰어 들 것인가
뛰어 넘을 것인가.

파도(波濤)가 될 것인가
가라앉아 진주의 눈이 될 것인가.

어떻게 할 것인가
끝장을 볼 것인가
죽을 때 죽을 것인가.

무덤에 들 것인가
무덤 밖에서 뒹굴 것인가.

이것은 「제목」의 전문(全文)이다. 먼저 각 연마다 상반되는 두 개의 주제가 갈등을 일으키고 있는 데 독자는 주의를 기울일 필요가 있다. 아주 과격한 해석적(解釋的) 상상력(想像力)이 될지는 모르겠으나 가령 첫 연부터 신(神)과의 문제로 연결해서 생각해보면 이 시인의 시적 분수령의 의미가 무엇인지 헤아려 볼 수 있을 것 같다. 첫 연의 "떠날 것인가/ 남을 것인가"를 신(神)으로부터 떠날 것인가, 신에게 그대로 남아 있을 것인가라고 바꾸어 넣고 생각한다면 문제의 심각성- 일생을 신에게 의존해서 살아온 한 시인의 고뇌(苦惱)가 어떤 것이었는지를 파악할 수 있는 것은 아닐까. 일단 이 작품은 전적으로 신의 문제와 관련해서 끝까지 해석될 수밖에는 없고, 그런 의미에서 작품의 수준과 상관없이 한 시인의 시세계를 체계적으로 이해하고자 노력하는 경우 무척 중요한 의미를 띠게 된다. 이 작품을 출발로 그의 시는 전기시대를 벗어나 후기시대로 접어든다. 그러한 시적 변화를 작품으로 잘 드러낸 것이 「신년송(新年頌)」이다.

단 한마디를
열 마디와
백 마디로
이윤(利潤)을 남기면서,

오십(五十)도 넘도록
나는 천국(天國)의 노래를 불렀다.
보석(寶石)과 눈물과
하얀 치아(齒牙)가 반짝이는
이방(異邦)의 시(詩)를 썼다.

그 백 마디를
이제는 열 마디와
한 마디로
겸손을 배우면서
모든 언어(言語)의 재산을 팔아
나의 마지막 침묵(沈默)을 지키는
내 언어의 과부(寡婦)가 되고저.

이 작품에도 나타난 바와 같이 다형은 50이 넘도록 천국의 노래와 빛나는 보석(寶石)의 노래, 눈물과 하얀 치아(齒牙)가 반짝이는 이방(異邦)의 노래를 써오다가 "나의 마지막 침묵을 지키는/ 내 언어의 과부(寡婦)"가 되기 위하여 한 마디의 언어로 집중한다. 그 한마디의 언어란 바로 '고독(孤獨)'이 아닐까. 그러면 먼저 '고독'의 저쪽 시적 분수령 너머에 자리잡고 있는 그의 초기 시부터 살펴보기로 하자.

4

그의 초기 시는 신(神)의 찬미와 기도의 맑고 낮은 옥타브로부터 시작된다. 자연의 아름다움, 계절의 싱싱한 감각, 티 없이 맑은 눈물, 이런 것들은 그대로 신에게 구속되고 신의 섭리에 포용된다.

가령 "내 아버지의 집/ 풍성한 대지(大地)의 원탁(圓卓)마다 / 그늘 / 오월(五月)의 새 술을 가득 부어라!"(「오월(五月)의 환희(歡喜)」중에서)에서 보여지는 신과 자연의 찬미라든지, "그것이 비록 병들어 죽고 썩어버릴/ 육체(肉體)의 꽃일지언정/ 주(主)여, 우리가 당신을 향하여 때로는 대결(對決)의 자세(姿勢)를/ 지을 수도 있는, 우리가 가진 최선(最善)의 작은 무기(武器)는/ 사랑이외다"(「사랑을 말함」의 일부)에서 보여지는 신과 굳은 연대감들은 그의 초기 시에 주조(主調)를 이루고 있다. 이밖에도 「내가 가난할 때」와 「나무와 먼 길」 등은 기독교적 발상법과 어법을 그대로 차용한 것이며, 신의 은총이 지상의 행복과 기쁨을 결정하는 유일의 기준이 되고 있다. 그러나 다형의 시적 우수성이 현저하게 드러나는 쪽은 신을 찬미하고 신과의 연대감을 노래한 쪽이 아니라 신에게 명상적인 대화를 던지거나 그이에게 기도하는 시편(詩篇)들이다.

> 가을에는
> 기도하게 하소서……
> 낙엽(落葉)들이 지는 때를 기다려 내게 주신
> 겸허(謙虛)한 모국어로 나를 채우소서
>
> 가을에는
> 사랑하게 하소서……
>
> 오직 한 사람을 택하게 하소서
> 가장 아름다운 열매를 위하여 이 비옥(肥沃)한
> 시간(時間)을 가꾸게 하소서

가을에는
호올로 있게 하소서……
나의 영혼
구비치는 바다와
백합(百合)의 골짜기를 지나
마른 나무가지 위에 다다른 까마귀같이

이것은 「가을의 기도(祈禱)」의 전문(全文)이다. 모국어와 사랑과 고독의 무늬로 짜여진 기도의 시편이다. 이 작품은 높은 예술성과 탁월한 형상력(形象力)을 동시에 느끼게 하는 수작(秀作)이지만 그보다 더 중요한 의미를 이 작품은 내포하고 있다. 그것은 60년대 이후 깊은 변모를 나타낸 다형의 문학에 있어서 고독과 사랑과 모국어에 대한 탐구가 주조로 되어 있다는 것을 생각할 때 이 시인에게는 일종의 잠언적(箴言的) 의미를 내포하고 있는 것이 바로 이 작품이 아닌가 생각되기 때문이다. "내 마음은 마른 나무가지/ 주(主)여/ 나의 육체(肉體)는 이미 저물었나이다!/ 사라지는 먼뎃 종소리를 듣게 하소서/ 마지막 남은 빛을 공중에 흩으시고/ 어둠 속에 나의 귀를 눈뜨게 하소서"(「내 마음은 마른 나무가지」의 일부) 이와 같이 또 다른 기도의 시편에서 볼 수 있는 바와 같이 그가 기도하는 시간, 신과 시인의 내면세계가 조용히 대좌하고 있을 때, 이미 이 시인은 서서히 고독의 성을 예비하고 있었던 것이다. 그러나 이러한 징후에 그쳤을 뿐 고독의 문제가 다형 초기시의 대표적인 경향으로 나타났던 것은 아니다. 그는 신과 포에지 쪽에 더 압도되어 있었다.

보다 아름다운 눈을 위하여
보다 아름다운 눈물을 위하여
나의 마음은 지금, 상실(喪失)의 마지막 잔이라면
시(詩)는 거기 반쯤 담긴
가을의 향기와 같은 술…

이렇게 시작되는 「지상(地上)의 시(詩)」는 포에지에 압도당하고 있다. "천사(天使)들에 가벼운 나래를 주신 그 은혜로/ 내게는 자욱히 퍼지는 언어(言語)의 무게를 주시어/ 때때로 나의 슬픔을 위로하여 주시는/ 오오, 지상(地上)의 신(神)이여, 지상(地上)의 시(詩)여!" 「지상(地上)의 시(詩)」에서 마지막 연 마지막 행을 이루는 "오오 지상(地上)의 신(神)이여, 지상(地上)의 시(詩)여!"라는 대목에 각별한 주의가 필요하다. 다형의 초기 시는 포에지와 신의 복합에 의해서 연결되어 있었던 것이고, 이러한 복합이야말로 다형에겐 최대의 시적 관심사였던 것이다. 여기서 '지상(地上)'의 의미는 별로 심각한 역할을 맡고 있는 것은 아니다. 그것은 천상과 무엄한 비교나 천상의 신 또는 천상의 노래를 얕잡아 보려는 저의의 소산으로서가 아니라 신의 의지로 개화한 지상의 자연을 그리고 시와 아름다움을 노래한 것으로 받아들여져야 할 것이다.

이러한 기독교정신은 서구의 근대시(모더니즘)와 불가분리의 상관관계 위에 놓여져 있다. 초기부터 오늘날에 이르기까지 그가 문화적 토착주의(土着主義)를 거세게 배격하지는 않으면서 서구적, 기독교적인 보편성 위에 그의 시적 좌표를 설정하였다는 사실은 목사의 가정에서 태어나 기독교정신으로 성장한 다형으로서 필연적인 것이었다고 볼 수 있다. 그리하여 그는 주정적이기보다는 주지적인 시인일 수밖에 없었고 퇴폐적인 낭만주의보다는 청결한 감각에 몰두할 수 있었던 것이다.

기억(記憶)의 가장 중후(重厚)한 도시(都市)의
밤을 젖게 하던, 음악(音樂)을 아는 비가
오늘은 우리들의 도시(都市)에 피아니시모로 내린다.

「봄비는 음악(音樂)의 상태(狀態)로다」의 첫 연이다. 어법도 감성도 매우 서구적이고 이국적이다. 기억의 도시, 음악을 아는 비, 빗소리로 피아니시모, 이런 이미지는 전통적인 우리의 이미지와 매우 단절된 것이고 산뜻한 이국풍의 애수성을 느끼게 한다. "나는 나의 오랜 동굴(洞窟)의 우상(偶像)을 나와/ 말코폴로의 보석(寶石)이나 사랑은 아닌/ 그러나 푸라타나스의 그늘을 닦는- 아직은 희망(希望)속에 좀 더 가까운 편으로/ 북동풍(北東風) 3미터의 쾌청(快晴)을 싣다!"(「주말동경(週末憧憬)」의 종연(終聯)) 이와 같은 신성한 이미지로써 대비시키는 것을 볼 수 있다. 다형은 대부분의 종교적 시인이 그러하듯 형이상학적인 언어, 관념의 언어를 많이 쓰고 있는 것이 사실이다. 그러나 그의 언어가 생경하거나 경직에 머물고 있지 않은 이유는 바로 그의 탁월한 감각에 있다고 봐야 할 것이다. 그의 감각을 통해 획득된 영상은 우리의 짧은 현대시사 중에서 매우 특이한 것이다.

푸른 잉크로 시(詩)를 쓰듯
백사장(白砂場)의 깃은 물결에 젖었다.

여기서는 바람은 나푸킨처럼 목에 걸었다.
여기서는 발이 손보다 희고
게는 옆으로 걸었다.
멀리 이는 파도(波濤) - 바다의 자스민은 피었다 지고,

흑조(黑潮)빛 밤이 덮이면
천막(天幕)이 열린 편으로
유성(流星)들은 시민(市民)과 같이 자주 지나갔다.

「바다의 육체(肉體)」라는 작품의 1 · 2 · 3연이다. 바다를 살아 움직이는 생물체의 한 육체로 선정해 놓고 바다에 담겨 있는 사물들의 모습으로 인식의 소재로서가 아니라 묘사와 감각의 방법으로 끌어들이고 있다. 푸른 잉크로 쓰여진 시와 같이, 백사장을 적시는 바닷물의 생명적인 모습을 배경으로 두고 이어서 나푸킨처럼 목에 걸리는 바닷바람, 손보다 더 흰 발, 천막(天幕)처럼 하늘을 덮은 구름, 찢어진 구름 사이로 분주한 시민(市民)들처럼 재빨리 지나가는 유성(流星)들, 이런 이미지들이 합쳐져서 마치 바다는 장대한 생물체처럼 느껴지게 하는 성과를 거두는 것이다.

다형의 이미지는 소묘적 범주를 넘어 시각과 청각을 복합시키는 점에서도 특이하다. 가령 정지용(鄭芝溶)의 "얼룩백이 황소가/ 어설피 금빛 게으름/ 울음을 우는 곳"(「향수(鄕愁)」)의 일부에서도 보여지는 바와 같이 '금빛 게으름' 이라는 색채(이미지)와 황소의 '울음' 이라는 소리(청각)가 복합을 이루는 대목과 흡사한 것을 다형의 「종소리」에서 볼 수 있다.

빛의 음성(音聲)
(중략)

우리도 때로는 너의 음성(音聲)과 같이
깊은 의미(意味)와 난해(難解)한 사조(思潮)들을 모두 버리고
그 소슬한 빛깔과 음향(音響)으로
푸른 하늘에 날개를 피어 본다.

머얼리 밀리어 나아가는
비인 들이나 험(險)한 골짜기에 흐를 때에는
너의 음성(音聲)은 방황(彷徨)하지 않는다.
너는 누구의 마음에나 작은 불빛에라도
더욱 고요히 스며들어야 할 것이다.
스녀들어야 힐 깃이다.
(하략)

여기서 볼 수 있는 것처럼 종소리는 단순한 '음성(音聲)' 이 아니라 '빛을 가진 음성' 인 것이다. "그 소슬한 빛깔과 음향(音響)으로" 푸른 하늘에 날개를 펴듯 의식의 날개를 종소리처럼 펴 본다는 복합적 이미지를 발견하게 된다. 다형의 시에는 사계가 모두 아름다운 의상을 입은 각양각색의 여인들처럼 특이한 개성으로 표현되지 않은 것이 없고, 1월부터 3월까지 모두 특이한 시적 소재로 쓰여지고 있다. 계절, 그리고 다달이 달라지는 사물의 모습과 이미지, 이런 모두가 다형문학(茶兄文學)에 있어서는 몹시

귀중한 것들이지만 그러나 그 중에서도 가을의 시편(詩篇)들은 출중한 아름다움을 나타내고 있다. 그는 가을에 이르러 주(主)에게 기도를 올리고 예지를 빌며 뮤우즈의 무도회에도 기꺼이 참석하는 시인인 것이다. 다형의 작품 중에서도 특히 가을의 시편들이 애송되는 이유도 그의 문학적 성과가 여기에 가장 찬란한 빛을 뿜어내고 있기 때문일 것이다. "우리의 마음들은 벌써 황마차(幌馬車)가 되어 버린다/ 우리의 마음들은 벌써, 구름처럼/ 지평선(地平線)가에 몰려 선다/ 에메랄드빛 하늘이 멀어지는 가을이 오면…" 「가을이 오는 시간(時間)」은 이렇게 시작된다. 그리고 이렇게 이어진다. "해변(海邊)에선/ 별장(別莊)들의 덧문을 닫고/ 사람마다 사람마다/ 찬란턴 마음의 샨데리아를 조리고/ 저녁에 우는 쓰르라미가 되는/ 지금은 폐회(閉會)와 귀로(歸路)의 시간(時間)…/ 우리의 마음들은 벌써 낙엽(落葉)이 진다/ 우리의 마음들은 남긴 것 없음을/ 이제는 서러워한다/ 지금은 먼- 길을 예비할 때 -/ 집 없는 사람들은 돌아와 집을 세우는/ 지금은 릴케의 시(詩)와 자신(自身)에/ 입맞추는 시간(時間)…"이 작품에 대하여 더 설명할 필요를 느끼지는 않는다. 상투를 틀어 얹은 동양적인 멋, 유유자적하며 허무에 침잠하는 노인의 멋이 아니라 빳빳한 와이셔츠의 흰 칼라, 넥타이와 머리카락이 아무렇게나 바람에 휘날리는 청초하고 깨끗한 시인의 멋이 느껴지게 된다. 이 밖에도 「가을의 소묘(素描)」·「가을의 시(詩)」·「가을의 기도(祈禱)」 등은 릴케의 가을과 명상을 연상하기에 충분하다.

5

다형 김현승의 문학 세계를 체계적으로 이해하려 할 경우 문제 「제목(題目)」이라는 시가 차지하는 비중이 얼마나 큰 것인가는 앞에서 이미 언급한 바가 있다. 그런데 그의 작품 중에서 '제목'이라는 어휘가 「제목」이라는 작품이 쓰여지기 이전에 두 번 사용된 바가 있다. 그것은 그의 제2시집인 『옹호자(擁護者)의 노래』에 수록된 「신성(神聖)과 자유(自由)를」·

「우리는 일어섰다」 두 편에서 찾아 낼 수 있다.

봄빛이 스며드는 썩은 원수의 살더미 속에
탄흔(彈痕)을 헤치고 신생(新生)하는 금속(金屬)의 거리와
광장(廣場)들에
부활(復活)을 의미하는 참혹한 마지막 시간(時間)에
일으켜야 할 제목(題目)은
신성(神聖)과 자유(自由)이다.

-「신성(神聖)과 자유(自由)를」의 첫 연

우리는 일어섰다. 참혹한 사월(四月)이 지나간 맑은 새아침.
모든 시내 모든 강물 위에 흘러가는 그 소리와
동서(東西)로 가는 남북(南北)으로 뻗은 모든 길 위에 통하는
이 우리들의 제목(題目)을 위하여…

-「우리는 일어섰다」의 2연

이상의 인용구에서 볼 수 있는 것처럼 '제목'이라는 어휘가 사용되는 경우란 이 시인에게 있어서 신성과 민중의 자유를 의식할 경우로 한정되는 듯하다. 그리스도의 자비를 믿고 그 은총과 구원을 믿으며, 그리스도의 명령을 따라 이 시상에 신성을 전파하고 그에 따라 다시 인간의 자유를 획득하려는 기독교정신(基督敎精神)의 발로로서 '제목'이라는 언어가 출발된 것처럼 보인다. 그러나 이러한 언어(제목)는 심각한 내부적 갈등의 요인을 내포하고 있는 듯하다. 그것은 신성과 신의 권능이 지상의 질서에 반어적 · 역설적 현상으로 나타나거나 전혀 무기력하게 멀어져가는 것을 이 시인은 목격하였을지도 모른다. 설혹 이 시인이 신의 무력함을 느끼지 않았다고 해도 문제는 여전히 마찬가지가 된다. 왜냐하면 이 시인은 강직하고 고집 센 스스로의 양심에 의하여 사회의 부조리를 용서할 수 없었을 것이기 때문이다. 사회의 부조리와 모순을 용서하지 못한 이 시인이 부조리와 모순의 장벽 앞에 서서 무엇을 생각할 수 있었을까? 신의 권능을 낙천

적으로 믿으면서 호주머니에 손을 찌르고 수수방관하였다거나 사회의 부조리까지도 신의 문제에 속하므로 시인의 양심과 전혀 무관한 것이었다고 생각할 수 있을까? 나는 전혀 그렇게 생각하지 않는다. 앞의 인용구도 그러한 것처럼 이 시인은 먼저 모든 사물 · 상황 · 현실에 대하여 신성(神聖)을 느끼고 인간의 자유를 희망하여 사회적 부조리가 사회정의로 환치(換置)되기를 요구하였을 것이다.

그는 김수영(金洙暎) · 신동엽(申東曄) 등의 시인과 마찬가지로 4.19혁명으로부터 받은 심각한 충격을 정직하게 시로써 표현하지 않고는 견딜 수 없는 뜨거운 시인이었고, 뒤에서도 언급되겠지만 오늘날의 젊은 시인들이 지나치게 상황과 유리된 상태를 호되게 비난까지 가한 시인이라는 점에 상도(想到)될 때 그의 이데아(제목)가 결코 신성의 확립만을 위한 것이 아니라 오히려 신성(神聖) → 자유(自由) → 사회(社會) 부조리(不條理) → 사회정의(社會正義)의 단계로 확대 발전되어 왔으리라는 점을 파악할 수 있다. 그리하여 이러한 발전은 급기야 「제목」이라는 작품을 낳게 하였고 신에 대한 근본적인 회의, 신과 자신과의 관계에 대한 근본적인 재검토 과정으로 들어서게 된다(『월간문학(月刊文學)』 통권 3호 「나의 문학백서(文學白書)」참조). 물론 이 밖에도 「지상(地上)의 시(詩)」 · 「사랑을 말함」 · 「인생송가(人生頌歌)」 · 「육체(肉體)」(이상 『옹호자의 노래』수록) 등에서도 신에 대한 반어적 수용을 느끼게 하지만 「제목」에서 볼 수 있는 정면적인 회의는 찾아지지 않는다.

그러면 이와 같은 과정을 거쳐서 1964년 이후 그가 본격적으로 접근하기 시작한 고독의 문학은 어떤 것인가? 다형의 문학적 전모를 파악하는데 다형의 시와 고독의 관계는 가장 중요한 것이므로 여기 이미 필자가 발표한 바 있는 「고독(孤獨)과 르네상스적 딜레마」(『숭전대학신문』 73.5.10 일자) 중에서 중복을 피하여 다형과 고독문학의 관계를 보충 설명하고자 한다.

6

방문하기에 좋은 장소이지만 머물기엔 쓸쓸한 장소가 고독이라고 버나드쇼오는 말한 적이 있다. 고독에 대한 이런 식의 재담(才談)은 지나친 경박감마저 느끼게도 한다. 외롭다는 것이나 고독하다는 것은 김현승의 경우에 맞추어 생각하자면 타인과 함께 있지 않고 홀로 떨어져 있다는 상태에서 일치된다. 그러나 외로운 자는 그의 외로움을 벗어나기 위하여 타인과 만나기를 갈망하는 것이지만, 고독한 자는 타인과의 부단한 단절을 스스로 감행한다는 점에서 상반된다.

외로움과 고독이 동의어인 것처럼 오해되는 이유란, 홀로 있다는 그 상태 때문인 것이다. 따라서 고독이란 방문하기엔 어려운 장소이지만 머물기엔 편안한 곳이라고 바꿔 생각할 수도 있을 것이다.

시인 중에도 고독한 시인은 있으나 시인이기 때문에 누구나 모두 고독한 것은 아니다. 고독은 주어지는 것이 아니라 선택되는 것이기 때문이다. 라이너 마리아 릴케도 우리나라의 가장 지적인 시인인 김현승도 모두 고독한 시인들이다. 이들을 이해하기 위하여 우리는 무엇보다도 이들이 택한 고독의 의미가 과연 어떤 것인지 이해하지 않으면 안 된다. 특히 김현승의 경우 고독은 단순히 시 몇 편의 주제로 파악된 부분적인 스펙트럼이 아니라 삶의 전면적인 영역 속에서 그의 모든 것과 긴밀히 동화(同化)하고 있다는 느낌을 주고 있다. 그의 제4시집이 되는 『절대고독(絕對孤獨)』의 서문은 매우 시사적이므로 여기 일부를 소개한다.

> 고독 속에 파묻히는 것은 감상이나 위축이 아니다. 고독을 추구하는 것은 허무의식과도 그 색채가 다르다. 고독을 표현하는 것은 나에게는 가장 즐거운 시 예술의 활동이며, 윤리적 차원에서는 참되고 굳세고자 함이 된다. 고독 속에서 나의 참된 본질을 알게 되고 나를 거쳐 인간 일반을 알게 되고 그럼으로써 나의 대사회적(對社會的) 임무까지도 깨달아 알게 되므로.

이 짧은 인용구 속에 고독을 보는 김 시인의 자세는 명백하게 압축되어 있다. 그러나 이 시인의 문학세계를 고독이라는 문제와 연결해서 설명하기 위하여 많은 분량을 필요로 하겠지만 여기서 다만 몇 가지 문제는 지적해 두지 않을 수 없다. 먼저 그 자신의 표현을 따르면 고독이라는 문제는 '내 시(詩) 생애 최후의 추구' 가 될지도 모를 만큼 절실한 것인데 그것은 '허무의식(虛無意識)' 과도 전혀 다르다는 사실을 단호하게 주장한 점이다. 허무주의와 고독을 구분한 이유에는 대략 다음과 같이 실로 중요한 문제가 내포되어 있기 때문인 것 같다.

첫째, 고독과 신의 관계이다.

그는 「나의 문학백서(文學白書)」(『월간문학(月刊文學)』73. 9월호)라는 매우 주목할 만한 글에서 "나는 이렇게 신과 기독교에 대한 회의를 일으키게 되면서 점점 인간에 대한 이해와 동정으로 기울어지게 되었다. 나는 인간의 현실에 살면서도 너무 인간이라는 것을 선험적(先驗的)으로만 생각하고 있었다. 나의 관심은 점차 천국에서 지상으로, 신에서 인간으로, 갈등을 느끼고 있다."는 놀라운 고백을 진술한 바가 있다. 같은 글에서 그는 "정신상의 문제로는 나는 인간으로서 새로운 고독에 직면(直面)"하게 되었다는 사실과 그 고독이란 한 마디로 '신을 잃은 고독' 이며, 궁극적으로 구원에 이르기 위한 수단으로서의 고독이 아니라 '순수(純粹)한 고독 그 자체' 일 뿐이라고 말한다.

이와 같이 천국에서 지상으로, 신에서 인간으로, 신과의 부단한 동거(同居)에서 이별(離別)로 나타나는 충격적 변화에 의하여 그의 고독의 성곽은 쌓여졌던 것이다. 이러한 현상을 김 시인의 르네상스적 딜레마라 불러도 무방할 것 같다. 그러나 여기에서도 몇 가지 주의가 덧붙여져야 마땅할 것이다. 김 시인이 쓴 「대표작자선자평(代表作自選自評)」(『문학사상(文學思想)』73. 6월호)이라는 글에서 고독에 관심을 기울이게 된 것이 1960년대 후반이 되며, 고독에 관심을 기울인 원인은 한 마디로 '기질상(氣質上)의 문제' 라 못 박고 있다.

또한 같은 글에서 "인생관적으로는 천국의 기독교를 믿으면서 인간적인 고독에 관심을 갖는 것이 확실히 모순"인 줄 알지만 "시는 사상보다 기질의 소산"이기 때문에 어쩔 수 없고, 그 고독은 절망적인 것이 아니라 '부모 있는 고아와 같은 고독(孤獨)' 이라고 설명한다. 김 시인의 고독은 신과 인간, 양심과 현실, 역사와 윤리의 폭 넓은 현장을 배경으로 하고 있는 것이지만 그 주요 계기는 일단 회의없이 받아들여 온 기독교정신에 대하여 오히려 가차 없이 회의하면서부터 비롯된 것이 틀림없다.

신의 부정과 신의 긍정이라는 문제는 이 시인의 르네상스적 딜레마를 당분간 더 심화시킬 것이 틀림없으리라 보여지는데 기독교가 이 시인을 괴롭히는 이유에는 본질적인 측면과 구조적, 제도적인 면(교회의 타락과 부패)까지 난마(亂麻)처럼 엉크러져 주어지는 것이 아닌가도 생각된다(실제로 이런 문제를 언급한 바가 있다). 그렇기 때문에 신을 완전히 상실했던 니이체나 자크모노의 경우와 같이 허무주의적인 좌절과 극복의 의미가 이 시인의 고독이라는 명제와 전적으로는 일치될 수 없고 키엘케골처럼 구원에 이르기 위한 메시아적인 원병(援兵)으로서 고독의 의미가 일치되는 것도 아닌 것이다.

이 시인에게 있어서 고독은 목적이며, 그 자체일 뿐이다. 그의 고독은 신을 상실한 고독이 아니라 스스로 신을 버리고자 하는 고독이며, 신을 부단히 버리거나 신으로부터 떠남으로써 신과 미래에 만나기를 원하는 떼아르 드 샤르뎅의 고뇌와 유사한지도 모른다. 그가 '신을 잃은 고독' 이라는 말을 했을 때 앞뒤가 심히 모순을 일으키는 이유란 여기에 있는 것이다. 신과의 동거마저 거부하는 그의 저 깊은 시적인 밀실에 더불어 동거할 만한 인간도 사물도 남아 있지 않을 것이며, 이런 연유로 가장 특이한 한 시인의 정신 탐구가 고독이라는 언어-끝을 헤아릴 수 없는 심연으로부터 차분히 울려오는 목소리로 들려오는 것이다.

이 시인의 초기 작품들은 센티멘털리즘과 소박한 소묘주의(素描主義)에 가까운 것들이었는데 거의 천성적으로 이 시인에겐 어쩔 수 없이 센티멘트가 강렬하게 느껴지고, 또 한곳에선 치열한 비판정신(批判精神), 불타는 시혼(詩魂)을 느끼게 한다. 그러나 그의 센티멘트가 바로 활달한 시적 상상력을 의미하는 것은 아니다.

거의 섬약하다고나 말할 어떤 시편에서도 활달한 시적 상상력으로 나타나기보다는 오히려 섬세한 감수성과 치열한 비판정신의 양면성으로 나타나는 듯 하다. 이러한 성향이 그로 하여금 릴케에 가까운 구도자적 자세로 나아가게 하였고, 초현실주의(超現實主義)에 젖지 않은 이유가 되게 하였으며, 감각과 이미지를 보다 더 인정하는 시인 · 시론가가 되게 하였던 것 같다. 이 시인의 고독은 바로 신도 인간도 아닌 제3의 영역을 의미하게 된다. 여기에서 그는 지금까지 살아온 삶의 어리석음과 어두움과 미망(迷妄)을 끊기 시작한다.

"나는 이제야 내가 생각하던 영원의 먼 끝을 만지게 되었다. 그 끝에서 나는 눈을 비비고 비로소 나의 오랜 잠을 깬다." 작품 「절대고독(絕對孤獨)」은 이렇게 시작된다. 이제 비로소 영원의 먼 끝을 만지면서 드디어 오랜 종교적인 잠을 깨어난 이 시인은 상황과 역사와 논리에 대하여 시의 형식과 내용이 가져야 할 균형에 대하여 삶의 양식과 예술의 변용에 대하여 우리 시단에서 가장 명료한 작업을 거듭 이루어 내고 있다.

이러한 이유로 그의 고독은 예술성의 근원이 되기도 하고 삶의 현장이기도 하며, 신과 무관한 양심과 지성의 원천이 되기도 하는 것이다.

7

고독과 신과 인간에 대한 근원적인 탐구는 시인을 형이상학적으로 만드는 경우도 있지만 반대로 광범위한 현상학적 관심으로 확대되는 경우도 있다. 다형 김현승의 경우는 후자에 속한다. 기질적으로는 강직하며 타협을 모르는 시인이고 시에서나 인품에서나 처녀성이라고나 부를 순결감을 느끼게 하며, 맑게 닦여진 그의 지성은 언뜻 보기에 사회적, 윤리적 관심이 폐쇄된 것이 아닌가 하는 느낌을 준다.

그러나 다형의 작품을 통독하고 그의 탁월한 시론(詩論)들을 읽은 독자라면 그가 진정으로 추구하고 있는 문제들이 단순히 기독교적 관심으로 제한되고 있는 것이 아니라 보다 강렬한 사회정의와 민중적 자유에 대한 폭 넓은 추구까지를 명백히 느끼게 할 것이다. 사물과 삶에 대한 우수, 아름다움에 대한 동경, 청신한 감수성으로 묘사된 멋, 신성(神聖)에 대한 주저 없는 탐구, 릴케적인 기도의 얼굴, 그리고 고독의 성에 나부끼는 시적 파토스, 모드에 대한 휠더린적 사랑, 불의와 부정에 항거하는 매서운 시혼(詩魂), 이 모두는 다형 김현승의 문학적 자산을 이룬다.

> 눈이 커서 눈이 서러워
> 모질고 사특하진 않으나,
> 신앙(信仰)과 이웃들에 자못 길들기 어려운 나-
>
> 사랑이고 원수고 모라쳐 허허 웃어버리는
> 비만(肥滿)한 모가지일 수 없는 나
>
> 내가 죽는 날
> 단테의 연옥(煉獄)에선 어느 비문(扉門)이 열리려나?

이것은 「자화상(自畵像)」의 일부이다. 그는 스스로 그가 '사특하지' 않고 선량한 것을 안다. 또한 그는 사랑에 대해서는 웃어 버리고 원수에 대해서도 웃어 버리는 처세적 속물주의(俗物主義)의 비만한 모가지 대신 회의하고 괴로워하는 자신의 고통을 말한다. 그러나 그 자신의 가장 큰 고통은 '신앙과 이웃'에 함부로 길들어지지 않는 점이 아니었을까. 40대까지만 해도 그는 신의 섭리와 질서 속에서 평온한 시대를 보낼 수 있었다. 그러나 그는 50대에 이르러 시와 인생의 격정적 충격을 표현하기 시작한 것이다. 이러한 현상은 시사적(詩史的)으로 봐서 국내외를 막론하고 매우 희귀한 사실에 속한다고 할 수 있다. 대부분의 시인은 20대나 30대까지 가까스로 시적 열정을 유지하다가 40대나 50대가 넘으면 시적 정열의 쇠락현상(衰落現象)을 나타내기 마련이다. 그런데 다형은 오히려 그 역현상을 나타내고 있는 것이다.

50대에 이르도록 모든 가치관의 중심을 이루던 기독교적 신관(神觀)을 철저하게 재검토하고 철저하게 회의하며, 시적 방법론(감각적이고도 모더니즘적인)까지도 새로운 형식을 다양하게 탐구함으로써 스스로 신선한 충격에 그의 시를 적시는 작업에 성공한 것이다.

비록 짧기로서니
그럴 바엔
외국(外國) 손님 시계주머니 속에
호락호락 들어간
아홉 카라트짜리 금강석이라도 되든지.

그럴 바엔
꼭지를 뗀 수류탄(手榴彈)이 되어
베트콩의 땅굴이라도 부수든지
그렇지도 못할 바엔
종일 지중해(地中海)의 물결 위에 떠 있는
오나시스의 요트라도 된 것처럼
가장 기쁘고 출렁거려야 할텐데.

그래야 사람의 땟국 냄새라도 풍길텐데.
나의 시(詩)는 풀냄새도 나지 않는 바람이 되어
뽀얀 모래가 되어
더 나아갈 수도 없는 나의 땅끝에서
까마득히 불고 있다.
까마득히 불고 있다.

이 작품은 시집(詩集) 『절대고독(絕對孤獨)』에 수록된 「나의 시(詩)」의 전문(全文)이다. 도저히 50대의 시라고는 보여지지 않을 만큼 거센 정열을 느끼게 한다. 그리고 데상 위주의 소묘주의나 사물의 이미지만으로 시를 메꿔가는 구성주의도 배제되고 있다. 그는 초기에 비하여 이미지보다는 상상력과 현상의 복합에 더 깊은 관심을 보이고 있는데 그러한 경우로 가장 성공한 작품이 「상상법(想像法)」이다.

나무 위에는
나무의 뿌리를 보고
가끔 그 뿌리에 붙은 굼벙이도
보아라.
사월(四月)은
오월(五月)보다 먼저 오는 달이다.
그러나 사월(四月)은
오월(五月)이 간 뒤에도 오지 않는다.
영원히 안 올지도 모른다……그 피는.

돌을 주물러
떡을 만드는 거리.
이 기적의 거리.
그 떡을 먹고 돌이 된
만원(滿員) 버스의 시민(市民)들을 보라.
사월(四月)이 되면 개나리도 활짝 피는데……

꽃은 겨울에 피고
열매는 사월(四月)에 진다.
사월(四月)이 벌판의 묘지(墓地)들 놓아
다시 우리에세로 가까이 디가올 때……

이 작품은 4.19혁명을 역사적 사실로서보다는 잠언적 비유의 방법으로 다룬 것에 흥미가 있고 사실(史實)과 상상법의 중층적 형상성에 시의 우수성이 있다. 「조국의 흙 한 줌」·「시(詩)의 겨울」 등 이 시인에게 많은 애국시가 있지만 그 중에서도 이 작품과 같이 시적 우수성을 획득하기란 결코 용이한 일이 아니다. 시의 예술성과 시의 민중적 호흡이라는 두 가지 문제는 한 시인이 한꺼번에 공유하기가 어려운 것이고 대개의 경우 어느 한쪽에 치우치기 마련이다. 다형의 경우는 40대까지 이른바 민족시인이라는 정의 혹은 명칭을 부여하기가 어려울 만큼 이국적인 정조에 어느 정도 한정되어 있었던 것도 사실이다.

그러나 그가 50대를 지나면서 시와 민중, 시와 민족, 시와 국가, 시와 사회정의, 시와 역사, 시와 윤리의 관계를 폭 넓게 추적하면서부터 다형문학의 예술성과 민중적 호흡은 경이적인 성과를 거두게 되었으며, 신의 눈짓을 민중에게 언어로써 전달하는 민족시인(하이데거의 표현이지만)의 자리를 잡게 되었던 것이다.

그는 고독의 시인이다. 고독이란 그에게 있어서 삶의 조건이 되고, 인식의 근원이 되며 신과 나누는 대화의 핵심이요 육신을 가진 인간으로서 감당해야 할 현실의 본질적인 의미가 된다. 그가 우리 시단에서 참여시와 그 시론의 지도자가 되는 이유 역시 시와 역사와 삶의 현장을 거리낌 없이 양심의 혁명으로 파악하고 표현하는 데에 그 근거가 있는 것으로 볼 수 있을 것이다. 다형은 「참여문학(參與文學)의 진의(眞意)」(『월간문학(月刊文學)』 통권25호)라는 글에서 "한 시인이나 작가(作家)가 그의 작품을 통하여 사회의 불합리나 불의를 비평하고 고발하는 것은 어떠한 선행된 목적이 있어서 그가 처하고 있는 사회를 파괴하고 혼란케 하려는 행위가 아니다. 그것은 생명에 대한 진실한 비평으로부터 나오게 되는 창작행위인 것이다. 즉 어떻게 사는 것이 옳고 어떻게 사는 것이 그른가를 판단하여 보다 옳은 생활로 사회를 인도하기 위하여 작자의 창작 행위는 그 순수한 주제를 에워싸고 집중되는 것"이라 주장함으로써 한 시인의 사회적 위치가 얼마나 중차대한 의미를 가지고 있는가를 강조하고 있다. 이러한 강조는 다음과 같은 부분에서 충분히 보완된다. "아무런 내용을 가졌든 문학은 언제나 예술이다. 예술이 되어야 한다. 그리고 예술의 특질은 독자적인 형식을 갖는 데에 있다.(중략) 만일 문학에서 사상이나 예술성의 어느 것 하나를 버려야 한다면 우리는 차라리 사상성을 버리고 예술성을 취해야 한다. 그만큼 문학의 생명은 예술성에 있다." 그는 참여적 입장에 선다. 그러나 성급한 참여론에 많은 제약을 스스로 가하면서 시의 예술성을 옹호한다. 그렇다고 해서 그가 시인으로서의 양심이나 지성을 경멸할 수 있을 것인가? 그의 모든 작품은 차라리 예술을 포기할지언정 지성과 양심을 포기할 수 없다고 말해 주고 있는 것이다.

8

시야말로 20대의 문학이라는 말이 있다. 그만큼 시는 젊음을 필요로 하는 문학이다. 다형과 유사하게 나이가 깊어져서 창조적 비약을 보여 준 시인에 이산(怡山)이 있다. 그리고 다형의 「이산(怡山) 김광섭론(金珖燮論)」(『창비(創批)』통권 3호)은 매우 주목할 만한 시인론이다. 여기선 그는 시인이 내용이나 형식, 어느 한쪽에만 치중하거나 한 가지 사상 한 가지 정신만을 추구하고 집중하는 것이 일종의 문학적 자살이 된다는 것을 강조하면서 시인이 누려야 할 정신의 자유, 활달한 탐구정신이 얼마나 귀중한 것인가를 논증한 바 있다. 그러한 논리는 그대로 다형 자신에게도 적용되는 논법이기도 하다. 또한 다형은 「김수영(金洙暎)의 시사적(詩史的) 위치와 업적(業績)」(『창비(創批)』통권 2호)이라는 글에서 김수영은 "시예술에 있어 내용과 함께 형식을, 형식과 함께 내용을 강조한 건전한 시인이었으며, 그는 그의 작품으로써 이러한 그의 시론을 구현"한 시인이었다고 말한다. 그는 시에 대하여 어떠한 논리적 굴레도 씌우려 하지 않고 다만 형식과 내용의 조화가 시가 이루어내야 할 최대의 과제라고 생각한다. 그러한 각도 아래 "「오적(五賊)의 시인(詩人)」에 의해서 공산주의에 대한 비판이 선행되거나 병행되지 않는 것을 마땅치 않게 보기도 하고" "「참여문학(參與文學)의 진의(眞義)」, 60년대의 젊은 시인들이 직면한 당좌적(當座的)인 사회현실에만 눈을 돌린 나머지 보다 원리적이고 근원적인 문제에 소홀한 경향"을 비판하기도 한다(「60년대 시의 방향과 한계」, 『문학과 지성』창간호(創刊號)). 이러한 논리적 탐구를 통해서 그가 가지고 있는 기질과 시인으로서의 자세가 한편에 치우치지 않고 있음을 느끼게 하며, 시의 예술성에만 탐구하고 있는 대부분의 시인군 중에서 그의 입장은 특별히 귀중한 의미를 띄게 된다.

시의 형식미와 감각, 그리고 기독교정신을 시정신의 바탕으로 출발한 그가 고독이라는 시의 성채를 구축하면서 다형문학의 시형식과 시사상의 확대를 성취하게 되었고, 그러한 성취는 모더니즘과 쉬르가 부분적으로 계승되고 그것이 전면적으로 악영향을 끼친 오늘날의 한국 시단에 새로운 출구를 여는 역할을 하기에 충분하리라 생각한다. 고독의 시인 다형 김현승, 한 시대를 혼신의 아픔으로 감당해 가는 그는 불멸의 아름다움을 지켜내는 시의 십자군으로 당대의 지조와 양심을 수호하는 지성으로해서, 깊은 감명을 주는 것이다. 노익장의 세(勢)로 점점 시의 열기를 더해 온 김 시인에게 빛나는 건강이 그를 에워싸 그와 우리 시사에 더 큰 영광의 빛이 이룩되기를 진심으로 빌 뿐이다.

출전: 『상황문학론』(동화출판공사, 1981)

김현승시연구

문덕수*

1. 서론
2. 자연관(自然觀)
   (1) 대상적(代償的) 목표로서의 자연(自然)
   (2) 가치(價値)로서의 자연(自然)
   (3) 피조물(被造物)로서의 자연(自然)
3. 신(神)과 고독(孤獨)
   (1) 사회(社會)와의 단절(斷絶)
   (2) 초월자(超越者)와의 갈등
   (3) 고독(孤獨)의 전개양상
   (4) 절대고독(絶對孤獨)의 모순구조
   (5) 고독(孤獨)의 극복
4. 방법론(方法論)
   (1) 영향(影響)과 그의 주지주의(主知主義)
   (2) 주지적(主知的) 방법
   (3) 시사적(詩史的) 위치
5. 결론

1. 서론(序論)

김현승(1913~1975)의 시에 관한 연구 논문은 현재까지 29편이나 된다. 한 시인에 대한 연구 논문이 이만큼 된다면, 물론 무엇을 논했느냐 하는 것이 더욱 중요하기는 하나, 분량 면에서도 적다고 할 수 없고, 그 만큼 시사적(詩史的)으로 중요한 위치에 있는 시인임을 말해 준다.

김현승 시에 관한 연구사(硏究史)에 대해서는 이미 몇 분이 개관한 바 있고, 그 내용이 대체로 수긍되므로 여기서 되풀이할 필요가 없다. 지금까지의 연구 논문 중, 학위 논문은 그 성격상 김현승 시의 내용의 변모와 특

* 前홍익대학교 국어교육과 교수

성에 관한 전반적 고찰이고, 그 밖의 비평적 논문은 한두 가지의 주요 문제점을 택하여 집중적으로 논의한 것이다. 그 중에서도 가장 많이 논의된 점은 기독교와의 관계, 신앙과 고독의 문제이고, 그 다음이 서구와 국내의 모더니즘과의 영향 관계, 그리고 시어(詩語)와 스타일, 이미지 분석을 통한 통일적인 흐름 등의 문제이다.

필자는 이미 논의된 문제점에 대해서는 견해를 달리할 경우 언급하겠으나, 아직도 논의된 바 없는 문제점에 대해서 논의하고 싶다. 김현승 시에 있어서는 뭐니 해도 기독교와의 관계, 즉 신앙과 고독이 가장 중요한 이슈인데, 이 문제에 있어서는 특히 고독의 발전 과정의 양상과 그 모순 구조에 대하여 필자의 견해를 나름대로 정리해 보고자 한다. 지금까지 전혀 논급된 바가 없는 영역은 자연관(自然觀)과 시적(詩的) 방법인데, 이 두 부분은 김현승 시에 있어서 신앙과 고독의 문제에 관련되면서 이상으로 매우 주요한 문제점이라고 생각한다. 김현승의 자연관은 우리 문학이 가지는 전통적 자연관, 그리고 동시대의 다른 시인들의 자연관과는 이질적(異質的)이면서도 자연과 자아와의 관계추구가 고독을 향한 제1차 체험이라는 점에서 매우 중요하다. 그리고 사회현실(社會現實)과의 관계는 그의 고독으로 나아가는 제2단계의 체험이 된다. 또 그의 시적 방법 역시 주지주의적(主知主義的)이면서도 동시대의 다른 시인들의 그것과는 그 차원이 다르면서 성공한 사례라는 점에서 특히 주목된다.

우리는 일반적으로 우리 시의 편협된 서정주의(抒情主義)에 대하여 무의식중에 형성된 한국시의 주류라는 고정관념(固定觀念)을 가지고 있다. 그리고 대부분의 기성 시인이나 신인(新人)들이 그런 서정주의 쪽으로 접근하려고 하는 경향이 짙고 그런 경향이 시의 주된 가치를 획득하는 길이라고 생각하는 경향마저 있다. 이러한 추세가 시정되어야 한다기보다는 또 하나의 매우 바람직한 즉 사상과 감각을 통합하려고 하는 주지주의적(主知主義的) 주류가 형성되어야 하고, 그러한 주류형성(主流形成)의 계기 내지 가능성을 김현승 시가 마련해 준 것으로 생각된다. 이런 점에서, 김현승 시의 한자어 · 논리적 구조의 미학, 사상과 감정의 통합 등을 포함한 그의 시적방법은 시사적으로도 매우 중요한 의미를 띤다고 하겠다.

이 글에서는 주로 이러한 문제점을 논의하고자 한다.

2. 자연관(自然觀)

(1) 대상적(代償的) 목표로서의 자연(自然)

김현승은 자기의 초기시를 민족적 로맨티시즘, 민족적 센티멘털리즘이라고 규정하고, 자연미(自然美)에 대한 예찬과 동경을 짙게 풍겼다고 말한 바 있다. 이러한 발언은 그의 자연관의 일단을 해명할 수 있는 자료가 되므로 여기에 인용해 본다.

> 그리고, 그 무렵 나의 시에는 자연미(自然美)에 대한 예찬과 동경이 짙게 풍기고 있었다. 이 점 또한 그 당시의 한 경향이었다. 불행한 현실과 고초(苦楚)의 현실에 처한 시인들에게 저들의 국토에서 자유로이 바라볼 수 있는 곳은 거기서는 주권을 행사하지 않는 자연 뿐이었다(중략).
>
> 그러므로, 그 당시 자연을 사랑한다는 것은 흉악한 인간 일인(日人)들과 같은 인간의 때가 묻지 않은, 깨끗하고 아름다운 세계를 지향하는 의미가 포함되어 있었고, 지상에서 빼앗긴 자유를 광대 무변한 천상에서 찾는 의미로 함축되어 있었다. 또 검열에 걸릴 위험도 별로 없었다.[1)]

김현승이 자연미의 예찬과 동경을 짙게 풍겼다고 하면서, '민족적 로맨티시즘' 내지 '민족적 센티멘털리즘' 이라고 굳이 말한 점에 주목할 필요가 있다. 즉 '민족적' 이라는 관용어를 붙인 이유는, 자연을 자연 그 자체로 보지 않고 망국(亡國) 민족의 입장에서, 말하자면 자연을 통하여 망국 민족의 염원, 즉 민족적 로맨티시즘을 읊은 것이다. 주지하는 바와 같이,

1) 김현승, 「굽이쳐가는 물굽이와 같이」,『고독(孤獨)과 시(詩)』, 지식산업사, 1977. P.228~229.

당시는(1930년대) 일제 식민지시대 이므로 그의 표현대로 '불행한 현실' '고초(苦楚)의 현실' 이었기 때문에, 국토에서 자유롭게 바라보고 노래할 수 있는 곳은 자연뿐이고 그 자연을 통해서 민족의 염원, 역사의 미래상을 형상한 것이다.

그러면 여보, 이러한 이야기를 가진 당신들?
쓸쓸한 저녁이 올 때 창밖에 안타까운 집시의 노래를
방송(放送)하기엔
—당신들의 정열은 너무도 크지 않습니까?
표랑의 역사를 그대로 흘려보내기엔

—당신의 마음은 너무도 비분(悲憤)하지 않습니까?
너무도 오랫동안 어두운 이 땅,
울분의 덩어리가 수천 수백 강렬히 불타고 있었습니다 그려 !
마침내 비분의 감정을 발끝까지 찍어버리고
금붕어 같은 삶의 기나긴 페이지 위에 검은 먹칠을 하고
하고서, 강하고 튼튼한 역사를 또다시 쌓아 올리고
캄캄하던 동방산(東方山) 마루에 빛나는 해를 불쑥 올리려고
밤에 험로를 천리나 만리를 달려 나갈 젊은 당신들—

- 「쓸쓸한 겨울 저녁이 올 때 당신들은」에서

『동아일보』(1934. 3. 25)에 발표된 첫 작품인데, 보는 바와 같이 자연 자체의 아름다움을 읊은 것이 아니다. "캄캄하던 동방산 마루에 빛나는 해를 불쑥 올리려고"에서, '해' 는 자연으로서의 해가 아니라 '빛나는 미래의 역사' 를 암시하고 있는 점에서도 그 같은 사실을 알 수 있다. 여기에는 인용하지 않았으나, 가령 "해를 쫓아버린 검은 광풍이 눈보라를 날리며 개선행진(凱旋行進)을 하고 있습니다."라는 대목에서도, '검은 광풍' 은 자연 자체의 기상현상(氣象現象)이 아니라 '고초한 일제암흑시대' 를 암시하고 있음을 알 수 있다. 이 시에다 자연 이미지가 역사적 현실과 관련을

맺고 선명한 대조를 보이는데, 그 하나는 '어둠과 검은 광풍'이요, 다른 하나는 '해'다. 전자는 일제 식민지 시대의 암흑과 탄압을, 후자는 민족의 염원인 미래의 역사를 암시한다. 그리하여, 이 시는 어둠과 광풍이 눈보라를 휘몰고 있는 쓸쓸한 이 땅을, 눈물과 한숨으로 얼룩진 패배(敗北)의 역사를 기록했으니, 젊은 당신들은 정렬과 비분을 품고 새 역사를 쌓아 올리며, 빛나는 미래의 해를 높이 올려야 한다는 것을 역설하고 있다.

초기 시로서 「어린새벽은 우리를 찾아온다 합니다」(동아일보, 1934. 5)도 같은 주제를 표현하고 있다. 이 시의 끄트머리에는 "밤을 뚫고 수천 수백 리를 걸어 나가면 광명한 아침의 선구자인 어린새벽이/희미한 등불을 들고 또한 우리를 맞으러 온다고 말하지 않았습니까?"라는 대목이 있는데, '밤'의 이미지와 '새벽, 해'라는 이미지가 역시 역사적 현실과 관련을 맺고 선명한 대조를 보인다. '밤'은 현실(일제 암흑시대)이요, '새벽, 해'는 미래의 역사를 암시한다.

1930년대 중반기의 대부분의 시인들이 자연을 중시했음을 우리가 다 알고 있다. 김현승이 자연 쪽으로 눈을 돌린 것은 당시의 일반적 추세이긴 하나, 당시의 다른 시인들, 이를테면 정지용(鄭芝溶)·신석정(辛夕汀)·김영랑(金永郎)·김상용(金尚鎔) 등과는 그 경향이 명백히 다르다. 특히 자연 속에서 목가적, 전원적 이상세계를 낭만적으로 표현했던 신석정의 시와는 선명한 대조를 보인다. 이들이 조국을 상실한 역사의 현장(現場)을 떠나서 자연을 찾고 있었으나, 김현승은 그의 시에서 조국을 상실한 일제 식민지 시대라는 의식을 버리지 않았을 뿐만 아니라, 그 자연을 통해서 민족의 염원과 새 역사의 방향을 암임리에 역설하는 것이다. 그가 초기시에 대하여 민족적 로맨티시즘, 민족적 센티멘털리즘이라고 스스로 규정한 이유를 이런 점에서 알 수 있다. 김현승이 자연을 통하여 (또는 자연을 재재로 하여) 민족의 염원과 민족의 역사의 미래를 암시한 데서 우선 세 가지 중요한 의미를 발견할 수 있다. 첫째, 그는 조국 상실이라는 역사적 현실 인식, 다시 말하면 '나와 조국과의 단절(斷絕)'을 명백히 의식하고 있었음을 지적할 수 있다. 즉, 일제 식민지 시대를 '단절시대'로서 인식하고 있었다. 둘째, 그러기에 그는 현실에서 상실한 것을 자연을 통하여 획득하려고 하였다. 이미 인용한 시편도 그러하지만, 「새벽 교실」(동아일보. 1936. 2.18)에서도 '구름'을 통하여 '평화와 자유'를 자연에서 찾아 대상적(代償的) 만족(Substitute satisfaction)[2)]을 얻고 있음을 알 수 있다. 셋째, 초기시에서는 자연이 대상적 만족의 목표물 이상의 의미를 가지지 않으나, 이 대상적 만족의 근원에는 단절시대를 극복해 보려는 의도가 있었음을 지적할 수 있다. 그러나 그의 자연은 신(神)도 초월자도 아니며, 더구나 역사의 현실을 전적으로 구원할 수 있는 초월적 능력은 없다.

(2) 가치(價値)로서의 자연(自然)

김현승의 초기의 자연은 상실한 국가, 상실한 역사의 회복을 암시하는 대상적 목표(Substitute goal)라는 한계를 지니고 있는데, 광복 후에는 이러한 성격이 계속 되면서도 자연에 보다 높은 가치를 부여하는 경향을 보이고 있다. 자연의 가치를 인정하고 소중하게 여긴다 하더라도, 그 가치는 어디까지나 현실과의 비교에서, 현실에서의 어떤 결핍(缺乏) 때문이라는 점을 생각한다면 자연의 대상적 성격은 변함이 없다고 하겠다. 가령, 그는 자연의 아름다움, 자연의 생명력(生命力), 자연의 정결성(淨潔性)과 그 침묵(沈默) 등을 분명히 가치로서 인식하고 있는데, 그런 속성들이 모두 역사의 현장으로서의 현실과의 비교에서 나온 결과임을 알 수 있다.

보석(寶石)을 더 던져두어도 좋을 그곳입니다.
별들을 더 안아주어도 좋을 그곳입니다.

2) 프로이트 저(著), 이용호 역(譯), 『정신분석입문(精神分析入門) 下』, 백조출판사, 1965, P. 83~84. "즉, 나병(羅病)의 여러 유인(誘因)을 비교 검토하면 다음의 공식(公式)으로 정리되는 하나의 결론(結論)이 나오는데 그것은 이 사람들은 현실(現實)이 그들의 성적소원(性的所願)의 만족(滿足)을 주지 않으면, 어떤 종류의 '상실(喪失:privation)', 욕구불만(欲求不滿: frustration) 때문에 병(病)으로 됩니다. 여러분도, 이 양쪽의 결과(結果)가 얼마나 훌륭하게 일치(一致)되어 있는가를 인정하실 것입니다. 이 때야말로 증후(症候)는 실생활(實生活)에서 채워지지 않는 소원(所願)이 대리적 만족(Substitute gratification)으로 해석할 수가 있습니다."

샘물소리 샘물소리 그곳을 지나면,
달빛처럼 달빛처럼 맑아집니다.

나의 언어는
거기서는 작은 항아리,
출렁이는 침묵이 밤과 같이 나의 이 독을
넘쳐흐릅니다.

그곳은 이 지역의 기름진 머리—
수천 수만 마리의 파닥거리는 깃이로야
어찌 이 풍성한 제단(祭壇)을 쌓아 올리이리까 !

-「삼림(森林)의 마음」 전문

김현승의 시 중에서는 역사의 현장의식이 거의 투영되어 있지 않은, 얼른 보면 자연 그 자체의 가치만을 읊은 작품으로 보인다. (그래서 맨 먼저 인용한 것이다.) 자연의 삼림(森林)은 가장 아름답고 고귀한 보석을 던져두어도 좋을 곳이며, 높고 빛나는 이상의 별들을 안아주어도 좋을 곳이며, 샘물소리는 너무도 깨끗하고 맑아서 인간의 심성(心性)을 맑게 해주는 정화력(淨化力)도 있다. 이러한 삼림에서는, 시인의 언어는 단지 작은 항아리에 지나지 않는데, 삼림의 한없이 출렁이는 침묵의 언어가 그 항아리에 넘쳐흐를 따름이다. 삼림의 푸른 숲, 기름진 머리는 수천수만 마리의 파닥거리는 날개깃으로는 도저히 쌓아 올릴 수 없는 풍성한 제단이다.

자연의 아름다움, 그 고귀성과 정결성(淨潔性), 그리고 한없는 침묵의 언어(시)는 분명히 가치라고 하겠다. K.브룩스는 시를 '역설(逆說)[3]의 언어(言語)' 라고 말한 바 있지만, 자연의 이러한 가치는 역사의 현장인 현실에서는 없거나 모자라는 것임을 이 시는 역설적으로 말하고 있다.

3) 클리언드 브룩스, 이경수 역, 『잘 빚어진 항아리』, 홍성사(弘盛社), 1983, P.7.

시인(詩人)들이 노래한 일월의 어느 언어보다
영하 5도가 더 차고 깨끗하다.

메아리도 한 마장이나 더 멀리 흐르는 듯……
정월의 썰매들이여,
감초인 마음들을 미지(未知)의 산란한 언어들을
가장 선명한 음향으로 번역하여 주는
출발의 긴 기적(汽笛)들이여,

잠든 삼림(森林)들을
이 맑은 공기 속에 더욱 빨리 일깨우라!
무엇이 슬프랴,
무엇이 황량하랴,
역사(歷史)들 썩어 가슴에 흙을 쌓으면
희망은 묻혀 새로운 종자가 되는
지금은 수목들의 체온도 뿌리에서 뿌리로 흐른다.

피로 멍든 땅,
상처 깊은 가슴들에
사랑과 눈물과 스미는 햇빛으로 덮은
너의 하얀 축복의 손이 걷히는 날

우리들의 산하(山河)여,
더 푸르고 더욱 요원(遼遠)하라!

-「신설(新雪)」의 전문

자연(신설)의 차고 깨끗함, 선명한 음향으로 번역되는 미지의 언어 등이 가치로서 예찬되고 있지만, 그보다 우리의 주목을 더욱 끄는 점은 역사의 비극과 황폐성, 현실성의 상처와 고통을 극복해주는 생명력(生命力)이 있음을 인식하고 있다는 사실이다. 수목(樹木)들의 뿌리에 흐르고 있는 희망과 소생의 생명력, 전란(아마도 6.25 동란을 의미할 것이다.)으로 멍들고 상처를 입은 역사의 현장이지만 그것을 치유할 수 있는 신설의 축복의 손—이러한 자연의 인식은, 자연이 현실에 없거나 결핍된 것을 가지고 있다는 의미를 넘어서서, 현실의 황폐와 죽음을 극복하고 회복할 수 있는 생명력을 가지고 있다는 의미로 파악된다. 자연과 역사의 이러한 대비에서, 이 시인은 역사의 생명력보다 자연의 생명력을 훨씬 우위에 두고 있을 뿐만 아니라, 자연의 생명력이 역사적 현실을 포함한 모든 생명의 근원이 된다는 것을 암시하고 있다. 따라서 이러한 해석을 가능하게 한 「신설」은 매우 중요한 작품이다.

> 저 구름을 보아라, 저 구름을 넘어 더욱 빛나는 얼굴들을 너는
> 보았느냐.
> 저 무지개를 보아라, 저 성문(城門)밖에 열린 더욱 황홀한 나라들을
> 너는 보았느냐.
> 저 새소리를 들으라, 저 노래소리보다 더욱 약동하는
> 새로운 지휘자(指揮者)의 호흡(呼吸)소리가 네 귀에는 들리지
> 않느냐.
> 저 아지랑이를 보아라, 저 아지랑이보다 더 그윽한
> 영원(永遠)의 시간(時間)들이 네 눈앞에는 바라다보이지 않느냐.
> 저 아름다운 온갖 자연(自然)의 선물 가운데는
> 아기야, 네가 그렇게 밤낮으로 조르던 그 트로이성(城)의
> 목마(木馬)도,
> 연통(煙筒), 고운 증기선(蒸氣船)도, Z기(機)도 그리고 그보다 몇 백
> 배(百倍)나 되는 더 많은 장난감들이 저절로 담겨져 있느니라.
> 아니, 우리가 모은 이 모든 제한(制限)된 보화(寶貨)를 저 자연의 풍
> 성한 울안에 들이면
> 그것은 땅에 떨어진 한낱 작은 이삭들에 지나지 않느니라 !
> 뿐만 아니다. 그것들은 깨어지지도 쭈그러지지도 아니하며,

침몰(沈沒)하지도 그리고 침략(侵略)에 쓰이지도 아니하는,
보다 견고(堅固)한 완구(玩具)들이 저 자연의 품안에는
언제나 언제나 새살 돋아나며 있느니라.

-「슬픈 아버지」의 제5연

「슬픈 아버지」는 금속으로 만든 장난감이 없어서 자연의 완구(玩具)를 더 사랑해야 한다고 간곡하게 가르치는 아버지의 슬픔을 읊은 시지만, 여기서 우리의 주목을 끄는 점은 자연과 문명(文明)의 역사를 가치 면에서 대비하여 인식하고 있다는 사실이다. 즉, 역사의 현장에서 쓰이는 문명의 금속이기(金屬利器)들은, 구름이나 무지개나 새소리 같은 자연에 비하면 한낱 땅에 떨어진 이삭과 같이 가치 없는 것이며 자연이야 말로 불변의 영원한 가치를 가지고 있다는 것이다. 역사와 문명보다 자연의 가치에 대한 이 시인의 강력한 긍정을 읽을 수 있다.

이상의 고찰에서, 김현승은 1945년 조국이 회복된 광복 이후에도 여전히 역사적 현실과의 단절(斷絕)을 의식하고 있고, 나와 역사와의 단절을 자연의 근원적 생명력을 통해서 통합해 보려는 의도가 밑바닥에 암암리에 흐르고 있음을 감지(感知)할 수 있다. 그리하여, 자연과 문명의 역사에 대한 선명한 대비의식을 가지면서, 역사적 현실에서의 결핍과 없음을 자연을 통하여 대상적(代償的) 만족(滿足)을 여전히 추구하고, 그리고 역사적 현실의 황폐와 죽음을, 자연을 통해서 극복할 수 있다는 생각을 암시하고 있다. 자연의 생명력에 대한 긍정은, 초기시에서 단지 자연을 대상적 목표로 보았던 자연관에 비하여 자연의 근원적 가치에 더욱 접근한 것이라고 하겠다.

(3) 피조물(被造物)로서의 자연(自然)

앞에서, 김현승의 자연을 주로 역사적 현실과의 관계에서 볼 때, 그 현실의 황폐와 죽음을 극복할 수 있는 생명력을 가지고 있음을 밝혔다. 그러면, 초월자(신)와의 관계는 어떠한 가를 고찰해 볼 차례이다. 김현승의 자연은 한쪽으로 역사적 현실과 관계를 맺고 있고, 다른 한쪽에서는 초월자

와의 관계를 맺고 있음은 분명한데, 초월자와의 관계는 한마디로 '피조물(被造物)로서의 자연' 이라는 한계를 드러낸다. 이러한 단정은, 이 시인이 독실한 기독교 신자라는 선입관에서보다 그의 시에 분명하게 표현되어 있다.

> 꿈을 아느냐 네게 물으면,
> 프라타나스,
> 너의 머리는 어느덧 파아란 하늘에 젖어있다.
>
> 너는 사모할 줄 모르나,
> 프라타나스,
> 너는 네게 있는 것으로 그늘을 늘인다.
>
> 먼 길에 올 제,
> 호올로 되어 외로울 제,
> 프라타나스,
> 너는 그 길을 나와 같이 걸었다.
>
> 이제 너의 뿌리 깊이
> 나의 영혼을 불어넣고 가도 좋으련만,
> 프라타나스,
> 나는 너와 함께 신이 아니다!
>
> 수고론 우리의 길이 다하는 어느 날
> 프라타나스,
> 너를 맞아줄 검은 흙이 먼 곳에 따로이 있느냐?
> 나는 오직 너를 지켜 내 이웃이 되고 싶을 뿐,
> 그곳은 아름다운 별과 나의 사랑하는 창이 열린 길이다.
>
> -「프라타나스」의 전문

「프라타나스」를 '너'라고 지칭하여 '나'와 대등한 인격체(생명체)로 인식하고 있으나, 사실은 신·인간·수목의 상호관계를 분명하게 보여준 작품이다.

먼저 신과의 관계에서, 인간과 함께 나무를 신이 아니라고 말한 것은 곧, '자연은 신이 아니라'는 반범신론적(反汎神論的)인 반정령설(反精靈說)을 말한 것과 다름이 없다. 그 다음에 "나의 영혼을 불어넣고 가도 좋으련만" 나와 함께 신이 아니기 때문에 그럴 수 없다고 말한 대목에서, 영혼을 가진 인격체인 '나'와 영혼을 가지지 않은 나무인 '너'와의 차이를 암시한다. 이와 같이, 이 시에서 나무(프라타나스)는 나와의 신앙적 동반자(同伴者)이긴 하나, 영혼의 존재 여부에서 명백히 구별되고 있음을 알 수 있다.

> 당신의 얼굴을 바라보게 하려고
> 당신은 이슬에 젖은 장미를 만들었지만,
> 우리는 그 얼굴을 모른다.
> 우리는 당신의 장미꽃에서
> 기껏 코티분(粉)의 짙은 냄새를 맡고 만다.
>
> -「우주시대(宇宙時代)에 붙여」의 끝 연

이 작품은 시집 『절대(絕對)고독』(성문각, 1970)에 수록되어 있다. 신은 자기의 얼굴을 사람들로 하여금 바라보게 하려고 이슬에 젖은 장미를 만들었으나(즉 자연을 창조하였으나), 그 자연 속에서는 신의 얼굴을 볼 수 없다고 말한다. 신은 자연을 만들어 놓고 자연 저쪽으로 초월해 있는 존재이다. 구약 창세기 첫머리에 "한 처음에 하느님께서 하늘과 땅을 지어내셨다."는 신의 천지창조설은 하나의 상식적 신화이므로 새삼스럽게 말할 필요조차 없고, 또 이 시인이 기독교신자라는 점에서 신의 창조설을 믿는다고 해서 이상하게 여길 것도 없다.[4)]

다만 여기서 문제가 되는 점은, 역사적 현실의 황폐와 죽음을 극복할 수

4) 『성서』, 대한성서공회(1977), P.1.

있는 자연의 생명력과 신의 창조설과는 어떤 관계에 있느냐 하는 것이다. 너무 결론을 서두르는 문제를 가볍게 생각하는 것인지는 모르겠으나, 역사의 생명력을 회복, 지속시켜주는 자연의 생명력 역시 신의 피조물이라고 할 수밖에 없다. 과연 신은 그런 능력까지 자연에 부여했을까? 여기서, 비록 자연의 생명력에 역사적 현실의 생명력을 회복, 지속시키는 근원적인 힘이 있다고 하더라도, 즉 역사적 현실을 규제할 수 있는 어떤 능력이 있다고 하더라도, 자연 자체는 초월자(신)가 아니라는 한계만을 분명하게 지적할 수 있고, 자아(自我)와 자연과의 관계도 이 한계 이상을 넘어설 수 없음을 알 수 있다. 전통적으로, 우리는 자연을 신의 피조물로 보지 않고(우리나라에는 구약과 같은 천지창조신화가 없다.), 자연자체를 정령(精靈)이나 초월적 존재(신)로 믿고 의존해 왔던 것인데, 그러한 전통적 자연관과는 명백히 구별된다는 사실을 확인하게 된다. 이 점에서, 김현승의 자연관의 성격과 그 한계는 명백하다고 하겠다.

김현승은 다음과 같이 말한 바 있다. "나는 인간의 삶 자체를 자연의 유로(流露)라고는 생각지 않는다. 그것은 오히려 비평이라고 생각한다. 나는 자연을 있는 대로 받아들이지 않고, 자연에다 어떤 주관적인 해석을 가하고 주관에 의하여 변형시키기를 요구한다. 이런 점에서는 나는 동양적이 아니고 서구적이다. 그리고 그것은 기독교적이다."[5] 자연도 기독교적 관점에서 보았다는 사실을 이 말에서 확인할 수 있다. 여기서, 우리는 김현승이 자연을 유토피아나 전원적인 이상향(理想鄕)으로 정립하지 않았던 이유를 알게 된다. 비록 '자연의 생명력'이 역사적 현실의 황폐와 죽음을 극복할 수 있음을 노래했다고 할지라도, 기독교의 '천국(天國)'이 있는 이상, 자연을 유토피아나 이상향으로 설정할 수 없었던 것은 당연한 논리이다. 그래서 자연은 인간과 더불어 같은 신의 피조물이라는 사실 이상으로는 자아와 자연과의 동일성(identity)의 실현까지는 나아가지 않았던 것이다. 다시 말하면, 자연을 천국으로 보거나 천국의 대상물로는 보지 않았고, 또 그럴 수도 없었던 것으로 생각된다. 이 점에서 우리는 자연과 자아와의 관계, 더 이상 뛰어넘을 수 없는 한계, 즉 자연과 자아와의 단절(斷

5) 김현승, 「나의 고독(孤獨)과 나의 시(詩)」, 『고독(孤獨)과 시(詩)』, 지식산업사, 1977. P.201.

絕)을 체험하였던 것으로 판단된다.

3. 신(神)과 고독(孤獨)

(1) 사회(社會)와의 단절(斷絕)

김현승은 초기부터 국가의 상실로 말미암아 자아와 국가와의 단절을 의식하고 있었다는 점은 이미 지적한 바이다. 1945년 광복으로 조국이 회복되었으나, 자아와 국가와의 동일성을 실현하지 못하고 단절시대(斷絕時代)라는 의식이 광복 후에도 계속된 것 같다. 그 이유는 광복과 더불어 분단시대로 들어간 점에도 있겠으나, 보다 직접적 이유는 그의 기독교적 신앙과 윤리의식(倫理意識)이 현실사회의 부조리와 혼란을 용납할 수 없었기 때문인 것으로 생각된다.

> 나는 기독교 신교(新教)의 목사의 집안에서 태어나 어려서부터 천국과 지옥이 있음을 배웠고, 현세보다 내세가 더 소중함을 배웠다. 신이 언제나 인간의 행동을 내려다보고 인간은 그 감시 아래서 언제나 신앙과 양심과 도덕을 지켜야 한다고 꾸준한 가정교육을 받았다. 나라는 인간의 본질을 아마도 비교적 단순하고 고지식한 데가 있는 것 같다. 나는 나이가 먹은 뒤에도 이 신앙과 양심과 도덕을 곧이곧대로 믿고 지키려고 노력하여 왔다.(중략)
> 그러나, 인간들의 실제적인 현실은 양심과는 너무도 먼 거리에서 양심과는 아무런 관계도 없이 살고 있다. 이른바, 선험적인 원리나 경험적인 실존과는 너무도 차이가 심하다. 그 가운데서도 가장 대표적인 분야가 정치다. 나는 불행히도 선진국에선 살아보지 못하였지만 후진국의 정치는 더욱 양심과는 멀다.[6)]

6) 김현승, 「나의 고독(孤獨)과 나의 시(詩)」, 『고독(孤獨)과 시(詩)』, 지식산업사, 1977. P.201~203.

신앙과 양심과 도덕을 곧이곧대로 믿고 지키려고 하는 초자아(super ego)는, 그렇지 못한 사회현실과 불가불의 갈등을 일으키지 않을 수 없고, 자아(초자아)와 사회가 어느 쪽도 양보하지 않는다면, 결국은 단절될 수밖에 없다. 그리하여, 자아, 즉 신앙과 양심과 도덕은 사회에 대하여 대결이라는 적극적 자세를 취하거나, 한걸음 물러가 내면세계로 전환하지 않을 수 없다. 그 어느 쪽을 취하든 간에, 자아와 사회가 융합되지 못하고 단절과 갈등이 계속 되는 것임은 두말할 나위도 없다.

> 이를테면 못 먹거나 헐벗는 것 말이다.
> 그것들은 육체(肉體)에 속하는 것이라고 비웃으려면 비웃으렷다.
> 그러한 것들은 저물가정책(低物價政策)에 호응(呼應)하는 태도라고
> 웃으려면 웃어넘기렷다.
>
> -「체념(諦念)이라는 것」의 제1연

못 먹거나 헐벗는 것, 이러한 사회현실의 부조리에 대하여 대결하지 못하고 그저 웃어넘기려고 하는 것은 순응주의자(順應主義者)의 태도다. 이러한 체념을 김현승은 우울한 동양의 수치(羞恥)스러운 도덕이라고 비판한다. 기독교적 신앙과 양심과 도덕으로서는 사회의 이러한 동양적인 체념도 용서할 수 없다는 태도의 암시라고 할 수 있다.

> 빵을 부르짖는 아들에게 돌을 주지 않으시는 자비(慈悲)의 신이여
> 해방(解放)의 너운 눈물이 마르기도 진에 당신은 삼팔선(三八線)의
> 검은 장막(帳幕)을
> 우리의 이마 위에 두루치셨나이다.
> 찬 겨울의 갈까마귀떼처럼 형제들은 남북으로 흩으셨나이다.
> 그러나 당신은 선(善)하오이다!
> 우리를 위하여 당신이 택하시는 길은 일만가지가 옳으오이다.
> 우리는 다만 오늘의 시련(試鍊)을 거쳐 새로운 신앙(信仰)을 창조(創
> 造)하여 나가갈 뿐.

이것만이 당신의 결의(決意)를 따라 전진(前進)하는 우리의 모습이외다.

-「一九六○年의 연가(戀歌)」의 7연

기독교적 신앙으로 단단히 무장한 자아의 입장에서 역사의 현실을 보면, 그 역사가 바람직하건 바람직하지 못하건 간에 그 근원은 신에게로 돌아가기 마련이다. 그래서 남북분단과 같은 민족의 현실적 비극도, 제2차 세계대전을 종결하기 위한 열강(列强)들의 종전안이 굳어진 것으로 보기보다는 신이 그렇게 한 것으로 본다. 신의 예정설(豫定說;predestination)이라고도 볼 수 없는 바 아니나, 이 시인은 여기에 신앙적 해석을 덧붙여 새로운 신앙을 창조하기 위한 오늘의 민족적 시련으로 본다. 다시 말하면, 비극적 현실에 대한 초자아의 신앙적 대결의 모습을 볼 수 있다. 그리고 이보다 더 적극적이고, 더욱 공격적인 대결상을 보여주는 작품으로 「우리는 일어섰다」「석간(夕刊)을 사서 들다」 등을 들 수 있다.

그러나 사회 현실에 대한 공격적이고 전투적인 시는 이 시인에게는 별로 기질적으로 맞는 것이 아니다. 무엇보다도 이 시인 자신의 말이 이 사실을 뒷받침하고 있다. "민족적 상황이 달라진 터에 1930년대 풍의 민족적 센티멘털리즘의 연장은 허용될 리 없었다. 그렇다고 불순한 현실 치중의 시를 쓰기도 싫었으며 내 기질에도 맞지 않았다. 나는 지금까지 내가 등한히 하였던 나의 인간의 내면의 세계로 눈길을 돌렸다. 나는 너무도 외계적(外界的)인 자연에만 치우친 나머지 인간의 내면적인 자연을 몰각하고 있었던 것이다. 그리하여, 나는 자연적으로부터 인간으로, 외계로부터 내면의 세계로 관심을 돌렸다. 이러한 시기에 얻은 작품으로 나에게는 소홀히 알 수 없는 「눈물」이 있다."[7] 여기서, "내면의 세계로 눈길을 돌렸다."는 대목이 특히 주목되는데, 그의 시의 발전과정에서 볼 때 이러한 '내면세계에의 전환(轉換)'은 획기적인 일로 생각된다. 그리고 이러한 전환기에 발표한 작품 중에서 『시정신(詩情神)』(예술문화단체총연합회 목포

7) 김현승, 「굽이쳐가는 물굽이와 같이」, 동상(同上), P.235~236

지부, 1956)창간호에 실은 「눈물」을 중요시하고 있다. 문제는 그가 왜 외면세계로부터 내면세계로 전환했느냐 하는 그 이유이다. 그 이유는 "불순한 현실 치중의 시를 쓰기도 싫었으며, 내 기질에도 맞지 않았다."는 그의 말에 잘 나타나 있다. 불순한 현실 치중의 시를 쓰기 싫었던 것도 그의 기질 탓이라면 기질로 돌릴 수 있겠으나, 이미 지적한 바와 같이 기독교적 신앙과 양심과 도덕이라는 초자아의 관점에서는 부조리한 사회현실(특히 그는 양심과는 거리가 먼 정치적 현실을 증오하였다.)이 싫었으며, 설령 그러한 사회의 부조리를 공격하는 시를 써보았다고는 하나 사회와 자아와의 거리(距離)는 점점 멀어졌다고 할 수밖에 없다. 거리가 생기고 점점 멀어진다는 것은 결국 사회와의 단절을 가지지 않을 수 없고, 단절은 사회로부터 자아의 소외(疎外)를 가져오지 않을 수 없다. 이 지점에서, 이 시인은 자아, 특히 기독교적 신앙과 양심과 도덕이라는 초자아를 지키기 위해서는 내면세계로 전환하지 않을 수 없고, 내면세계로 전환함으로써 신과의 새로운 관계를 형성할 수 있는 것이다.

(2) 초월자(超越者)와의 갈등(葛藤)

앞에서 1956년(시 「눈물」이 발표된 시기)을 전후하여, 김현승이 내면세계로 전환하기 시작했다고 말한 바 있다. 내면세계로의 전환은 내면세계에서의 체험을 외면세계의 그것보다 더욱더 가치 있다고 보는 태도를 취하는 것이지만, 그렇다고 해서 이 시인이 내면적 신비주의(神秘主義)나 낭만적 주관주의(主觀主義)로 몰입한 것은 아니다. 눈을 자기의 안으로 돌림으로써 더욱 각성(覺醒)된 단계에서 신을 발견하고, 신과 자아와의 관계를 깊숙이 형성하게 되고, 신 앞에 선 자기의 존재를 선명하게 인식하게 된다. 김종철(金鍾哲)은 "그의 기독교적 세계관이 과연 어떤 것이라고 잘라 말할 수는 없지만, 우선 그것은 하느님에 대한 관계 속에서의 인간의 한계를 깊은 실감으로 느끼는 세계관이라고 할 수 있을지도 모른다."[8]고 말한다. 자기의 내면세계에서 신을 재발견하고, 신과의 관계를 더욱 긴밀하게

8) 김종철, 「견고한 것들의 의미」, 『시(詩)와 역사적(歷史的) 상상력(想像力)』, 문학과 지성사, 1978. P.59.

추구하고, 자신의 존재의 한계를 실감함으로써, 부조리한 사회현실에 대한 비판적 공격을 멈추고, 사회로부터 밀어닥치는 비도덕적, 비양심적 영향과 오염(汚染)에서 자기를 지킬 수 있고, 나아가서는 사회와의 단절을 대상(代償)할 수 있었던 것이다.

더러는
옥토(沃土)에 떨어지는 작은 생명(生命)이고저……

흠도 티도,
금가지 않은
나의 전체(全體)는 오직 이뿐!

더욱 값진 것으로
드리라 하올 제,
나의 가장 나중 지니인 것도 오직 이뿐!

아름다운 나무의 꽃이 시듦을 보시고
열매를 맺게 하신 당신은,
나의 웃음을 만드신 후에
새로운 나의 눈물을 지어 주시다.

-「눈물」의 전문

이 시의 주제에 대하여, 이 시인은 "인간이 신 앞에 드릴 것이 있다면, 그 무엇이겠는가. 그것은 변하기 쉬운 웃음이 아니다. 이 지상에 오직 썩지 않는 것이 있다면, 그것은 신 앞에서 흘리는 눈물뿐일 것이다."[9]고 말하고 있다. 이 시를 통하여, 신 앞에 선 한 인간, 그리고 신과 인간과의 관계 형성의 매개물이 눈물임을 확인할 수 있는데, 그 눈물은 자기의 전체이

9) 김현승, 「굽이쳐가는 물굽이와 같이」, 동상(同上), P.236.

며, 가장 가치 있는 것으로서 마지막 지닌 것이며, 웃음과는 반대되는 것이다. 절대자요, 초월자인 신 앞에 섰을 때, 눈물은 인간이 신에게 드릴 모든 것의 마지막 것이라면, 한계에서 느끼는 회한(悔恨)의 눈물 이외의 것이라고는 말할 수 없을 것이다.[10)]

신앙인에게 그리고 시인에게 기도하고 시를 쓸 수 있는 계절이 따로 있을 리 없지만, 김현승에게는 '가을'이야말로 신과의 관계에 있어서 매우 의미 깊은 중요한 계절이다. 그는 "지금은 이 기도와 시가 탄생되는 계절의 첫 시간이다."[11)]라고도 말하고, "사람은 여름과 겨울에 늙고, 봄과 가을에는 성장하는 것인지도 모른다. 그리고 봄에는 육체가, 가을에는 영혼이 성장한다고 하여도 좋을 것이다."[12)]고 말한 바 있다. 시집 『옹호자(擁護者)의 노래』(宣明文化社, 1963)제3부에 수록된 2편은 모두 가을과 관련된 시편들인데, 그 중에서 널리 알려져 있는 「가을의 기도(祈禱)」를 보기로 한다.

가을에는
기도(祈禱)하게 하소서……

낙엽(落葉)들이 지는 때를 기다려 내게 주신
겸허(謙虛)한 모국어(母國語)로 나를 채우소서.

가을에는
사랑하게 하소서……

10) 김현승은 "진지하고 열렬한 슬픔을 통하여 생명의 본질을 추구하려는 그 시정신과 마지막 연의 표현들이 어딘가 내가 타고난 기질에 꽉 들어맞는 것 같다."고 말하고 있다. 「고요한 면을 지닌 '눈물'」, 『고독(孤獨)과 시(詩)』 P.192.

11) 김현승, 「초가을」, 동상(同上). P.52.

12) 김현승, 「가을에 생각나는 시(詩)들」, 동상(同上). P.53.

오직 한사람을 택하게 하소서,
가장 아름다운 열매를 위하여 이 비옥(肥沃)한
시간을 가꾸게 하소서.

가을에는
호올로 있게 하소서 ……
나의 영혼,
굽이치는 바다와
백합(百合)의 골짜기를 지나,
마른 나무가지 위에 다다른 까마귀같이.

-「가을의 기도(祈禱)」의 전문

가을은 기도의 계절이고, 신에게 드리는 기도는 신과 인간의 관계를 형성하고 깊게 하는 가장 중요한 신앙적 행동이다. 이러한 기도에서 그가 신에게 기도로 요청하는 것은, 기도와 사랑 및 고독이며, 그리고 모국어로 채워진 시와 사랑의 대상의 선택, 풍성한 열매의 수확임을 알 수 있다. 특히 주목되는 부분은 기도하면서 더욱 지도하도록 해 달라는 요청과 "마른 나무 위에 다다른 까마귀같이" 호올로 있게 해달라는 부분이다. 신에 대한 요청은, 신과의 신앙적 관계를 더욱 촉진하고 더욱 긴밀하게 하려고 하는 의지의 표명이고, '고독' 은 신과의 관계를 끊은 고독이 아니라 신과의 관계를 더욱 돈독히 하기 위한 자신의 영혼의 요청이다.

이상에서 우리는 내면세계의 전환을 보여주는 「눈물」과 「가을의 기도」를 살펴보았다. 이 두 편의 작품을 통해서, 신과 자아와의 관계가 얼마나 절실하고 깊은가를 확인하게 되었지만, 그리고 신과의 관계형성을 더욱 공고하게 유지하려는 신앙적 의지를 확인하게 되었지만, 중요한 사실은 신의 응답은 전혀 들을 수 없다는 점이다. 이 시인은, 분명히 신은 그러한 기도와 요청을 다 무조건 받아들일 수 있는 전지전능(全知全能)의 초월자로 전제(前提)하고 있음에 틀림없다. 그러한 전제가 없다면, 그러한 기도도 요청도 성립할 수 없으며, 따라서 신앙 자체도 성립할 수 없을 것이다.

여기까지는 초월자인 신의 존재 자체에 대한 회의도 없고, 갈등도 없다. 그렇기는 하나, 그의 시는 분명히 '침묵의 신'이다. 우리는 성경에서 신의 응답, 신의 음성을 들을 수 있는데, 김현승의 시에서는 도무지 그것을 들을 수 없다. 신과의 대면관계에 있어서 완전한 일방통행(一方通行)임을 알 수 있다. 이러한 양상은 「내 마음은 마른 나뭇가지(『현대문학』, 1957.11)」라는 작품에서 더욱 심각하게 드러난다.

> 내 마음은 마른 나무가지,
> 주(主)여,
> 나의 머리 위으로 산까마귀 울음을 호올로
> 날려 주소서.
>
> -「내 마음은 마른 나무가지」의 제1연

'마른 나무가지'란 꽃이고 잎사귀이고, 열매고 할 것 없이 모든 것을 상실한(혹은 포기한) 뒤에 남은 마지막 자아의 이미지이다.[13] 신 앞에 자기 자신의 최후의 모습을 이 같이 드러내어 규정하고, 고작 신에게 요청하는 것이라곤 '산까마귀의 울음'을 호올로 날려달라는 것이다. 제2연에서는 가랑잎이 되게 해달라는 것, 제3연에서는 마지막 남은 빛을 공중에 흩으시고 어둠 속에서 내 귀를 뜨게 해달라는 것, 제4연에서는 바람 속에서 나의 간곡한 포옹(抱擁)을 두루 찾게 해달라는 것인데, 이 모두가 모든 것을 상실하고 최후로 남은 마른 나무가지의 이미지에 합당한 것들에 지나지 않다. '산까마귀'란, "인간의 고독과 인간들의 천형(天刑)을 자기 한 몸에 그 빛깔과 그 소리로 집중하여 형상화한 듯한 새"라고 한다면, 모든 것을 상실한 마른 나무가지로서 고독한 원죄(原罪;천형)의 울음소리만을 듣겠

13) 곽광수(郭光秀)는, "즉 자기의 시(詩)는 상실되는 것, 사라지는 것들을 노래한다고 시인은 말하고 있는데, 바로 여기서 상실, 사라짐이라는 그 스스로의 명료한 표현으로 지칭되어 있는 것이야말로 그의 시(詩) 세계의 생성적 움직임의 원초적이고도 가장 중요한 양상이다."고 규정하고 있다. 곽광수, 「사라짐과 영원성(永遠性)」,『김현승(金顯承)』, 지식산업사, 1982. P.221.

다는 것은, 신과의 관계에 있어서 자신의 마지막 비극적 한계상황(限界狀況)을 보여준 것이라고 하겠다. 홍기삼(洪起三)은, "신과 시인의 내면세계가 조용히 대좌(對座)하고 있을 때, 이미 이 시인은 서서히 고독의 성(城)을 예비하고 있었던 것이다."[14]라고 말하였는데 이 말은 결국 신과 자아와의 관계의 단절이 올 것을 시사(示唆)한 것으로 볼 수 있다.(왜냐하면, 김현승의 고독은 신의 상실에서 온 고독이므로)

일방통행으로만 치닫던 내면세계에서의 신과의 만남과 그 관계는 마침내 신을 회의하는 갈등의 관계로 접어든다. 그 변화는 1964년『기독교논단(基督敎論壇)』에 발표한 시「제목」에서 보여준다. 김현승 자신도, "시「제목」을 계기로 하여 나의 시세계(詩世界)에는 적지 않은 변화가 일어났다. 나는 중기까지 유지하여 오던 단순한 서정의 세계를 떠나, 신과 신앙에 대한 변혁을 내용으로 한 관념의 세계에 발을 들여 놓았다."[15]고 말하고 그 변혁의 내용을 하나는 표현방법, 다른 하나는 새로운 고독의 직면이라고 말하고 있다. 표현방법의 문제는 나중에 말하겠지만, 새로운 고독의 직면이란 다름 아닌 바로 '신을 잃은 고독'을 말하는 것이다.

떠날 것인가
남을 것인가

나아가 화목할 것인가
쫓김을 당할 것인가

어떻게 할 것인가,
나는 네게로 흐르는가
너를 거슬러 네게로 오르는가

14) 홍기삼,「김현승론(金顯承論)」,『상황문학론(狀況文學論)』, 동화출판공사, 1975, P.184
15) 김현승,「나의 고독(孤獨)과 나의 시(詩)」,『고독(孤獨)과 시(詩)』, P.208~209.

두 손에 고삐를 잡을 것인가
품 안에 안길 것인가

허물을 지고 갈 것인가
허물을 물을 것인가

-「제목(題目)」의 제1~5연

이 시는 신과의 관계에 있어서 계속적인 화목이냐, 아니면 단절이냐 하는 양자택일의 절박한 갈등상을 표현한 것이다. 그러나 화해와 단절의 갈등에서 이 시는 선택의 결론을 내리고 있지 않다.[16] 그런데 이보다 약 8년 전에 발표한 시 「인간(人間)은 고독(孤獨)하다」(『현대문학』, 1957. 4)에서 모든 애정과 신앙을 떠난 '고독(孤獨)' 을 표현한 것으로 보아, '신과의 단절과 연속의 갈등' 은 상당히 오래전부터 계속된 것임을 알 수 있다.

신과의 단절과 연속의 갈등은 앞으로도 그가 실생활에서 신앙을 완전히 포기하지 않는 이상 계속되겠지만, 어쨌든 시 「제목」 이후 이 시인 자신이 신을 잃은 고독에 직면했다는 말에 주목할 필요가 있다. 신과의 단절은 첫째 그의 자연과의 단절, 둘째 그의 사회현실과의 단절에 이어 세 번째의 단절체험(斷絕體驗)이라는 점에서 그 심각성을 엿볼 수 있다. 이러한 단절의 연속은, 자아의 삶의 확대와 시련이라는 점에서 볼 때, 그 반대인 삶의 축소와 상실의 과정이라고 할 수 있고, 그 과정은 필경 그 자신의 말대로 절대고독에 이를 수밖에 없다.

(3) 고독(孤獨)의 전개양상(展開樣相)

김현승은 흔히 고독의 시인, 원죄(原罪)를 끌고 가는 고독[17]이라고도 하

16) 권오만(權五滿), 「김현승(金顯承)과 성속(聖俗)의 갈등(葛藤)」, 김용직(金容稷)外, 『한국현대시사연구(韓國現代詩史研究)』, 일지사(一志社), 1983, P.401. 위의 인용에서 볼 수 있듯이 「제목(題目)」에 형상된 기독교 신앙과 합리적 사고 사이의 갈등은 어느 쪽의 승리로도 귀결되어 있지 않다.

17) 장백일(張伯逸), 「원죄(原罪)를 끌고 가는 고독(孤獨)」, 『현대문학(現代文學)』(1969. 5).

고, 이 시인 자신의 말대로 신을 잃은 고독이라고도 말한다. 시집 『옹호자의 노래』(선명문화사, 1963)이후에 나온 두 권의 시집이 『견고(堅固)한 고독』(관동출판사, 1968), 『절대(絕對) 고독』(성문각, 1970)인 사실에서도 1960년대 중반기부터는 '고독'이 그의 삶을 집약한 문제일 뿐만 아니라, 그의 시의 주제였음을 알 수 있다. 아마도 고독의 문제야말로 후기 김현승 시의 핵심을 이루는 것으로 생각된다. 우리는 먼저 이 문제에 대한 이 시인의 말을 들어볼 필요가 있다.

> 그것은 한마디로 신을 잃은 고독이다. 내가 지금까지 의지해 왔던 거대한 믿음이 무너졌을 때에 허공에서 느끼는 고독이었다. 그러므로 나의 고독은 기독교와 밀접한 관련이 있는 고독이면서도 키에르케고르 등의 고독과도 다르다. 키에르케고르는 인간을 고독한 존재로 규정하였지만, 이 고독을 벗어나기 위하여 팔을 벌리고 그리스도를 붙잡으려 하였다. 그러므로 키에르케고르의 고독은 궁극적으로는 구원에 이르기 위한 수단으로서의 고독이었다.……
> 그러나 나의 고독은 구원에 이르는 고독이 아니라, 구원을 잃어버리는, 구원을 포기하는 고독이다. 수단으로서의 고독이 아니라, 나의 고독은 순수한 고독 자체일 뿐이다. 그러므로 나의 고독이야 말로 이 세상에서 가장 진정한 고독이다.[18)]

그의 고독이 자신의 말대로 신을 상실한, 지금까지의 믿음이 무너지고 구원이 포기된 고독, 다시 말하면 신과의 비극적인 관계, 즉 신과의 관계 단절에서 온 고독임은 물론이다.[19)] 신과의 비극적인 관계에서 태어난 고독이므로, 이를 '형이상적(形而上的) 고독'이라고 말한 이도 있다. 신과의 비극적인 관계, 다시 말하면, 신과의 관계 단절에서 태어난 고독이라는 점에서, 신앙과 고독의 관계가 주요 문제로 등장될 수 있다. 가령 김윤식(金允植)은, "신앙과 고독이 분리(分離)되지 않을 때, 신 앞에 선 단독자(單獨

18) 김현승, 「나의 고독(孤獨)과 나의 시(詩)」,『고독(孤獨)과 시(詩)』, P 209~210.
19) 곽광수, 「사라짐과 영원성(永遠性)」,『김현승(金顯承)』, P. 277.

者)로서 변증법적(辨證法的)관계를 가질 터인데, 김현승의 경우는 이를 분리함으로써 변증법적 사유(思惟)가 개입될 수 없고, 설사 그의 고독이 기독교적 사유에서 출발했다 하더라도 기독교적인 것일 수 없다."[20]고 단정한 바 있다.

그러나 우리가 먼저 살펴볼 일은 변증법적 사유가 개입될 여지가 없는 신의 상실에서 오는 고독에 이르기까지의 과정과, 과연 그는 신을 상실하고 구원을 포기한 상태로 계속 했느냐 하는 문제이다. 후자의 경우, 다시 말하면, 그는 신의 상실과 구원의 포기를 엄명했으면서도 불구하고, 그 뒤에도 다시 구원의 체험이 있고, 시에서도 다시 신과의 관계회복이 보이는데, 이 문제를 어떻게 해석해야 하느냐 하는 것이다.

앞에서 김현승은 1차적으로 자연과의 단절을 체험하였다고 말한 바 있다. '자연과의 단절'이라는 말은 오해의 소지가 없지 않으므로 여기서 다소 부연하여 그 단절의 성격을 해명하지 않을 수 없다. 김현승은 초기부터 자연에 깊은 관심을 기울였는데, 그 자연이란 이미 분석한 바와 같이 현실에서의 없음과 결핍을 위한 대상적 만족의 대상이거나, 현실의 황폐와 죽음을 극복할 수 있는 가치로서의 생명력이거나, 신의 피조물로서의 자연이라고 말하였다. 그러나 이러한 자연관에 있어서 가장 중요한 점은, 자연이 궁극적으로 인간과 역사를 구원할 수 있는 능력을 가지고 있으며, 따라서 자연과 자아, 자연과 역사가 통합되어 동일성(identity)을 획득할 수 없다는 사실이다. 자연은 신의 피조물이라는 기독교적 자연관 때문에, 천국을 젖혀놓고 자연을 유토피아나 이상향으로 정립하지 못했던 것이고, 자연을 신이나 초월자로 보지 않았던 것이다. "그것은 스스로 기독교 시인이고자 하는 김현승도 필경 근원적으로 동양적인 감수성, 동양적인 세계인식을 완전히 벗어나지 못하고 있다."[21]는 주장에도 불구하고, 자연은 신도 초월자도 아니며, 자아 및 역사와 통합될 수 있는 유토피아나 이상향이 아니라는 명백한 그의 인식에서, 자연과의 관계는 넘을 수 없는 한계가

20) 김윤식, 「신앙(信仰)과 고독(孤獨)의 분리문제(分離問題)」,『한국현대시론비판(韓國現代詩論批判)』, 일지사(一志社), 1975, P. 148

21) 곽광수, P.265.

있었던 것이요, 그러한 한계를 자연과의 단절이라고 규정해 본 것이다. 따라서 필경, 그의 '고독'은 제1차적으로 '자연과의 단절' 체험에서부터 비롯된 것이라고 할 수 있다.

신의 상실로 인한 고독에 이르는 제2차적 단계는 사회현실과의 단절체험이다. 앞에서 이미 기독교적 신앙과 양심과 도덕, 즉 기독교적 윤리의식에서 불순한 사회현실을 용납할 수 없다고 말한 바 있다. 그리고 사회현실의 부조리와 혼란을 비판하고 공격하는 작품도 발표 하였다.

> 이상(理想)이란 무엇이며
> 실존(實存)이란 무엇인가,
> 그것들의 현대화(現代化)란 또 무엇인가,
> 인간(人間)은 고독하다 !
> 로우마가 승리(勝利)하던 날—로우마는 끝나고 말았다.
>
> -「인간은 고독하다」의 제4연

> 고독은 자유(自由)다.
> 고독은 군중(群衆) 속에 갇히지 않고,
> 고독은 군중(群衆)의 술을 마시지도 않는다.
>
> -「고독한 이유(理由)」의 제2연

이밖에 「군중(群衆) 속의 고독」이라는 작품도 있는데, 이 작품과 함께 자아와 사회와의 관계단절에서 오는 '고독'을 표현한 것이다. 이러한 김현승의 고독을 '사회적 고독'[22]이라고 말하는 이도 있다. 시 「눈물」이 발표된 1956년 무렵을 전후하여, 그가 내면세계로 눈을 돌린 것도 실은 사

22) 곽광수(郭光秀), P. 276. 그런데 이와 같이 김현승의 최초의 코키트를 이끌어 온 수단적인 고독은 다음 순간 그의 사회적인 고독을 필연적으로 만들어 내면서, 그로 하여금 이제는 그의 고독이 앞서처럼 성찰의 수단으로서 추구되는 것이라기보다는 그 삶을 이루는 현실의 하나로서 차라리 부과되어 있는 것이라는 것을 깨닫게 된다. 곽광수 교수는 김현승의 고독을 '기질로서의 고독', '코키트(cogit)의 고독', '사회적 고독', '형이상적 고독'의 넷을 단계적으로 분류하고 있다.

회현실과의 단절체험에서 온 전환이고, 그의 고독의 제2단계라고 말할 수 있다.

이미 고찰한 바와 같이, 내면세계로의 전환을 통하여 신과의 새로운 관계 형성은, 주로 자기성찰(自己省察), 즉 자아의 한계를 추구하는 과정이었다. 신성(神聖)과 자유(自由), 사랑, 빛과 이웃과 신의 의지, 내일의 희망, 양심의 금속성(金屬性), 가치의 순수성(純粹性), 체념, 혹은 슬픔의 극복 등을 기도하고 외치고 주장하고는 하지만, 그의 삶은 확대와 시련이라기보다는 소멸과 축소로 나아간 것이다. 이리하여 신 앞에 선 자아의 존재 이미지는 마침내 '마른 나뭇가지'로 굳어지고, 신에게 갈구하는 것도 고작 '산까마귀 울음'을 날려달라는 것이다. 신과의 관계, 신의 무한한 침묵 앞에서 마침내 어떠한 응답도 들을 수 없었던 그는 결국 신의 존재에 회의를 가지게 되었다. 이러한 폭풍이 몰아닥친 때를 김현승은 자기 50대라고 말하고, 하느님은 유일신(唯一神)이 아니며, 기독교는 일원론(一元論)이 아니라 이원론(二元論)이며, 특히 지상의 종교에서 말하는 초월적인 신은 인간이 만들어 신격화한 것에 지나지 않는다고 단정하게 된다.[23] 이리하여 그의 고독은 신을 상실한, 신의 구원을 포기한 신과의 관계가 단절된, 고독 자체를 위한 고독이라는 제3단계의 고독에 이른다.

> 신앙(信仰)을 가리켜 그러나 고독에 나리는 축복(祝福)이라면
> 깊은 신앙(信仰)은 우리를 더욱 고독으로 이끌 뿐,
>
> 내 사랑의 뜨거운 피로도 너의 전체(全體)를 녹일 수는 없구나 !
> 추상(抽象)으로도 육체(肉體)로도 용해(溶解)되지 않는,
> 오오, 너의 이름은 모든 애정(愛情)과 신앙(信仰)을 떠나
> 내 마음의 왕국(王國)에서 자유(自由)와 독립(獨立)을 열렬히 호소(呼訴)하는구나 !
>
> -「인간(人間)은 고독(孤獨)하다」의 제8, 9연

23) 김현승, 「나의 고독(孤獨)과 나의 시(詩)」, P. 206~207.

시 「인간은 고독하다 (『현대문학』, 1957. 4)」에서 믿음이 고독에 나리는 축복이라면, 신과의 관계에서 그 고독을 극복하거나, 극복을 위한 변증법적 관계의 지속이어야 할 터인데, 오히려 더욱 고독으로 이끌 뿐이며(신에 대한, 또는 인간에 대한), 사랑으로서도 그 고독을 해소할 수 없다는 것이다. 고독 앞에 신앙도, 사랑도, 무위무능(無爲無能)한 것이다. 그리하여 고독은 추상적인 어떤 철학이나 이론으로도, 또 육체적 본능으로도 극복할 수 없으며, 모든 애정과 신앙을 떠나서 스스로의 왕국을 구축하여 자유와 독립을 호소한다는 것이다. 신과의 관계 단절뿐 아니라, 인간관계의 연속성을 형성하는 사랑과도 단절되어 있고, 인간의 가장 본능적인 자연이라고도 할 수 있는 육체와도 단절되어 있으며, 사회를 규제할 수 있는 추상적 이데올로기나 철학과도 단절되어 있다는 것이다. 신, 인간관계, 본능, 사회, 사상 등 일체로부터 단절된 이러한 고독은 불가불 그 자신의 말대로 '견고한 고독', '절대고독'으로 나아가지 않을 수 없다.

(4) 절대고독(絕對孤獨)의 모순구조(矛盾構造)

김현승의 절대고독은 앞에서 분석한 바와 같이, 자연과의 관계단절(한계 있는 관계), 그리고 사회와의 관계단절에서 마지막으로 신과의 관계단절에까지 이른 고독이다. 그렇다면 이러한 고독은 도대체 어떠한 양상, 어떠한 성격을 지니고 발전하느냐 하는 것은 중요한 문제가 아닐 수 없다. 즉, 자연, 사회, 신 —이 모든 것과 단절된 고독이 어떠한 양상을 지니며, 적어도 이 고독이 자아의 최후의 거점이고 삶의 최후의 보루라면, 그것이 곧 죽음이나 공허(空虛)가 아닌 이상 타자(他者)와의 새로운 관계를 형성하지 않을 수 없을 것이다. 그 새로운 관계가 어떠한 성격으로 발전하느냐 하는 것이 우리가 궁금하게 여기는 새로운 문제점이다.

껍질을 더 벗길 수도 없이
단단하게 마른
흰 얼굴

그늘에 빛지지 않고
어느 햇볕에도 기대지 않는
단 하나의 손발

모든 신(神)들의 거대(巨大)한 정의(正義) 앞엔
이 가느다란 창끝으로 거슬리고,
생각하던 사람들 굶주려 돌아오면
이 마른 떡을 하룻밤
네 살과 같이 떼어주며,

뜨거운 햇빛 오랜 시간(時間)의 회유(懷柔)에도
더 휘지 않는
마를 대로 마른 목관악기(木管樂器)의 가을
그 높은 언덕에 떨어지는,
굳은 열매

쌉쓸한 자양(滋養)
에 스며드는
에 스며드는
내 생명(生命)의 마지막 남은 맛!

-「견고(堅固)한 고독」의 전문

창끝, 칼날, 굳은 열매 등은 견고한 고독을 형상한 이미지들이다. 즉 신에 맞서고, 인간관계와 시간과도 차단되어 있는(즉 영향을 받지 않는) 그런 고독의 이미지들이다. 반기독교적, 반역사적, 반인간주의적(反人間主義的) 성격을 띠고 있음을 알 수 있다. 그러나 "생각하던 사람들 굶주려 돌아오면 이 마른 떡을 하룻밤 네 살과 같이 떼어주며"에서, 또 한편 인간관계형성의 일면을 지향하고 있다. "생각하던 사람들 굶주려 돌아오며"는, 육체적 굶주림이 아니라, '생각의 굶주림', '사유의 굶주림' 일 것이고, 그런 사람들에게 떼어 줄 '마른 떡'은 다름 아닌 바로 고독의 연대성의 가능성을 시사하는 것으로 볼 수 있다. 이런 점에서, 그의 고독은 반인간주의적이면서도 다른 한편, 인간주의를 지향할 가능성을 내포한 모순구조임을 알 수 있다.

이러한 모순은 고독의 영원성과 일회성(一回性)을 동시에 인식하고 있는 점에서도 나타난다. 즉 단 한 작품에서는 고독의 가치를 영원성에 두면서, 다른 작품에서는 그 영원성을 부정하고 일회성만을 긍정하고 있다.

[A] 신도 없는 한 세상
믿음도 떠나
내 고독을 순금(純金)처럼 지니고 살아왔기에
흙 속에 묻힌 그 뒤에도
내 고독은 또한 순금(純金)처럼 썩지 않으련가

그러나 모르리라
흙 속에 별처럼 묻혀있기 너무도 아득하여
영원의 머리는 꼬리를 붙잡고
영원의 꼬리는 또 그 머리를 붙잡으며
돌면서 돌면서 다시금 태어난다면,

그제 내 고독은 더 굳은 순금이 되어
누군가의 손에서 천(千)년이고 만(萬)년이고
은밀한 약속을 지켜주든지,

-「고독의 순금(純金)」제2~ 4연

[B] 내가 만지는 손끝에서
영혼의 별들은 흩어져 빛을 잃지만,
내가 만지는 손끝에서
나는 네게로 오히려 더 가까이 다가오는

따뜻한 체온을 느낀다.
이 체온(體溫)으로 나는 네게서 끝나는
나의 영원을 외로이 내 가슴에 품어준다.

그리고 꿈으로 고이 안을 받친
내 언어(言語)의 날개들을
내 손끝에서 이제는 티끌처럼 날려 보내고 만다.

나는 내게서 끝나는
아름다운 영원을
내 주름 잡힌 손으로 어루만지며 어루만지며
더 나아갈 수도 없는 나의 손끝에서
드디어 입을 다문다—나의 시(詩)와 함께

- 「절대(絶對)고독」의 제3~5연

[A]는 고독의 영원성(永遠性)을, [B]는 고독의 일회성(一回性)을 각각 표현한 것인데, 어느 것이 그의 진의(眞意)인지는 확실하지 않으나, 문제는 그러한 모순이 존재한다는 사실이다. [A]에서, 우리는 영원회귀설(永遠回歸說) 같은 것을 연상하게 되는데, 여기서 고독의 가치 자체보다도 고독이 인간의 보편적 조건이라는 암시를 더 많이 받는 것 같다. 그러나 [B]에서는 그러한 고독의 영원성이 자신의 고독에서 끝난다는, 이른바 자기 고독의 개별성과 일회성을 강조하고 있다. 김현승은 "시 「절대고독」에서는 신의 무한성(無限性)이나 영원성이 실재하지 않음을 비로소 깨달았음을 고백하였고, 그 무한이나 영원은 결국 나 자신의 생명에서 끝나버림을 노래하였다."[24]고 말하고 있다. 이러한 영원부정론(永遠否定論)을 보면, 그는 고독의 일회성에 더 액센트를 둔 것이 분명하고, 고독의 영원한 순금성(純金性)은 단지 고독의 가치를 그 같이 표현한 레토릭에 지나지 않는

24) 김현승, 「나의 고독(孤獨)과 나의 시(詩)」, P.210~211.

것으로 보인다. 어쨌든, 그의 고독은 영원성과 일회성이라는 모순구조로 되어있으며, 그러한 모순이야말로 고독한 존재로서의 자아의 한계를 깊이 인식한 데서 온 것으로 판단된다.

김현승에 있어서 더욱 심각한 문제는, 그의 고독과 모럴과의 모호한 관계이다. 이 점은 영어로 J.P. 샤르트르의 견해에 비추어 보면, 그 모호성은 더욱 두드러지게 드러난다. 샤르트르는 "신이 없다면 모든 것이 허용되는 결과로서 사람은 자신의 내부나 외부에 의거할 것이 없어 고독하게 되어버린다."[25]고 말하고, 또 "고독은 우리의 존재를 우리 자신이 선택한다는 것을 포함하고 있다."[26]고 말한다. 신과의 관계단절은 자유를 획득했다는 의미이고, 신과의 단절에서 오는 고독은 자기의 삶을 자기 자신이 선택한다는 의미이며, 따라서 자기 이외의 어떤 보편적 모럴도 선험적(先驗的)으로 존재하지 않는다는 의미이기도 하다. 그런데 김현승은 신앙을 부정하면서도 다만 한 가지 부정하지 못하는 것이 있는데 그것은 '양심'이라고 말한다.

> 그것은 인간의 양심이다. 나는 윤리적으로 현실적으로 신을 부정할 수 있으면서도 내 안에서 활동하고 명령하고 있는 양심은 부정할 길이 없다.(중략) 신을 모든 조건에서 일일이 부정하다가도 이 양심의 존엄성에 생각이 미치면, 그것은 진화의 결과이기 보다는 누군가에게서 주어진 것 같다고 생각하지 않을 수 없게 된다. 모든 면에서 나로부터 추방을 당한 신이 나의 이 양심이라는 최후의 보루에서 나에게 마지막 저항을 하고 있는지도 모른다. 혹은 이 거점을 점차로 확대하여 그의 실지(失地)를 나의 내부에서 회복할 기회를 기다리고 있는지

25) Jean-Paul Sartre, L'existentalisme est un humanisme, NAGEL (Paris, 1970), p.36. "En dffet, tout est permissi Dieu n'existe pas; et par conséquent l'nome est délaisé, parce qu'il ne trouve ni en lui, ni hors de lui une possibilité, se s' accrocher" 방곤(方坤) 역, 『실존주의(實存主義)는 휴매니즘이다』, 신양사(新楊社), 1958, p. 27.

26) Jean-Paul Sartre, p. 49. "Le délaisement implique que nous choisisons nous-mémes notre" 방곤(方坤), P. 34.

도 모른다.[27)]

'양심(良心)' 은 자기의 선택이 아니라 선험적으로 부여받은 것, 즉 신이나 누구에게서 부여받은 것이 분명하고 신을 부정하면서도 그 같은 사실만을 부정할 수 없다는 것이다. 모럴리스트이긴 하나, 샤르트르적 모럴리스트는 아니다. 그러나 신을 부정하면서 신에게서 받은 양심은 긍정하고 신과의 관계는 단절되었으나 신에게서 받은 양심을 통해서 신과의 관계를 지니고 있다는 인식은 명백히 이율배반이다. 김현승의 '고독' 이 지니고 있는 또 하나의 중요한 모순이다.

이상으로써, 김현승의 고독이 지니는 모순적 구조가 밝혀졌다고 본다. 첫째 반인간주의와 인간주의, 둘째 영원성과 일회성, 셋째 신과의 관계단절과 관계연속의 세 가지 모순이 그것이다.

(5) 고독(孤獨)의 극복(克服)

1970년 무렵부터 그가 사망한 1975년까지의 작품은 한 마디로 고독의 극복 양상을 보여준다고 하겠다. 신과의 관계단절에서 신과의 관계회복, 그리고 동시에 사회와의 관계회복과 자연과의 관계회복을 동시에 적극적으로 시도했다고 할 수 있다. 이러한 관계회복의 현상은 그의 시의 발전과정에서 볼 때 겉으로는 커다란 물굽이와도 같은 변혁이지만, 실상 내용으로는 그 이전의 작품과 비교해 볼 때 별다른 큰 차이를 보여주지 않는 것이 사실이다. 어쨌든 이러한 변혁의 한계는 이 시인의 다음 말에서 분명하게 드러난다.

> 이러한 중에 나는 지금으로부터 3년 전의 어느 겨울에 갑자기 쓰러지고 말았다. 나의 느낌으로는 죽었던 것이다. 그러나 며칠만인가, 얼마만에 나는 다시 의식을 회복하고 살아나게 되었다. 죽은 가운데서 누가 과연 나를 살렸을까? 나는 확신한다! 그분은 나의 하나님이시다.

27) 김현승, 「나의 고독(孤獨)과 나의 시(詩)」, P.211.

나의 부모와 나의 형제들, 나의 온 집안이 모두 믿고 지금도 믿고 있는 우리의 신이, 하느님이 나에게 회개의 마지막 기회를 주시려고 이 어리석은 나를 살려 놓으신 것이다.[28)]

신과의 관계단절에도 불구하고 선험적으로 부여받은 '양심'을 통해서 신과의 관계를 사실상 은밀하게 유지해 왔던 그에게 있어서, 졸도라는 자신의 생명의 큰 변혁을 계기로 신앙이 회복되고, 신과의 관계가 다시 회복된 것이다.(신과의 관계회복은 다시 자연 및 사회와의 관계회복의 길을 열게 된다.) 그가 말한 '회개의 마지막 기회'란 한 때 신을 부정했던 일시적 과오에 대한 회개일 것이다. 이와 같이 김현승이 신을 상실하고 부정했다가 다시 신과의 관계를 회복한 것은 논리적 설득력을 가지고 있지는 않다. 그 자신의 말대로 삶이 논리나 이데올로기보다 우선하기 때문인 것 같다. 이 점에서, 신의 재발견과 신과의 관계회복은 초논리적 성격을 띠고 있다.

몸 되어 사는 동안
시간을 거스를 아무도 우리에겐 없사오니,
새로운 날의 흐름 속에도
우리에게 주신 사랑과 희망—당신의 은총을
깊이깊이 간직하게 하소서

- 「신년기원(新年祈願)」의 제1연

「신년기원(新年祈願) (『월간문학』, 1972. 1)에 보이는 '우리에게 주신 사랑과 희망—당신의 은총'은, 신과의 새로운 관계회복을 말해준다. 시 「마지막 지상(地上)에서」에 보이는 "넋이여, 그 나라의 무덤은 평안한가"도, 영혼과 영원의 부정에서 전환한 영혼불멸과 영원성의 긍정을 전제로 한 표현이다. 신과의 이러한 관계회복은 변증법적 논리의 과정을 발견할 수 없는 초논리성을 띠고 있다.

신과의 관계회복은 자연 및 사회의 관계회복을 가능하게 해 준다. 1960

28) 김현승, 「나의 생애(生涯)와 나의 환신(確信)」, P. 167.

년에 발표한 「나의 고독과 나의 시」라는 산문에서, 지금까지 기독교에 관심을 집중하여 왔다고 말하고, "종교는 전쟁이나 폭탄과 같이 직접적인 파괴력을 갖지는 않으나 인류악(人類惡), 사회악(社會惡)에 대한 근본적인 치료의 힘을 발휘하고 있다."[29]고 말하며, 종교의 역사에 미치는 영향력이 지대함을 역설한바 있다. 그로부터 10년이 지난 1971년에 발표한 산문 「커피를 끓이면서」에서는, "신의 섭리는 소수인의 두뇌 속에만 있을 뿐 인간의 현실은 역사에서나 현실에서나 철두철미하게 인간 본위다."[30]라고 하여 종교의 사회에 대한 영향력을 부정했다. 그러나 신과의 관계회복은 다시 종교의 사회에 대한 규제력, 그 영향력을 인정하게 되는 과정을 담는다. 신의 피조물로서의 자연과의 관계회복도 마찬가지이다. 이러한 초논리적 전환은 신과의 관계회복을 계기로 하여 사회 및 자연과의 관계회복을 가능하게 한 것이다.

국회의사당(國會議事堂) 앞 5월의 플라타너스들이
시청 지붕 위 푸른 비둘기 떼가
날아와 앉던 5월의 플라타너스 잎들이
12월의 짙은 서리에 무겁게 떨어질 때,
우리들의 마음들도 낡은 경험 위에
새로운 지혜를 쌓아 올려야 했다.
그 꼭대기에는 민권의 깃발이 향수(鄕愁)처럼
휘날리는……

- 「1년(年)의 문(門)을 열며」의 제2연

하느님이 지으신 자연 가운데
우리 사람에게 가장 가까운 것은
나무이다.

29) 김현승, 「나의 고독(孤獨)과 나의 시(詩)」, P. 213~214.
30) 김현승, 「커피를 끓이면서」, P. 31.

그 모양이 우리를 꼭 닮았다.
참나무는 튼튼한 어른들과 같고
앵두나무의 키와 그 빨간 뺨은
소년(少年)들과 같다.

-「나무」의 제1, 2연

이와 같이 김현승은 1970년 이후, 사회와 자연의 양쪽을 다시 바라보게 된 것이다. 신을 부정했을 때도 버리지 못했던 그 양심과 정의는 다시 기독교적 휴머니즘으로 사회현실과의 관계를 회복하고, 신의 피조물로서 신앙의 동반자였던 자연과의 관계도 회복의 길을 연 것이다. 이와 같이 그의 견고한 고독, 절대 고독은 모든 단절에서 세계와의 새로운 전체적 회복의 길로 나아가게 된 것이다.

4. 방법론(方法論)

(1) 영향(影響)과 그의 주지주의(主知主義)

김현승에게 준 영향은 (1) T.S. 엘리어트, 에즈라 파운드, 그리고 김기림(金起林) 등의 주지주의 문학, (2) R.M. 릴케 계통, (3) 성서(聖書) 등이라고 하겠다. 이 밖에 정지용(鄭芝溶)의 영향관계도 있다고 한다. 이러한 영향 가운데서도 주지주의의 영향이 가장 컸던 것으로 생각되는데, 이 시인 자신도 이 점을 시사하고 있다. 즉 초기시를 말하는 중에서, "자연의 미에다 기지와 풍자와 유머 같은 것들을 직조(織造)하고 있었다. 이러한 경향의 수법을 그때는 모더니스틱하다고 하였고, 이러한 수법은 그때의 내가 독자적으로 창안한 것은 아니었다. 김기림이나 유창선(劉昌宣) 같은 선배 시인들이 외국 시풍으로부터 암시받은, 그러나 당시의 한국에서는 새로운 수법들이었다."[31]고 말한 바 있다. 이러한 말이 아니더라도, 대부

31) 김현승, 「굽이쳐가는 물굽이와 같이」, P. 229.

분의 비평가들은 그를 모더니스트로 규정하고 있고[32] 그 자신도 표피적(表皮的)인 모더니즘에 대하여 매우 비판적이면서도 스스로를 모더니스트로 자처하고 있으며, 또 모더니즘 시의 중요성을 강조하고 있다.

김현승은 출발당시부터 그의 방법에 대한 의식적인 관심을 가졌던 것으로 생각된다. 그는 우리말의 특질과 현대시의 과제에 비상한 관심을 가지면서, 우리말의 '감각어'와 '문화어'를 구별하고, 특히 '문화어(文化語)'의 중요성을 역설하고 있다. 문화어란 주로 외래어 특히 한자어가 주종을 이루고 있다. 문화어는 표의(表意)의 성질상 한문어나 문명사상(文明事象)을 표현하는 데는 적합할지 모르나, 미각적인 면에서의 불필요한 면적과 둔중성(鈍重性)을 가지고 있어서 감각어 만큼의 친밀성과 동화성(同化性)을 주지 못한다는 결점을 잘 인식하고 있었다. 그리하여 "……우리의 현대시의 공통적인 특징들은 그 철학성에 있어, 또는 그 과학성에 있어—한마디로 말하면 그 주지성에 있어서, 어떻든 이제는 단순한 감각어만으로는 만족한 표현을 기할 수 없는 그와 병행하여, 혹은 그보다도 더욱 우위를 점하여 문화어가 보다 중요한 표현의 재료로서 등장되지 않으면 아니될 그러한 때인 것 같다."[33]고 말한다. 우리가 그의 시를 주목하는 것은, 문화어 즉 한자 추성어의 대담한 사용, 특히 그 논리와 감각성을 살린 성공적 사용에 있지 않은가 하는 점이다. 우리 시에 있어서 서정주풍(徐廷柱風)의 한 주류는 한자 추상어의 사용을 기피하는 경향이 강한데 오상순(吳相淳), 유치환(柳致環)으로 계승된 한자, 취향은 빈드시 성공적이었다고 할 수 없으나 김현승에 이르러 의도한 대로의 주지성을 발휘하면서 미학적 가치 면에서도 비로소 성공한 것이다.

김현승은 우리 시의 주요한 방향은 주지적(主知的)이라야 한다는 강한 의견을 가지고 있다. 소재만을 도시나 현대 문명에서 가져오는 표피적인 모더니즘이 아니라, 20세기라는 시대는 삶의 모럴을 정립해야 하기 때문

32) 김종길, 「견고(堅固)에의 집념(執念)」, 『진실(眞實)과 언어(言語)』, 일지사(一志社), 1974. P. 139. "그는 우리가 앞에서 우리가 보아온 바와 같은 시풍으로 1950년대에 와서야 발견된 1930년대의 우리 시단의 모더니스트이다."

33) 김현승, 「우리말의 특질(特質)과 현대시(現代詩)의 과제(課題)」, P. 301.

에 철학과 문명을 깊이 추구하는 주지주의라야 한다는 것이다. "우리의 현대시가 주지적 방향을 취하게 된 사실은 20세기의 시대적 사명으로 보나, 우리 문학 자체의 성장단계로 보아 당연한 것이다. 또한 철학을 문학에 도입시키는 노력이나 문명사상을 비판 · 검토하여 시의 소재로 소화시키는 것과 같은 주지적 태도는 단순한 감각이나 서정의 자연발생적인 발로에 의하여 얻은 심미적 가치보다도 시의 가치를 인간생활의 보다 근원적인 철학적 진실에까지 접근시켜 구하는 점에 있어서 보다 높은 단계에 속하는 노력이라고 아니할 수 없다."[34] 영미계통의 주지주의를 내용 면에서 형이상적(形而上的) 인식까지를 강조한 말이라고 하겠다.

주지주의는 일반적으로 영미계통과 프랑스계통, 그리고 내용과 방법의 양면을 포함하나, 특히 방법에 대한 의식적인 노력을 중요시한다.[35] 그러나 앞에 든 이 시인의 주장, 즉 '인간 생활의 보다 근원적인 철학적 진실'이란 주지주의의 내용이고 그 방법은 아니다. 주지주의 방법에 대한 언급이 미미함은 아쉬운 일이나, 그의 방법은 그의 무엇보다도 구체적 작품이 잘 말해주고 있다. 그러나 그의 삶은 「김광섭(金珖燮)의 시(詩) 지성(知性)(1969)」에서는 주지주의의 내용과 더불어 그 방법에 대해서도 어느 정도 언급하고 있다. 가령, 내용 편중의 지적 경향과는 반대로 표현면에 있어서 처음으로 지적 태도를 보여준 시인을 정지용이라고 하고, 이러한 지적 태도는 서정주, 김춘수(金春洙)에게도 발견되나 내용면에서 반지적(反知的)이라고 지적하는 따위가 그것이다.[36] 그러나 김광섭의 시에서는 내용과 방법의 양면을 지닌 주지주의를 지적하고 있다.

(2) 주지적(主知的) 방법(方法)

김현승은 주지주의를 내용과 방법의 양면에 걸쳐 어느 정도 그 나름대로 인식하고 있었다. 그가 생각하는 주지주의의 내용은 '인간 생활의 보

34) 김현승, 『우리말의 특질(特質)과 현대시(現代詩)의 과제(課題)』, P. 302.
35) 阿部知二, 「主知的 文學論」, 東京厚生閣書店(1930), P. 1~2. 문덕수(文德守), 『한국(韓國) 모더니즘 시연구(詩硏究)』, 시문학사(詩文學社), 1981. P. 56.
36) 김현승, 『김광섭(金光燮)의 시(詩)와 지성(知性)』, P. 329.

다 근원적인 철학적 진실'이라고도 하고(앞에서 이미 인용), '사회 비평과 문명 비평'[37]이라고도 하고 '현대적 의미의 관념'[38]이라고 말한다. 이러한 내용을 묶어서 한마디로 '관념' 또는 '사상'이라고 할 수 있을 것이다.

문제는 이러한 관념을 어떻게 표현하느냐, 즉 그 방법이다. 주지주의의 방법에 관한 논의를 가장 극명하게 전개한 논문이 앞서 말한 「김광섭의 시와 지성(1969)」인데, 그러므로 이 논문은 김현승 시의 방법을 해명하는데 있어서 매우 중요한 것이다. 그는 이 논문에서 시가 '어떤 관념'을 대상으로 삼는 것은 매우 바람직한 일이나 '관념적인 표현'에서 탈피하여야 한다는 것을 강조하고 있다. 김광섭의 초기시(1930년대) 「고독(孤獨)」은 관념을 대상으로 한 점에서는 새로운 경향이기는 하나, 관념적인 표현에서 탈피하지 못했다고 지적한다. 그러나 만년의 작품 「성북동 비둘기」는 내용과 방법의 양면에서 주지적으로 성공한 작품이라고 보고, 다음과 같이 말하고 있다. "이러한 시에서는 그의 정신의 특질인 근원에의 향수와 사회비평의식 같은 것이 역력히 맥동하면서도, 그리하여 현대적 의미의 관념을 간직하면서도 관념어의 구사나 표현의 추상적인 부분은 말끔히 가시어 구체적인 표현의 미를 세련된 솜씨로 나타내고 있다."[39] 김광섭의 시에 대한 비평이지만 결국 자기 자신의 시의 방법을 말한 것으로도 볼 수 있다. '근원에의 향수'란 또 '인간생활의 보다 근원적인 철학적 진실', 즉 형이상적 인식을 말하는 것이고 "관념을 간직하면서도 관념어의 구사나 표현의 추상적인 부분은 말끔히 가시어 구체적인 표현의 미를 세련된 솜씨로 나타내고 있다."는 말은 결국 관념(사상)을 감각으로 파악하여 표현했다는 뜻이다. 형이상적 인식과 관념의 감각화(관념과 감각의 통합)는 형이상적 시(Metaphysical Poetry) 요점이 된다는 점에서 김현승의 이론은 영미 주지주의 비평에서 말하는 형이상시(形而上詩)의 이론에 접근되어 있음을 알 수 있다.

필자는 이미 김현승 시에서 사상을 감각적으로 파악하는 형이상시의 가

37) 김현승, 「김광섭(金光燮)의 시(詩)와 지성(知性)」, P. 325.
38) 김현승, 상게서, P. 338.
39) 김현승, 상게서, P. 338.

능성을 발견할 수 있고, 이러한 방법으로 된 주지시가 우리 시의 한 주류로 발전해야 한다는 것을 강조한 바 있다.[40] 김현승 시가 내포한 형이상적 인식에 대해서는 여기서 중언부언할 필요를 느끼지 않는다. 다만, 여기서는 관념을 시의 대상으로 삼고, 그 사상을 감각적으로 파악하여 표현하는 형이상시적 방법을 중심으로 그의 시를 분석해 보고자 한다. 그런데 여기서 짚고 넘어가야 할 점은 작품 「제목(1964?)」을 계기로 자기 시가 "신과 신앙에 대한 변혁을 내용으로 한 관념의 세계에 발을 들여 놓았다."[41]고 말한 점이다. 우리가 보는 바로는 이미 초기시부터 '관념의 세계'를 시의 대상으로 하고 있는데, 「제목」을 계기로 관념의 세계로 들어섰다는 것은 납득되지 않는다. 아마도 이 시인은 대상을 말하는 것이 아니라 표현에 있어서 관념적인 경향을 더 띠게 되었다는 의미가 아닌가 생각된다.

모든 것은 나의 안에서
물과 피로 육체(肉體)를 이루어가도,

너의 밝은 은(銀)빛은 모나고 분쇄(粉碎)되지 않아,

드디어는 무형(無形)하리 만큼 부드러운
나의 꿈과 사랑과 나의 비밀(秘密)을,
살에 박힌 파편(破片)처럼 쉬지 않고 찌른다.

모든 것은 연소(燃燒)되고 취(醉)하여 등(燈)불을 향하여도,
너만은 물러나와 호올로 눈물을 맺는 달밤……

40) 문덕수(文德守), 『김현승(金顯承) 시(詩)의 한 방법적(方法的) 가능성(可能性)』, 김춘수교수화갑기념(金春洙敎授華甲記念)『현대시론총(現代詩論叢)』, 형설출판사(螢雪出版社), 1982. 문덕수(文德守),「양심(良心)의 금속성(金屬性)」「슬퍼하지 않는 것은」, 『현대시(現代詩)의 해석(解釋)과 감상(鑑賞)』, 이우출판사(二友出版社), 1982.

41) 김현승, 「나의 고독(孤獨)과 나의 시(詩)」, PP.208~209.

너의 차가운 금속성(金屬性)으로
오늘의 무기(武器)를 다져가도 좋을,

그것은 가장 동지적(同志的)이고 격렬한 싸움 !

-「양심(良心)의 금속성(金屬性)」의 전문

'양심' 이라는 추상적 관념을 즉물적(卽物的) 등가물로 표현한 것임을 알 수 있다. 모든 것은 변하여도 양심은 은빛으로 모나고 분쇄되지 않으며 자신의 꿈과 사랑과 비밀을 언제나 파편처럼 찌르고 모든 것은 연소하고 취하고 등불을 향하여도 양심은 홀로 물러나 회한의 눈물을 흘리며 오늘의 부조리하고 혼란한 시대를 살아갈 금속성의 무기라는 것이다. 결국 이 시는 양심이라는 초자아(Super ego)의 불변성, 그것이 주는 기능의 고통과 회한(悔恨), 그것의 금속성 무기, 그러한 양심의 강화(强化)—이러한 양심의 관념적 속성을 미리 파악하여 그것을 구체적, 감각적 이미지(모나고 분쇄되지 않는 은빛, 파편처럼 쉬지 않고 찌름, 눈물을 맺는 달밤, 금속성의 무기)로 표현한 것이다. 또 이 시는 각 연마다 모순, 상반되는 이미지를 병치(竝置)하는 지적 상상력을 보여주고 있다. 즉 변화와 불변, 무형의 부드러움과 파편 같은 찌름, 뜨거운 본능과 고독한 회한의 눈물, 혼란한 오늘의 상황과 차가운 금속성의 무기—이러한 모순 구조는 분명히 지적 논리적 구성이라고 하겠다.

만일 이 강물과 저 평야(平野)와 산들이
모두 금은보석(金銀寶石)으로 만들어 졌다면
그때는 한줌의 흙을 얻기 위하여
사람들은 오늘과 같이 싸웠을 것이다.

만일 이 거리와 저 마을들이
모두 화려한 주랑(柱廊)으로 두른 궁전(宮殿)이었다면,
그제는 한 작은 오막살이를 위하여

저녁 노을은 더욱 아름답게 저 언덕에서 빛났을 것이다.

그리고 우리가 모두
저 별 위에 깃드는 사람들이라면,
이처럼 산만(散漫)한 우리들의 지구(地球)도
거기서는 진주(眞珠)보다도 더 견고(堅固)하게 빛났을 것이다.

가치(價値)란 무엇인가
결핍(缺乏)에서 오는 것들인가?

순수란,
자기의 처지(處地)와 동포(同胞)의 문제(問題)를
한 줌의 흙을 사랑하듯,

씨를 뿌리며
꽃나무를 가꾸는 마음……

-「순수(純粹)」의 전문

이 시는 '순수가치(純粹價値)' 라는 추상적 개념은 무엇인가에 대한 사고(思考), 그 관념을 역설적 논리로 해설한 것이요, 그러한 해설을 통하여 물질만능으로 파괴된 오늘의 반윤리적(反倫理的), 반도덕적(反道德的) 문명상황을 비판한 것이다. 사상을 감각적으로 파악하여 표현한 형이상시적 방법의 가능성을 잘 제시해 준 작품으로 볼 수 있다.

첫째, 이 시는 전편이 이성(理性)으로 통제된 논리성을 보여준다. 제1연에서부터 제3연까지는 고도의 상상력을 전개하고 있으나, 그 상상의 세계가 낭만적 무한이나 꿈의 세계로 매상하지 않고 어디까지나 사회현실에 관련된 한계를 지니고 있다. 이러한 상상에 적절하게 제동을 걸고 통제할 수 있었던 것은 그의 이성적 논리와 사고 때문이다. 논리와 사고가 이미지를 만들어내고 그러한 이 이미지가 건전한 정서를 만들어내고 있음을 알 수 있다. H.리드는 "형이상시(形而上詩)는 논리적으로 결정된다. 즉 형이상시의 정서는 이성의 승리와 함께 찾아오는 일종의 기쁨이며, 단순한 본능적인 황홀상태가 아니다."[42]고 말한 바 있다.

둘째, 이 시는 추상적 표현과 구체적 표현, 즉 중층묘사(重層描寫:multiple description)를 보여주고 있다. 제1연에서 제3연까지는 모두 구체적 · 감각적 묘사로 되어있으나, 제4연과 제5연은 추상적 서술로 되어있는데, 전자는 구체적 표현, 후자는 추상적 표현이다. 특히 "가치란 무엇인가, 결핍에서 오는 것들인가?"와 같은 제4연의 표현은 전부가 추상적 관념으로 되어있는데, 제1연에서 제3연까지의 구체적 묘사를 추상적 관념으로 다시 한번 정리한 것이라고 하겠다. 말하자면, 동일한 사상, 동일한 사물을 감각적 차원과 추상적 차원의 양면을 왕래하면서 입체적으로 표현한 것이다. 이러한 표현은 사고와 감각이 통합된 감수성에서만 가능한 것이다. 사상과 감정의 융합(fusion of thought and feeling)은 사상과 감정의 분열을 극복하고 그것을 통합된 감수성을 강조하는 T.S.엘리어트의 형이상시의 이론과 일치한다고 볼 수 있다.[43] 그리고 이러한 중층묘사는 엘리어트의 장시(長詩)에서는 물론이요, 김기림의 『기상도(氣象圖)』(창문사, 1936)에서도 발견할 수 있다.

셋째, 이 시는 암시적이긴 하나, 강력한 문명 비평이 있다. 김현승은 "나는 인간의 삶 자체를 자연의 유로(流露)라고는 생각지 않는다. 그것은 오히려 비평이라고 생각한다."[44]고 말한 바 있는네 현대시도 역시 그와 같다고 생각하고 있다. 그리고 주지시는 문명과 사회에 대한 비평정신의 소산이라고 생각하고 있다. 이 시는 역설(逆說)의 논리를 통해서 일반의 상식적인 가치를 뒤집어엎고 물질만능 · 황금만능의 사상을 간접적으로, 그

42) H. 리드, 문덕수(文德守) 역(譯), 「형이상시(形而上詩)의 본질(本質)」, 『현대한국시론(現代韓國詩論)』, 이우출판사(二友出版社), 1974. P. 475.

43) T.H. Eliot, *The Metaphysical Poets, Essay* (Tokyo: Kenkyusha, 1951, 1957). p. 161. "In Chapman especially there is a direct sensuous apprehension of thought, of a recreation of thought into feeling, which is exactly what we find in Done."

44) 권오만(權五滿), P. 405.

리고 강력하게 부정하면서 참된 순수가치의 의미를 깨우쳐주고 있다. 즉 순수가치란, 이기(利己)를 초월하여 자기의 처지와 동포의 문제를 순수한 사랑으로, 다시 말하면 "씨를 뿌리며 꽃나무를 가꾸는 마음……"으로 사랑해야 한다는 것을 역설한 것이다.

샤론의 들꽃 짙은
가나안을 향하여
이스라엘 사람들을 바로의 강퍅한 손아귀에서 건져내신
불란서(佛蘭西) 자유민(自由民)의 외침을 불꽃 가운데 밸단의 성벽(城壁)에서 들으신,
오만(傲慢)한 포구(砲口)와 침략(侵略)의 궁전(宮殿)을 무찔러
물밀 듯 동경(東京)으로 가는 길 위에 철갑(鐵甲)의 수레바퀴를 올려놓으신
창조(創造)의 신(神), 자비(慈悲)의 신(神), 전능(全能)의 신(神)이여,
오늘 아침 땅에 엎드려 드리는 나의 노래를 들으소서!

- 「一九六○年의 연가(戀歌)」의 제1연

구원(救援)을 호소하던 부다페스트—마지막 떨리던 음파(音波)들에
항거(抗拒)하는 평범(平凡)한 영웅(英雄)들에
굴복(屈服)을 모르는 아세아(亞細亞)와 구라파(歐羅巴)의 용감한 지역(地域)들에
일으켜야 할 동맥(動脈)의 손길은
신성(神聖)과 자유(自由)의 힘이다.

- 「신성(神聖)과 자유(自由)를」의 제5연

이 두 편에서도 이 시인의 형이상적 인식, 사고와 논리, 사회와 문명에 대한 비평, 그리고 그러한 관념들을 구체적 이미지로 형상한 주지적 방법 등을 발견할 수 있다. 이러한 시에는 그가 말하는 문화어, 즉 한자 추상어

들이 많이 사용되어 있으나 그것들이 논리적 그리고 시적 정서의 아름다움을 적절하게 발휘하고 있다.

(3) 시사상(詩史上)의 위치(位置)

한 시인의 시사상(詩史上)의 위치는 자기의 시점에서 앞으로 우리 시는 어떠한 방향, 어떠한 성격, 어떠한 방법으로 발전해야 한다는 자각과 그것이 부응하는 자기의 성과에 의해서 결정된다고 볼 수 있다. 김현승도 이에서 예외일 수 없다면, 그의 이론과 그의 시적 성과가 스스로 결정할 수밖에 없다. 이미 그의 작품에 대해서는 이상에서 살펴보았으므로, 이제 시사상의 위치와 관련된 그의 이론을 살펴보는 것이 순서일 것 같다.

김현승은 언어에 대한 비상한 관심을 표명하고 있는데, 특히 생경한 우리 문화어(한자 관념어)를 어떻게 하면 호소력을 가지는 시어로 개척할 수 있을까[45]하는 문제에 골몰한 흔적이 역력하다. 그는 서정주 같이 문화어를 회피하는 것이 중요한지, 유치환 같이 직접적이고, 적극적으로 생경한 문화어에 낯을 익혀가는 것이 중요한지 의문을 제기하면서도 자신은 문화어를 적극적으로 구사했고, 또 이 방면에서는 누구보다도 성공했다고 볼 수 있다. 문화어는 1920년대의 황석우(黃錫禹), 오상순(吳相淳), 박종화(朴鍾和), 1930년대의 유치환, 김광섭 등으로 계속된 계보를 들 수 있으나, 김현승에 이르러 문화어의 논리가 가치와 심미적 가치가 비로소 성공적인 통합을 본 것이다. "우리말과 우리말의 리듬에 대한 감각에 둔한 편"[46]이라는 비난에도 불구하고 문화어를 미적 가치의 기능으로 끌어올린 모범을 보여 준 셈이고, 이 점에서 우리 시사상 특기할 만한 시인이라고 하겠다.

사상을 감각적으로 파악하여 표현한 점, 흔히 일컫는 사상과 감각(감정)의 통합, 관념의 사물화—이러한 주지적 방법 내지 형이상시적 방법의 가능성에서 우리 시사상(詩史上)을 점유하는 것으로 생각된다. 사상의 감각화는 시에 있어서 사상의 논리적 가치와 심미적 가치를 구조면에 통합하

45) 김현승, 『우리말의 특질(特質)과 현대시(現代詩)의 과제(課題)』, P. 308.
46) 김종길, 「견고(堅固)에의 집념(執念)」, P. 139.

여 비로소 가능한 것이다. 사상에서 시작하여 사상으로 끝나거나, 정서에서 시작하여 정서로 끝나는 그런 편협된 구조의 시에서 사상과 감각을 통합할 수 있었다는 것은 우리 시에 있어서 주지주의의 밝은 미래를 열어준 셈이다. 사상의 감각화는 김기림의 장시(長詩) 「기상도(1936)」에서 시도되고, 그 후 김광섭의 시도가 있기는 하나, 김현승에 이르러(제한된 범위이기는 하나) 그 나름대로 성공한 것이다.

J.C. 랜슴은 추상화를 추구하는 관념을 중시한 시를 관념시(Platonic Poetry)라고 하고, 전자의 지나친 이상주의와 후자의 지나친 리얼리즘의 편협성을 지적하면서 사상과 감각이 통합된 제3의 바람직한 시의 유형으로 형이상시(Platonic Poetry)를 든 바 있다.[47] 이러한 분류는 개성이 다양한 시의 유형화라는 점에서 의문이 제기될 수도 있으나, 과거의 우리 시의 발자취라 앞으로 방향을 찾는 데 있어서는 참고가 될 수 있다. 가령, 개화기의 시가와 1920년대의 시는 대부분 관념시라고 할 수 있고, 1930년대에 와서 이를 반성한 정지용, 그리고 김광균의 일부는 사물시라고 할 수 있다. 사물 이미지로의 형상이 부족한 관념시의 정신주의적 편협성과 관념이 거의 배제된 사물시의 감각성에 대한 비판에서 시작된 김기림의 장시, 그리고 김현승의 시에서 사상과 감각을 통합하려는 노력을 보여주고 있다.

김현승은 정지용, 김소월(金素月), 서정주, 김춘수 등의 시, 그리고 초현실주의 경향의 시를 비판하고 있다.[48] 정지용은 표현면에서 처음으로 지적 태도를 보이긴 했으나, 사상의 결여라는 단점이 있다. 서정주, 김춘수 역시 방법으로는 지적이라고 할 수 있으나, 내용면에서 반지적이며, 초현실주의 경향 역시 내용면에서 반지적(反知的)이라고 지적한다. 그가 김광섭의 시를 찬양하는 이유는 사상을 감각적으로 표현하려고 한 노력이 보였기 때문인데, 이러한 견해는 자신의 주지적 방법을 암시하는 것이다. 동시에 우리 시의 방향과 자신의 시사적 위치를 암시한 것으로도 볼 수 있

47) John Crowe Ransom, *Poetry: A Note on Ontology-The World Body-*(N.Y., 1938)

48) 김현승, 『김광섭(金光燮)의 시(詩)와 지성(知性)』, 『고독(孤獨)과 시(詩)』.

다.

김종길(金宗吉)은 "그는 앞에서 우리가 보아온 바와 같이 1950년대에 와서야 발견된 1930년대의 우리 시단의 모더니스트다."[49]고 규정한 바 있다. 그는 비록 T.S. 엘리어트, 에즈라 파운드, 그리고 김기림이 시도한 것과 같은 장시는 쓰지 않았으나, 우리 시사에 있어서 편협된 서정시를 주지시로 변혁하려고 시도한 주지주의 시인이라고 할 수 있다. 한자 추상어(그가 말한 문화어)의 미학적 가치 발견, 사상과 감각의 통합, 발상에서 완성에 이르기까지의 이성의 통제, 논리적 구조가 만들어 낸 정서적 기능, 그리고 그 논리를 밑받침하는 형이상적 인식—이런 점에서 우리나라 시사상 가장 중요한 주지주의 시인이라고 할 수 있고, 우리 시의 편협성에 대한 반성에서 앞으로의 주지주의 및 형이상시의 가능성을 마련한 시인이라고 할 수 있다.

5. 결론(結論)

지금까지 김현승 시에 대한 비평 및 연구논문이 많이 발표되었다. 그러나 이 시인의 자연관(自然觀), 초기에는 잠재(潛在)되어 있다가 후반에서부터 표면화된 가장 중요한 주제인 고독에 대한 전개과정 및 고독의 한계, 그리고 시의 방법론 등은 거의 논급되지 않은 상태에 있다. 그러므로 이 논문은 아직도 미지의 부분으로 남아 있는, 그러면서도 가장 핵심이 되는 이 문제들을 논한 것이다.

김현승은 1930년대의 식민지 시대, 즉 조국상실이라는 '단절시대'의 의식에서 이 단절을 극복하기 위하여 자연과의 연속을 형성하려는 의도에서부터 작품 활동을 시작했다. 자연을 통하여 역사적 현실의 상실에 대한 대상적(代償的) 만족, 현실의 황폐와 죽음을 극복할 수 있는 자연의 생명력을 인식하면서도, 자연은 신의 피조물이라는 명확한 한계를 인식하고 있었다. 즉, 그의 자연은 초월자나 신과 같은 존재가 아니며, 따라서 자연과

49) 김종길, P. 139.

자아, 자연과 사회와의 연속성의 형성 및 동일성(Identity)을 성취할 수 없는 한계가 있었던 것이다. 자연과의 한계 있는 관계, 즉 자연과의 궁극적 통합을 이룰 수 없는 단절의 체험은 그의 '고독'을 향한 제1단계라고 할 수 있다.

1950년대에 와서 김현승은 식민지 상황에서 회복된 조국 및 사회현실에 관심을 가지면서도 다시 분단과 6 · 25의 동족상잔을 체험하고 그가 가지는 기독교적 신앙과 양심과 도덕에서 현실의 부조리와 혼란을 받아들일 수 없는 상황에 직면하게 된다. 사회현실과 자아와의 연속성과 통합을 시도하면서도, 현실의 부조리와 혼란 때문에 그러한 시도는 좌절되고, 마침내 자기의 내면세계로 전환하면서, 사회현실과의 단절을 체험하게 되는 것이다. 그의 고독을 향한 제2차 단절체험이라고 할 수 있다.

1956년 발표한 「눈물」을 전후하여, 불순한 사회현실로부터 자기 내면세계로 눈을 돌려, 자아와 신과의 관계를 추구하는 방향으로 일관했다(물론 그런 중에도 사회현실에 대한 관심을 읊었다.). 내면세계를 통하여 만난 신과의 관계는 자아의 상실과 축소의 마지막 단계에 이르기까지 기도와 호소의 일방통행(一方通行)일 뿐 신의 침묵 앞에서 마침내 신앙과 구원의 포기, 즉 신과의 단절을 선언하기에 이른다. 신을 상실한 고독, 즉 그의 고독을 향하여 마침내 신과의 관계마저 단절된 제3차 단절을 체험하게 된다. 종래 많은 사람들이 논의한 김현승의 고독의 문제는 주로 신과의 관계 단절 이후의 양상이었다. 신과의 관계단절은 자신의 삶의 선택을 위한 완전한 자유를 의미하며, 어떠한 외부로부터 부가되는 보편적 모럴도 있을 수 없다는 것이 J.P. 샤르트르의 무신론적 고독이다. 그러나 신의 상실과 구원의 포기를 말한 김현승은 마음속에 엄존하는 '양심(良心)'만은 포기할 수 없으며, 이것만은 신에게서 부여받은 것임을 말한다. 여기서 그의 고독은 신이 상실된 고독이라고 하면서도 양심을 통해서 여전히 신과의 관계를 유지하고 있다는 모순을 내포한다. 논리적으로 극복할 수 없는 이러한 고독의 양상은 사실상 현실적인 삶이 우선하는 초논리적 성격을 띤 것임을 알 수 있다. 그리하여 만년에 졸도에서 회복된 그는 다시 신과의 관계를 회복하고 나아가서는 자연 및 사회의 관계회복이라는 새로운 차원에 들어선 것이다.

그의 고독은 세 가지의 모순 구조로 되어있다. 고독의 반인간주의와 인간주의, 고독의 영원성과 일회성, 그리고 신과의 단절과 신과의 관계 유지—이러한 모순구조를 보여주고 있다. 이 중에서도 특히 신과의 단절에도 불구하고 여전히, '양심'을 통해서 그 관계를 유지하고 있다는 점이 주목된다.

김현승의 방법론에 대해서는 지금까지 거의 논외로 방치하였다. 그는 주로 영미 주지주의, 그리고 김기림의 주지적 방법의 영향을 받은 것이 확실하다. 사상을 감각적으로 파악하여 표현한다는 영미 형이상시의 방법을 비롯하여 한자 추상어(문화어)의 논리적 · 미적 가치의 통합적 발견, 사상과 감각의 통합, 시의 구조의 이성적 통제, 그리고 논리적 구조가 만들어낸 정서적 기능의 창조—이러한 방법 면에서도 그의 시의 내용과 더불어 한국 주지주의 시의 한 성공으로 지적될 수 있고, 한국 시의 앞날의 한 가능성을 마련한 점에서도 우리 시사상(詩史上) 높은 평가를 받을 수 있다.

출전: 『시문학』통권 158~160, 1984.8~11.

상상력

김 현, 보석의 상상체계

곽광수, 사라짐과 영원성

권영진, 시와 종교적 상상력

황현산, 관념시에서의 구체성의 자리

Ⅱ 상상력

보석(寶石)의 상상체계(像想體系)
–김현승(金顯承) 논초(論抄)–

김 현*

프로테스탄티즘에 원천(源泉)둔 희귀한 시인

김현승은 박두진(朴斗鎭)과 함께 프로테스탄티즘이 그의 시의 원천을 이루는 희귀한 시인 중의 한 사람이다. 정지용(鄭芝溶)의 가톨릭시즘을 제외하면, 대부분의 한국시인들이 불교(佛敎)에서 그 시적 원천을 찾아내고 있는 것을 생각하면, 프로테스탄티즘이 한국 개화기의 중심적인 힘으로 작용하였음에도 불구하고 시에서 그 흔적을 크게 남기지 못한 것은 무엇 때문일까라는 의문이 생겨나기까지 한다.

아마도 시란 그것을 쓰는 자가 속한 사회의 가장 내면한 상상체계에 속하는 것이어서 관습과 풍속을 개조하려는 의욕과는 상반되는 것인지도 모른다.

그러나 김현승은 프로테스탄티즘을 그의 시작 초기에서부터 시작하여 계속 지금까지 그의 시의 자원으로, 다시 말해서 그의 삶의 이유로 수락하고 있다. 그것은 그의 시에 몇 가지의 특색을 부여하게 한다. 첫째, 그의 시는 서구의 몰락과 밀접한 관계를 가지고 있는 모더니즘의 유행을 뒤쫓지 않고 있다. 모더니즘은 신의 죽음으로 상징되는 보편주의와 절대주의, 그리고 초월의 가능성을 믿는 내세주의(來世主義)의 붕괴에서 생겨난 시

* 前 서울대학교 불어불문학과 교수

운동이다. 그것은 1930년대의 식민지 한국의 시 운동에 상당한 영향을 미쳐 김기림(金起林)의 시론(詩論)과 이상(李箱)의 시를 낳게 하는데 김현승은 프로테스탄티즘의 경고성에 의지하여 과학주의(科學主義)의 한계를 쉽게 벗어난다.

그의 시가 동시대인들의 몇 몇 시와 다르게 '견고하게' 결정되어 있는 이유다.

둘째, 그의 시는 모더니즘의 한 기법이라고 부르고 있는 정경(情景)묘사의 이미지즘에서 벗어나 있다. 인간을 둘러싸고 있는 환경이나 자연, 그리고 인간 그 자체보다도 이미지즘은 자연과 그 속에 융화된 인간을 그림으로서 인간을 시에서 소외시킨다. 그러나 김현승의 주제는 인간에 한정되어 있다. 그의 자연은 김광균(金光均)의 복고주의적 애상조의 자연도 아니며, 장만영(張萬榮)의 즉물적 자연도 아니다.

그의 자연은 인간의 유한성과 그것을 벗어나려는 초월에의 욕구를 보여주는 자연이며 그런 의미에서 인간만을 위한 자연이다.

셋째, 그의 시는 프로테스탄트의 자기고뇌—각성을 주제로 하고 있다. 그래서 그의 시는 철저한 자기부정도 철저한 자기망각도 보여주지 않는다. 그의 시의 품격은 그의 삶이 그러하듯 엄격하게 언어를 절제하고, 그 절제된 언어로서 그의 고통스러운 삶을 표현케 하는 데서 얻어진다. 그의 시에 호격(呼格)이 별로 나오지 않는 이유이다. 그의 시에 호격이 나오더라도, 그의 호격은 감정을 크게 규제하고 있는 호격이다. 가령 그의 초기시 중에서 대표작으로 알려진 「프라타나스」를 보면, "꿈을 아느냐 네게 물으면/프라타나스/너의 머리는 어느덧 파아란 하늘에 젖어있다."라는 식으로 보통 시인들이 그러하듯 "프라타나스여"같은 감정의 찌꺼기들을 남기지 않고 있다. 그만큼 절제되어 있고 그런 뜻에서 지적이다. 물론 그의 호격에 애소의 감정이 들어가 있다.

넷째, 그의 시는 관념어(觀念語)를 많이 사용한다. 현재 쓰이는 관념어의 대부분이 기독교 문화권에서 생겨나 동양(東洋)에 옮겨진 것이라는 것을 생각하면 그의 프로테스탄티즘이 관념어를 그대로 수용한 것에는 무리가 없어 보인다. 동시에 그는 성서구절(聖書句節)의 비유와 고서(古書)를 많이 인용한다. 비기독교인인 신자에게는 더욱 관념적으로 읽히리라고 생각한다. 그러나 그것은 살[肉]이다.

그의 시적 공간에 가장 뚜렷하게 자리 잡고 있는 것은 보석이다. 보석은 그의 『옹호자의 노래』에서부터 『절대고독(絕對孤獨)』에 이르는 거의 150여 편의 시의 중심을 이루는 이미지이다. 그것은 그의 내적 희망을 총괄하는 이미지이다.

> 나의 가슴에 언제나 빛나는 희망은
> 너의 불꽃을 태워 만든 단단한 보석
>
> —「빛」

그의 내적 희망은 그의 가난과 육신을 벗어버리고 이 세계에서 초월하고 싶다는 의지이다. 그것은 그의 아름다움의 상징인 '주(主)'에의 동경을 또한 뜻한다.

그리고 그것은 동시에 그 주(主)에 의해 '육체(肉體)에 입혀진' 사랑을 내포한다. 그 아름다움은 육신을 얻을 때 상하고 부서진다. 그러나 그는 그 상(傷)함 때문에 더욱 버릴 수가 없게 된다.

> 모든 육체(肉體)는 가고 말아도,
> 풍성한 향기의 이름으로 남는
> 상(傷)하고 아름다운 것들이여,
> 높고 깊은 하늘과 같은 것들이여……
>
> —「가을의 향기(香氣)」

그것은 어떤 경우에도 '분쇄(粉碎)되지 않고' 견고하게 모나 있다(「양심(良心)의 금속성(金屬性)」). 그의 보석은 그래서 그것이 상하지 않고 견고하게 결정되어 있을 때는 별처럼 빛나며, 그것이 상한 아름다움을 나타낼 때는 인간의 눈물처럼 영롱하다.

별들이 보석(寶石)처럼 보이는 이 거리—이 땅에서
그냥 살아야지……

—「그냥 살아야지」

별은 그때 인간에게서 너무 떨어져 있다. 그것은 "노래하면 노래할수록 멀어질 뿐"이다. 그러나 그의 별은 항상 그토록 멀리 있지는 않다. 그 별은 인간적인 눈물과 결부되어 시인 가까이에 내려온다.

나의 친구는 먼 하늘의 물머금은 별들……
이단(異端)을 향하여 기류(氣流) 밖에 흐릿한 보석(寶石)들을
번지우고,

—「독신자(獨身者)」

'물 머금다'는 형용사는 '눈물 어린'이라는 뜻일 것이다. 그 눈물 머금은 별들은 『견고한 고독』에 실린 시편들에 이르면 보석 같은 눈물로 완전히 인간화된다.

눈물은 내 가슴에
보석(寶石)과 같이 오래 남는다.

—「가을의 비명(碑銘)」

그의 눈물은 그의 육신을 완전히 버릴 수 없는 자의 고독한 눈물이다. 그러나 그는 보석인 별을 버릴 수는 없다. 그래서 그는 자기 주위의 모든 것을 별처럼 빛나게 만들려고 하는 것이다.

그러기 위해 그가 찾아낸 것은 말(언어)이다. 『견고한 고독』에 실린 그의 시편들은 언어와의 부단한 싸움으로 가득 차 있다. 시를 쓰는 것 자체가 이상과의 투쟁이 된 것이다.

내가 시를 쓸 때
이 땅은 나의 작은 섬
별들은 오히려 큰 나라
멋진 약속(約束)을 깨뜨리고
내 영혼의 벗들인 말들은
까아만 비로도 방석에 누운
아프리카산(產) 최근(最近)의 보석처럼
눈을 뜬다.
빛나는 눈을 뜬다.

—「시(詩)의 맛」

그의 초기의 별과 눈물의 대위법은 『견고한 고독』에 실린 시편들에서는 시를 쓰는 자의 언어로 지향된다. 그의 언어 지향적 성격은 그를 견고하고 모나게 만들려는 성향의 한 표현이다. 그래서 초월에의 욕구와 타인에 대한 사랑은 자신의 고독함에 대한 자각으로 그에게 있어서는 지향된 것이다.

그의 고독이 '절대고독'으로 변모한 이유이다.

하물며 몸에 묻은 사랑이나
짭쫄한 볼의 눈물이야
신(神)도 없는 한 세상
믿음도 떠나,
내 고독을 순금(純金)처럼 지니고
살아왔기에

—「고독의 순금(純金)」

사랑이나 눈물은 이제 고독에 비하면 하찮은 것에 지나지 않는다. 그의 영혼은 '그의 외로운 가슴'에서 끝이 난다. 이 세상에 대한 그의 강렬한 자기칩거에 이른 것은 놀라운 변화다. 그 변화의 의미를 더욱 뚜렷하게 이해하기 위해서는 "내 시생애(詩生涯)의 최후의 추구가 될지도 모르는 고독을" 더욱 심화한 시편들을 기다리지 않으면 안 된다. 나로서는 그가 자기 자신에 지나치게 칩거하지 않고 세계와 인간에 대한 폭넓은 사랑을 회복하기를 바랄 뿐이다. 그렇지 않는 한, 그의 최대 걸작 중의 하나인 「연(鉛)」 속에 묘사된 그대로 그에게는 '그가 항상 무거울' 터이다.

출전 : 『숭전대학신문』 1973.5.10.

사라짐과 영원성
-김현승의 시 세계-

그의 글로써 김현승에 대한 내 흥미를 일깨워주고,
이 글이 완성될 때까지 한결같이 나를 격려해 준
외우(畏友) 최하림(崔夏林)에게

곽광수*

한 시인이나 작가의 작품세계가 그것을 정녕 하나의 '세계'이게끔 하는 특이성을 나타내고 있을 때, 그 사실은 이미 그의 뛰어난 창조성의 징후이다. 그러한 특이성은 물론, 그 시인이나 작가의 작품들 전체를 통해 발견되는 통일적인 양상으로서 존재한다. 그러한 통일적인 양상은 여러 가지 형태로 발견될 수 있지만, 그 가운데 가장 중요한 것은 문제되고 있는 시인이나 작가의 작품들 전체를 꿰뚫고 있는 통일적인 흐름이라고 할 어떤 것이다. 왜냐하면 문학은—그것이 뛰어난 것이라면—가장 총체적으로 인간을 표현함으로써 인간 존재의 가장 본질적인 차원이라고 할 역사성을 함축하기 마련인데, 방금 말한 통일적인 흐름이란 바로 문제되고 있는 시인이나 작가의 역사성의 표현이기 때문이다. 즉 그것은 그 시인이나 작가의 작품 세계를 생성적으로 조직하는 어떤 움직임이다. 이와 같은 사정으로, 한 시인이나 작가의 작품세계에 그러한 통일적인 흐름이 발견될 때에는 그것 자체가 그 작품세계의 진정성의 표징이 된다고 말해도 좋을 것이다. 그 통일적인 흐름이 그 시인이나 작가의 존재의 본질적인 차원의 역사성의 표현인 한, 거기에 그의 전존재가 참여되어 있음을 그것은 함의하기 때문이다.

이런 관점에서 볼 때, 김현승은 우리나라 신문학사상 가장 괄목할 만한 시인의 한 사람으로 평가되어 마땅할 것이다. 예술의 창조성과 보편성, 미적 가치 판단의 근본적인 주관성과 그것의 성립근거로서의 타자의 존재—

* 서울대학교 불어교육과 명예교수

이 두 표현의 각각에 있어서 전자의 항과 후자의 항 사이의 관계가 나타내는 역설은 예술이 가지는 가장 어려운 문제의 하나이지만, 그 역설의 비의성(秘意性)을 건드리지 못하는 채로 단순히 경험적인 관찰만을 이야기한다면, 전자가 예술가의 전존재를 참여시키는 진정성에 지탱되어 있을 때에 그것은 필연적으로 후자를 얻게 된다고 말할 수 있을 것이다. (양자의 어느 하나가 창조의 안이한 명분이 됨으로써 예술가의 진정성을 이끌어오지 못할 때, 작품은 반드시 실패하고 마는 법이다. 예컨대 프랑스 문학에 있어서 후자가 그렇게 내세워졌을 때에 의고전주의의 실패가, 반대의 경우에 초현실주의의 실패가 나타났었다.) 이런 의미에서, 그 스스로 어느 산문에서 말했듯이 아직까지 고독한 김현승의 시 세계가 이제 그 고독에서 벗어나 많은 '지기(들과)의 들리지 않는 대화'로 '분명한 나날을 맞게 될'[1] 것을 기대하여도 좋을 것이다.

*

김현승은 시에 관해 말하고 있는 상당수의 시편들을 남겼는데, 그 가운데 스스로의 시에 언급하고 있는 것들이 몇 편 발견된다. 위에서 말한, 한 시인이나 작가의 작품세계를 생성적으로 조직하는 통일적인 흐름은 그의 전존재, 따라서 그것의 의식적인 차원과 무의식적인 차원 모두를 참여시키는 것이라는 한, 반드시 그의 의식적인 창작의도와 일치하는 것으로 나타나지는 않는다. 그러나 어떤 시인들에게 있어서는 그것이 어렴풋하게나마 의식되어 있을 수도 있는데, 어쨌든 김현승이 스스로의 시에 대해 언급하고 있는 시편들 가운데 스스로의 시적 운명을 예견하고 있는 듯한 것들이 발견됨은 괄목할 만한 일이다. 그의 작품 연보 상 앞부분에 위치하는 『옹호자(擁護者)의 노래』에 실려 있는 「지상(地上)의 시(詩)」에서 그는 이미 이렇게 노래하고 있다 :

1) 김현승, 「쓴다는 것의 의의(意義)」, 『고독(孤獨)과 시(詩)』, 지식산업사, p.318. 앞으로 이 글에서 이 책은 『산문집(散文集)』으로 표시하겠음.

보다 아름다운 눈을 위하여
보다 아름다운 눈물을 위하여
나의 마음은 지금, 상실(喪失)의 마지막 잔이라면,
시(詩)는 거기 반쯤 담긴
가을의 향기와 같은 술……

사라지는 것들을 위하여
사라지는 것만이, 남을 만한 진리(眞理)임을 위하여
나의 마음은 지금 저무는 일곱시(時)라면,
시(詩)는 그곳에 멀리 비추이는
입 다문 창(窓)들……[2)]

즉 자기의 시는 상실되는 것, 사라지는 것들을 노래한다고 시인은 말하고 있는데, 바로 여기서 상실, 사라짐이라는 그 스스로의 명료한 표현으로 지칭되어 있는 것이야말로 그의 시 세계의 생성적 움직임의 원초적이고도 가장 중요한 양상이다. 나중에 그는 오히려 사라지지 않는 진리라고 생각되는 것을 발견하게 되고 그리하여 그 사라지지 않는 진리를 노래하게 되지만, 어쨌든 김현승의 시 세계의 원초에는 사라짐이 있다.그렇다면 그의 시 세계에서 사라지고 있는 것은 무엇인가? 그것은 위에 인용된 시편의 제목이 암시하고 있는 바로서, 이를테면 지상적인 것이라는 표현으로 지칭될 수 있는 것이다. 그것은 김현승이 기독교 시인이라는 사실이 연상시키는 천상적인 것에 대립되는 것이다. 「고전주의자(古典主義者)」는 그것에 대해 한결 정확히 말하고 있다 :

푸른 잎새들이 떨어져 버리면,
내 마음에
다스운 보금자리를 남게 하는

2) 『김현승시전집』, 관동출판사, p.83. 앞으로 이 글에서 이 책은 『전집(全集)』으로 표시하겠음.

시간(時間)의 마른 가지들……

내 마음은 사라진 것들의
푸리즘을 버리지 아니하는
보석상자(寶石箱子)—

사는 날, 사는 동안 길이 매만져질,
그것은 변함없는 시간(時間)들의 결정체(結晶體)!

지향없는 길에서나마,
더욱 오래인 동안 머물었어야 했던 일들이
지금은 애련히 떠오르는,

그것은 내 마음의 오랜 도가니—이 질그릇 같은 것에
낡은 무늬인 양
눈물과 얼룩이라도 지워 가고자운 마음,

모든 것은 가고 말았구나!
더욱 빨리…… 더욱 아름다이……[3)]

즉 사라지고 있는 것은, 시인이 그의 지상적인 삶을 통해 경험한 모든 것들이다. 지나간 것들, 한마디로 추억을 노래함은 가장 보편적인 시적 주제의 하나인데, 왜냐하면 시간적인 거리감은 가장 중요한 미적 계기의 하나이기 때문이다. 시간적인 거리감이 미적 계기가 되는 것은 우리들의 이중적인 심미적 태도에 기인한다 : 첫째, 먼 시간적 거리의 여과에 의해 과거의 이미지들은 추함과 미움을 잃어버림으로써 우리들은 그것들을 사랑하지 않을 수 없게 되며, 둘째, 그 이미지들이 그렇게 흐릿해졌기에 우리들의 상상력은 자유롭게 그것들을 아름답게 꾸미려고 하는 것이다. 사라

3) 『전집(全集)』, p.97.

진 것들이 "내 마음에/다스운 보금자리[로] 남게" 되고, "내 마음[이] 사라진 것들의/푸리즘을 버리지 아니하는/보석상자(寶石箱子)"인 것은 이 때문이다. 그리하여 한발짝 더 나아가 시인은, 역설적으로 '더욱 빨리' 갔으므로 '더욱 아름'답다고 말할 수 있었을 것이다 : 더욱 빨리 간 것은 더욱 멀리 가 있을 터이기 때문이다. 사라짐을 노래하는 김현승의 시편들의 감동, 아름다움은 일차적으로 이 드물지 않은 미적 계기에서 유래하고 있으므로 아주 독창적인 것은 아니라고 생각될지 모른다. 사실 사라짐을 노래하는 그의 시편들의 독창성은 단순히 과거에 대한 사랑에 있는 게 아니라, 거기에서 느껴지는 김현승 특유의 처연함에 있다. 그 처연한 뉘앙스는 「지상(地上)의 시(詩)」에서는 "보다 아름다운 눈물을 위하여"라는 시구에서, 그리고 「고전주의자(古典主義者)」에서는 "이 질그릇 같은 것에/낡은 무늬인 양/눈물과 얼룩이라도 지워 가고자운 마음"이라는 시구에서 발견되는 것인데, 다음에 인용하는 「어제」를 살펴보면 그 실체를 알 수 있다 :

어제,
그 시간(時間)을
비에 젖은 뽀오얀 창(窓) 밖에 넣어 보자.

어제,
그 시간(時間) 옆에
멀리 검은 나무를 심어 두자,
오랜 그늘을 지키는……

어제,
그 시간(時間)을
정한 눈물로 닦아 두자,
내게는 이제 다른 보석(寶石)은
빛나지 않으려니……[4)]

4) 『전집(全集)』, p.128.

우리들의 상상력 속에서는 대상과 움직임이 표리의 관계에 진배없는 밀접한 관계를 가지고 있으며, 그러므로 대상을 표상하는 이미지라도 그것의 기능성을, 즉 그것이 어떤 움직임을 가질 수 있는가를 알아봄은 그것을 이해하는 한 중요한 방법이 된다고 한 것은 바슐라르이지만, 위의 시편에서 첫째 연의 '비에 젖은 뽀오얀 창(窓)'과, 둘째 연의 '검은 나무' 및 그 '그늘', 그리고 셋째 연의 '정한 눈물'은 모두 그 기능이 어제의 시간을 지우는 것이다 : 이 경우 지워 없어지는 과거는 시간의 불가항력적인 흐름 가운데 사라짐으로써, 시인이 그 사라짐을 어쩔 수 없이 수동적으로 겪는 게 아니다. 오히려 시인이 과거를 지우려는 능동적인 노력을 함으로써, 그 사라짐을 당하는 것은 차라리 과거 쪽이다. 즉 여기서 과거는 시간적 거리를 통해 그리움의 대상으로 나타나 있지 않고, 우정 지워버려야 할 버림의 대상이 되어 있다. 왜 시인은 과거를 버려야 할 것으로 생각하는가? 그것이 과오에 차 있어서, 가장 기독교적인 표현을 빈다면 수치스럽기 때문이다. 민감한 독자라면 첫째 연의 '비에 젖은 뽀오얀 창(窓)'이라는 우수적인 이미지에서 이미 감득(感得)했겠지만, 둘째, 셋째 연의 '검은 나무', '그늘', '정한 눈물'의 이미지에 이르면 이 시편 전체를 지배하는 처연함이 회한의 감정에서 비롯된 것임을 깨닫게 된다. 눈물은 기독교적 상상력에 있어서 과오를 정화하는 가장 보편적인 이미지의 하나이지만, 검은색의 이미지는 김현승의 독창적인 이미지라고 할 까마귀와 연결되어 원죄적인 회한의 감정을 그 한 뉘앙스로 가지고 있다는 것을 우리들은 나중에 살펴보게 될 것이다. 「지상(地上)의 시(詩)」와 「고전주의자(古典主義者)」에 나오는 눈물의 이미지도 결국 「어제」의 그것과 같은 것이고, 사라짐을 노래하는 김현승의 대부분의 시편들에서 느껴지는 처연함의 실체는 바로 기독교적인 회한의 감정이라고 이제 우리는 말할 수 있겠다. 그리고 사라짐을 노래하는 김현승의 어떤 시편들이 가지고 있는, 김현승 고유의 감동은, 바로 이 회한에서 비롯하는 과거에의 타기와, 시간적 거리감에서 생기는 과거에의 사랑 사이에서 이루어지는 변증법적인 긴장으로부터 태어나는 것이다. (「지상(地上)의 시(詩)」, 「고전주의자(古典主義者)」, 「어제」는 순차적으로 과거에의 타기를 점점 더 많은 함량으로 가지고 있다고 하기는 하겠지만, 어쨌든 그 두 요소를 동시에 포함하고 있다. 「고전주의자(古典主義者)」에서 '눈물'의 이미지는 그 앞의 금속성을 녹여 불순물을 없애는 '도가니'의 이미지에 동반되어 있어서, 회한에 찬 과거에 대한 타기의 뜻이 한결 뚜렷이 나타나 있고, 「어제」는 전체적으로 과거에 대한 타기의 뜻이 주조이나, 마지막 연에 「고전주의자(古典主義者)」에서 과거에 대한 사랑의 이미지로 나타났던 '보석(寶石)'이 슬쩍 끼여 있다.)

나는 위에서 사라짐이 김현승 시 세계의 생성적 움직임의 원초적이고도 가장 중요한 양상이라고 말했는데, 왜냐하면 후기에 그 통일적인 흐름이 다른 양상을 나타내게 되기는 하지만, 그것 역시 방금 살펴본, 사라지는 것에 대한 시인의 태도의 변화에 이미 함축되어 있기 때문이다. 즉 사라지는 것에 대한 시인의 사랑과 타기가 갈등을 일으키다가 이윽고 후자가 전자를 밀어냄으로써, 사라짐은 다른 양상을 띠게 될 따름이다. 어떻게 보면, 김현승의 시 세계는 지상적인 것의 사라짐에 대한 시인의 두 다른 관계—수동적, 능동적—로 이루어져 있다고도 말할 수 있을 것이다.

어쨌든 김현승이 그토록 좋아하는 가을, 안개, 그의 모든 시편들을 통해 아마도 가장 큰 출현빈도를 보이고 있는 듯한 눈물, 기타 지평선, 수평선, 어둠, 저녁, 밤, 그늘, 검은색, 재, 까마귀 등의 이미지들은 모두 우선, 이상으로 묘사한 사라짐이라는, 그의 시 세계의 생성적 움직임에 통일적으로 수렴되는 것 같다.

*

그 스스로 어느 산문에서 "나만큼 가을에 대한 시를 많이 쓴 시인도 우리나라에서는 아마 별로 없을"[5] 것이라고 말하고 있듯이 김현승은 가을에 대한 시편들을 많이 남겼는데, 이것은 바로, 하나의 통일적인 작품세계를 가질 만한 시인이라면 어떻게 그의 모든 감수성이 그 통일적인 세계를 구축하는 데 강박적으로 작용하는가를 보여주는 한 예증이 되는 것이라고

5) 「초가을」, 『산문집(散文集)』, p.50.

하겠다. 왜냐하면 김현승이 느끼는 가을이야말로 그의 시 세계의 여러 국면들을 배아(胚芽)로서 모두 품고 있는 것이기 때문이다. 우리가 지금 문제삼고 있는 그의 시 세계의 생성적 움직임을 두고 말하자면, 가을은 사라지는 지상적인 것과의 관계에서 일어나는 시인의 심리적인 갈등과 추이를 모두 나타낼 수 있는 이미지가 되는 것이다.모든 것이 사라져가는 가을에 시인은 우선 그 사라져가는 것들을 아쉬워한다 :

남(南)쪽에선
과수원(果樹園)의 임금(林檎)이 익는 냄새,
서(西)쪽에선 노을이 타는 내음……
산 위엔 마른 풀의 향기,
들가엔 장미들이 시드는 향기……

당신에겐 떠나는 향기,
내게는 눈물과 같은 술의 향기

모든 육체(肉體)는 가고 말아도,
풍성한 향기의 이름으로 남는
상(傷)하고 아름다운 것들이여,
높고 깊은 하늘과 같은 것들이여……[6)]

'모든 육체(肉體)' 로 상징되고 있는 일제의 시상적인 것은 가을이 오면, '마[르]' 고, '시[들]' 고, '떠나' 간다. 너무나 쉬운 가을의 이미지들인 낙엽이나 마른 풀이 김현승의 대부분의 가을의 시편에서 사라짐의 이미지로 나타남은 대수로운 일이 아니겠지만, 이 시편에 저녁의 이미지("서(西)쪽에선 노을이 타는 내음……")가 동시에 발견됨은 주목할 만하다. 위에서 저녁, 밤이 사라짐의 이미지라고 말했지만 그것들은 「어제」에 나오는 그

6) 「가을의 향기(香氣)」, 『전집(全集)』, p.142.

늘, 검은색의 이미지와 마찬가지로 대상을 덮어 지움으로써뿐만 아니라, 가을의 시편들의 경우 대개 그러하듯 끝남의 시간이기 때문에도 사라짐을 나타낸다. 「지상(地上)의 시(詩)」에서 이미 '가을'의 이미지와 '저무는 일곱 시(時)'의 이미지가 각각 첫째, 둘째 연에서 대응적으로 놓여 있었음을 상기할 필요가 있는데, 가을 자체가 김현승의 상상력 가운데서는 계절적으로 육체적인 것이 끝나는 때로 여겨진다 : 그것은 '폐회(閉會)와 귀로(歸路)의 시간'[7]인 것이다.[8] 어쨌든 가을의 시편들 여기저기에 '(초)저녁', '오후', '밤', '그늘' 등의 이미지들을 찾아볼 수 있다. 더욱 흥미있는 것은, 다만 한 시편에서이긴 하나 재의 이미지 또한 나타나 있다는 사실이다 :

> 참회하는 이스라엘의 여인(女人)처럼
> 누리는 이윽고 재를 무릅쓸 때……[9]

재 또한 나중에 살펴보게 되겠지만, 대상을 덮어 지움으로써뿐만 아니라, 여기서 그런 것처럼 보이듯이 불타 없어짐을 전제하기 때문에도 사라짐을 환기한다. 그러나 어쨌든 그 모든 것들은 오히려 그 사라짐으로써 우리들에게 '향기'를, 우리들을 이끄는 사랑을 남긴다. 그리하여 그것들은 '상(傷)하'는 만큼 '아름다운 것들'이다. 그런가 하면 반면, 가을은 그 모든 육체적인, 지상적인 것들을 사라지게 하는 만큼 시인으로 하여금 오히려 그것들의 헛됨을 깨닫게도 하는 계절이다 :

> 많은 진리(眞理) 가운데 위대(偉大)한 공허(空虛)를 선택하여

7) 「가을이 오는 시간(時間)」, 『전집(全集)』, p.131.

8) 한 해의 육체(肉體)를
우리는 팔월(八月)까지 다 써 버리고,
이제는 영혼의 절반만이
우리에게 남아 있다.
「가을이 아직은 오지 않지만」, 『전집(全集)』, p.450, 참조.

9) 「가을의 소묘(素描)」, 『전집(全集)』, p.145.

나로 하여금 그 뜻을 알게 하소서[10)]

그리하여 시인은 "남긴 것 없음을/이제는 서러워"[11)]하며, 사라지지 않을 견고한 진리—정신적인, 천상적인, 신적인 진리를 스스로 멀리했던 것을 한탄한다 :

일년(一年)의 저울 추는
햇빛에서
그늘로
잔에서
잔의 탄식으로
조금씩 기울어져 간다.[12)]

가을은 바로 '수치(羞恥)와 겸양(謙讓)의 계절(季節)'[13)]인 것이다. 그러나 가을은 사라지는 지상적인 것에 대한 사랑과 회한의 계절만은 아니다. 한 발짝 더 나아가 지상적인 것을 완전히 사라지게 함으로써 천상적인 것에 대한 시인의 지향을 열매 맺게 하는 계절이다 :

이 달엔
먼 수평선(水平線)이
높은 하늘로 서서(徐徐)히 바꾸이고,
뜨거운 햇빛과
꽃들의 피와 살은
단단한 열매 속에 고요히 스며들 것이다.[14)]

10) 「가을의 시(詩)」, 『전집(全集)』, p.137.
11) 「가을이 오는 시간(時間)」, 『전집(全集)』, p.131.
12) 「가을이 아직은 오지 않지만」, 『전집(全集)』, pp.451~452.
13) 「가을의 포도(鋪道)」, 『전집(全集)』, p.138.
14) 「가을이 오는 달」, 『전집(全集)』, p.251.

꽃과 낙엽이 짐으로써 결실되는 열매의 이미지는, 낮은 가치를 가진 것의 희생에 의해 높은 가치를 가진 것이 태어남을 나타내는 가장 보편적인 이미지의 하나이므로, 그것만으로는 독창적인 것이라고 할 수 없다. 김현승의 열매의 이미지의 독창성은 그것이 단단한 것이라는 데 있다. 그러므로, 김현승의 시 세계에 있어서 가을의 이미지로 하여금 천상적인 것을 나타낼 수 있게 하는, 그것의 긍정적인 가치가 주로 열매의 이미지에서 온다고 한다면, 한결 정확히는 열매의 이미지의 단단한 성격에서 온다고 해야 할 것이다. 즉 이 경우 가을의 이미지는 열매의 이미지를 통해 단단함을 환기함으로써 가치를 가지는 것이다. 이에 관련하여, 시인이 가을의 이미지로 하여금 다른 방식으로써도 단단함을 환기케 하고 있다는 사실을 발견할 수 있음은, 주목할 만하다 :

밤 이슬에 나아와
시월(十月)의 이마 위에 손을 얹어 보았는가.
대리석(代理石)과 같이 찰 것이다.
그러나 네 영혼의 피를 내어
그 돌에 하나의 물음을
새기는 이만이,

굳은 열매와 같이
종자(種子) 속에 길이 남을 것이다![15]

팔굽이에 닿는 것
은시계(銀時計)처럼 차다.[16]

위의 두 인용에서는 가을이 그 서늘함에 의해 차고 단단한 물체를 환기함으로써 단단함과 연결되는데, 다음 경우에는 가을에 특히 맑게 빛나는

15) 「가을의 비명(碑銘)」, 『전집(全集)』, pp.255~256
16) 「가을 비」, 『전집(全集)』, p.148

별을 통해 보석을 환기함으로써 그리되어 있다 :

꽃잎을 이겨
살을 빚던 봄과는 달리
별을 생각으로 깎고 다듬어
가을은
내 마음의 보석(寶石)을 만든다.[17]

여기서 우리들은 김현승의 시 세계의 생성적 움직임이 나타내는 다른 하나의 양상에 접하고 있는데, 그것은 바로 단단함,—시인이 스스로 더 즐겨 쓰는 표현으로는 견고성에의 지향이다. 그런데 그의 시 세계에서 견고성이 긍정적인 가치를 얻게 되는 것은 기실, 바로 그것이 사라짐에 대립되기 때문이다. 즉 지상적인 것이 덧없이 사라지기에 참되지 못한 부정적인 가치라면, 그것에 대립되는, 긍정적인 가치인 천상적인 것은 견고함으로써 영원한 것이어야 할 것이다. 그렇기 때문에 열매는 단순히 훌륭한 성과라는 일반적인 은유적 의미에서가 아니라, 김현승의 시 세계에서는 연약해서 곧 스러지고 마는 꽃잎이나 잎과는 달리 '굳은' 것이어서 '길이 남을 것' 임으로써 긍정적인 이미지가 된 것이다.그러나 가을의 이미지는 김현승의 시 세계에서 다른 방식들로도 긍정적인 가치를 얻는데, 우선 그것이 이를테면 근원회귀(根源回歸)라고 할 것을 은유할 수 있음으로써 가치를 얻는다. 가을의 그러한 모습의 대표적인 것은 낙엽들이 뿌리로 되돌아가는 것이다 :

이맘때가 되면
낙엽(落葉)들은 떨어져 뿌리에 돌아가고,[18]

그러나 필경 이 이미지를 가능케 하는 근거도 역시 사라짐의 부정적인

17) 「가을」, 『전집(全集)』, pp.455~456
18) 「가을은 눈의 계절(季節)」, 『전집(全集)』, p.140.

가치성이다. 다만 그 위에, 사라지는 것이 참되지 못한 것인 만큼 그것을 추구하기 전의 상태가 오히려 참된 것이었다는 생각이 덧붙여져 있을 따름이다. 사라짐의 이미지로서의 가을을 이야기할 때, 우리들은 이미 가을이 '폐회(閉會)'의 시간임과 동시에 또한 '귀로(歸路)의 시간'이기도 함을 인용에서 보았지만,[19] 그것은 오히려 '폐회(閉會)'의 시간이니까 '귀로(歸路)의 시간'이라는 뜻일 것이다. 폐회의 허망함이 떠나온 집의 가치를 깨닫게 하고, 그로써 귀로를 재촉하게 하는 것이다. 그리하여 근원회귀를 나타내는 가을의 이미지에 집의 이미지가 동반되어 나타난다 :

나의 가는 목에 어느덧
바람이 차면,
저바린 꿈들의 포장지(包裝紙), 지는 낙엽(落葉)들을 모아
지금은 나의 옛집을 바를 때……

나로 하여금 돌아오는 길목에 서게 하여 다오![20]

이리하여 가을은 지상적인 것을 찾아 신을 떠나 있던 시인이 성경의 탕자의 비유에서처럼 신에게도 되돌아오는 때가 되는 것이다. 위에서 살펴본 '뿌리'나 '옛집'의 이미지는, 전자는 대지에 감싸여 있고 후자는 시인을 받아들여 감쌀 터이므로 모두 감쌈의 이미지를 환기하는데, 그리하여 근원회귀를 나타내는 대표적인 원형인 이른바 요나 콤플렉스에 수렴된다. 다음, 가을의 이미지가 긍정적인 가치를 얻는 또 다른 방식은 아득히 드높은 가을 하늘을 통한 것이다 :

봄은
가까운 땅에서
숨결과 같이 일더니

19) 주 7)을 참조할 것.
20) 「가을의 입상(立像)」, 『전집(全集)』, p.133.

가을은
머나 먼 하늘에서
차가운 물결과 같이 밀려 온다.[21)]

위의 인용에서 '땅' 과 '하늘' 의 이미지가 특별한 의미를 담고 있다는 것은 쉽게 짐작된다. 봄-땅과 가을-하늘이 대구가 되어 있으므로, 김현승의 시 세계의 문맥에서 금방 땅=지상적인 것, 하늘=천상적인 것이 추측된다. 그런데 기실 주 17)에서 인용된 "꽃잎을 이겨/살을 빚던 봄과는 달리/별을 생각으로 깎고 다듬어/가을은/내 마음의 보석(普石)을 만든다"라는 연이 바로, 위에 인용된 두 연을 뒤이으면서 그것들과 또 대구를 이루고 있으므로, 그 추측은 확실한 것이다 : 그 전체의 대구 관계를 합쳐 보면, 봄-땅-살과 가을-하늘-생각이 대구를 이루게 되는데, 살과 생각이 각각 육체적인 것, 정신적인 것을 나타낸다면, 땅과 하늘도 각각 지상적인 것, 천상적인 것을 나타내리라는 것은 분명하다. 그런데 이와 같이 하늘의 이미지가 긍정적인 가치를 가지게 되는 것은, 그것이 '머나먼' 것이기, 즉 높고 높은 것이기 때문이다. 우리들의 상상력의 가장 중요한 차원이 상승과 하강으로 이루어지는 차원이며 상승 지향은 상상력의 가장 중요한 노력의 하나라는 것은, 상상력 연구가들에 의해 널리 알려져 있는 사실이다. 기실 종교적인 절대적 가치인 신적인 것을 천상적인 것으로 연상하는 것 자체가, 그러한 상상력의 진리 때문이다.

그러나 김현승의 시 세계에서 가을이 하늘을 통해 긍정적인 가치를 얻게 되는 것은, 또한 그 하늘이 아득히 무변하게 펼쳐져 있어서 그 공간적인 무한성을 통해 시간적인 무한성인 영원성을 나타낼 수 있기 때문이기도 하다. 높이가 아니라 넓이의 무한함을 보여주는 지평선이나 수평선의 이미지가 하늘의 이미지에 동반되어 나오는 것은 이 때문이다. 주 14)의 인용에서 이미 "먼 수평선(水平線)이/높은 하늘로 서서(徐徐)히 바꾸이고"라는 시구를 우리들은 보았지만,

21) 「가을」, 『전집(全集)』, p.455

우리의 마음들은 벌써 황마차(幌馬車)가 되어 버린다.
우리의 마음들은 벌써 구름처럼
지평선(地平線)가에 몰려 선다.
에메랄드빛 하늘이 멀어지는 가을이 오면……[22]

이라는 시구도 발견된다. '지평선(地平線)가에 몰려 선' '마음'으로 표현된 시인의 여심(旅心)이 무엇을 지향하는 마음인가는, 앞에서 설명된 '지금은 폐회(閉會)와 귀로(歸路)의 시간'이라는 시구가 그 다음 연에 나온다는 사실로 금방 알 수 있다.[23]

이상으로 살펴본 바와 같이, 김현승의 시 세계에서 가을은 견고성, 근원회귀, 상승, 공간적 무한을 환기할 수 있음으로써 긍정적인 가치를 얻게 된다. 그리고 가을이 환기하는 위의 네 가치야말로 김현승이 그의 시 세계에서 지향하고 추구하는 상상적인[24] 가치들인데, 기실 그 모두는 사라짐에 대해 사라지지 않는 영원함을 나타내는 것으로 한데 묶을 수 있다. 즉 그 네 가치는 궁극적으로 영원성이라는 하나의 가치에 수렴된다고 할 수 있을 것이다.[25] 김현승의 시 세계의 생성적 움직임으로 볼 때에 그 가운데 가장 중요한 것은 견고성이지만, 나머지 것들도 계속 부분적으로 나타난다. 이리하여 가을의 이미지는, 시인에게 필경 헛된 것으로 생각되고 만 이 세계에 대한 사랑과 타기의 변증법을 완성시킴으로써 시인을 헛되지 않은 영원한 세계로 나아가게 한다. 그리하여 시인은 이렇게 노래하는 것이다 :

낙엽(落葉)들이 지는 날 가장 슬픈 것은
우리들 심령에는 가장 아름다운 것……[26]

22) 「가을이 오는 시간(時間)」, 『전집(全集)』, p.130.
23) 지평선과 수평선도 일차적으로는 사라짐의 이미지들이다. 여기에 대해서는 나중에 언급할 기회가 있을 것이다.
24) 여기서 상상적이라는 말은, 상상력의 활동 즉 이미지를 그것에 의해 상징되는 것과는 관계없이 독자적으로 파악할 때에 이미지에 대한 그러한 독자적인 파악을 두고 쓴 표현임.
25) 근원회귀와 상승은 직접적으로 영원성에 연결되는 게 아니라, 신적인 것을 통해 그리된다고 할 수 있다.
26) 「가을은 눈의 계절(季節)」, 『전집(全集)』, p.141.

*

이와 같이 가을의 이미지는 김현승의 시 세계의 통일적인 흐름인 사라짐과 영원성에의 지향을 그 모든 양상에 있어서 보여주는 김현승의 특권적인 이미지이지만, 우리들이 사라짐을 살펴볼 때에 열거되었던 다른 사라짐의 이미지들도 대부분 사라짐만을 나타내는 것은 아니다. 가을의 이미지처럼 위에서 묘사된 네 가지의 영원성의 가치 모두를 나타내지는 않으나, 그 가운데 적어도 하나를 함축함으로써 영원성에의 지향에 참여하고 있다. 그러한 경우들 가운데 기독교적 상상력의 관점에서 가장 중요한 것은, 어둠, 밤, 그늘, 검은색, 재, 까마귀 등, 어둠과 검은색의 동류의 이미지들의 경우이다. 이 이미지들은 대개 사라짐과 근원회귀를 동시에 나타낸다. 앞에서 사용한 적이 있는 묘사적인 표현들을 되풀이하면, 그것들은 덮어서, 지움과 동시에 감싸는 것이다. 「밤 안개 속에서」는 그 대표적인 예의 하나인데, 이 시편에서는 밤의 이미지가 안개의 이미지와 더불어 협력적으로 그러한 동시적인 기능을 수행하고 있다 :

수염을 깎는 비누 거품같이
창(窓)들이나 헤어진 벽(壁) 위에
발려 있던 저녁 안개들……

밤이 깊어 갈수록
뱃고동소리처럼 뿌옇게 서면(西面)으로 퍼진다.

이러한 밤에는
종점(終點) 부근(附近)이나 어디서 서성거리던 나의 버릇,
이러한 밤에 서울에 나리면,
곧 아내에게 편지를 쓰던 나의 버릇.

지금 골목과 골목들은

깊은 회한(悔恨)에 잠기고,
눈들은, 신앙(信仰)을 위하여 다시 한번 아름답고 고요하게 실명(失明)되어 간다.
산(山)에서 진다는 하이얀 장미의 얼굴과 같이……
지금은 살벌(殺伐)하던 가각(街角)도 부스러져 가고,
금속성(金屬性) 등(燈)불에도 입김이 흐리운다.

이러한 밤에는 철학(哲學)이란 굳은 빵 조각—
종로(鍾路)와 명동(明洞)은 시가아를 피우고 저으기 눈을 감는다,
그리고 귀를 기울인다!
무엇인가 오래인 동안 잊어버렸던 이 거리의 음향(音響)을 위하여,
마른 나무가지와 포도(鋪道)와 멀리서 들려 오는 신발 소리도
조금씩은 눈물기와 신앙(信仰)에 젖은 저 어렴풋한 음향(音響)들을 위하여……[27)]

이 시편의 가장 중요한 의미상의 구조는 시각과 청각의 대립인데, 전자는 '실명(失明)' 되고 후자는 '어렴풋' 하게 트여 간다. 안개와 밤의 이중적인 가치—사라지게 함과 근원적인 장소의 형성은 각각 시각의 막힘과 청각의 트임으로 암시되고 있다. 안개와 밤은 지상적인 것을 상징하는 외계의 사물들을 '부스러' 지게 하고 '흐리' 게 하여 눈앞에서 사라지게 하는가 하면, 다른 한편으로 시인 스스로의 사위(四圍)를 요나의 고래 뱃속처럼, 아니 어머니의 자궁 속 태반처럼 감싸안는다. 그리하여 '마른 나무가지와 포도(鋪道)와 멀리서 들려 오는 신발 소리' 등 일체의 외계와 차단된 그 어둡고 아늑한 곳에서는, 마치 어머니의 배 안에서 듣던 아득한 자궁소리인 양 '무엇인가 오래인 동안 잊어버렸던' '음향(音響)' 이 들려온다. 이를테면 그것은 근원의 소리, 신의 소리이다. 우리들을 포근하게 감싸안는 공간의 이미지들, 즉 요나 콤플렉스가 우리들의 상상력 가운데 평화롭고 이

27) 『전집(全集)』, p.53.

상적인 곳—이상향이나, 종교적인 문맥에서는 잃어버린 낙원 즉 근원지를 나타낼 수 있게 되는 것은, 그 콤플렉스가 어머니의 자궁 속 태반과 관계 있는 것이기 때문이라고 정신분석가들은 설명한다. 즉 그것은, 우리들이 우리들의 목숨을 얻은 이후 몸담은 적이 있는 모든 장소들 가운데 가장 완벽하게 행복한 장소이며 동시에 우리들의 근원지이기도 한 어머니의 태반 속에서 우리들이 살고 있었을 때에 우리들의 무의식 속에 형성된 것이라는 것이다.

이 시편에서 안개와 밤의 이미지가 형성하는 이와 같은 요나 콤플렉스적인 상황이 이해되었을 때에야 비로소, 언뜻 보기에 삽화적인 감상성에 지나지 않는 것 같은 셋째 연의 의미와 감동이 살아온다. 시인의 근원—신이야말로 바로 시인의 지향이 끝나는 '종점(終點)' 이 아니겠는가? 그리고 모든 여성적인 것이 모성을 환기할 수 있다면, 그러한 밤에 스스로도 그 이유를 알 수 없이 '아내에게 편지를 쓰[는]' 시인의 습관적인 행동은 필경 어머니의 태반 속을 그리워하는 무의식적인 욕망의 표현일지 모른다…….

이리하여 어둠 속에서도 가을에서와 마찬가지로 지상적인 것으로부터 신적인 것으로의 「전환(轉換)」이 이루어진다 :

이제는
밝음의 이쪽보다
나는 어둠의 저쪽에다
귀를 기울인다.

여기서는
들리지도 않고
보이지도 않는
어둠의 저쪽에다 내 귀를 모두어 세운다.
이제는 눈을 감고
어렴풋이나마 들려 오는 저 소리에
리듬을 맞춰 시(詩)도 쓴다.

이제는 떨어지는 꽃잎보다
고요히 묻히는 씨를
내 오랜 손바닥으로 받는다.

될 수만 있으면
씨 속에 묻힌 까마득한 약속(約束)까지도……

그리하여 아득한 시간에까지도 이제는
내 웃음을 보낸다,
순간들 사이에나 떨어뜨리던 내 웃음을
이제는 어둠의 저 편
보이지 않는 시간에까지
모닥불 연기처럼 살리며 살리며……[28)]

첫째 연에서 시인은 '전환(轉換)'의 내용을 너무나 분명히 말하고 있지만, 다만 여기서 주의하고 지나가야 할 것은, '어둠'의 이미지의 근원회귀적인 긍정적인 가치 때문에 그것에 반대되는 '밝음'의 이미지가 지상적인 것을 나타내는 부정적인 가치를 띠게 됨이 전제된다는 사실이다. 그러므로 이 시편의 '밝음'의 이미지와, 예컨대 「빛」에서 묘사되어 있는, 밝음의 연원이며 신적인 것을 상징하는 '빛'의 이미지와의 모순이 지적될 수 있겠는데, 잊지 말아야 할 것은, 김현승의 시 세계를 조직하는 근본적인 것은 사라짐과 영원성에의 지향이라는 생성적 움직임이며 따라서 모든 이미지들의 가치는 그것들이 그 움직임에 어떤 관계를 가지는가에 따라 결정된다는 사실이다. 즉 「빛」에서의 '빛'의 이미지는 나중에 살펴보게 되겠지만, 견고성을 통해 영원성에 이어지므로 긍정적인 가치를 얻는 반면, 위의 '밝음'의 이미지는 단순히, 근원으로서의 영원한 신에의 회귀를 나타내는 '어둠'의 이미지에 대립되어 있다는 점에서 부정적인 가치를 가지는

28) 『전집(全集)』, p.394.

것으로 여겨지는 것이다.

이 시편에서 「밤 안개 속에서」처럼 '어둠'의 이미지에 사라지게 함의 가치가 두드러져 있지는 않으나, 여전히 시각과 청각의 대립에 의해 '어둠'의 이미지의 이중적인 가치가 암시되어 있다. 그러나 '씨'의 이미지가 '어둠'의 요나 콤플렉스적인 상황을 북돋우고, 김현승에게 있어서의 근원회귀의 의미를 한결 분명히 밝히고 있다 : '씨' 자체가 땅속에 '고요히 묻히'고 있을 뿐만 아니라, 그 속에는 또한 바로 신의 '까마득한 약속(約束)'이 '묻[혀]' 있는 것이다. 그리고 마지막으로 영원성의 이미지가 직접 나타난다…….

어둠의 이미지의 요나 콤플렉스적인 성격은, 시인 생전에 간행된 『전집(全集)』에서 이미 시인에게 거의 인식될 정도에까지 이르렀던 것 같다 : 그는 「밤은 영양(營養)이 풍부(豊富)하다」고까지 선언하고 있는 것이다. 이 시편에서는 위에 나온 씨의 이미지와 동류라고 할 열매의 이미지가 발견된다. 우리들은 가을의 시편들을 통해 열매의 이미지가 견고성으로써 긍정적인 가치를 얻음을 살펴본 바 있는데, 기실 요나 콤플렉스로서는 그것은 원형적인 이미지이다 : 씨를 품고 있는 열매는 바로 어머니의 태반과도 같기 때문이다. 그 점을 알면 「밤은 영양(營養)이 풍부(豊富)하다」의 첫째 연은 너무나 육감적으로 다가온다 :

> 무르익은
> 과실(果實)의 밀도(密度)와 같이
> 밤의 내부(內部)는 달도록 고요하다.[29]

그제서야 둘째 연의, 밤 속에 '파묻[힌]' '벌레'의 이미지가 이해되는 것이다 :

29) 『전집(全集)』, p.107

잠든 내 어린것들의 숨소리는
작은 벌레와 같이
이 고요 속에 파묻히고,[30)]

이 벌레가 열매 속의 씨처럼 고치에 감싸여 있는 것으로 상상됨은 너무나 당연하지 않은가? 번데기를 품고 있는 고치 역시 요나 콤플렉스로서는 원형적인 이미지이다. 신앙에 대한 회의의 위기에 처해 있던 김현승이 어떤 계기로[31)] 거기에서 벗어나 결정적으로 신앙을 되찾은 후에 쓰인 시편으로서, 사후(死後) 간행 시집인 『마지막 지상(地上)에서』에 실려 있는 「이 어둠이 내게 와서」는 시인이 어둠의 이미지의 요나 콤플렉스적인, 그리하여 근원회귀적인 가치를 명료히 의식해 버렸음을 짐작게 한다 :

이 어둠이 내게 와서
요나의 고기 속에
나를 가둔다.
새 아침 낯선 눈부신 땅에
나를 배앝으려고.[32)]

그러나 그가 신앙을 되찾은 후의 시편들이 대개 그러하듯, '어둠'은 '요나의 고기 속'이라는 분명한 규정을 받고 알레고리적인 경직성을 띰으로써 시적 의미의 탄력성을 잃고 있음은 보는 바와 같다 : 너무나 굳은 신앙은 예술의 경직화 즉 실패를 결과시킨다는 것은 김현승에게서도 예외가 아니다.

굳은 신앙을 노래하더라도 『전집(全集)』에 실려 있는 「나의 한계(限界)」는, 근원회귀의 다른 이미지인 뿌리로 돌아가는 꽃의 이미지를 사용하고 있는데, 그 회귀를 '자유'와 '헤매임'이라고 말함으로써 훨씬 더 드라마

30) 『전집(全集)』, p.107.
31) 「하느님께 감사를 보내며」, 『산문집(散文集)』, p.159.
32) 『마지막 지상(地上)에서』, p.18.

틱하고 유연하다 :

> 자유(自由)란 기껏
> 그이와 나 사이에서
> 헤매는 헤매임이다.
>
> 믿음은 언제나
> 그 뒤에 오는 행동이다.
>
> 믿음은 언제나
> 꽃의 자유가 그 뿌리 밑에 떨어질 때,
> 그 뿌리를 보며
> 내 안에 맺는 열매이다.[33)]

그러나 어둠과 검은색의 동류의 이미지들에 있어서 언제나 이와 같이 지상적인 것으로부터 신적인 것으로의 '전환(轉換)'이 잘 이루어지는 것은 아니다. 그 '전환(轉換)'이 잘 이루어지기 위해서는, 그것들의 이중적인 가치—사라짐과 근원회귀—를 가능케 하는 그것들의 양면적인 기능이 질서있게 수행되어야 한다. 즉 그것들은 시인이 사랑하고 타기하는 지상적인 것은 덮어 지워서 사라지게 해야 하고, 시인 스스로는 넓어 감쌈으로써 그의 근원회귀를 이룩해 줘야 하는 것이다. 그런데 시적 상상력은 언제나 이렇게 논리적으로 범주 파악을 정확히 하여 작용하지는 않는다. 예컨대 그 이미지들이 덮어 지워 사라지게 해야 할 지상적인 것을 오히려 덮어 감싸는 경우를 상상할 수 있다. 우리가 이제 살펴보려고 하는 것은 바로 이 경우이다. 김현승의 시세계에 있어서 어둠과 검은색의 동류의 이미지들 가운데 어떤 것들은 덮어 감싸는 기능의 이와 같은, 이를테면 범주오류적인 작용으로 하여 시적 애매성을 띠게 되고, 그리하여 의미의 긴장을 불

33) 『전집(全集)』, p.326.

러온다. 즉 그것들은 근원회귀를 통한 신적인 것에의 지향과, 또한 지상적인 것마저 덮어 품음으로써 그것에의 얽매임을 동시에 나타내는 것이다. 후자의 경우를 전자의 경우(덮어 감쌈)에 대비하여 덮어 품음으로 묘사하는 것은, 양자의 기능 같은 것이지만 전자가 긍정적인 가치인 데 비해서 후자는 부정적인 가치이기 때문이다.

우리들은 주 9)의 인용을 통해 사라짐의 이미지로서의 재를 간단히 살펴본 바 있는데, 「재」에서 우선적으로 발견되는 것은 지상적인 것을 덮어 지우는 재이다 :

나는 나의 재로
나의 모든 허물을 덮는다.
나의 모든 기쁨과 슬픔을
나는 한 줌의 재로 덮고 간다.[34)]

물론 재의 그러한 기능은 그것에 내재하는 것이지만, 시인이 '나의' 재라고 한 것을 보면, 여기의 '재'의 이미지가 가지고 있는 사라지게 함의 가치는 그 내재적인 기능과, 자기의 과거를 불태워 없애려는 시인의 의지를 동시에 수렴하고 있다고 할 수 있겠다. 그러나 첫째 연의 그와 같은 시인의 바람은 나머지 연들에서 '허물'의 끈질김 때문에 실현되지 못하는 것으로 드러난다 :

그러나 까마귀여,
녹슨 칼의 소리로 울어 다오.
바람에 날리는 나의 재를
울어 다오.

나의 허물마저 덮어 주지 못하는

34) 『전집(全集)』, p.386.

내 한 줌의 재를
까마귀여,

모든 빛깔에 지친
너의 검은 빛—통일의 빛으로
울어 다오.[35)]

얼핏 보기에 그 바람의 실패는 '바람에 날리는', '한줌의'와 같은 표현이 함의하는 듯한 '재'의 미미함 때문인 것으로 생각될지 모른다. 그런데 '울어 다오'라는 표현으로 '재'의 이미지와, '까마귀'의 '녹슨 칼의 소리', '검은 빛'의 이미지가 연결되어 있음을 주목해야 한다. 앞질러 말하자면, 이 시편의 '재'의 이미지는 최종적으로 '까마귀'의 '검은 빛'의 이미지에 수렴됨으로써 덮어 지움의 긍정적인 기능 대신에 덮어 품음의 부정적인 기능을 가지는 것으로 판단되는 것이다.

김현승은 전통적으로 불길한 운명을 상징하는 부정적인 이미지인 까마귀를 독창적으로 되살렸는데, 왜냐하면 김현승의 경우 그것은 여전히 부정적인 가치를 지니고는 있으나, 그러면서도 시인에게 적대적인 어떤 것을 나타내는 것이라기보다는 시인 자신을 나타내기 때문이다. 김현승의 시 세계에서 그것이 의미의 긴장을 가지는 것은, 우선 무엇보다도 여기에 기인한다 : 그것은 그것의 부정적인 가치를 떨쳐버리려는 시인의 절망적인 노력을 동시에 보여주는 것이다. 여기서 절망적이라고 하는 것은, 그것이 환기하는 불길한 운명성이 그것의 부정적인 가치를 너무나 무겁게 느끼게 하기 때문이다. 그리하여 그것은 김현승의 기독교적인 세계관 가운데서 단순히 지상적인 게 아니라 그 밑뿌리인, 도저히 사라지게 할 수 없을 것만 같은 원죄적인 것을 상징하기에 이른다. 『산문집(散文集)』 여기저기에 까마귀에 대한 언급이 나오는데, 처음에는 "나의 인생관적 사상적 소재이기보다는 내 고향의 특유한 계절적인 소재"[36)]였던 그것은 나중에

35) 위의 시편, 『전집(全集)』, pp. 386~387.
36) 「초가을」, 『산문집(散文集)』, p.50.

'주검의 빛깔을 두르고 주검을 노래하는 새'[37], '천형(天刑)의 새와 같은 검은 까마귀'[38]가 된 것이다. 김현승의 까마귀의 이미지가 사라짐의 시편들이 가지고 있는 것보다 훨씬 더한 처연함과 훨씬 더 드라마틱한 감동을 느끼게 하는 것은 이 때문이다. 그것이 나타내는 오점은 영원히 지울 수 없는 것 같기에, 후자가 시인에게 느끼게 하는 회한도 한없이 크고, 그리하여 단순히 과거에 대한 사랑만으로 시인과 이어져 있던 지상적인 것을 사라져버리게 하고 천상적인 것으로 나아갈 수 있는 희망을 함축하고 있던 신적인 것에의 지향과 원죄적인 것에의 얽매임 사이의 갈등은 더욱 더 긴장을 더해 갈 뿐인 것이다. 「산까마귀 울음 소리」는 김현승의 시작품들 가운데서도 극히 드문, 보들레르의 어떤 회한의 시편들과도 비슷한 드라마틱한 울림을 전해주는 시편이다 :

> 아무리 아름답게 지저귀어도
> 아무리 구슬프게 울어 예어도
> 아침에서 저녁까지
> 모든 소리는 소리로만 끝나는데,
>
> 겨울 까마귀 찬 하늘에
> 너만은 말하며 울고 간다!
>
> 목에서 맺다
> 살에서 터지다
> 뼈에서 우려낸 말,
> 중에서도 재가 남은 말소리로
> 울고 간다.

37) 「겨울 까마귀」, 『산문집(散文集)』, p.38.
38) 위의 글, 『산문집(散文集)』, p.35.

저녁 하늘이 다 타 버려고
내 사랑 하나 남김 없이
너에게 고하지 못한
내 뼈속의 언어로 너는 울고 간다.[39)]

"오! 주여! 내 마음과 육신을 역겨움 없이 바라볼/힘과 용기를 내게 주소서!"[40)]라는 보들레르의 신음소리가 함께 들리지 않는가?

그러나 이 경우 까마귀의 이미지의 성공은 위에서 지적된 대로, 주로 시인과 까마귀의 동일성의 관계로써 가능해진 것으로, 김현승의 시 세계의 통일적인 흐름에는 참여함이 없이 이루어진 것이다. 정녕 「산까마귀 울음소리」는 다른 시편들을 생각하지 않더라도, 거의 그것만으로 충분히 우리들에게 감동을 전해 준다. 그런데 기실 그 성공은 김현승의 시 세계 전체로 볼 때에는, 그 세계의 통일적인 흐름에 까마귀의 이미지가 필경 참여되어 있음으로써 더욱 보강되고 있다. 필경 이 시편에서도 그 참여를 드러내는 이미지가 하나이긴 하나, 나타나 있는 것이다. 물론 그것은 '재가 남은 말소리' 라는 이미지이다. 「재」에서는 까마귀의 울음 소리는 '녹슨 칼의 소리' 라는 이미지를 얻고 있었는데, 그것 역시 '재' 의 이미지에 연결되어 있었다.[41)] '녹슨 칼의 소리', '재가 남은 말소리' 가 뜻하는 것은 무엇인가? 물론 그것은 까마귀의 울음 소리의 불투명성일 것이다. 「재」에 있어서 의미구조상 둘째 연과 셋째, 넷째 연이 대구가 되어 있는데, '녹슨 칼의 소리' 에 대응하고 있는 '검은 빛' 도 시각적으로 불투명한, 아니 가장 불투명한 빛이다. 중요한 것은 이 불투명성의 이유를 아는 일이다. 그 이유를 알게 해주는 것이 「검은 빛」이다 :

39) 『전집(全集)』, p.384.
40) 「시테르로의 여행」, 『악의 꽃』.
41) 「겨울 까마귀」에는 '네 영혼의 흙벽이라도 덤불 물고 있는 소리' 라는 이미지도 발견된다. 『전집(全集)』, p.202.

노래하지 않고,
노래할 것을
더 생각하는 빛.

눈을 뜨지 않고
눈을 고요히 감고 있는
빛.

꽃들의 이름을 일일이 묻지 않고
꽃마다 품 안에 받아들이는
빛.

사랑하기보다
사랑을 간직하며,
허물을 묻지 않고
허물을 가리워 주는
빛.

모든 빛과 빛들이
반짝이다 지치면,
숨기어 편히 쉬게 하는 빛.

그러나 붉음보다도 더 붉고
아픔보다도 더 아픈,
빛을 넘어
빛에 닿은
단 하나의 빛.[42)]

42) 『전집(全集)』, p.290.

얼핏 보기에 이 시편은 다시 한번 요나 콤플렉스적인 상황을 노래하는 것에 지나지 않는 것 같다. 사실 결론을 내리고 있는 마지막 연의 마지막 세 행을 보면, 검은 빛의 근원회귀적인 가치가 강조되어 있다고 하겠다 : "빛을 넘어/빛에 닿은/단 하나의 빛"에서 첫째 행의 '빛'은 「가상(假像)」[43]으로서의 지상적인 것을, 둘째 행의 '빛'은 참된 빛, 신적인 빛을 뜻하는 듯하고, 그리하여 마지막 행의 '빛'—검은 빛은 근원적으로서의 후자의 빛에 이르게 하는 것이라고 할 수 있겠다. 그러나 지상적인 드라마를 암시하고 있는 듯한, 그 앞의 첫 두 행("그러나 붉음보다도 더 붉고/아픔보다도 더 아픈")을 주목해야 한다. 즉 이 경우 검은 빛은 덮어 감싸는 요나 콤플렉스적인 이미지이긴 하지만, 지상적인 것마저 덮어 품고 있는 것이다. 어둠과 검은 색의 동류의 이미지들이 내재적으로 이미 불투명함에도 불구하고, 그것들이 부정적인 가치를 가질 때에 그것들의 불투명성이 특별히 강조되는 듯이 느껴지는 것은 이 때문이다 : 그것들이 품고 있는 지상적인 것의 오점, 오욕이 그것들의 불투명성을 만드는 듯이 여겨지는 것이다. 그러고 보면, 마지막 연의 의미상의 이중구조는, 여기서 주장되고 있는 논리를 조금 경직시킨다면, 그 앞까지의 모든 연들을 이분화하는 형태적 구조로 나타나 있다고도 할 수 있을지 모른다 : 첫 두 연은 요나 콤플렉스적인 상황을 이루는 검은 빛을, 다음 세 연은 지상적인 것을 품고 있는 검은 빛을 노래한다고 하겠다. 이리하여 '검은 빛'은—그리고 기타 어떤 어둠과 검은색의 동류의 이미지들은—덮어 감쌈과 덮어 품음의 긍정적, 부정적인 이중 기능으로 하여 신적인 것에의 지향과 지상적인 것에의 얽매임을 동시에 나타내게 된다. 그러므로 결국 까마귀의 이미지도 시인과 까마귀의 동일성의 관계에 의해서뿐만 아니라, 그것의 검은 빛과 거기에 조응하는 탁한 목소리로써도 그러한 두 반대되는 가치의 갈등을 보여준다는 것을 알 수 있다. 이렇게 말하고 보면 김현승의 까마귀의 이미지가 가지는 독창성이 다른 면으로도 나타나는데, 즉 전통적으로는 불길하게만 여겨지는 까마귀의 검은색이 신적인 가치 또한 띠고 있다!

43) 『전집(全集)』, p.392.

이제 우리는 「재」의 시편으로 되돌아와 부족했던 설명을 보충하기로 하자. '재'로써 지상적인 것을 덮어 지우려는 시인의 노력의 실패가, '바람에 날리는', '한줌의'와 같은 표현이 함의하는 듯한 '재'의 미미한 때문이 아니라고 나는 말했는데, 이제 그 이유를 알 수 있을 것이다 : '재'는 이 경우 그것의 덮어 지우는 기능과 불태워 없앰의 환기로 긍정적인 가치를 지니고 있으나, 동시에 '검은 빛'의 이미지에 연결되어 그것과 동류가 됨으로써 그 자체가 지상적인 것을 품고 있는 것으로도 되어 부정적인 가치 또한 가지게 된다. 즉 이 경우 '재'는 양적으로보다는 질적으로, 사라지게 함의 가치를 손상당하고 있다고 하겠다. 그리하여 '허물'을 덮어 지우기보다는 오히려 덮어 보호할 것 같다. 어쨌든 한 가지 주의해야 할 것은, 여기서 문제되고 있는 가치의 갈등적인 이중성을 가지고 있는 어둠과 검은색의 동류의 이미지들의 일반적인 경우와는 달리, '재'의 이미지의 그러한 이중성은 덮어 감쌈과 덮어 품음의 갈등에서가 아니라 덮어 지움과 덮어 품음의 갈등에서 유래한다는 사실이다. 그러나 요나 콤플렉스적인 상황을 만들어 덮어 감쌈이 지상적인 것의 덮어 지움에 뒤이어 가능해지고, 그래 암암리에 후자를 언제나 전제한다고 할 수 있다면, 표면적으로 다른 것 같은 그 두 기능적인 갈등은 필경 하나의 같은 것으로 수렴될 수 있다고 할 수 있을 것이다.

어쨌든 여기서 문제되고 있는 이미지들은, 긍정적인 가치 쪽으로의 갈등의 해소가 가능해 보였던 사라짐의 시편들보다는, 그러한 가능성을 가까운 전망 속에 보여주지 않는다는 점에서 훨씬 비극적이고, 그래 보들레르로부터 현대의 기독교적 실존주의 작가들에게 이르는 서양의 비극적인 기독교 문학에 가장 가깝다. 요나 콤플렉스를 다루기에 앞서 내가, 김현승의 시 세계에서 영원성에의 지향에 참여하고 있는 이미지들 가운데 기독교적 상상력의 관점에서 가장 중요한 것은 어둠과 검은색의 동류의 이미지들이라고 한 것은 이 때문이었던 것이다. 김현승의 가장 큰 독창성의 하나는, 요나 콤플렉스적인 이미지들의 어떤 것들에 요나 콤플렉스의 긍정적인 가치와 더할 수 없이 강한 긴장 속에서 맞겨루는 부정적인 가치를 동시에 부여한 점이다.

*

그렇다면 어둠과 검은색의 동류의 이미지들이 지상적인 것을 덮어 품음으로 하여 가지게 되는 부정적인 가치의 상상적인 이유는 무엇인가? 한 이미지의 가치가 그 이미지와 그것이 상징하는 것과의 관계로써만 결정된다면, 그 이미지는 성공적인 것일 수 없고 알레고리로 떨어지고 만다. 그것이 성공적인 것이 되려면, 그것을 창조한 시인의 상상세계의 법칙에 의해, 그것이 상징하는 것과의 관계와는 상관없이 그 자체로서 가치를 창조할 수 있어야 한다. 예컨대 김현승의 시 세계에서 천상적인 것을 상징하는 이미지들의 긍정적인 가치는, 그것들이 천상적인 것을 상징한다고 해서 얻어지는 게 아니라, 그에 앞서 그것들이 견고성, 상승, 근원회귀, 공간적 무한이라는 상상적인 가치를 지향함으로써 태어나는 것이다. 이와 마찬가지로 어둠과 검은색의 동류의 이미지들의 부정적인 가치도 단순히 그것들이 지상적인 것을 품는다고 해서만 태어나는 것은 아니다. 필경 덮어 품음이나 덮어 감쌈은 그 대상에 따라 명칭을 달리 부여받은 것일 뿐, 같은 기능이라는 것은 이미 지적된 바 있다. 덮어 품음이 부정적인 기능이기 위해서는 그 대상이 부정적인 것을 상징한다는 사실이 아닌, 상상적인 이유가 있어야 한다. 만약 김현승의 시 세계에서 이미지의 긍정적인 가치의 이유가 위의 네 상상적인 가치의 지향에 있다면, 부정적인 가치의 이유는 그에 반대되는 것일 것이다. 그런데 위의 네 가지는 결국 사라짐에 대립되는 것으로서 영원성이라는 하나의 가치에 수렴되는 것이라고 지적된 바 있다. 그러나 물론 그것들이 영원성에 이르는 의미적인 관계는 각각 다르다. 따라서 이미지의 부정적인 가치는 근본적으로는, 영원성에 대립되는 사라짐이라는 반(反)가치와 그 이미지와의 친화적인 관계에서 오는 것이겠지만, 구체적으로는 위의 네 가지의 어느 하나 혹은 예외적으로 그 이상에 그 이미지가 대립함으로써 태어나는 것이라고 하겠다.

그렇다면 어둠과 검은색의 동류의 이미지들이 부정적인 가치를 띨 때, 위의 네 가치의 어느 하나에라도 대립되는 그것들의 성질들은 무엇인가? 우리들은 앞에서 그것들의 부정적인 가치와 관련하여 그것들의 불투명성이 두드러짐을 살펴본 바 있는데, 불투명성은 바로 그러한 성질들 가운데 표면적인 것의 하나이다. 그것은 상승에 대립되는 성질이다. 상승에 직접적으로 대립되는 것은 물론 하강이지만, 상상력 연구가들에 의하면 상승과 하강은 특히 상승이 지향되는 가치일 때, 가벼움과 무거움이라는 다른 형태를 취하기도 한다. 그런데 가벼움과 무거움은 또 대상의 표면적인 성질들을 결정한다. 즉 상상력의 전적으로 자유로운 활동 속에서는 가볍고 무거운 대상은 예컨대 시각적인 성질들로서 각각 투명성과 불투명성, 밝은 색과 어두운 색을 가진다. 이 성질들이 가벼움과 무거움과의 상관관계에서 이미지로서의 가치를 얻는다는 것에 주목한 것은 바슐라르이다. 그러므로 어둠과 검은색의 동류의 이미지들이 부정적인 가치를 띨 때에 그것들의 불투명성이 강조되어 느껴진다는 것은, 바로 그것들이 무겁게 느껴진다는 뜻이기도 하고, 궁극적으로 무거움을 통해 하강을 지향함으로써 상승에 대립된다는 뜻이다. 우리는 까마귀의 이미지를 묘사할 때, 그것의 불길한 운명성이 그것의 부정적인 가치를 무겁게 느끼게 한다는 표현을 쓴 바 있는데, 그 사실은 방금 말한 상상력의 법칙의 단적인 예도 되지만, 이제 '검은 빛'의 이미지를 통해 까마귀가 지상적인 것을 덮어 품고 있다고 상상할 때, 정녕 그것은 얼마나 무겁게 느껴지는가? : 신에게 올라가 닿지 못하고 무거운 '녹슨 칼'처럼 떨어지는 것 같은 그 울음 소리는 신의 침묵을 상징하는 듯하고, 그 날개의 둔탁한 퍼덕임은 스스로의 무거움을 이기지 못하는, 절망적인 비상의 노력인 듯하지 않는가? ……

어둠과 검은색의 동류의 이미지들의 부정적인 가치에 관한 이상과 같은 주장이 억지 논리가 아님을 증명해 줄 수 있을 시편이 「연(鉛)」이다. 시인이 스스로를 얼마나 무겁게 느끼고 있는지를 각 연에 따라 다른 방식으로, 특별한 시적 특징 없이 아주 산문적으로 말하고 있는 이 시편은, 그러나 상승과 하강의 상상적인 차원에 위치시킬 때에 의미의 시적 증폭과 그에 따른 암울한 감동을 전함으로써 시적 가치를 얻게 되는 듯하다. 가장 드라마틱한 부분은,

맑고 고요한 내 눈물을
밤이슬처럼 맺혀 보아도,
눈물은 나를 떼어 낸 조그만 납덩이가 되고 만다[44)]

라고 노래하고 있는 셋째 연인데, 사라짐의 이미지로서의 '눈물' 마저, 지워 사라지게 하는 긍정적인 기능을 잃고 사라지게 해야 할 지상적인 무거움을 도리어 얻는 것을 묘사함으로써, 지상적인 것에의 얽매임의 끈질김을 보여준다. 지상적인 삶의 장(場)이라고 할 낮 동안의 온갖 활동의 찌꺼기를 걸러내는 것인 듯한 '밤이슬' 의 이미지가 사라짐의 이미지로서의 '눈물' 을 확인해 주고 있다. 그런데 여기서 중요한 것은 무거움의 이미지로서의 납의 선택이다 : 납은 무거운 물질일 뿐만 아니라, 그 표면적인 시각적인 성질에 있어서 어둠과 검은색의 동류인 것이다.

그러나 시인이 지상적인 것에 얽매이면 얽매일수록 그의 천상적인 것으로의 지향은 더욱더 강해진다. 나무는 형태로써 상승의 의지를 나타내는 대표적인 이미지인데, 김현승에게서도 아름다운 나무의 이미지들이 발견된다. 나무야말로 지상에 스스로의 뿌리를 붙박음으로써만 천상으로 뻗어 오르는 존재인 것이다. 그것은 아래로 당기는 힘이 강하면 강할수록 위로 솟구치려는 노력도 그만큼 더 강해지는, 인간 내부의 지상과 천상의 드라마, 절망과 희망의 드라마를 표현한다. 그리하여 시인은 스스로의 '영혼' 이 '발부리' 에 '못박[혔]' 다고 느끼는 그만큼 '희망(希望)이 척도(尺度)' 로서의 나무의 '머리' 를 '아름답[다]' 고 생각한다 :

나무, 어찌하여 신(神)께선 너에게 영혼을 주시지 않았는지
나는 미루어 알 수도 없지만,
언제나 빈 곳을 향해 두르는 희망(希望)의 척도—너의 머리는
내 영혼이 못 박힌 발부리보다 아름답구나![45)]

44) 『전집(全集)』, p.318.
45) 「나무와 먼 길」, 『전집(全集)』, p.56.

시인 스스로를 바로 나무에 일치시키고 있는 「내 마음은 마른 나뭇가지」는 전체적으로, 사라짐과 근원회귀(그 가운데서도 요나 콤플렉스)가 주조를 이루고 있어서, 시인과 나무의 유추가 주로, '육체(肉體)' 가 '저[문]' 다음 신의 소리에 '귀를 눈뜨게' 하는 시인과, 여름이 간 후 헐벗은 몸으로 '어둠 속에' 잠기는 '마른 나뭇가지' 의 비교로써 이루어지고 있으나, 하늘을 향해 '모진 두 팔' 을 두르는 상승의 자세 역시 그 유추에 기여하고 있음은 물론이다. 모든 것을 잃고 나서, 아니 오히려 그러니까 더욱 간구하는 나무의 아름다운 희망의 몸짓을 상상해 보라 :

> 내 마음은 마른 나뭇가지,
> 주(主)여,
> 빛은 죽고 밤이 되었나이다!
> 당신께서 내게 남기신 이 모진 두 팔의 형상을 벌려,
> 바람 속에 그러나 바람 속에 나의 간곡한 포옹(抱擁)을
> 두루 찾게 하소서.[46)]

그러나 이 경우 사라짐과, 근원회귀 및 상승이 연결되어 있으므로, 앞의 인용에서와 같은 갈등은 없다고 하겠다.

일반적으로 상승의 이미지들은 운동의 이미지들에 동반되는 경우가 많다. 왜냐하면 상승이 가벼움으로 나타난다는 것을 우리들은 위에서 살펴보았는데, 가벼움은 한결 일반적으로 운동을 만드는 것이기 때문이다. 즉 우리들의 상상력 속에서는 상승과 운동은 가벼움을 통해 하나의 같은 것인 것이다. 서양의 낭만주의와 상징주의 문학의 가장 중요한 테마의 하나인 떠남, 여행의 테마는 바로 이 운동이라는 상상력의 활동의 표현으로, 필경 상승의 차원에 수렴되는 것이다. 그 떠남이 이상적인 곳으로의 떠남이었고 천상으로 향하게 되었다는 것은, 그러한 상상력의 법칙의 한 예증이 된다고 하겠다. 김현승에게 있어서 이와 같은 상승과 운동의 연결은 가로수의 이미지를 통한 나무와 길의 결합으로 나타난다 :

46) 『전집(全集)』, p.102.

꿈을 아느냐 네게 물으면,
푸라타나스,
너의 머리는 어느덧 파아란 하늘에 젖어 있다.[47]

이와 같이 상승의 지향을 노래하는 「푸라타나스」의 첫째 연은, 여로를 묘사하는 다음과 같은 셋째 연에 뒤딸려 있다 :

먼 길에 올 제,
홀로 되어 외로울 제,
푸라타나스,
너는 그 길을 나와 같이 걸었다.[48]

그리고 시인과 나무가 '고도(古都)처럼 깊어'[49]가는 '우정(友情)'[50]으로써 함께 가는 그 여로는 '영혼을 두고 온' '먼 나라'로의 길인 것이다 :

우리는 어차피
먼 나라에 영혼을 두고 온
에트랑제,
육체(肉體)가 피로울 제
이국종(異國種)—너이 무늬에 기대어 본다.[51]

그러므로 시인은 "하느님의 지은신 자연 가운데/우리 사람에게 가장 가까운 것은/나무이다"[52]라고 말하는 게 아니겠는가? 상승과 운동의 연결을 한결 직접적으로, '푸른 길'로 명명된 하늘의 이미지로 함축시킨 것이 「무

47) 「푸라타나스」, 『전집(全集)』, p.74.
48) 『전집(全集)』, pp. 74~75.
49) 「가로수(街路樹)」, 『전집(全集)』, p.80.
50) 「가로수(街路樹)」, 『전집(全集)』, p.80.
51) 위의 시편, 『전집(全集)』, pp.79~80.
52) 「나무」, 『마지막 지상(地上)에서』, p.34.

형(無形)의 노래」이다. 첫 세 연에서 '무형(無形)' 한 하늘의 공허를, 지상적인 것의 아름다움이나 활발하고 승리에 찬 삶을 상징하는 듯한 '라일락', '산을 헐어 뚫은 길', '아름다운 깃발들' 에 '에워[싸인]', '높은 성(城)' 에 대비시켜 노래한 다음, 시인은 느닷없이 다음과 같이 말한다 :

> 나도 모를 나의 푸른길―내 바래움의 기름진
> 흙일세!
>
> 고국(故國)에서나
> 이역(異域)에서도
> 그 하늘을 내 검은 머리 위에
> 고요한 꿈의 이바지같이
> 내게 딸린 나의 풍물(風物)과 같이
> 이고 가네
> 이고 넘었네.[53]

시인의 상승 지향, 천상적인 것에 대한 지향의 지침 없음을 "내게 딸린 나의 풍물(風物)과 같이"라는 시구가 다소 익살스럽게 표현하고 있다.

운동의 시간적인 변형이 미래 지향이다. 사라짐이라는 부정적인 가치가 과거에 속하는 것이라면, 김현승의 시 세계의 생성적 움직임으로 볼 때에 그것에 뒤이어 나타나야 할 긍정적인 가치는 미래에서 추구되어야 할 것이라는 것은 당연히 추측되는데, 중요한 것은 그 미래 지향이 운동을 통해 상승에 수렴된다는 사실이다 : 그것은 "내일의 가교(架橋)를 끝없이 걸어가는"[54] 것인 것이다. 그리하여 「어제」를 「내일(來日)」[55]이 뒤잇는다.

후기에 들어와, 상승의 의지를 가장 직재적이고 역동적으로 노래한 시편을 찾아볼 수 있는데, 그것이 「이상(理想)」이다 :

53) 『전집(全集)』, pp.195~196.
54) 「희망(希望)이라는 것」, 『전집(全集)』, p.218.
55) 『전집(全集)』, p.126.

오르는 산은
오르지 않는 산보다 더 높다.[56)]

「이상(理想)」의 이 첫 언술은 상상력 이론가들이 주장하는, 상상적인 상승의 독자성을 알고 있지 않으면, 이해할 수 없다. 그들에 의하면 상상적인 상승은 목표를 가지고 있지 않다. 이를테면 우리들의 상상력 속에서는 상승은 상승 그 자체가 그것의 목표인 것이다. 등산을 두고 말하자면 오름은 산꼭대기에서 끝나는 게 아니라, 더욱 높은 오름을 끊임없이 되불러올 따름이다. 즉 이 경우 중요한 것은 산정(山頂)의 정복이 아니라 등반의 동작 자체, 그 동작의 역동성 자체라고 하겠다. 따라서 '오르는 산'의 이미지에 있어서 본질적인 것은 '산'이라는 형태적 이미지가 아니라, '오[름]'이라는 역동적 이미지이다. 난폭하게 표현하자면 이 경우, 등산가들이 말하듯이 산이 있어서 오르는 게 아니라, 오르고 싶으니까 산을 만들어낸 것이다! 만약 사정이 정녕 그러하다면, "오르는 산은/오르지 않는 산보다 [얼마나] 더 높[고]" 높겠는가? : 상승의 의지는 한없으니만큼, 그것은 한없이 높은 산을 창조해 낼 것이다! 그렇기 때문에 시인은 이렇게 말하는 것이다 :

그러나 물없는 저 산에
노를 저어 오르는 이만이,
더 높은 눈으로 더 높은 산을
산 위에 바라볼 것이다.[57)]

이 마지막 연의 마지막 부분에 '물'과 '노를 저어 오[름]'의 이미지가 나온 것은, 넷째 연에 근원회귀를 나타내는 '뿌리'의 이미지가 나오고 그것을 뒤이어 '강줄기'라는 은유가 받고 있는데, 이 '강줄기'의 이미지를 되받기 위해서이다 :

56) 『마지막 지상(地上)에서』, p.73.
57) 위의 책, p.75.

푸른 하늘에 깊이 심은
영원의 뿌리—그 뿌리에서
생명의 강줄기가 뻗고
슬픔과 기쁨의 작은 시내들이 흘러간다.[58)]

즉 "물없는 저 산에/노를 저어 오르는" 것은, 바로 '영원의 뿌리', 우리들의 근원, 한마디로 신에게로의 되돌아감인 것이다. 이런 점에서 이 시편은 다른 방식으로써이긴 하나, 「내 마음은 마른 나뭇가지」와 같이 상승과 근원회귀를 겹쳐서 보여주고 있는 시편이라고 하겠다.

*

이리하여 시인은 마침내 신에게 이른다. 「이별(離別)에게」는 지금까지 우리가 계속 추적하고 있는—지상적인 것에서 출발하여 신적인 것에 이르는 시인의 정신적인 발전을 요약적으로 보여주고 있다 :

지우심으로
지우심으로
그 얼굴 아로새겨 놓으실 줄이야……

흩으심으로
꽃잎처럼 우릴 흩으심으로
열매 맺게 하실 줄이야……

비우심으로
비우심으로
비인 도가니 나의 마음을 울리실 줄이야……

58) 위의 책, pp.73~74

사라져
오오,
영원(永遠)을 세우실 줄이야……

어둠 속에
어둠 속에
보석(寶石)들의 광채(光彩)를 길이 담아 두시는
밤과 같은 당신은, 오오, 누구이오니까![59)]

이 시편의 각 연이 의미상 이중구조로 이루어져 있다는 것은, 조금만 주의 깊은 독자라면 금방 알 수 있을 것이다. 그 이중구조의 첫째 국면은, 순차적으로 각 연에서 '지우심', '흩으심', '비우심', '사라[짐]', '어둠'의 이미지가 나타내는 것으로서, 지금까지 우리들이 살펴보아 온 김현승의 시 세계의 생성적 움직임으로 볼 때에 사라짐에 해당되는 것이겠다. 그리고 그 사라짐의 이미지들 다음에 나타나는 이미지들은 역시 순차적으로 '아로새겨[진]', '얼굴', '열매', '도가니', '영원(永遠)', '보석(寶石)'인데, 이것들이 그 이중구조의 둘째 국면을 이루는 것이다. 그런데 잘 살펴보면 첫 네 연에서는 그 두 국면의 경계가 뚜렷한 데 반해 마지막 연에서만 그렇지 못한 것을 알 수 있는데, 그것은 어둠이 여기서 가지고 있는 이중적 가치성—사라짐과 근원회귀— 때문이다. 즉 '어둠'의 이미지는 우리들이 「전환(轉換)」에서 볼 수 있었던, 지상적인 것을 덮어 지우고 요나 콤플렉스적인 상황을 만드는 전환적인 이중적 기능으로써 위의 두 국면을 동시에 포괄하고 있기 때문이다. 그런데 김현승의 시 세계의 생성적 움직임에 있어서 사라짐 다음에 나타나는 것은, 견고성, 근원회귀, 상승, 공간적 무한으로 표현되는 영원성에의 지향이다. 여기에 비추어볼 때, 둘째 국면을 이루는 위의 다섯 이미지들 가운데 '영원(永遠)'만을 빼고는 모두 견고성을, 그리고 '보석(寶石)'은 게다가 방금 말한 '어둠'의 전환적인 기능에 의해 근원회귀까지 덧붙여서, 나타냄을 알 수 있다 : '도가니'와 '보석

59) 『전집(全集)』, p.124.

(寶石)'에 대해서는 말할 필요가 없고, '열매'가 견고성의 이미지라는 것은 이미 살펴본 바 있다. 그런데 '아로새[기다]'라는 말은 새김을 받는 물체가 굳은 것이라는 뜻을 함의하고 있으므로, '아로새겨[진]' '얼굴' 역시 견고성의 이미지임이 밝혀진다.

'영원(永遠)'의 이미지는 그것 자체로서 영원성에의 지향을 나타낸다고 할 수 있겠으나, 김현승의 시 세계 전체로 볼 때에 공간적 무한과 관계있다는 것을 뒤에 살펴보게 될 것이다.

이리하여 우리들은 「이별(離別)에게」와 더불어, 김현승의 시 세계의 네 가지 가치 가운데 근원회귀와 상승을 거친 후 이제 견고성과 공간적 무한에 이른 것이다.

이 시편의 첫째 연이 금방 우리들에게 연상시키는 것은, 「고전주의자(古典主義者)」의 둘째 연이다. 시인의 마음속에 '아로새겨[진]', '얼굴'이야말로 "사라진 것들의/푸리즘을 버리지 아니하는/보석상자(寶石箱子)"로서의 그의 '마음'에 담겨 있는 보석들 가운데 가장 단단하고 아름다운 것이 아니겠는가? 즉 그의 추억 속에서 그의 사랑을 가장 오래도록 받으며 남아 있을, 사라진 지상적인 것이 아니겠는가? 왜냐하면 그 '얼굴'은 「가을의 향기(香氣)」의 셋째 연 첫째 행—"당신에겐 떠나는 향기"—에서 '당신'으로 호칭된 사람일 것 같기 때문이다. 즉 첫째 연은 사라짐을 노래함으로써 시작되는 김현승의 시 세계의 첫 주제인, 사라지는 지상적인 것에 대한 사랑을 노래하고 있다고 하겠다. 어쨌든 여기서 이제 주목해야 할 것은, '고전주의자(古典主義者)」를 이야기할 때에 그 주제가 사라지는 것에 대한 것이었기 때문에 주목되지 못한 견고성의 이미지들—사라지는 것에 대한 시인의 사랑을 나타내는—이다. 「고전주의자(古典主義者)」에서 그 사랑을 나타내는 '보석상자(寶石箱子)'는 셋째 연의 '결정체(結晶體)'를 뒤이어 이끌고 있다.그러나 이와 같은 사라지는 것에 대한 시인의 사랑은 둘째, 셋째 연에서 그것에 대한 타기에 밀려나고, 시인은 견고한 신적인 것에 이른다. 둘째 연은 바로 그러한 추이를 나타내는 가을의 이미지에 대한 묘사이므로 더 이상 설명이 필요없고, 셋째 연은 그 추이를 다른 방식으로 되풀이해 보여주고 있다고 하겠다. 이 연의 '도가니'의 이미지는 다시 한

번 「고전주의자(古典主義者)」를 상기케 한다. 「고전주의자(古典主義者)」 후반부에 나오는 '도가니'의 이미지가 '눈물'의 이미지와 더불어 과거에의 타기를 나타냄을 우리들은 살펴본 바 있다.

그러나 여기서는 「고전주의자(古典主義者)」에서와는 달리 그것은 지상적인 것을 지우는 기능을 가지고만 있는 게 아니라, 그 자체가 견고한 것임으로써 신적인 가치를 띠고도 있다 : 「가을의 시(詩)」에서 시인이 "많은 진리(眞理)〉들 가운데 […] 선택하여/나로 하여금 그 뜻을 알게" 해 달라고 신께 기구하고 있는 '[지상적인 것의] 위대(偉大)한 공허(空虛)'를 우선적으로 상징하는 듯한 그 '비인 도가니'는, 여기서 뒤이어 신의 부름에 '울[림]'으로써 응답하는 것이다.

그 '울[림]'은 또 「종소리」를 연상시킨다. 그 둘 사이의 유추는 "네가 아뢰는 이 시간(時間)도 그리하여 영원(永遠)에 닿을 것이다"[60]라고 시인이 말하고 있는 '빛의 음성(音聲)'[61]으로서의 후자와, 신을 지향하는 시인의 영혼의 목소리로서의 전자 사이에만 있는 게 아니라, 그 두 소리를 내는 '도가니'와 '종'의 형태의 비슷함과 특히 그 두 물건이 똑같이 단단할 것이라는 사실로써도 가능해지는 것이다 :

> 네 금속(金屬)의 육체(肉體)보다도 더 강(强)한
> 너의 여운(餘韻)은 또한 나의 영혼—[62]

그토록 '강(强)한 '여운(餘韻)'이 '빛의 음성(音聲)'이라면, 빛 또한 단단한 것일 것이다 :

> 나의 품안에서는 다정하고 뜨겁게
> 거리(距離) 저편에서는 찬란하고 아름답게
> 더욱 멀리에서는 더욱 견고(堅固)하고 총명(聰明)하게,

60) 『전집(全集)』, p.105.
61) 『전집(全集)』, p.105.
62) 위의 시편, 『전집(全集)』, p.106.

그러나 아직은 냉각(冷却)되지 않은,
아직은 주검으로 굳어져 버리지 않은,

너는 누구의 연소(燃燒)하는 생명(生命)인가!
너는 아직도 살고 있는 신(神)에 가장 가깝다.[63)]

김현승의 시 세계에서는 밝음과 어둠이 통념적인 경우와는 달리, 한결같이 각각 긍정적, 부정적인 가치를 띠고 있지 않다. 우리들은 요나 콤플렉스를 이야기하는 자리에서, 어둠이 두 가지 가치를 모두 지니고 있음을 살펴보았고, 특히 「전환(轉換)」을 살펴보는 가운데 밝음이 그 경우 부정적인 가치를 띤다는 것과, 그것이 역시 띨 수 있는 긍정적인 가치의 경우로 「빛」이 미리 지적된 바 있다. 되풀이하지만, 문제되고 있는 이미지의 가치는 김현승의 시 세계의 근본적인 생성적 움직임인 사라짐과 영원성에의 지향에 그것이 어떻게 관계하고 있는가에 달려 있는 것이다. 그러므로 긍정적인 가치를 지니고 있는 김현승의 빛의 이미지가 어떤 방식으로써든지 반드시 견고성과 관계되어 있다는 것을 발견할 수 있음은, 당연한 일이다. 위에 인용한 부분은 「빛」의 마지막 두 연이지만, 넷째 연에서 이미 '빛'은 그 자체가 '보석(寶石)'인 것은 아니지만 그것을 만들어 낼 수 있는 것으로 나타나 있다 :

나의 가슴에 언제나 빛나는 희망(希望)은
너의 불꽃을 태워 만든 단단한 보석(寶石),[64)]

신을 향한 지향 가운데 시인이 품는 희망은, 김현승의 시 세계의 네 가지 긍정적인 가치들 가운데 견고성 이외의 것들을 띤 이미지들을 통해 표상되기도 하지만, 많은 경우 견고성의 이미지들을 통해 표상됨을 발견할 수 있다.

63) 「빛」, 『전집(全集)』, pp.77~78.
64) 『전집(全集)』, p.77.

김현승의 시 세계를 여기까지 살펴보아 오는 동안 발견된 견고성의 이미지들을 들어보면, 열매, 대리석, 은, 별, 보석, 결정체, 도가니, 종, 금속 등인데, 그 이외에도 황금, 순금, 파편, 치아, 칼, 목관악기, 참나무 등이 있다. 나는 가을의 이미지를 통해 김현승의 시 세계의 네 가지 가치를 추출하면서, 그 세계의 생성적 움직임으로 볼 때에 가장 중요한 것은 견고성이라고 말한 바 있는데, 그것은 이상으로 살펴본 것처럼 견고성이 나머지 세 가치와 같이 신적인 것을 나타낼 뿐만 아니라, 김현승이 신앙에 대한 회의 가운데 신을 잃어버렸을 때에도 다른 가치들은 사라져버림에도 불구하고 그것만은 계속, 시인의 절망 속에서도 남아 마지막까지 그의 시 세계를 지탱하게 되기 때문이다. 그러나 지금으로서는 다시 「이별(離別)에게」로 돌아와 나머지 두 연을 살펴보기로 하자.

*

「이별(離別)에게」의 넷째 연과 더불어 우리들은 이제 마지막으로 공간적 무한에 접한다.

이 시편의 주제가 신이라는 것은, 그것이 지상적인 것에서 출발하여 신적인 것에 이르기까지 김현승의 시 세계의 생성적 움직임을 요약적으로 보여주고 있다는 점에서 명백한데, 사실 다섯 연 모두에 있어서 표면적으로 문제되어 있는 것이 존칭형 동사들의 주이로서 문장에는 나타나 있지 않은, 신이라고 추정되는 대상을 묘사하는 것으로 되어 있다. 그리고 또 그 점이 다섯 연 모두의 언술상의 통일성을 이루는 것이다. 그러나 한결 세부적으로는 첫 세 연과 넷째 연 사이에 언술상 다른 점이 있는데, 그것은 전자에서는, 역시 문장에는 나타나 있지 않으나, 한편으로(사라짐의 국면에서) 신에 의해 사라지는 지상적인 것이, 다른 한편으로(영원성에의 지향의 국면에서) 시인의 존재가 개입되어 있는 데 반해, 후자에서는 그렇지 않고 오직 신만이 문제되어 있다는 것이다(첫 세 연의 사라짐의 국면에서 모든 동사들이 타동사나 사역동사형으로 되어 있고, 시인의 개입은 첫째 연에서는 간접적이고 둘째, 셋째 연에서는 직접적이다). 바로 이 점이, 다섯 연 똑같이 의미상 사라짐과 영원성에의 지향이라는 이중구조로 이루어져 있음에도 불구하고, 첫 세 연과 넷째 연에서 묘사되어 있는 신의 내용을 아주 다르게 하는 것이다.

즉 첫 세 연에서는 신과 시인과 지상적인 것, 이 셋이 있어서, 시인은 사라지기에 헛된 지상적인 것을 버리고 견고하기에 가치 있는 것으로 나아가다가 마침내 신에게 이르게 될 것인데, 이것은 첫째 국면에서 둘째 국면으로의 추이가 시인의 옮아감으로 이루어진다는 뜻이며, 달리 말하면 물론 사라지는 것과 신이 별개의 것이라는 뜻이다. 그런데 넷째 연에서는 신만이 있어서, 두 국면 사이의 추이를 가능케 하는 것은 신 자신일 수밖에 없게 되어 있다. 즉 신은 사라지는 것임과 동시에 영원한 것이다!…… 한결 엄밀히 이 연의 언술 문장을 따져보면, 사라짐이라는 움직임으로써 영원을 만든다는 것으로 되어 있다. 그런데 영원은 신의 속성이다. 한 존재의 속성을 만드는 움직임이라면, 그것은 그 존재의 존재양식이라고 하겠다. 즉 사라짐은 신의 존재양식이며, 그래 이를테면 사라짐 가운데 신이 존재하고, 사라짐은 바로 영원이다!…… 신에 관한 이와 같은 생각은 비록 첫 세 연과 이 연이 같은 이중적인 의미구조로써 통일성을 얻고 있다고 해도, 전자에서 추론될 수 있는 신에 관한 생각과는 아주 다른 것이다. 첫 세 연에 표현되어 있는 신은 명백히 무(無)에 대립되는 존재로서의 신으로서, 기독교적인 신관(神觀)에 맞는 것이지만, 이 연에 표현되어 있는 신은 아무래도 그런 신과는 거리가 먼 것이다.

나는 이 연이 공간적 무한과 관계 있는 것이라고 말했는데, 왜냐하면 이 역설적인 사라짐으로서의 영원을 공간적인 무한으로써 나타낸 시편들이 있기 때문이다 :

신앙(信仰)하지 않는 사람도
그리워할 수는 있다,
가장 구체적(具體的)인 것을 원하던 우리도……

무한(無限)에 가까울수록

하나는 둘보다 풍성하게 머금고,

지금은 태양(太陽) 아래 은(銀)빛으로 빛나고 있지만
저것은 또 파도(波濤)와 같이 우람하게 밀려 올
우리들의 내일(來日)의 내일(來日)……

사랑을 정면(正面)에서 거부(拒否)하던 사람도,
사라진 것들의 뚜렷한 모습을 이렇게 멀리 측면(側面)에 서서
그리워할 수는 있을 것이다, 있을 것이다.

영원(永遠)과
추상(抽象)에도 또한…….

우리의 명일(明日)이 먼 길에 서서
아직도 무구(無垢)한 눈으로
우리의 오늘을 바라보듯……바라보듯……[65)]

여기서 묘사되고 있는 '수평선(水平線)'이 공간적 무한을 나타내는 이미지임은, "무한(無限)에 가까울수록"이라는 시구가 말해 주고 있지만, "저것은 […]/우리들의 내일(來日)의 내일(來日)"이라는 시구에서 그것이 은유하는 것이 영원성임을 알 수 있다. 그런데 무한하기에 필경 모든 것을 '하나'의 공간으로 환원하고 마는 그것은, 따라서 '둘보다 풍성하게 머금'는데, 그 풍성한 것들은 다름아닌, 우리들이 수평선을 '이렇게 서서 측면(側面)에 서서' 바라보며 '그리워[하는]' '사라진 것들'이다. 즉 시인이 이 시편에서, 그리고 이 시편에서 유추해 볼 때에 「이별(離別)에게」의 넷째 연에서 말하고자 하는 것은, 한마디로 영원이 많고 많은 사라진 것들로 이루어진다는 것이다 : 넷째 연에서 수평선 위에 사라진 것들을 그려본 바

65) 「수평선(水平線)」, 『전집(全集)』, p.103.

로 그 다음에, 다섯째 연에서 극히 짧은 불완전한 문장 "영원(永遠)과/추상(抽象)에도 또한……"의 중단점에 시인이 함의시킨 것은, 바로 그런 내용일 것이다('추상(抽象)'은 아마 신을 뜻하는 것일 것이다).

이와 같은 생각은 동양에서 '인생무상'이라는 말이 암암리에 연상시키는 듯한, 인생을 덧없는 것으로 만들어 집어삼키고 마는 무연(無緣)하고도 아득한 영원의 이미지와 비슷한데, 인생을 한결 긍정적으로 보는 입장에서 말하자면 우리들의 짧은 순간의 삶들이나마 세대에서 세대로 이어감으로써 영원에 닿게 된다는 생각 같기도 하다. 어쨌든 그것은 영원을, 따라서 신을 시간적으로, 공간적으로 이 우주의 총화로 본다는 점에서 범신론적인 것이라고 할 수 있겠고, 기독교적인 신의 이미지와는 아주 먼 것인 것이다.

이상과 같은 확인은 정녕 흥미로운 것이다. 그것은 스스로 기독교 시인이고자 하는 김현승도 필경 근원적으로 동양적인 감수성, 동양적인 세계인식을 완전히 벗어나지 못하고 있다는 것을 말해 주는 것이기 때문이다. 즉 후천적으로 얻은 기독교적인 감수성을 뚫고 선천적인 동양적인 감수성이 시인도 모르는 가운데 나타나는 것이라고 하겠다. "신앙(信仰)하지 않는 사람도/그리워할 수는 있다"라는 「수평선(水平線)」의 첫 언술은 이것을 단적으로 보여주는 것인 듯이 여겨진다. 여기서 '신앙(信仰)'은 정확히는 기독교 신앙을 뜻하는 것 같고, '그리워[함]'은 동양적인 감수성과 관계 있는 것 같다. "사랑을 정면(正面)에서 거부(拒否)하던 사람도/사라진 것들의 뚜렷한 모습을 이렇게 멀리 측면(側面)에 서서/그리워할 수는 있을 것이다, 있을 것이다"라는 넷째연이 그 시구에 대구가 되어 있는 것 같기에, 이 추측은 그럴 듯하다. 이 경우 '사랑'을 기독교에 관계 있는 것이라고 본다면, 위의 두 언술에서 똑같이 시인은 '그리워[함]'에 기독교적인 것과 대립되는 것을 함의시키려고 했다고 생각할 수 있겠다.

그렇다면 여기서 '그리워[함]'이 기독교적인 사랑과 어떻게 다른 것인가? 「수평선(水平線)」과 같이 공간적 무한을 묘사하고 있는 「지평선(地平線)」에서 이에 대한 대답을 찾을 수 있을 것 같다 :

한세상 만나던 괴롬과 슬픔도
그 끝에선 하나로 그리움이 되고,
여기선 우람한 기적도
거기선 기러기 소리로 날아간다.

지나가 버린 모든 시간,
잊히지 않는 모든 기억,
나는 그것들을 머언 지평선(地平線)에 세워 두고
바라본다,
노을에 물든 그 모습들을.[66]

이 시편에서 전체적으로 느껴지는 것은 그 잔조롭고 정태적인 분위기이다. 거기에 움직임이 없는 것은 아니나, 그것은 점점 약해져 가는 움직임이다. 그 데크레센도는 이중적인데, 우선 모든 소리와 사물들이 희미해져 가고 흐릿해져 간다는 것이 그 한 면이고, 다음 그 변화 자체마저 점점 움직임을 잃어간다는 것이 그 다른 한 면이다. 전자는 물론 사라짐의 움직임으로서, 수평선이나 지평선을 공간적 무한의 이미지일 뿐 아니라 사라짐의 이미지이게도 하는 것이다(사라짐의 시편들을 이야기하는 자리에서 지평선과 수평선이 사라짐의 이미지임이 미리 지적된 바 있다). 그러나 후자는 이 경우의 사라짐에, 지금까지 살펴본 다른 모든 사라짐의 이미지들에서와는 다른 뉘앙스를 부여한다. 그것은 바로 「수평선(水平線)」과 「지평선(地平線)」의 특이성을 이루는 것이다. 그것은 근본적으로 지평선이나 수평선이 환기하는 고요하고 무연한 정태성에 기인하는 것이지만, 구체적으로 여기서, 저 멀리 지평선 위로 스스로 아득히 사라져가는 기차와 그것의 기적 소리, 그리고 점점 더 희미한 빛으로 알듯 모를 듯 바래가는 노을로 구상화되어 있다. (우리들은 「가을의 향기(香氣)」에서 사라짐의 이미지로 나타나 있던 노을을 기억하는데 ("서(西)쪽에선 노을이 타는 내음……"), 하

66) 『전집(全集)』, pp.363~364.

지만 그것은 '타는' 노을이어서 「지평선(地平線)」에서와 같은 사라짐 자체의 데크레센도를 보이지는 않는다. 이런 해석이 자의적인 것이 아님을 이해시키기 위해서는, 같은 시편에서 똑같이 사라짐을 표현하고 있는 "당신에겐 떠나는 향기"라는 시구가 암묵리에 느끼게 하는 듯한 떠남의 확고한 의지를 환기시키면 될 것이다.) 그것은 달리 말하면, 사라짐의 움직임을 거부하거나 추진하는 힘이 이 시편에 없음을 보여주는 것이다. 이 말을 시인의 심리적 태도의 관점에서 바꿔 하자면, 사라지는 것에 대해 시인이 적극적인 사랑이나 타기를 나타내지 않는다고 할 수 있을 것이다. 즉 이 경우, 다른 사라짐의 이미지들에서와는 달리 사라지는 것과의 관계에서 일어나는 시인의 심리적인 갈등과 추이가 없다고 하겠다. 사라지는 것에 대한 이와 같은 시인의 막연한 애상적인 감정—「수평선(水平線)」과 「지평선(地平線)」에서의 그리움이 표현하고 있는 것은 바로 이런 것인 듯하다.

그리고 사라지는 것에 대한, 달리 말하면 우리들의 삶에 대한 이러한 미온적인 감정에서 바로, 김현승이 「체념(諦念)이라는 것」에서 "수치(羞恥)의 도덕(道德)—우울한 동양(東洋)이여!"라고 비판하고 있는 숙명론적인 윤리적 태도가 태어나는 것이다 :

기다리다가 보내고
기다리다가 가고
기다리다가 모질지 못하고
기다리다가 살아 보지 못하는,

소리조차 없이 온갖 생명(生命)의 정체(正體)를—열렬한 사랑을
굳센 포옹(抱擁)을 오만(傲慢)한 머리를 광희(狂喜)의 팔을 점유(占有)의 깃발을
탄식으로 오직 탄식하여 버리는,
수치(羞恥)의 도덕(道德)—우울한 동양(東洋)이여![67]

67) 『전집(全集)』, p.119.

이상과 같은, 숙명론적인 윤리적 태도 및 시인이 '그리움'으로 표현한 막연한 감상에 물든, 삶에 대한 소극적인 감정은 바로, 더 위에서 개진된 범신론적인 신관과 표리를 이룰 수 있다고 하겠는데, 우리들의 삶은 덧없이 사라지는 것이며 그러면서도 그 덧없이 사라지는 것이 필연의 힘을 가진 것으로 여겨지는 신에 참여하고 있다고 생각한다면, 이런 생각과 그런 감정 및 태도는 하나일 수 있겠기 때문이다.

이제 우리는 그 그리움과 기독교적인 사랑이 어떻게 다른가를 말할 수 있을 것 같다.기독교 신화에서 기독교적인 사랑의 본질을 가장 뚜렷하게 보여주는 것은 십자가에 못박힌 그리스도이다. 이렇게 말하는 것은, 단순히 일반적인 관점에서 인간으로서의 예수의 죽음이 남을 위해 스스로의 목숨을 버리는 가장 높은 이타적인 자기희생의 표현일 수 있겠기 때문이 아니라, 신으로서의 그리스도가 인자(人子)로 태어나 원죄(原罪) 이후 실추되어 있던 이 세계에 신성을 되찾게 하려는 그의 사랑이, 즉 단절되어 대립하고 있던 천상과 지상을 연결하려는 그의 사랑이 필연적으로 그의 죽음을 요구한다는 사실 때문이다. 이것은 달리 말하면, 천상과 지상의 화해를 나타내는 그의 사랑 자체에 심각한 대립과 갈등이 잔존하고 있다는 뜻이다. 즉 그 사랑은, 이 세계에 대한 그의 관계에서 구체적으로 말하자면, 악이 군림하는 이 세계에 대한 거부와, 그럼에도 이 세계가 신의 피조물이라는 사실이 요구하는 그것에의 포옹—이 양자 사이의 긴장을 통해 표현되는 것이다. 이것은 악이 그리스도 즉 신의 사랑을 구성하는 본질적인 한 요소라는 뜻이기도 하다. 기독교 신화를 해석하는 학자들 가운데는, 기독교의 우주발생론에는 악이 필요불가결한 요소로 개입되어 있으며 그것은 악의 존재가 신의 절대적으로 완전한 자유를 증명하는 것이기 때문이라고 주장하는 이들이 있는데, 이를테면 기독교적인 사랑은 바로 그러한 신의 자유의 겉모습인 것이다. 그러므로 이 경우 사랑이란 천상과 지상, 선과 악을 하나의 전체로 묶는 것으로서 기독교적인 세계 인식 자체라고 하겠다. 어쨌든 이를테면 변증법적인 지양처럼 존재하는 이와 같은 사랑은, 그러므로 그것에 의해 통일되는 두 대립항, 즉 선과 악, 천상과 지상 사이의 긴장과 갈등이 크면 클수록 더 강렬히 표현된다고 할 수 있을 것이다. 달리 말하면, 그 사랑은 이 세계에 대한 거부와 포옹이 더욱더 강렬하기를 요구한다. 요한 묵시록에서 미온적인 자들을 질타하고 있는 것은 바로 이 때문이다. 「수평선(水平線)」과 「지평선(地平線)」이 표현하고 있는 그리움과 「체념(諦念)이라는 것」이 묘사하고 있는 '수치(羞恥)의 도덕(道德)'이 기독교적인 것과는 얼마나 거리가 먼 것인가라는 것은, 이로써 드러난다. 그 거리는 바로 가치의 갈등적인 이중성을 보여주는 대표적인 이미지인 까마귀의 시편들과, 「수평선(水平線)」및 「지평선(地平線)」 사이의 그것이다.

동양적인 감수성과 세계인식이 삶에 대한 그토록 소극적인 태도만을 태어나게 하는 것인가 하는 문제는 이 글과 내 능력을 벗어나는 것이지만, 다만 우리들 스스로의 감수성의 체험을 살펴보더라도 그럴 가능성이 없지 않다고는 말할 수 있을지 모른다.

여기서 문제되어야 할 것은 그것이 아니라, 스스로 비판하고 있는 그런 소극적인 태도를 태어나게 한다고 여겨진 동양적인 감수성과 신관이 김현승에게, 그 스스로도 뚜렷이 의식하지 못하는 가운데 존재하고 있다는 사실이다. 그리하여 어느 순간 그는 「그냥 잘 살아야지」라고 체념 자체를 읊조리기까지 하는 것이다 :

> 겨울에는 눈을 맞고
> 가을 밤엔 달을 보고
> 그런대로 이웃들과 어울리어 살아 왔다.
> 그냥 살고 말아야지……[68]

이상으로써 「이별(離別)에게」의 넷째 연을 계기로 우리들은 공간적 무한과, 그리고 그것의 이미지적인 특성의 어떤 면에 기인하여 되살아난 김현승의 동양적인 감수성, 동양적인 세계 인식을 살펴보았다. 이제 「이별(離別)에게」로 되돌아와, 다섯째 연을 간단히 언급함으로써 이 시편의 설명

68) 『전집(全集)』, p.121.

을 끝내기로 하자. 간단히라고 말하는 것은, 이 연 자체에 대한 설명으로서는 맨 처음 이 시편을 전체적으로 이야기할 때에 이 연에 관해 한 말에, 시인이 이 연에서 다시 기독교적인 신으로 돌아와 있다는 말을 덧붙이는 것으로 충분할 듯하기 때문이다. 다만 왜 시인은 이 연에서 다른 연들에서와는 달리 견고성과 근원회귀의 두 가치를 보여주고 있는가라는 의문을 품을 수 있겠다. 물론 사라짐을 나타내기 위해 사용된 '어둠'의 이미지가 근원회귀의 이미지이기도 하기 때문이어서라고 대답할 수 있지만, 문제는 오히려 바로 왜 그런 이중적인 가치의 이미지가 사용되었는가에 있는 것이다. 내가 보기에는 시인이 그 이유를 의식하고 작시했던 것 같지는 않고, 잠재의식적으로 넷째 연의 영향을 받았던 듯하다 : 즉 넷째 연이 상상케 한 공간적 무한의 이미지가 밤을 연상케 하고, 뒤이어 '어둠'의 이미지를 이끌어온 게 아닐까?…… 밤이 그 지엽적인 뉘앙스의 하나로—즉 밤이라는 의미소가 그 어의소의 하나로—넓은 공간성을 가지고 있다는 것은, 제라르 주네트라는 프랑스의 시학자가 지적한 바 있다.

마지막으로 이 시편의 제목에 신이 아니라 '이별(離別)'이라는 말이 들어가 있다는 사실에 주의를 환기하기로 하자. 이 시편의 주제가 분명히 신임에도 불구하고 왜 시인은 제목을 「이별(離別)에게」라고 한 것일까? 이 의문은 '이별(離別)' 역시 사라짐을 나타내는 이미지라는 사실에 생각이 미치면, 풀릴 것 같다. 시인은 각 연의 의미상의 이중구조에 있어서, 영원성에의 지향을 표현하는 둘째 국면보다는 사라짐을 표현하는 첫째 국면을 강조하고 싶었던 것이리라. 사라짐과 영원성에의 지향이라는 김현승의 시세계의 생성적 움직임에 있어서 그 두 양상의 관계를 생각해 보면, 우선적으로 드러나는 것은 양자 사이의 대립이지만, 다음 순간 그 대립 자체가 양자 사이의 추이를 가능케 함을 알 수 있다. 왜냐하면 그 대립에 의해 사라짐은 부정적인 가치를, 영원성은 긍정적인 가치를 띠게 되고, 그리하여 시인은 영원성의 현현(顯現)을 위해 사라지는 것의 사라짐을 재촉함으로써, 그 추이가 이루어지기 때문이다. 어둠과 검은색의 동류의 이미지들에 있어서 시인이 천상과 지상 사이에서 무겁게 퍼덕였던 것은, 이미지의 차원에서 말하자면, 바로 그 이미지들이 사라지게 함의 기능을 잃어버렸기 때문이다. 그러므로 기실 사라짐은 역설적이지만, 영원성에 대립되면서도 (가치에 있어서) 영원성을 태어나게 하는 것이다(생성적 움직임에 있어서). 따라서 사라짐은 궁극적으로는 바로 영원성에의 지향과 표리를 이루는 것이며, 이 말은 또, 김현승의 시 세계의 생성적 움직임은 한마디로 사라짐이라는 뜻이기도 하다.[69] 그리하여 김현승의 시 세계에서는 마지막 순간까지 사라짐이 계속되게 된다. 「이별(離別)에게」라는 제목이 의미심장한 것은 이 때문이다 : 이 시편에서 시인이 찾았다고 생각한 신마저 필경 사라짐의 생성적 움직임 가운데 소멸되고 말리라는 것을, 이미 그것은 알려주는 것일까?……어쨌든 그에 앞서 김현승이 도달한 신앙이 어떤 것이었는지를 보여주는 아름다운 시편들이 있다. 「슬픔」, 「눈물」, 「내가 가난할 때」, 「육체(肉體)」, 「건강체(健康體)」, 「절대신앙(絕對信仰)」, 「아침 식사」 등은 겸허하거나 아름답게, 열렬하거나 소박하게 그의 신앙을 노래한다. 이 시편들은, 참된 신앙인이라면 누구나 그것들을 단순히 독립적으로 읽더라도 거기에서 밝고 맑은 신앙적인 감동을 느낄 것이다.

*

김현승이라고 하면 누구나 고독을 연상한다. 그의 시 여기저기에 고독이라는 말이 자주 발견되고 그 스스로 자기의 시집 둘에는 『견고(堅固)한 고독』, 『절대(絕對) 고독』이라는 제목을 붙여놓기까지 했으므로, 그 연상은 당연하다. 그래 그 확실한 의미를 알지 못하는 듯하면서도 김현승을 고독의 시인이라고 흔히 말하는 것을 들을 수 있는데, 그의 『산문집(散文集)』이 간행됨으로써 그의 고독이 무엇을 뜻하는지, 그 스스로의 설명으로 상당히 분명하게 밝혀진 것 같다.[70]

우선, 그의 고독이 원초적으로는 그의 기질의 소산이었다는 말이 『산문

69) 나는 이미 사라짐의 시편들을 이야기하는 자리에서, "어떻게 보면, 김현승의 시 세계는 지상적인 것의 사라짐에 대한 시인의 두 다른 관계—수동적, 능동적—로 이루어져 있다고도 말할 수 있을 것이다"라고 말한 바 있다.

70) 특히 「커피를 끓이면서」, 「나의 고독(孤獨)과 나의 시(詩)」, 「쓴다는 것의 의미(意味)」를 참조할 것. 각각 『산문집(散文集)』, pp.25, 200, 310.

집(散文集)』의 두세 군데에서 발견된다.[71] 가끔 김현승을 감상적이라고 비판하는 것을 들을 수 있는데, 그것에 전혀 근거가 없지 않다는 것을 이 사실이 보여준다. 그러나 만약 그 고독이 그러한 자족적인 것에 머물러 있는 것으로 그쳤다면, 정녕, 그를 감상적이라고 하는 비판이 암시하는 것처럼 보이듯이 그의 시적 성과는 대수롭지 않은 것으로 끝나버렸을지 모른다. 그러나 서양의 낭만주의의 특질의 하나가 감상성이고 또 그 감상성이 원초적으로 낭만주의의 위대성과 필연적인 관계에 놓여 있지 않으면서도, 전자가 후자에 이르게 되었다는 사실을 기억하기 바란다. 다시 언급될 기회가 있겠지만, 김현승이야말로 바로, 서양문학의 견지에서 본다면, 낭만주의의 가장 위대한 부분에 이르려고 한 시인이라고 할 수 있다. 낭만주의에 있어서 감상성이 다음 순간 유한한 인간 조건, 인간의 덧없는 운명에 대한 형이상학적인 낭만적 우수로 고양되었다면, 이와 마찬가지로 김현승에게 있어서 고독 또한 다음 순간 지상적인 것의 사라짐에 대한 인식을 마련하는 형이상학적인 계기가 되는 것이다.

「커피를 끓이면서」에서 우리들은 다음과 같은 말을 발견한다 : "사람들은 호올로 있을 때에 자기 자신을 돌이켜보고 또 자신을 확대한 인생을 생각하여 볼 수 있는 기회를 가질 수 있다."[72] 김현승 스스로 '사람들은'이라고 일반적인 뜻을 가진 말을 쓰고 있지만, 김현승뿐만 아니라 누구에게나 고독은 자아와 세계에 대한 깊은 성찰을 가능케 하는 순간이 될 수 있을 것이다. 즉 김현승의 원초적인 기질적 고독은 둘째 단계에서 성찰의 순간으로 선용됨으로써, 자족적인 것에서 수단적인 가치를 가진 것으로 바뀌는 것이다. 이와 같이 하여 이루어진 김현승의 고독한 성찰 속에서 마침내, 조르주 풀레(Georges Poulet)라는 프랑스의 비평가가 데카르트의 표현을 빌어 코기토 cogito[나는 생각한다]라고 지칭한 그 각성적인 자아의식의 순간이 온다. 홀연 우리들의 의식이 어디에선가 떠올라 우리들 눈앞의 세계와 뚜렷한 경계선으로써 마주하는 듯하고, 그 뚜렷한 경계선 때문에 오히려 세계가 우리들의 새로운 지각적 시선 밑에 새로운 빛깔을 띠고

71) 『산문집(散文集)』, pp.75, 239~240을 참조할 것.

72) 『산문집(散文集)』, p.26.

나타나며, 그리하여 우리들이 세계에 대한 더할 수 없이 확실한 앎—그 앎의 세계는 불가해하다는 것일지라도—의 바로 입구에 서 있는 것 같은 그런 느낌의 순간이 있다. 우리들이 자아를 의식할 때에 동시에 세계 또한 의식하게 되는 것은, 우리 의식의 존재가 필연적으로 함축하는 그것과 세계와의 관계 때문이다. 의식의 철학자들이 의식의 초월성이라는 말로 설명하는 이 관계에 의해, 풀레의 말을 빈다면, 코기토의 순간 "자아가, 그리고 자아를 통해 세계가 드러나는"[73] 것이다. 그리고 우리들이 그렇게 세계와 자아를 커다란 확신으로써 의식하는 그 코기토의 순간, 즉 한결 평범한 표현으로 우리들의 세계 인식이 이루어지는 순간, 그 각성은 우리들의 전존재를 거기에 참여시키며, 그리하여 우리들의 존재는 그 각성에 따른 새로운 선택을 수행하고 그로써 스스로의 삶의 새로운 흐름을 창조한다. 풀레의 표현을 한번 더 빈다면, "새로운 탄생을 이끌어오지 않는 자아의식이란 결코 없으며, 따라서 옛 지속(持續)이 타파되는 가운데 새 지속이 시발되는 것이다."[74] 그리고 이와 같은 코기토의 순간은 말할 나위 없이, 우리들이 살아가는 동안 여러 번 나타날 수 있으며, 그때마다 우리들의 새로운 세계인식이 이루어지고, 우리들의 삶의 흐름은 새로운 방향을 잡게 된다.

그렇다면 김현승에게 있어서 최초의 코기토와, 그것에 따라 시발된 새로운 지속—이 글이 취하고 있는 용어로는 새로운 생성은 무엇이었던가? 그것은 바로 지상적인 것의 사라짐의 인식과, 그것에 따른 신에의 지향이었다고 하겠다. 그것은, 그의 시 세계에서 사라짐의 부정적 가치로부터 영원성을 나타내는 네 긍정적 가치로 나아가는 생성적 움직임에 있어서 바로 지금까지 묘사된 바가 그 본질적인 내용에 있어서 상징하는 것이다. 김현승에 있어서 가을이 중요한 것은, 바로 그의 그 최초의 코기토를 가능케 한 고독이 가장 즐겨 찾았던 공간과 시간을 그것이 제공해 주었기 때문이다. 같은 말이지만, 그의 최초의 코기토를 시적으로, 구상적으로 표현하기에 가장 알맞은 공간과 시간이 가을의 그것인 것이다. 그러므로 사라짐으

73) 조르주 풀레, 『비평적 의식』, p.306.
74) 위의 책, p.312.

로부터 영원성으로의 생성적인 추이가 이루어지는 가을의 시편들에 고독한 시인의 모습이 당연히 나타난다. 그 모습이

가을에는
호올로 있게 하소서……
나의 영혼,
굽이치는 바다와
백합(百合)의 골짜기를 지나,
마른 나무가지 위에 다다른 까마귀같이[75)]

에서나

이제 많은 사람들이 새 술을 빚어
깊은 지하실(地下室)에 묻을 시간(時間)이 오면,
나는 저녁 종소리와 같이 호올로 물러가
나는 내가 사랑하는 마른 풀의 향기를 마실 것입니다[76)]

에서와 같이 직접적으로 표현되어 있는 경우도 있지만, 그렇지 않더라도 그의 모든 가을의 시편들을, 아니 그의 거의 전 시편들을 앞에 두고 어찌,—그리움과 쓸쓸함에 젖고 그러다가 그것들을 떨쳐버리려고 단단히 스스로의 존재를 응집하면서 저 아득히 먼 영원을 바라보는, 가냘프나 굳은 시인의 외딴 이미지를, 어찌 그리지 않겠는가?……

그런데 이와 같이 김현승의 최초의 코기토를 이끌어온 수단적인 고독은 다음 순간 그의 사회적인 고독을 필연적으로 만들어내면서, 그로 하여금 이제는 그의 고독이 앞서처럼 성찰의 수단으로서 추구되는 것이라기보다는 그의 삶을 이루는 현실의 하나로서 차라리 부과되어 있는 것이라는 것

75) 「가을의 기도(祈禱)」, 『전집(全集)』, p.135.
76) 「가을의 시(詩)」, 『전집(全集)』, p.137.

을 깨닫게 한다. 왜냐하면 그에게 있어서 그 코기토가 시발시킨 신에의 지향은 청교도적인 윤리의식과 하나를 이루고 있기 때문이다. 즉 그 청교도적인 윤리의식이 그를 사회의 오탁에서 차단시키는 것이다. 「나의 고독(孤獨)과 나의 시(詩)」의 첫부분에서 그는 스스로의 기독교적인 인생관 및 청교도적인 윤리의식을 이야기한 다음, 자기가 가지고 있는 윤리적 원리에 입각할 때에 결코 용납할 수 없는 일반적인 정치와, 특수하게는 문단정치를 극렬하게 비판하고 있다. 그리고 이렇게 결론짓고 있다 : "그러므로 나는 삶을 자연의 상태에서 즐기기보다는 언제나 비평의 상태에서 괴로와하지 않을 수 없다. 내 얼굴의 주름살에 아마도 이런 비밀이 보일 것이다……따라서 나는 사회적으로 문단적으로 고독할 수밖에 없다. 내 고독의 현실적 이유는 이런 곳에 있다고 내 자신은 느끼고 있다."[77] 즉 김현승의 고독은 셋째 단계에서 그의 사회적인 현실로서의 고독이 된다. 위와 같은 말을 한 다음에 그 스스로도 인용하고 있는

고독은 군중(群衆) 속에 갇히지 않고
고독은 군중(群衆)의 술을 마시지도 않는다[78]

라는 시구가 그의 이러한 고독을 잘 보여주고 있다. 이 고독을 만들어낸 그의 청교도적인 윤리의식과 그것에 의한 사회비판을 주제로 한 시편들을, 우리는 편의상 마지막 단계의 고독을 묘사하는 자리에서 간단하게 통일적으로 살펴볼 것이다.

이처럼 시인에게 현실성의 권리를 주장하게 된 고독의 한결 심각한 형태가, 미구에 시작될 신에게 대한 회의의 조짐인 것도 같은 신과의 비극적인 관계에서 태어나는 고독이다. 이를테면 형이상학적인 고독이라고 할 이 넷째 단계의 고독은, 김현승의 두번째의 코기토—그의 정신적 발전에 있어서의 하나의 중대한 방향 전환과 표리를 이루는 것이다. 그 두 번째의

77) 『산문집(散文集)』, p.204.
78) 「고독한 이유(理由)」, 『전집(全集)』, p.307.

코기토와 이 단계의 고독은 이미, 가치의 갈등적인 이중성을 가지고 있는 어둠과 검은색의 동류의 이미지들에 배태되어 있었던 것으로, 김현승의 기독교적인 세계관에 비극적인 빛깔을 끌어들이는 것이다. 그 코기토는 한마디로, 서양의 기독교적 실존주의 문학에서 '신의 침묵'이라는 말로 표현한 기독교의 본질적인 비극성의 김현승적인 인식이라고 하겠다. 기독교의 그 비극성은 김현승의 동양적인 감수성을 이야기하는 자리에서 간단히 언급된 바 있는, 악이 필요불가결한 요소로 개입되어 있는 기독교의 우주발생론에 기인하는데, 십자가에 못박힌 그리스도의 "내 신이여, 내 신이여, 어찌하여 나를 버리셨나이까?"라는 절규가 가장 극적으로 보여주는 것이다. 그 절규에 대답 없는 신의 침묵은 바로 이 세계에 악을 방기함이며, 동시에 인자(人子)인 예수를, 그리하여 모든 인간을 그 악에 방기함이다. 그것은 난폭하게 달리 말하자면, 신에게 버림받은 인간의 고독이다. 그러나 그것은 이미 에덴 동산의 선악과 그에 따른 원죄 신화에 함축되어 있었던 것이다 : 인간의 선택이 가능해지기 위해서는 악은 필연적으로 없을 수 없는 것이었던 것이다. 김현승의 원죄의식이 절망적인 패배감과 고독을 함축하는 것은 이 때문이다. 이미 살펴본 까마귀의 이미지는, 원죄에서 벗어나려는 시인의 헛된 노력과 동시에 암암리에, 거기서 침묵으로 응답하는 신 및 그렇게 신에게 버림받은 시인의 고독을 상상케 하는 것이다.

이상으로 설명된 신으로부터의 고독을 드라마틱하게 보여주고 있는 시편이, 암울한 절망을 담은 어조로써 노래하고 있는 「인간(人間)은 고독(孤獨)하다」이다 :

가장 아름답던 꿈들의
마지막 책장을 넘기며
우리는 깨어진 보석(寶石)들의 남은 광채(光彩)를 쓸고 있는
너의 검은 그림자를 바라본다.
그리하여 모든 편력(遍歷)에서 돌아오는 날 우리에게 남은 진리(眞理)는

저녁 일곱시의 저무는 육체(肉體)와
원죄(原罪)를 끌고 가는 영혼의 우마차(牛馬車),
인간(人間)은 고독하다![79)]

이 고독은 그것이 바로 신으로부터의 고독인 그 때문에, 신앙이 깊으면 깊을수록 더욱 크게 의식될 따름이다 :

신앙(信仰)을 가리켜 그러나 고독에 나리는 축복(祝福)이라면
깊은 신앙(信仰)은 우리를 더욱 고독으로 이끌 뿐,
내 사랑의 뜨거운 피로도 너의 전체(全體)를 녹일 수는 없구나![80)]

그리하여 시인은 스스로의 간구(懇求)함이 소용없음을 절망적으로 외친다 :

이 간곡한 자세(姿勢)—이 절망(絶望)과 이 구원(救援)의 두 팔을
어느 곳을 우러러 오늘은 벌려야 할 것인가![81)]

이 고독은 그 부과된 성격에 있어서 사회적인 고독보다 더 근본적인데, 왜냐하면 후자는 부과된 현실일지라도 그 이유가 시인의 청교도적인 윤리의식이므로 필경 시인 자신에게 있다고 할 수 있는 반면, 전자는 위에서 살펴본 바로써 알 수 있듯이 기독교적인 세계관에서 본 인간 조건 자체에 기인하는 인간의 근원적인 현실이기 때문이다. 그래 시인은 이렇게 말한다 :

추상(抽象)으로도 육체(肉體)로도
용해(溶解)되지 않는,

79) 『전집(全集)』, pp. 172~174.
80) 『전집(全集)』, pp. 172~174.
81) 『전집(全集)』, pp. 172~174.

오오, 너의 이름은 모든 애정(愛情)과 신앙(信仰)을 떠나
내 마음의 왕국(王國)에서 자유(自由)와 고립(孤立)을 열렬히 호소(呼訴)하는구나![82]

『옹호자(擁護者)의 노래』의 앞부분에 위치하고 있는 「자화상(自畵像)」에서 이미 김현승은

내 목이 가늘어 회의(懷疑)에 기울기 좋고,
[.................
.................]
신앙(信仰)과 이웃들에 자못 기들이기 어려운 나—[83]

라고 말하고 있지만, 그 스스로의 고백에 의하면 50대에 들어서서야 자기의 신앙에 대한 비판적인 자각이 이루어졌다고 하는데, 그 계기가 필경, 방금 살펴본 넷째 단계의 고독과 그것이 함축하는 '신의 침묵'이 그에게 불러온, 악에 대한 강한 의식에 있었던 것 같다. 「나의 고독(孤獨)과 나의 시(詩)」에서 그는 자기가 기독교에 대해 회의를 느끼게 된 논리적, 현실적인 이유들을 말하고 있는데, 논리적인 이유들 가운데 가장 핵심적인 것으로 생각되는 것은 다음과 같은 것이다 : "또 기독교의 일원론은 악마의 영원한 세력인 지옥을 인정함으로써 결국은 이원론이 되고 만다. 그리고 일원론이 성립되려면 선의 책임과 함께 악의 책임도 창조주에게 지워져야 한다. 그런데, 기독교에서는 행복의 영광은 신에게 돌리고 불행의 책임은 악마에게 돌림으로써 스스로 이원론의 모순을 저지른다."[84] 악의 문제는 기독교에 있어서 가장 중요하고도 어려운 문제의 하나인데, 그것의 역설적인 성격은 이 우주 전체가 지선(至善)한 창조주에 의해 통일적으로 주재된다는 일원론적인 세계관에 악을 어떻게 수렴해야 하는가라는 의문으로

82) 『전집(全集)』, pp. 172~174.
83) 『전집(全集)』, pp. 81~82.
84) 『산문집(散文集)』, pp.206~207.

요약된다. 이 의문에 대한 답변이 바로 기독교의 진리인 사랑이고 그것과 하나인 창조주의 절대적으로 완전한 자유라는 것은, 김현승의 동양적인 감수성을 이야기하는 자리에서 이미 언급된 바 있다. 그런데 그 사랑은 비극을 이끌어온다. 왜냐하면 그 사랑은 그것이 함축하는 선과 악의 갈등이 더욱더 첨예화할 것을 요구하기 때문이다. 그리하여 그 사랑의 지고한 표현인 십자가에 못박힌 그리스도에게 있어서, 그 갈등은 바로 지선한 신이 악에 의해 십자가에 못박히는 정도에까지 이르는 것이다. 우리들은 여기서 한 역설적인 결론을 이끌어낼 수 있는데, 그것은 그리스도의 "내 신이여, 내 신이여, 어찌하여 나를 버리셨나이까?"라는 절규에 대답 없는 '신의 침묵'의 비극이 바로 신의 사랑과 하나를 이루는 것이라는 것이다. 그런데 이 기독교의 역설을 이루는 사랑과 비극의 양면을 흔히 동시에 보지 못하는 수가 많은데, 예컨대 사랑이 겉으로 나타날 때에 그것이 순응주의자들의 알리바이가 되는가 하면 그 역의 경우에 신을 저주하는 반항아들이 나타난다. 후자의 경우, 비극에 대한 강한 의식은 기실, 그 비극의 원인인 악에 대한 그것에 지나지 않는다. 그리고 악을 강하게 의식하는 것은 흔히, 결벽적으로 악에 방어적인 이들에게서 발견되며, 그들의 그, 악에 대한 너무 강한 의식은 악을 기독교의 진리인 사랑에 수렴시키지 못하게 함으로써 악의 독립적인 실체를 인정함에 이르도록 하여, 필경 선악 이원론의 오류에 빠지게 된다. 이와 같은 선악 이원론의 대표적인 경우가 17세기 유럽의 장세니즘이다. 장세니즘의 경우에는 악에 대한 두려움이 오히려 더욱 신의 권능에 구령의 전부를 의지하는 데로 이끌었지만, 대개는 신의 침묵에서 곧장 신의 부인으로 나아가게 된다. 『카라마조프가의 형제들』의 이반이 금방 떠오를 것이다. 기독교에 대한 김현승의 비판적인 자각의 현실적인 이유도 결국 이와 같은 논리적인 이유에 수렴시킬 수 있는데, 왜냐하면 그 현실적인 이유 역시 현실에서 발견되는 악에 대한 혐오이기 때문이다. 그는 특히 그것을 바로 기독교인들 자신에게서 발견한다는 것을 그 이유로 들고 있다.[85)]

85) 「나의 고독(孤獨)과 나의 시(詩)」, 『산문집(散文集)』, p.207 참조.

방금 말한 것들은 김현승의 이원론적인 기독교관에 대한 비판도 겸하는 것이지만, 어쨌든 신에게 대한 그의 회의는 마침내 그로 하여금 그의 정신적 발전의 마지막 단계에 이르게 한다 : 그것은 바로 그의 마지막 코기토를 불러오는 것이다. 그 마지막 코기토는, 일체의 지상적인 것들의 사라짐 가운데서 그가 사라지지 않는 영원한 것으로서 추구하여 마지않아왔던 신마저 그 사라짐의 범(汎)생성적 움직임 가운데 휩쓸려 들어가 사라지고 만다는 인식이다 :

마른 열매와 같이 단단한 나날,
주름이 고요한 겨울의 가지들,
내 머리 위에 포근한 눈이라도 내릴
회색(灰色)의 가랎은 빛깔,
남을 것이 남아 있다.

몇 번이고 뒤적거린
낡은 사전(辭典)의 단어(單語)와 같은……
츄잉 · 검처럼 질근질근 씹는
스스로의 그 맛,
그리고 인색한 사람의 저울눈과 같은 정확(正確),
남을 것이 남아 있다.

낡은 의지(椅子)에 등을 대는
아늑함.
문 틈으로 새어 드는 치운 바람,
질긴 근육(筋肉)의 창호지,
책을 덮고 문지르는 마른 손등,
남을 것이 남아 있다.

뜰 안에 남은

마지막 잎새처럼 달려 있는
나의 신앙(信仰),
그러나 구약을 읽으면
그나마 바람에 위태로이
흔들린다
흔들린다.[85)]

「겨우살이」라는 이 시편의 제목이 강조해 지적해 주듯이 이 시편의 시간적인 상황이 가을이 아니라 겨울이라는 사실은, 상당히 상징적이다. 김현승의 첫번째 코기토, 즉 지상적인 것의 사라짐의 인식과 신에의 지향을 가장 잘 표현해 줄 수 있는 이미지가 가을이었다면, 그 가을의 이미지가 영원성을 나타내는 긍정적인 가치들을 잃어버린 상태에 상응할 만한 것이 바로 이 시편의 겨울의 이미지인 듯한 것이다. 첫째 연의 '마른 열매'는 비록 '단단한 나날'을 비유적으로 설명하고는 있지만, 그것과 가을에 성숙의 결과로 단단해진 열매를 비교해보면, 전자의 단단함은 본래적인 것이라고 할 후자의 단단함이 아니라, 철지나 '주름'지고 '마른' 상태에 이른 단단함, 즉 활력있고 풍요로운 모든 것을 잃어버리고 메마른 껍질만이 남아 있는 단단함, 한마디로 쇠멸하기 직전의 단단함이라고 하겠다. 그러기에 그것은 '츄잉 · 검'이나 "질긴 근육(筋肉)의 창호지" 같은 노쇠한 껍질의 단단함, 즉 '인색한 사람의 저울눈과 같은 정확(正確)'성으로서 '남아 있[는]' 것의 단단함인 것이다. 방금 말한 단단함이 그처럼, 영원성을 지향하는 참된 견고성이 아닌 것과 마찬가지로, 마지막 연의 '마지막 잎새'도 영원성에의 지향을 잃어버린 이미지이다. 그것은 메말라 사라지기만 할 터이지, 이미 굳게 얼어붙은 땅이 그것의 근원회귀—뿌리로의 돌아감을 허락하지 않을 것이다……. 이리하여 이 시편은 일체의 영원성의 가치에서 벗어나 있음으로써 종국적으로 시인의 신앙의 사라짐, 신마저의 사라짐을 상징하게 된다. 그에 관련하여 구약이 언급된 것은, 앞에서 살펴

85) 「겨우살이」, 『전집(全集)』, p.231.

본, 기독교에 대한 시인의 비판적 자각의 핵심적인 이유에 구약과 신의 잔인함이 암암리에 참여하기 때문이다. 「커피를 끓이면서」에서 그는 예수를 '공자나 석가와 같이 한 지상선(至上善)에 접근한 인간'[87]으로 보고 싶어하면서, 그것은 구약의 신의 무자비함과 신약의 예수의 사랑이 너무나 대립적으로 보이기 때문이라고 말하고 있는데, 그 무자비한 구약의 신의 이미지가 '신의 침묵'을 돋보이게 하는 데 기여하고 있는 듯한 것이다.

위에 살펴본, 이 시편의 이미지적인 특성을 규정할 표현을 시인 스스로 주고 있는데, 이것은 그가 「나의 고독(孤獨)과 나의 시(詩)」에서 '건조미(乾燥美)'[88]라고 한 것이다. 그는 자기가 신을 잃어버린 후 작시상에 나타난 변화로 그 건조미에 대한 취향을 들고 있는데, 「겨우살이」야말로 그것을 보여주는 대표적인 시편이라고 하겠다. 그것을 한마디로 설명하자면, 영원성을 지향함이 없는 사라짐의 생성적 움직임에 대한 시적 표현이라고 하겠다. 그것이 이끌어온 이와 같은 근본적인 결과에 앞서, 그것에 대한 취향의 연원은 그것이 화려한 것이 아니라는 점에서, 그 스스로의 말대로 '금욕적인 헤브라이즘에 대한 나의 후천적 훈련'[89]에 있었을 것으로 상상되나, 역설적이게도 그것이 건조미라는 명칭을 부여받을 정도로 완성되는 것은 기독교의 신을 잃어버림으로써이다. 그러나 이 사실은 또한 기독교가 그만큼 그의 활력과 풍요로움의 근원, 한마디로 그의 생명 자체였다는 것을 뜻하는 것이기도 하다. 그리하여 모든 것이 소멸 직전에 있는 메마른 겨울 풍경의 묘사에서 시작된 이 시편이, 신마저 사라짐을 시인이 눈앞에 보고 있음을 묘사하는 마시막 연의 바로 앞, 셋째 연 후반부에 이르러 "질긴 근육(筋肉)의 칭호지"에 연결시켜 시인의 '마른 손등'의 노쇠한 살갗을 보여주고 있음은 당연하다. 물론 그것은 그의 그러한 신앙에 대한 비판적 자각이 50대에 이루어졌다는 전기적 상황에 일차적으로 기인된다고 하겠지만, 오히려 스스로의 육체적인 노쇠함을 의식함으로써 그는 자기의 신앙의 뒤흔들림에 뒤이은 정신적인 생명의 노쇠감을 더욱 크게 느꼈을지

87) 『산문집(散文集)』, p.32.
88) 『산문집(散文集)』, p.212.
89) 『산문집(散文集)』, p.212.

모른다. 어쨌든 이 시편 전체의 흐름은 시인의 노쇠한 이미지를 건조미에 수렴시키기를 요구한다.

김현승의 시 작품들 가운데 가장 빼어난 것의 하나인 「무등차(無等茶)」는 가을의 시편의 하나이지만, 그것을 건조미에 속하는 시편으로 이해할 때에라야 그것이 풍기는 소슬한 분위기의 근본적인 원인을 깨닫게 된다 :

갈까마귀 울음에
산들 여위어 가고

씀바귀 마른 잎에
바람이 지나는[90]

이 전해 주는 해맑은 아쉬움은, 시인이 앞으로 체험하게 될, 신의 사라짐에 대한 명징하고 환상 없는 인식을 예고하는 게 아닐까? 이 시편에 영원성의 가치를 조금도 찾아볼 수 없다는 사실과, 시인이 이 시편의 시간적인 상황을 다른 가을의 시편들에서와는 달리 십일월의 늦가을로 해놓았다는 사실은 서로 무관치 않을 것이다.

신의 사라짐의 인식이 시인에게서 가장 날카로운 표현을 얻을 때, 우리들은 다음과 같은 심각한 아이러니에 찬 시구를 접하게 된다 :

신(神)은 무한히 넘치어
내 작은 눈에는 들일 수 없고,
나는 너무 잘아서
신(神)의 눈엔 끝내 보이지 않는다.[91]

우리들은 김현승의 이 마지막 코기토와 더불어 이제 그의 마지막 단계의 고독에 이른다. 이 고독은 얼핏 보면, 넷째 단계의 고독의 심화된 형태

90) 『전집(全集)』, p.149.
91) 「고독의 끝」, 『전집(全集)』, p.303.

로 생각될지도 모른다 : 후자가 신에게 버림받은 고독이라면, 전자는 신이 없어진 고독이라고 하겠기 때문이다. 그러나 양자 사이에는 당연히 질적인 차이가 있다. 「무등차(無等茶)」의 마지막 연,

차 끓이며
끓이며
외로움도 향기인 양 마음에 젖는다[92]

에서 어디 「인간(人間)은 고독(孤獨)하다」의 드라마와 비장성을 찾아볼 수 있겠는가? 그러면서도 "차 끓이며/끓이며"에서 '끓이며'의 되풀이가 느끼게 하는 소슬한 슬픔은, 여기에 묘사된 고독을 수단적인 고독이나 사회적인 고독과도 다르게 한다. 이러한 사정을 시인 자신은 "[이 고독은] 앞서 말한 사회적인 이유로서의 고독과도 그 성질은 다르다. 그것은 한마디로 신을 잃은 고독이다……. 나의 고독은 구원에 이르는 고독이 아니라, 구원을 잃어버리는, 구원을 포기하는 고독이다. 수단으로서의 고독이 아니라 나의 고독은 순수한 고독 자체일 뿐이다"[93]고 설명하고 있다.

그러나 무엇보다도 이 마지막 단계의 고독을 구별시키는 것은, 다음 순간 그것이 가치로 변한다는 사실이다 : 그것이야말로 바로 이 고독의 종국성을 드러내는 것이다. 「고독한 이유(理由)」의 마지막 연이 뜻하는 것은 바로 그 사실일 것이다 :

고독은 마침내 목적(目的)이다.
고독하지 않는 사람에게도
고독은 목적(目的) 밖의 목적(目的)이다.
목적(目的) 위의 목적(目的)이다.[94]

92) 『전집(全集)』, p.150.
93) 「나의 고독(孤獨)과 나의 시(詩)」, 『산문집(散文集)』, pp.209~210.
94) 『전집(全集)』, pp.307~308

고독의 이와 같은 변화는 이미지의 차원에서 시인으로 하여금, 사라짐의 부정적인 가치만을 나타내던 건조미에서 다시 영원성의 긍정적인 가치를 지향하는 견고성의 미학으로 돌아오게 한다. 다만 이번에는 견고성에 의해 상징되는 것이 신이 아니라 고독일 따름이다. 달리 말하면 그것은, 시인에 의해 영원한 것으로 추구되는 것이 신이 아니라 고독이라는 뜻이다 :

> 신(神)도 없는 한 세상
> 믿음도 떠나,
> 내 고독을 순금(純金)처럼 지니고 살아 왔기에
> 흙 속에 묻힌 뒤에도 그 뒤에도
> 내 고독은 또한 순금(純金)처럼 썩지 않으련가.
>
> 그러나 모르리라.
> 흙 속에 별처럼 묻혀 있기 너무도 아득하여
> 영원의 머리는 꼬리를 붙잡고
> 영원의 꼬리는 또 그 머리를 붙잡으며
> 돌면서 돌면서 다시금 태어난다면,
>
> 그제 내 고독은 더욱 굳은 순금이 되어
> 누군가의 손에서 천(千)년이고 만(萬)년이고
> 은밀한 약속을 지켜 주든지,
>
> 그렇지도 않으면
> 안개 낀 밤바다의 보석(寶石)이 되어
> 뽀야다란 밤고동 소리를 들으며
> 어디론가 더욱 먼 곳을 향해 떠나가고 있을지도……[95)]

95) 「고독의 순금(純金)」, 『전집(全集)』, pp.298~299.

한꺼번에 세 개나 견고성의 이미지를 담고 있는('순금(純金)', '별', '보석(寶石)') 이 시편이 표현하고 있는, 견고성을 통한 영원성에의 지향은 설명이 더 필요없지만, 근원회귀의 이미지가 함께 발견됨은 ("영원의 머리는 꼬리를 붙잡고/영원의 꼬리는 또 그 머리를 붙잡으며") 흥미 있는 일이다. 「견고(堅固)한 고독」은 건조미와 견고미 사이의 추이의 중간단계를 보여주고 있어서 재미있다 :

> 뜨거운 햇빛 오랜 시간(時間)의 회유(懷柔)에도
> 더 휘지 않는
> 마를 대로 마른 목관악기(木管樂器)의 가을
> 그 높은 언덕에 떨어지는,
> 굳은 열매
> 쌉쓸한 자양(滋養)
> 에 스며 드는
> 에 스며 드는
> 네 생명(生明)의 마지막 남은 맛![96]

내가 건조미를 두고 그것이 영원성을 지향함이 없는 사라짐의 생성적 움직임에 관한 것이라고 말했을 때, 독자들은 또한 내가 「이별(離別)에게」의 설명을 끝내면서, 사라짐은 영원성을 태어나게 하는 것이며 따라서 영원성에의 지향과 표리를 이루는 것이라고 말했던 것을 기억하고, 논리의 모순을 느꼈을는지 모른다. 이제 신이 사라진 고독에 시인이 견고성의 가치를 부여한 것을 보면서 우리들은, 필경 건조미는 김현승의 시 세계의 전체적인 생성적 움직임으로 볼 때에 일시적이고 우발적인 것에 지나지 않으며 그 전체적인 생성적 움직임은 여전히 영원성에의 지향과 표리를 이루는 사라짐이라는 것을 확인하게 된다 : 이 경우 신마저 사라짐으로써 그의 고독이 유일한 영원한 것으로서 지향되는 것이다.

96) 『전집(全集)』, pp.198~199.

이 가치로서의, 목적으로서의 고독이야말로 정녕, 김현승을 고독의 시인이라고 할 때에 그것이 바로 그의 특이성, 독창성을 규정하는 것이라고 말할 수 있게 하는 것이다. 사실 앞 네 단계의 고독들은 많은 시인, 작가들에게서 발견될 수 있는 것임을 누구나 주장할 것이다. 나는 김현승의 고독을 이야기하는 벽두에, 그가 서양문학의 견지에서 본다면 낭만주의의 가장 위대한 부분에 이르려고 한 시인이라고 말했는데, 왜냐하면 낭만주의의 그 부분이란 바로 유한한 인간조건을 초월하려는 노력, 즉 영원성에 도달하려는 노력, 한마디로 신에의 도전이기 때문이다. 이런 의미에서 낭만주의는 깊은 종교적인 감성을 함축하고 있다고 할 수 있고, 낭만주의에서 영향을 받은 기독교 신학을 태어나게까지 했던 것이다 : 그 신학에 의하면, 인간이 가지고 있는 이 비합리적인 영원성에의 갈구야말로 바로, 인간의 신성에의 참여의, 신의 존재의 가장 뚜렷한 증거라는 것이다. 기실 이와 같은 낭만주의적인 종교적 감성은 이미 파스칼이 보여주었던 바이다. 김현승의 견고성의 이미지인 보석을 두고 어찌,—파스칼이 「죄인의 회심(回心)」에서 말한, '언젠가 허무 속으로 되돌아가야 할 [우리 인생의] 모든 것'에 대립적인 '진정한 재보(財寶)', '제 스스로 존속할 수' 있고 '이 생(生)' 동안 그리고 그 이후에도 [우리들을] 지탱해 줄 수 있을 그런 재보를, 어찌 연상하지 않겠는가? 김현승의 독창성은, 신을 잃어버린 후에도 이와 같은 낭만주의적인 종교적 감성을 끝내 견지하여 영원성을 그의 고독에 구축하려고 한 데 있다. 그의 눈앞에서 일체의 것이, 신마저 사라지고 맒을 보면서 그는 데카르트적인 전회(轉回)를 하는 것이다 : 데카르트가 방법적인 회의로써 일체의 것을 불확실한 것으로 지워버렸을 때에 그 회의에서 벗어나는 유일한 것, 즉 그 회의 자체, 그 회의를 하는 자아 곧 생각하는 의식 자체만은 확실한 것으로 정립된 것과 마찬가지로("코기토 에르고 숨[나는 생각한다, 고로 나는 존재한다]"), 김현승에게 있어서도 일체의 것이 사라지고 말았을 때에 그 사라짐을 의식하는 그의 자아만은 사라지지 않은 유일한 것으로 정립되는 것이다. 이 경우 나만이 사라지지 않고 남아 있다는 의식이 강하므로 자아의 고독이 두드러진다. 데카르트의 명제를 김현승식으로 바꾼다면 "나는 생각한다, 고로 나는 고독하다"

라고 말할 수 있겠지만, 전자가 일체의 의식 외계의 것의 불확실성과 의식의 확실성을 함의한다면 후자는 일체의 의식 외계의 것의 무상함과 의식의 영원함을 함의한다고 하겠다. 그리고 이와 같은 양자 사이의 차이는 바로 전자의 인식론적인 태도와 후자의 존재론적인 태도 사이의 차이라고 하겠다.

그러나 어떻게 내가 영원할 수 있겠는가? 오히려 내가 유한한 인간조건에 얽매여 있다는 것을 잘 알기 때문에 영원성에의 지향이 시작된 게 아니었던가? 기실 시인은 다만, 그의 바로 이 순간의 코기토 앞에서 모든 것이 사라지고 있음을 깨달으므로 자기만이 영원한 것 같은 환상에 스스로의 갈구를 투영하고 있다고 보면, 옳을 것이다. 사실 그는 「절대(絕對) 고독」에서 영원성이란 존재하지 않는다는 것을 말하고, 「고독의 끝」의 마지막 연에서는 자아의 절멸을 노래하게 된다.

어쨌든 김현승으로 하여금 스스로의 영원한 고독, 유일하게 사라지지 않을 듯이 보이는 자아를 더욱 믿도록 하는 데에, 그의 그 고독한 자아가 더욱 공고하게, 견고하게 되는 데에 기여하는 그것의 한 측면이 있는데, 그것이 그의 시작 초기부터 한결같이 나타나는 청교도적인 윤리의식이다. 초기에 그것을 소박한 아름다움으로써 노래하는 시편들로 「창(窓)」, 「속죄양(謾罪羊)」이 있고, 이때에 이미 「양심(良心)의 금속성(金屬性)」에서 그것은 견고성의 이미지로 상징되고 있다 :

> 모든 것은 나의 안에서
> 눈과 피로 육체(肉體)를 이루어 가도,
> 너의 밝은 은(銀)빛은 모나고 분쇄(粉碎)되지 않아.
>
> 드디어는 무형(無形)하리만큼 부드러운
> 나의 꿈과 사랑과 나의 비밀(秘密)을,
> 살에 박힌 파편(破片)처럼 쉬지 않고 찌른다.[97)]

97) 『전집(全集)』, p.95.

〈나의 꿈과 사랑과 나의 비밀(秘密)〉에, 한마디로 시인 스스로에게 가혹한 그 단단한 양심은, 따라서 외부의 오탁과 싸우는 그의 가장 강한 무기이다 :

너의 차거운 금속성(金屬性)으로
오늘의 무기(武器)를 다져가도 좋을,

그것은 가장 동지적(同志的)이고 격렬한 싸움![98]

그러나 여기에 나타나 있는, '모나고 분쇄(粉碎)되지 않[는]', '은(銀)', '파편(破片)', '금속(金屬)' 등의 견고성의 이미지들은 기실, 그것들이 '무기(武器)'에 수렴되어 있다는 사실로써 알 수 있듯이, 그 견고성이 영원성의 가치보다는 강함의 가치를 가지는 것이라고 할 수 있다. 사실 시인의 모든 시기를 통해 청교도적인 윤리의식을 노래하는 시편들에 나타나는 견고성의 이미지들에 있어서 오히려 대부분 사정은 그러하다. 예컨대 「치아(齒牙)의 시(詩)」의

너를 동여 감은 사슬을 성한 밧줄을
온 종일 물어 뜯으며
물어 뜯으며,
네 아픈 이빨로 말하는
너의 시(詩)가 나를 깨문다[99]

에서의 '이빨'이나, 「인내(忍耐)」, 「무기(武器)의 의미(意味) Ⅰ, Ⅱ」에서의 '칼'의 이미지를 들 수 있겠다.

그러나 이, 강함을 나타내는 견고성의 이미지들도 김현승의 시 세계 전체에 있어서 견고성의 주된 가치가 영원성이라는 사실에 비춰볼 때, 영원

98) 『전집(全集)』, p.96.
99) 『전집(全集)』, p.348.

성과 무관하다고 할 수 없다. 기실, 김현승의 시 세계에 있어서 원초에 견고성이 영원성을 나타내게 된 것은 사라짐에 대립되었기 때문이므로, (사라지지 않는) 강함이라는 뜻을 영원성이라는 뜻에 앞서 가지고 있었다고 하겠다. 어쨌든 『견고(堅固)한 고독』에 실려 있는 「참나무가 탈 때」에서 우리들은 비로소 사라짐에 대립되는 견고성, 즉 영원성을 나타내는 견고성을 접하게 된다 :

참나무가 탈 때,
그 불꽃 깨끗하게 튄다.
보석(寶石)들이 깨어지는 소리를 내며
그 단단한 불꽃들이 튄다.

참나무가 탈 때,
그 남은 재 깨끗하게 고인다.
참새들의 작은 깃털인 양 따스하게 남는 재,
부드럽고 빤질하게 고인다.

까아만 유리 너머
소리없이 눈송이가 나리는 밤.
호올로 참나무를 태우며
물끄러미 한 사람의 그림자를 바라본다.

짧은 목숨의 한 세상,
그 헐벗은 불꽃 속에
언제나 단단하고 깨끗하게 타기를 좋아하던,
지금은 마음의 파여 · 플레스 안에
아직도 깨끗하고 따스하게 고여 있는,
어리석은 한 사람의 남은 재를 생각한다.[100)]

100) 『전집(全集)』, p.225.

우리들은 이제, 사라짐이 영원성에 대립되면서도 또한 그것을 태어나게 한다는 것을 알고 있지만, 이 시편은 사라짐이 견고성을 태어나게 하는, 아니 사라짐은 견고화라는 등식을 보여주는, 흥미있는 경우를 제공하고 있다. 우리들은 이미 사라짐의 이미지로서의 재가 불타 없어짐을 환기하는 경우를 살펴본 바 있지만, 그 불타 없어짐을 직접적으로 이룩하는 불(꽃)은 전통적으로, 더러운 것을 소멸시켜 정화함으로써 윤리적인 가치를 상징하는 대표적인 이미지의 하나이다 : 지옥불을 금방 연상할 것이다. 그러므로 이 시편의 불꽃이 시인의 청교도적인 윤리의식을 상징한다고 하여 특이한 것은 아니다. 그것의 김현승적인 이미지다운 점은, 단단한 마른 참나무가 타는 투명한 소리가 투명한 결정체를, 그리하여 결정체의 단단함, 보석의 단단함을 연상시킴으로써 그것이 견고성의 가치에 이르기에 성공했다는 데 있다. 그런데 기실 그 불꽃은 어떻게 나타난 것인가? 기실 그것은 독립적으로 있어서 불태움의 대상을 찾아 나타난 게 아니다. 오히려 후자가 불타 없어짐으로써, 즉 사라짐으로써 태어난 것이다. "짧은 목숨의 한 세상"이 '깨끗하게' '남은 재'로 변해 사라지고, 그럼으로써 "단단하고 깨끗하게 타[는]" 불꽃—주인공의 청교도적인 윤리적 의지만이 영원히 빛나고 있다는 것일까? 그리하여 시인에게는, 우리들의 모든 것이 사라져 가더라도 그 가운데서 우리들의 윤리적 자아만은 유일하게 건질 수 있는 것으로 생각되는 것이다.

"짧은 목숨의 한 세상"이라는 표현과, 그 주인공을 추억하며 그에게 스스로를 투영하는 시인이 "호올로 참나무를 태우[는]" 모습은, 이 시편이 그가 신앙을 잃어버리기 시작하는 시기의 시집, 『견고(堅固)한 고독』에 실려 있다는 사실을 환기케 한다 : 그 '목숨'의 덧없음과 그 고독은 신의 사라짐마저 함의한다고 생각하게 되는 것이다. 이리하여 시인은 일체의 것이 사라진 가운데 스스로의 고독한 자아만은, 그 가운데서도 특히 청교도적인 윤리의식만은 영원하다고 믿으려고 하는 것이다. 이와 같은 사정을 그는 「나의 고독(孤獨)과 나의 시(詩)」에서 다음과 같이 말하고 있다 :

> 나는 윤리적으로 현실적으로 신을 부정할 수 있으면서도 내 안에서

> 활동하고 명령하고 있는 양심은 부정할 길이 없다. 그러면 이 양심은 어떻게 된 것일까? 그것은 동물이 고도로 진화하면 저절로 일어나는 현상일까? 그러나 아직까지는 그렇게 생각되지는 않는다. 그렇게 생각하기에는 양심은 너무도 존귀하고 너무도 신성에 가득 차 있다. 신을 모든 조건에서 일일이 부정하다가도 이 양심의 존엄성에 생각이 미치면, 그것은 진화의 결과이기보다는 누군가에게서 주어진 것 같다고 생각하지 않을 수 없게 된다. 모든 면에서 나로부터 추방을 당한 신이 나의 이 양심이라는 최후의 보루에서 나에게 마지막 저항을 하고 있는지도 모른다. 혹은 이 거점을 점차로 확대하여 그의 실지(失地)를 나의 내부에서 회복할 기회를 기다리고 있는지도 모른다.[101]

이와 같은 생각은 "양심이여! 양심이여! 신적인 본능이고, 불멸하는 하늘의 목소리이며, 무지하고 편협하나 총명하고 자유로운 자의 확실한 안내인이고, 인간을 신과 닮게 하는 선악의 무류(無謬)의 판단자인 양심이여!"라고 말한 루소의 이신론(理神論)을 연상시킨다. 루소에게 있어서도 인간의 윤리의식은 부정할 수 없는 자명한 것이었으며, 바로 거기에서 그는 신의 존재로 넘어가는 것이다. 김현승에게 있어서 흥미 있는 것은, 고독한 자아의 확립이 데카르트적인 인식론적 확실성으로서의 자아의 존재적 저변과 루소적인 윤리적 확실성으로서의 자아가 겹치어 자아 존재의 확실성이 정립됨으로써 이루어졌다는 사실이다. 그러나 데카르트나 루소나 그 확립된 자아를 거점으로 하여 모두 신에게 이르게 되는 반면, 김현승에게 있어서는 그를 자아에 이르게 하는 것이 신을 포함하여 일체의 것이 사라진다는 사실이므로, 그의 시 세계의 생성적 움직임의 논리를 엄격히 따르자면, 그가 말하는 신의 실지(失地)의 회복이 이루어질 수 없어야 할 것이다. 그러나 신이 그런 식으로 실지 회복을 한 때문이었는지 그가 『산문집(散文集)』 여기저기에서 이야기하고 있는, 그의 귀의를 촉발한 그 사건 때문이었는지, 김현승이 다시 신을 찾았다는 것은 사람들이 알고 있는 바와 같다.

101) 『산문집(散文集)』, p.211.

그것은 어쨌든, 신마저 사라진 후에 김현승이 그의 그 청교도적 윤리의식을 가지고 어떻게 살아가려고 했는지는 「나의 진실(眞實)」, 「사는 것」 등의 시편들이 말해 주고 있다.

김현승의 시가 사회비판적인 한 국면을 가지게 된 것은 당연히 그 윤리의식 때문이다. 위에서 이미 윤리의식을 나타내는 견고성의 이미지들이 대부분 외부의 오탁과 싸울 수 있는 강함의 가치를 가지고 있다는 것이 지적되었다. 그러나 대부분의 사회비판적인 시편들에 나타나 있는 웅변조는 다소 공허하게 들린다. 그 스스로도 그런 시편들에 있어서 "다소 어휘가 수다스러워지고 상당히 강한 악센트의 언어를 자연적으로 구사하게 된다"[102]고 말한 바 있는데, 누구나 그런 어조가 자연스럽지 않다고 부인하지는 않더라도 우리들에게 그 어조에 상응할 만한 큰 울림을 불러일으키기에는 거리가 멀다고 생각할 것이다. 그 목소리는 높은 성벽 저 너머에서 들려오는 듯이 느껴진다. 그리고 이것이야말로 오히려 김현승의 정신세계의 밑뿌리가 어느 정도로 단단한가를 보여주는 것이다.

「양심(良心)의 금속성(金屬性)」에서 시인의 청교도적 윤리의식은 그의 '무기(武器)'가 되었지만, 기실 그 무기는 한번도 제대로 사용되지 않는다. 왜냐하면 시인은

빼지 않은 칼은
빼어 든 칼보다
더 날카로운 법[103]

이라고 생각하고, 그 이유로서

빼어 든 칼은
원수를 두려워하지만

102) 「고요한 면을 지닌 〈눈물〉」, 『산문집(散文集)』, p.193.
103) 「무기(武器)의 의미(意味) I」, 『전집(全集)』, p.410.

빼지 않은 칼은
원수보다 강한
저를 더 두려워한다[104)]

라는 주장을 내세우기 때문이다. 필경 김현승의 윤리의식은 근본적 관심을 그 자신 밖으로 옮겨간 적이 없었다고 여겨진다. 그리하여 그의 반성적 윤리의식은 되풀이될 따름이다 :

가장 날카로운 칼과
가장 날카로운 고백(告白)은
다르지 않다.

가장 날카로운 칼은
그 칼날에
그리하여 저의 낯을 비춰 본다.[105)]

그러나

인내는
이 어둠의 이슬 앞에
내 칼을 부질없이 녹슬게 하지 않는다.

나는 내 칼날을 칼집에 꽂아 둔다.
이 어둠의 연약한 이슬이
오는 햇빛에 눈부시어 마를 때까지……[106)]

104) 「무기(武器)의 의미(意味) I」, 『전집(全集)』, p.410.
105) 「무기(武器)의 의미(意味) II」, 『전집(全集)』, p.412.
106) 「인내(忍耐)」, 『전집(全集)』, p.409.

에 이르면(이 경우 '이슬'은 김현승의 시 세계에서 흔히 그러하듯 눈물의 은유로서 사라짐의 이미지이지 않고, 밤이 만들어낸 것으로서, 사회의 오탁을 상징하는 듯한 그 어둠과 한편인 것 같다), 그 반성적인 윤리의식은 다소 자족적으로 느껴진다. 위의 시구는 게다가 시인이

칼집 속에
칼을 잠들게 하고서
우리는 승리(勝利)를 얻는다[107]

고 생각함을 뜻하는 것이므로, 그를 천진하다고 해야 할지, 무지하다고 해야 할지 알 수 없을 지경이다.

그러나 그는 천진한 것도, 무지한 것도 아니고, 스스로의 한계에 허위의식적인 핑계를 댐으로써 오히려 그것을 정직하게 드러내고 있다. 위의 마지막 두 시구가 김현승의 시에서는 드물게도 거짓스러운 태깔을 비쳐보이는 것은 그 때문이다. 우리는 이미, 그가 셋째 단계의 고독에서 그의 청교도적인 윤리의식에 의해 사회의 오탁에서 차단되던 것을 알아본 바 있지만, 이처럼 그 의식이 사회 속으로 행동으로 변해 나아가지 못하는 원인은 기실 다른 데 있는 게 아니라 바로 그것 자체에 있는 것이다. 그것의 극단적인 결벽성이 그것을 그리하지 못하게 하는 것이다 : '칼'이 '녹슬게' 될까봐 시인은 두려운 것이다. 그리고 그 결벽성은 근본적으로 그의 이원론적인 기독교관에 관계되어 있다. 또 그리고 기실—여기서 우리는, 훌륭한 시인이라면 그의 근원적인 코기토, 근원적인 세계 인식에 얼마나 충실하게 머물러 있으며, 그리하여 그의 작품 세계가 얼마나 치밀한 통일성을 보여주는가 하는 것을 커다란 흥미로써 다시 한번 확인하는 바인데—그의 시 세계의 근본적인 생성적 움직임인 사라짐과 영원성에의 지향이 그 이원론적인 기독교관과 그 결벽성을 이미 함축하고 있었다고도 할 수 있다. 영원성이 반드시 사라짐 다음에 나타나는 것이라면, 김현승의 상징체계로

107) 「무기(武器)의 의미(意味) II」, 『전집(全集)』, p.413.

볼 때에 그것은, 신과 선은 반드시 지상적인 것과 악의 소멸에 의해서만 현현한다는 것을 뜻하는 것이다. 즉 여기서 천상과 지상, 선과 악의 결별은 두 대립항의 하나의 존재가 다른 하나의 존재를 용납하지 못할 정도인 것이다. 이와 같은 이원론적인 기독교관과 악에 대한 극단적인 배척은 바로 사랑을 부정하는 것으로서, 정통적인 기독교 신학의 입장에서 볼 때에는 이단적인 것이라고 판단될지 모른다. 초기의 사라짐의 시편들에 나타나 있는 사라지는 것들에 대한 사랑과, 가치의 갈등적 이중성을 띠고 있는 어둠과 검은색의 동류의 이미지들이 가장 기독교다운 것은 이 때문이다. 기독교적인 사랑의 개념으로 볼 때, 악을, 사회의 오탁을 거부하기 위해서라도 그 위에 뛰어들어 부여안아야 하는 것이다. 그리스도가 인자로 태어나 지상에 내려오지 않았다면, 어찌 우리들의 보속이 가능했겠는가? 김현승의 사회비판적인 시편들의 그 웅변조의 목소리가 높은 성벽 너머에서 공허하게 들려오는 듯하고, 또 그러나 바로 그것 또한 그의 정신세계의 밑뿌리에 연원하고 있다고 내가 말한 것은, 이상과 같은 사정 때문이다.

그러나 그렇다고 해서 그것이 김현승에게 대한 분별없는 비판—정녕 가증스러운 허위의식적인 것일 가능성이 큰데—의 핑계가 되어서는 안 된다. 기실 오늘날의 우리나라 사회처럼 오탁이 만연되어 있는 상황에서는 사랑보다는 비극이 강조되어야 한다. 그리하여 악에 대한 질타는 아무리 강해도 지나칠 수 없으며, 최소한 우리들 각자의 자아 내부에서만이라도 악의 오염을 적게 해야 할 것이다. 그리고 그러한 노력에 김현승은 가장 뛰어난 전범으로 남게 될 것이다. 왜냐하면 그는 그의 모든 시적 노력을 오직 스스로의 내부에서 그 악의 오염을 사라지게 하는 네에만 바친 시인이기 때문이다.

*

나는 김현승의 마지막 코기토를 신의 사라짐으로 잡았지만, 사실은 신이 사라진 후에 또 하나의 코기토를 첨가할 수 있는데, 그것은 앞에서 짧게 언급된 적이 있는 영원성의 비실재성과 자아의 절멸에 대한 인식이다.

그러나 영원성을 부정하는 그것은 사라짐과 영원성에의 지향이라는 김현승의 시 세계의 생성적 움직임으로 볼 때, 건조미와 마찬가지로 삽화적인 것으로 다루어져야 할 것 같고, 그래 그 세계의 에필로그적인 부분이라고나 해야 하겠다. 사실 긍정적인 가치의 탐구가 없는 시란 얼마나 비시적인 것이랴! 그럴 때, 시는 그것의 본질적인 아름다움, 그리고 필경 같은 말이지만, 창조라는 그것의 본질적인 존재 이유에서 벗어나게 되며, 따라서 그것마저 사라지고 말 것이다. 과연 시인은 「절대(絕對) 고독」의 마지막 연에 이르러 이렇게 노래하고 있다 :

나는 내게서 끝나는
아름다운 영원을
내 주름 잡힌 손으로 어루만지며 어루만지며
더 나아갈 수도 없는 나의 손끝에서
드디어 입을 다문다—나의 시(詩)와 함께.[108]

그 '아름다운 영원' 은 시인이 마침내 그 "끝을 만지게 되었다" 고 생각하는 영원, 따라서 "흩어져 빛을 잃[는]" 영원, 즉 사라진, 그래 시인이 아이러니로써('아름다운') 바라보는 영원인 것이다. 동시에 그것과 함께 그의 시도 사라지고 만다……. 그리고 「고독의 끝」의 마지막은 다음과 같이 끝난다 :

내가 할 일은
거기서 영혼의 옷마저 벗어 버린다.[109]

이 에필로그적인 코기토의 비시적임은, 그 두 시편의 감동이 그 코기토에 기인하는 게 아니라 기실 신의 사라짐이라는 앞 단계의 코기토에, 그것이 시인으로 하여금 느끼게 한, "내게로 오히려 더 가까이 다가오는/따뜻

108) 『전집(全集)』, p.301.
109) 『전집(全集)』, p.303.

한 [인간적인] 체온"에 기인한다는 사실로써 증명된다. (건조미 역시 영원성에의 지향이 없음에도 불구하고 시적일 수 있음은, 거기에서 느껴지는 스산함과 소슬함이, 신의 사라짐에 의해 시인의 마음에 파인 공허를 보여줌으로써 영원성에의 지향을 음각적(陰刻的)으로나마 나타내기 때문이라는 것을 말할 필요가 있을까? 아닌 게 아니라 건조미가 견고미로 곧 되돌아온다는 것은 이미 살펴본 바와 같다.)

이리하여 김현승의 모든 것이 사라진다. 그리고 그것은 이 글의 끝을 뜻하는 것이기도 하다.

– 출전 : 『한국현대시문학대계』17, 지식산업사, 1982

시(詩)와 종교적(宗教的) 상상력(想像力) (I)

- 김현승 시(詩)에 나타난 사물(事物)[자연(自然)]의 심상(心象) 구조(構造)와 '까마귀'의 상징성(象徵性)을 중심(中心)으로-

권영진*

1. 서(緖)

본 논문은 다형 김현승 시인의 종교적(기독교) 세계관과 시적(詩的) 상상력(想像力)에 의해 형상화(形象化)된 시(詩)작품의 총체적 의미를 구명(究明)하는 연구의 일환으로 그의 시에 나타난 사물(事物)[자연(自然)]의 이미지 구조와 '까마귀'의 상징성을 분석함으로써 그의 초월적(超越的) 상상력(想像力)을 고찰하는 데에 초점을 두고자 한다.

시는 "시인의 상상력(想像力)에 의해 그의 사상과 감정을 표현한 창작품(創作品)"이라고 간단히 정의한다고 하더라도 본질적으로 애매성(曖昧性)을 지닌 언어라는 매개체(媒介體)와 복잡하고 미묘(微妙)한 시적 상상력에 의해 조직된 그 자체로써 완결된 구조물(構造物)이기 때문에 시작품의 총체적 의미를 해석하고 향유(享有)한다는 것은 그렇게 용이한 일이 아니다.

시적 상상력은 다양(多樣)한 심상(心象)들을 만들어내는 능력을 말한다. 특히 종교적 상상력이란 그 시인이 바탕으로 가지고 있는 어떤 종교적 사상(思想) 또는 세계관(世界觀)을 주로 비유적(比喩的) 표현형식(表現形式)을 통해 독특한 심상이나 상징(象徵)의 구조로써 제시(提示)하는 것이다.

한 시인의 상상력의 흐름을 알아본다는 것은 그의 세계관을 알아본다는 것과 같은 것이다. 인간의 정신(精神)에 의해 지각된 세계는 창조적(創造的) 직관(直觀)에 의해 구성(構成)되며 이것의 형상화(形象化)가 시작품(詩作品)인 것이다. 이렇게 새롭게 창조된 작품은 상상(想像)된 세계(世界)의 재현이기 때문에 한 예술가의 상상력을 추적(追跡)한다는 것은 그 작품(作品)을 통해서 보다 깊게 이해될 수 있다.

* 숭실대학교 국어국문학과 명예교수

샤르트르(J.P. Sartre)에 의하면 한 개인(個人)의 객관화(客觀化)로서의 작품은 그의 생(生)[삶]보다 훨씬 완전(完全)하고 훨씬 전체적(全體的)이다. 그런 의미에서 한 시인의 작품세계, 즉 상상적 세계를 밝힌다는 것은 사실상 그 시인 자신을 밝히는 것보다 그 시인을 이해하는 데 더 전체적이며 완전한 셈이다.[1] 이는 우리가 문학작품(文學作品), 특히 시를 통해 시인의 세계관을 규명할 수 있음을 시사하고 있는 것이다.

영국(英國)의 종교적 시인 블레이크(W. Blake)는 상상력은 인간의 가장 근원적(根源的)인 능력이며 그것이 최고(最高)의 강도(强度)에 이를 때 '신성(神聖)한 비전' 이라고 말하고 상상력의 본질(本質)은 거의 알려져 있지 않으나 상상력이 나타내는 영원(永遠)의 이미지는 생성 번식하는 세계의 사물들보다 항구적(恒久的)인 것이라고 했다. 그리고 그는 이러한 상상력의 산물(産物)인 예술(藝術)은 "영원히 진실(眞實)하고 변함없이 존재하는 것의 재현(再現)"이라고 했다. 그는 현상계(現象界)에 대하여 '영원의 세계' 라는 이상적(理想的)[초월적(超越的)] 세계를 구상하고, 물질적(物質的) 현상(現象)의 너머에서 진정한 실재(實在)를 지각(知覺)하는 능력으로서의 상상력을 말했던 것이다.[2] 이러한 상상력을 종교적 상상력이라 불러도 좋을 것이다. 이제 김현승 시에 나타난 주요심상(主要心象) 중 자연(自然) 또는 사물(事物)의 심상과 〈까마귀〉의 상징적 의미를 분석하여 그의 시의 심상구조(心象構造)와 상상력의 패턴을 고찰하고 나아가 그의 종교적 세계관과 시적 형상화(形象化)의 의의를 구명해 보고자 한다.

2. 사물(事物)[자연(自然)]의 이미지 구조 분석

1. '열매' 와 '마른 나무가지' 의 이미지

1) 김현; 「시인(詩人)의 상상적(想像的) 세계(世界)」(현대한국문학(現代韓國文學)의 이론(理論), 민음사, 1978) p. 363 참조.

2) W. Blake, 「The marriage of Heaven and Hell」김종철, 시(詩)와 역사적(歷史的) 상상력(想像力), (문학(文學)과 지성사(知性社), 1978), 재인용, p. 240~242 참조.

김현승은 가을을 소재로 많은 시를 쓰고 있다. 가을은 대지에 피어났던 푸르름을 저물게 하고 마지막으로 열매 맺게 하는 계절이다. 열매는 꽃이 피고 질 때까지의 모든 아름다움의 결실(結實)이자 마지막으로 완결된 형식이기도 한 것이다. 일반적으로 보면 꽃은 그 자체가 아름다움을 표상(表象)하는 반면, 열매는 무엇에 대한 결과로써 실용적 의미를 갖는다. 그러나 김현승에 있어서는 꽃보다는 열매를 소중한 이미지로 사용하고 있다. 이는 시인의 관심이 꽃 자체의 아름다움보다 그것의 결정체(結晶體)에 더 의미를 부여하고 있는 태도(態度)에 연유한다.

> 이달엔
> 먼 수평선이
> 높은 하늘로 서서히 바꾸이고,
> 뜨거운 햇빛과
> 꽃들의 피와 살은
> 단단한 열매 속에 고요히 스며들 것이다.
>
> (「가을이 오는 달」3연, 전집(全集)[3] p. 251)

이 시에서 시인은 수평선이 높은 하늘로 바뀌는 공간을 배경(背景)으로 하여 햇빛과 꽃들의 피와 살이 '열매' 속에 스며드는 것을 예감하고 있다.

이 시의 중심 이미지는 '열매' 임을 알 수 있다. '열매' 에 '단단한' 이라고 한 형용사에 유의할 필요가 있다. '열매' 라는 언어 속에 이미 '단단함' 이 함유되어 있는데도 굳이 '단단한 열매' 라고 표현한 것은 자연으로서의 사물의 외연적(外延的) 의미 이상의 내포적(內包的)인 의미를 갖는 시적 표현으로 쓰인 것이다.

꽃이라든가 햇빛, 피와 살로 표상되는 소중하고 아름다운 것들이 거기에 스며들기 때문이다. 바꿔 말하면 보다 오래 남을 수 있는 것으로 가치 지향적(價値指向的) 의식, 즉 열매의 사물성이 관념의 상관물(相關物)로서 의미화된 것이다.

3) 『김현승 시전집(詩全集)』(관동출판사(關東出版社), 1974), 이후 전집(全集)으로 표시.

열매가 소중한 것은 대체로 피와 살이 되기 때문인데, 이 시에서는 그 가치가 뒤바뀌어 있는 것이다. '열매'는 사물 자체가 갖는 견고함의 이미지와 함께 현실적인 것 이상의 대상으로 의미화되어 있다. 여기서 그의 '소멸(消滅)'과 '결정(結晶)'의 이미지와 만나게 된다.

꽃의 소멸은 소멸(消滅)로 끝나는 것이 아니라 열매라는 형태로 변화된다. 꽃의 사라짐을 통해 보다 가치 있는 것이 되는 것이다. 이렇게 자연의 소멸은 보다 지양(止揚)된 정신적(精神的) 초월적(超越的) 의미와 결부된다. 여기에서 가을은 "지상적(地上的)인 것을 완전히 사라지게 함으로써 천상적(天上的)인 것에 대한 시인의 지향을 열매 맺게 하는 계절이다."[4] "열매는 단순히 훌륭한 성과라는 일반적인 은유적 의미에서가 아니라, 김현승의 시세계에서는 연약한, 곧 쓰러지고 마는 꽃잎이나 잎과는 달리 '굳은' 것이어서 '길이 남을' 것이기에 긍정적인 이미지가 된 것이다."[5]라는 곽광수의 언급은 이런 측면에서 타당성을 가진다.

그의 시에서 '보석', '견고한 것', '마른 나뭇가지', '열매', '납', '참나무' 등과 같이 견고한 이미지를 갖는 시어나 사물이 많이 등장하고 있는 것은 확실(確實)함이나 영원함에 대한 가치지향적 태도에서 비롯된 것이다. 따라서 육체적인 것 지상적인 것의 상(傷)함이나 소멸은 그것의 상함과 소멸로 하여 가치 있는 세계로 지양되는 것이며, 이러한 소멸의 이미지는 초월적 이미지로 전이(轉移)되는 것이기에 본질적으로 아름다운 것이 된다.

> 모든 육체(肉體)는 가고 말아도,
> 풍성한 향기의 이름으로 남는
> 상(傷)하고 아름다운 것들이여,
> 높고 깊은 하늘과 같은 것들이여……
>
> (「가을의 향기」, 4연)

4) 곽광수(郭光秀), 사라짐과 영원성(永遠性) — 김현승의 시세계(한국현대시문학대계 17, 해설, 지식산업사(知識産業社), 1982), p. 229
5) 상게서(上揭書), pp. 230~ 231

이 시에서 2행의 '풍성한 향기'는, 꽃의 소멸이 열매의 결실로 지양되는 구조와 같이, 소멸되는 '육체'는 아름다운 '향기'로 남음이 된다. 소멸의 아름다움이 '풍성한 향기'에 의해 서정화되어 있다. "그리하여 그것들은 '상(傷)하는' 만큼 '아름다운 것들'"[6]이다. 그러나 육체적인 것의 사라짐은 그것이 궁극적으로는 지상의 것일 수밖에 없다는 인식에서 오는 것이고, 상(傷)하는 것, 사라지는 것을 통해 느끼는 아픔이나 아름다움은 감각적 인식(認識)을 넘어 정서화(情緖化)된 아름다움으로 다가오는 것이다. 또한 모든 것들은 "더욱 빨리……더욱 아름다이……"(고전주의자, 전집 p. 98) 소멸된다는 것에서 지상적인 것의 사라짐은 끝 행에서 '높고 깊은 하늘'에 비유(比喩)되고 있다. 서정적 인식의 심화이다. 서정적 인식의 심화라는 것은 시적 자아(自我)와 자연의 만남에서 오는 것이며, 소멸되고 상하는 것에서 보다 정신적인 것으로 지양됨에도 불구하고 그것들에 대한 애정과 아름다움을 느끼는 것이며, 시인은 보이지 않는 의미를 지향하지만 그것은 현상적인 것을 통로로 하여 형성할 수밖에 없는 인식을 말한다. 이 비유를 통해서 시인은 초월적이고 영적인 세계를 지향하고 있음을 알 수 있다. 꽃이 시들어 열매를 생성하는 구조는 '마른 나무가지'의 이미지를 통해서도 나타나고 있다.

> 푸른 잎새들이 떨어져 버리면,
> 내 마음에
> 다스운 보금자리를 남게 하는
> 시간의 마른 가지들……
>
> (「고전주의자(古典主義者)」1연, 전집 p. 97)

꽃이 시들 듯이 '푸른 잎새들'도 가을이 되면 떨어지게 된다. 그리고 남은 것은 '마른 가지'뿐이다. 풍성한 녹음이 소멸되고 건조하고 앙상한 '마른 가지들'만이 남은 때를 시인은 슬퍼하지 않고 오히려 '다스운 보금자

6) 상게서(上揭書), pp. 228.

리' 라고 말하고 있다. 김현승은 그의 시 「내 마음은 마른 나뭇가지」에서 자연의 이러한 현상을 시인 자신에게 이입(移入)시켜 좀 더 의미를 심화시키고 있다.

> 내 마음은 마른 나무가지,
> 주(主)여,
> 나의 육체는 이미 저물었나이다 !
> 사라지는 먼뎃 종소리를 듣게 하소서,
> 마지막 남은 빛을 공중에 흩으시고,
> 어둠속에 나의 귀를 눈뜨게 하소서.
>
> - (「내 마음은 마른 나뭇가지」3연, 전집, p. 102)

이 시는 저무는 가을 풍경을 배경으로 하여, 시적 자아와 자연과의 은밀한 교감을 표현하고 있다. 이러한 정조(情調)에서 자연과 시인은 하나로 동화(同化)되며 존재의 각성(覺醒), 즉 개안(開眼)의 시간이 열리는 것이다. 육체는 사라지고, 비고, 영적인 것으로 남는 존재론적(存在論的) 각성이 고요한 시적 토운 속에 '마른 나무가지' 라는 선명한 시적 이미지로 제시(提示)되고 있다. 나무와 시인의 육체가 저물 듯이 지상의 '종' 소리도 사라져가고 빛도 '마지막 남은 빛' 이 된다. 따라서 시간은 점점 밝음이 사라지고 어둠이 오는 때가 된다. 꽃이 '풍성한 향기' 를 남기고 사라지는 시간은 바로 어둠과 밝음이 섞이는 '박명(薄明)의 시간' 이다. 꽃이 열매로 결실되는 경계(境界)의 시간과 같은 맥락으로 볼 수 있을 것이다.

> 저녁에 놓이는
> 수척한 그름자와도 다른,
> 여위어 가는 형자(形姿)를 — 향기와 꽃들의 마지막
> 형자(形姿)를 본다.
>
> (「박명(薄明)의 남은 시간(時間) 속에서」, 1연, 전집 p. 154)

박명(薄明)의 시간은 사물들의 형상(形象)을 마지막으로 드러내는 때이다. 이 시간이 지나면 사물들은 어둠 속에 싸여 보이지 않게 된다. 그러므로 박명의 시간은 사물들의 현상으로의 모습이 우리의 시야에서 사라져가는 시간이다. 바로 '소멸되어 가는 것을'(4연) 보는 시간이며, 밝음과 어둠의 사이 공간인 '보라빛 아름다운 시간'(6연)이다. '풍성한 향기'로 가득 찬 이 시간은 '열매'를 생성하기 위한 "신성과 애정이 마지막 떨리는"(6연) 경건한 시간이다. 밝음에 의해 드러나던 사물의 모습도 소멸되고, 시인의 육체도 저물어가는 이 때를 지나면 시인의 관심도 밝음에서 어둠쪽으로 전환되는 것이다.

이제는
밝음의 이쪽보다
나는 어둠의 저쪽에다
귀를 기울인다.

(「전환(轉換)」, 1연, 전집 p. 394)

세계(世界)는 이쪽과 저쪽으로 양분되어 있다. 시인은 이쪽보다는 "어둠의 저쪽에다"에 관심을 둔다. "귀를 기울인다"는 것은 "들리지도 않고 보이지도 않는" (위의 시 2연) 어둠의 저쪽 세계를 감지(感知)하기 위한 노력이다.

어둠의 세계에 귀 기울인다는 것은 이쪽보다 어둠의 저쪽, 즉 초월적 세계가 시인에게는 더욱 가치 있는 세계임을 암시해 주는 것이다.

(2) '눈물'과 '슬픔'의 이미지

자연 속에서의 '꽃'과 '열매'의 관계에 대응(對應)되는 것으로 '웃음'과 '눈물'의 이미지를 들 수 있다.

더러는
옥토(沃土)에 떨어지는 작은 생명(生命)이고저……

흠도 티도,
금가지 않은
나의 전체(全體)는 오직 이쁜 !

더욱 값진 것으로
드리라 하올 제,

나의 가장 나중 지니인 것도 오직 이쁜 !

아름다운 나무의 꽃이 시듦을 보시고
열매를 맺게 하신 당신은,

나의 웃음을 만드신 후에
새로이 나의 눈물을 지어 주시다.

(「눈물」, 전문(全文) 전집, pp.68~69)

꽃이 '열매'를 통해 가장 마지막 모습을 매듭지은 것처럼 이 시인에게 가장 나중 지니인 것은 오직 '눈물' 뿐이다. 화사한 꽃은 웃음과, (자연의 성과물(成果物)로서의) 열매는 눈물과 각각 대응되는 구조(構造)를 보여주고 있다. 열매와 눈물은 모두 맨 나중에 생겨나는 결과물(結果物)이라는 데에 공통성(共通性)을 갖는다.

일반적으로 '눈물'은 젖어 흐르는 이미지를 갖는다. 젖어 흐르는 이미지가 사람의 감정(感情)에 닿으면 보다 감상적(感傷的) 분위기를 느끼게 한다. 그러나 이 시인은 흐르는 이미지를 견고한 이미지로 변형시키고 있다. 이는 감정의 절제(節制)에서 오는 것이다. 2연에서 "흠도 티도/금가지 않은"은 흐르는 액체(液體)의 이미지가 아니라 견고성(堅固性)과 윤리성(倫理性)으로의 이미지라고 볼 수 있다. 이렇게 고체의 사물성(事物性)으로 형성(形成)하는 이유를 '강한 명징성(明澄性)에의 의지(意志)'[7]에 기인

7) 김우창(金禹昌), 지상(地上)의 척도(尺度) (민음사, 1981), p.246

된 것으로 보는 김우창(金禹昌)의 해석은 매우 타당한 것으로 보인다. 또한 이 시에서 눈물의 독특한 이미지를 형상화(形象化)하면서 꽃과 열매의 이미지를 결부시킨 이 시인의 상상력이야 말로 영국의 형이상(形而上) 시인(詩人)들과 Eliot가 말한바 기상(奇想)[conceit][8] 또는 객관적(客觀的) 상관물(相關物)이란 것과 유사(類似)한 것으로 김현승의 종교적(윤리적) 상상력에 의한 직관적 표현의 전형(典型)을 보는 것이다.

그의 시 「떠남」에서는 "네가 사랑하는 보석(寶石)은 진주(眞珠)나 낙엽(落葉)보다 눈물이다"라고 말하고 있다. 여기서는 보석과 눈물을 동일(同一)한 것으로 놓아 눈물의 이미지를 더욱 확실하게 보여주고 있다.

'눈물'에 대해 시인 자신이 진술(陳述)해 놓은 것 중 그 일부를 보면 다음과 같다.

> 절대자가 만든 나무의 꽃은 아름답다. 그러나 그 꽃은 오래가지 못한다. 그리하여 더욱 아름답고 더욱 온전한 것을 만들기 위하여 절대자는 꽃보다도 오래가고 견고한 열매를 만들었을 것이다. 그와 같이 나의 웃음 — 나의 인생의 기쁨도 아름다운 것이기는 하지만 그것에는 타락하기 쉬운 불완전성이 있다. 그러므로 더욱 완전한 삶의 가치를 얻게 하기 위하여 절대자는 새로이 보다 아름답고 변하지 않는 눈물을 만들었다. 그리고 그 참회의 눈물을 내게 주어 생애의 가장 값진 생명으로 삼게 하였다.[9]

꽃이 시들 듯이 웃음도 타락하기 쉬운 불완전(不完全)한 것이기 때문에 시인은 웃음을 거부하고 아름답고 변하지 않는 눈물을 택한 것이다. 시인은 완전성(完全性)과 변하지 않는 영원성(永遠性)을 지향하고 있다. 이러한 완전성과 영원성의 지향이 「눈물」의 견고한 이미지를 낳게 한 것이다. 감상적(感傷的) 정조(情調)를 배제(排除)시키고 견고성을 추구하는 것은 그가 "프로테스탄티즘의 경건성에 의지하여"[10] 있기 때문이다. 즉 헤브라

8) T.S Eliot, *Selected Essays*, p.260

9) 김현승, 한국현대시해설 (관동출판사, 1974), P.183.

10) 김윤식(金允植), 김현, 한국문학사 (민음사, 1984), p.279.

이즘적인 금욕주의적(禁慾主義的) 태도는 화려한 꽃이나 웃음보다 열매나 눈물 속에서 인생의 미(美)와 가치를 느끼게 하는 것이다.

이 '눈물'의 윤리적 의미를 위해 유사한 「슬픔」이란 시를 보기로 하자.

슬픈 눈에는
그 영혼이 비추인다.
고요한 밤에는
먼 나라의 말소리도 들리듯이,

슬픔 안에 있으면
나는 바르다!
신앙(信仰)이 무엇인가 나는 아직 모르지만,
슬픔이 오고 나면
풀밭과 같이 부푸는
어딘가 나의 영혼……

(「슬픔」, 5·6·7연, 전집 p. 67)

슬픔을 통해 영혼의 생명력(生命力)을 느끼고 있다.

'먼 나라'는 '먼 끝', '먼 곳' 등과 함께 그의 시에 자주 등장하는 시어의 하나다. 5연에서 '슬픈 눈'을 '먼 나라의 말소리'를 듣는 것에 비유한 것은 앞에서 살펴 본 「가을의 향기(香氣)」4연과 같은 구조이다. 지상적인 것의 소멸을 하늘에다 비유했듯이 여기서 '먼 나라'는 초월적 세계에 대한 서정적(抒情的) 인식을 바탕으로 한 것이다. 7연의 첫 행에 '신앙'이라는 말이 매우 갑작스럽고 어색한 느낌이 있으나 '먼 나라'에 의해 상상(想像)의 흐름이 초월적 세계로 향하고 있음을 알게 되므로 그 어색함이 시적 맥락에 의해 보완된다.

'슬픔'에 의해 영혼이 바르게 되고 부풀어 오르게 된다는 것은 슬픔에 의해 모든 것이 정화(淨化)되고 시인의 영혼이 투명(透明)하게 숨쉬게 된다는 것이다. 따라서 한 방울의 눈물은 "타는 혀끝을 적시어 주는"(건강체

(健康體), 전집 p.94) 영혼의 오아시스라고 볼 수 있다. 이러한 슬픔은 「눈물」의 맑고 윤리적인 이미지를 형성(形成)하는 실질적인 원천(源泉)이 된다고 볼 수 있을 것 같다.

(3) '보석(寶石)'과 '불꽃'의 이미지

김현승이 우리 시사(詩史)에 끼친 가장 큰 업적(業績)으로는 관념(觀念)이나 사상(思想)을 객관적(客觀的) 상관물(相關物)을 통해 이미지화(化)하는 표현기법(表現技法)의 탁월성(卓越性)을 들 수 있다.

추상과 구상의 결합, 즉 관념과 사물, 관념과 감각(感覺)과의 결합, 또는 이미지와 진술의 조화(調和)는 독특한 그의 시적 표현방법(表現方法)이다.

관념을 객관적 상관물을 통해 구체화한 예로 '보석'을 들 수 있다. 보석은 열매의 단단함과 가치체(價値體)로서의 의미를 함께 갖는 보다 포괄적(包括的) 의미를 지닌 시적 등가물(等價物)이다. 보석은 열매보다 더 굳고 단단하며 스스로 빛을 발하는 아름다운 결정체(結晶體)이기 때문에 보석은 그의 시에서 열매와 함께 또 하나의 중요한 이미지로 제시되고 있다.

어느 것은 타오르는 불꽃과 밤의 숨소리가
그 절정(絶頂)에서 눈을 감고,

어느 것은 영혼의 의미마저 온전히 빼어 버린
깨끗한 입술.

그것은 탄소(炭素) 빛 탄식들이 쌓이고 또 쌓이어
오랜 기억의 바닥에 단단한 무늬를 짓고.

(「보석(寶石)」, 2 · 3 · 4연, 전집, pp. 237~238)

이 시에서 보석은 '불꽃과 밤의 숨소리'가 결합된 결정체이다. 보석의 순수(純粹)하고 투명함을 '영혼의 의미'마저 빼버렸다고 표현(表現)하고 있다. 가장 맑은 경지에서는 모든 의미적(意味的) 요소를 제거하는 것이다. 그렇게 했을 때 그 자체가 가장 본질적(本質的)이고 순수한 존재(存在)로 존재하게 되는 것이다.

이 시에서도 견고성이 강조되고 있는데 보석은 '오랜 기억의 바닥'에 차곡차곡 쌓여진 결정체로 영원히 변치 않을 믿음을 갖게 해 주는 것이다.

'불꽃'의 찬란한 이미지와 더불어 밤이나 탄소(炭素)의 '검은빛'을 대비시켜놓고 있다('검은빛'은 '재'의 이미지와 연결시켜 후술(後述)될 것이다).

보석이 불꽃과 연결될 수 있는 것은 스스로 투명한 빛을 발하기 때문이며 어둠을 태우는 것을 통해 드러난다는 다의성에서 오는 것이기 때문이다.

'눈물'의 원천을 (윤리적) '슬픔'에서 찾은 것처럼 보석의 본질은 빛에서 찾고 있다.

> 어둠이 와서 이미 낡은 우리의 그림자를 거두어들이면
> 너는 아침마다 명일(明日)에서 빼어 내어
> 새 것으로 바꾸어 준다.
>
> 나의 가슴에 언제나 빛나는 희망(希望)은
> 너의 불꽃을 태워 만든 단단한 보석(寶石) ―,
> 그것은 그러나 한 빛깔 아래 응결(凝結)되거나
> 상자(箱子) 안에서 눈부실 것은 아니다,
> …………(중략)
> 너는 누구의 연소(燃燒)하는 생명인가 !
> 너는 아직도 살고 있는 신(神)에 가장 가깝다.
>
> (「빛」, 3 · 4 · 7연, 전집, pp.76~77)

이영걸(李永傑) 교수는 이 시에 대해서, 김현승은 "빛을 날마다 인간을 회복시켜 주는 원칙으로 보고 있으며, 이러한 생각은 단단한 보석에 비유한 희망의 구절에 이어진다. 그리고 빛의 정신적(精神的) 의미는 화자(話

者)로 하여금 우주(宇宙)의 아름다움에 현시(顯示)된 신(神)의 존재(存在)를 긍정(肯定)하게 한다. 그의 이미지와 진술의 조화는 이곳에서 가장 훌륭히 나타나 있다"[11]고 하면서 우리 시의 전통적(傳統的) 서정(抒情)에 기독교적 이미지로서 새로운 길을 터놓았다고 평가(評價)하고 있다. 이 시는 인간의 정신을 빛나는 희망으로 새롭게 하는 빛의 이미지를 보석에 결부시키고 있다. 빛이 보석의 본질을 이룰 수 있는 것은 4연 2행에서 알 수 있듯이 빛의 불꽃을 태워서 이루어진 결정체가 보석이기 때문이다. 따라서 보석의 근원으로의 빛을 "아직도 살고 있는 신에 가장 가깝다"라고 이 시의 끝 연에서 진술하게 되는 것이다. 이는 종교적 신앙과 사물(事物)의 본질(本質)의 탐구가 시적 감수성(感受性)으로 결합된 것이라 할 수 있다. 그의 상상력의 패턴은 '꽃—웃음', '열매—눈물'이 대응되었듯이 '보석—빛'이 각각 대응되는 구조를 갖고 '열매—눈물—보석'으로 연결되는 이미지 구조를 통해 그의 종교적 상상력은 심화(深化)되고 있다. 이러한 구조를 잘 볼 수 있는 시(詩)가 「가을」이다.

봄은
가까운 땅에서
숨결과 같이 일더니

가을은
머나먼 하늘에서
차가운 물결과 같이 밀려온다.

꽃잎을 이겨
살을 빚던 봄과는 달리
별을 생각으로 깍고 다듬어

11) 이영걸(李永傑), 영미시(英美詩)와 한국시(韓國詩)(문학예술사, 1981), p.92.

가을은
내 마음의 보석(寶石)을 만든다.

눈동자 먼 봄이라면
입술을 다문 가을

봄은 언어(言語) 가운데서
네 노래를 고르더니
가을은 네 노래를 헤치고
내 언어(言語)의 뼈마디를
이 고요한 밤에 고른다.

(「가을」전문(全文), 전집, pp. 455~456)

이 시는 전체가 대구(對句) 형식을 취하고 있다. "봄—땅—살과, 가을—하늘—생각이 대구를 이루게 되는데, '살'과 '생각'은 각각 육체적인 것과, 정신적인 것을 나타낸다면, 땅과 하늘은 각각 지상적인 것, 천상적인 것을 나타내리라는 것은 분명하다."[12)]

봄이 꽃잎의 피와 살이 빚는다면 가을은 풍요로운 열매를 맺게 한다. 자연에서의 열매가 시인의 마음속에서는 보석으로 대치되어 나타나고 있다. 보석은 '깎고 나듬어서' 만들어지는 것이다. 그렇기 때문에 귀(貴)하고 값진 것이다.

5연에서는 '노래'와 '뼈마디'를 대비시켜 놓았다. 가을에 언어(言語)는 '꽃잎보다 무거운 열매'를 단다. 뼈마디는 살 속에 숨어서 보이지 않지만 형태(形態)를 형태(形態)로 지탱케 하는 사물(事物)의 근본이다. 뼈마디가 '노래를 헤치고' 그 속에서 나타나는 것이라면 노래는 꽃잎의 살에 해당되는 부분이고 뼈마디는 '깎고 다듬어' 만들어진 '보석'에 해당된다.

자연에 있어서는 열매가, 인간(시인)에 있어서는 '눈물', '보석'이, 시(詩)에 있어서는 '언어의 뼈마디'가, 지상에서는 최대의 아름다움을 지닌

12) 곽광수(郭光秀), 전게서(前揭書), pp. 232~233.

가치체(價値體)이다. 이렇게 '열매' 나 '눈물', '보석', '뼈' 는 모두 관념의 객관적(客觀的) 상관물(相關物)이 되어 다양하고 풍요로운 초월적 이미지의 세계를 형성하면서 밀도 있게 그의 시는 깊어진다.

「가을」 5연의 마지막 행을 보면, '고요한 밤' 이라는 시간적 배경을 제시하고 있다. 박명(薄明)의 시간을 지나 이제는 '고요한 밤' 을 맞게 된다. 밤은 모든 사물들을 어둠 속에 묻히게 하고 우리 눈에 보이는 현상(現象)의 세계를 가리워 버린다. 따라서 사물과의 교류(交流)가 단절(斷絕)된다. 그러나 시인의 직관(直觀)은 눈에 보이는 현상(現象)의 세계에서 끝나는 것이 아니라 현상 뒤에 가리워 보이지 않는 사물의 본질, 즉 이데아(Idea, 神) 속으로 뛰어들게 된다. 사물의 현상이 아닌, 보다 근원적(根源的)이고 본질적(本質的)인 세계를 투시(透視)하는 것이다. 그래서 고요한 밤에 '언어의 뼈마디' 를 고르는 것이다.

시 「불완전(不完全)」의 첫 연에서는 "더욱 분명히 듣기 위하여/우리는 눈을 감아야 하고"라고 말하고 있다. 눈을 감는다는 것은 보여지는 세계(世界)에 대한 부정(否定), 회의(懷疑)에서 기인된 행위다. 즉 보여지는 현상의 세계를 눈감는다는 것은 현상(現象)으로 인하여 가리워져 보지 못했던 본질적 세계를 보겠다는 의미와 같은 것이다. "눈들은, 신앙을 위하여 다시 한번 아름답고 고요하게 실명(失明)되어"(「밤안개 속에서」 전집, p.54) 진다고 표현하고 있다. 시 「이별(離別)에게」는 이런 의미를 보다 잘 나타내 준다.

지우심으로
지우심으로
그 얼굴 아로새겨 놓으실 줄이야……

(중략)

어둠 속에
어둠 속에

보석(寶石)들의 광채(光彩)를 길이 담아 두시는
밤과 같은 당신은
오오, 누구이오니까 !

(「이별(離別)에게」, 1연 · 끝연, 전집, pp. 124~125)

지우는 것이 오히려 형상을 만들어 낸다는 것은 역설적인 표현이다. 사물의 소멸을 통해서 '어둠의 저쪽'(「전환(轉換)」, 전집, p.394) 세계를 보게 되고 그 어둠 속에서 보석들의 아름다운 광채는 더욱 빛을 발하게 되는 것이다. 지운다는 것은 본질적 세계를 가리고 있는 '밝음의 이쪽' 세계에 대한 부정이나 회의라고 볼 수 있다. 즉 밝음의 이쪽 세계를 소멸시킴으로 해서 어둠의 저쪽 세계가 열리는 것이다.

이는 현상(現象)을 통해서 본질적(本質的) 세계(世界)를 볼 수밖에 없는 것이 인간의 한계성(限界性)인데, 시적(詩的) 직관(直觀)으로써 초월적(超越的) 세계(世界)는 시화(詩化)되는 것이다. 지워지는 세계는 영원한 것일 수 없다. 본질적으로 영원한 것은 소멸되지 않기 때문이다. 지워질 수 있는 것은 곧 소멸될 수 있다는 것이고, 그것은 곧 존재의 유한성과 결부된다. 아무리 귀하고 아름다운 것이라도 지상(地上)의 모든 것들은 한계성을 지닌다. 유한(有限)한 존재는 아름다운 것일 수는 있어도 사라지는 존재이기 때문에 궁극적으로 신뢰(信賴)를 주지 못한다. 유한한 존재에 대한 회의는 이 유한성으로 해서 영원한 초월적 존재를 추구(追求)하게 한다. 결국 '열매', '눈물', '보석', '뼈마디'의 이미지를 통해서 계속 단단한 이미지를 끌어오는 상상력의 근본배경(根本背景)은 지상적 존재의 유한성을 극복(克服)하기 위함이라 할 수 있다. 견고하면 견고할수록 그 형태를 오래 유지할 수 있는 것이기에 '견고(堅固)에의 집념(執念)'[13]은 영원함을 지향하는 것에서 비롯된 것이다. 그러나 아무리 단단한 것일지라도 지상의 것이기에 사라질 수밖에 없다는 인식 역시 언제나 깔려 있다. 김현승은 「보석(寶石)」을 발표한 지 얼마 지나지 않아서 이 견고성(堅固性)에 대해

13) 김종길(金宗吉), 견고(堅固)에의 집념(執念)—김현승(金顯承) 시(詩)의 스타일을 중심(中心)으로—(창작과 비평, 1968, 여름호), p.356

회의(懷疑)하기 시작한다.[14)]

「유성(流星)에 붙여」라는 시는 이런 변화를 엿보게 하는 시다.

> 내 초조한 사랑이 관대(寬大)한 너의 옷깃에 파묻힐 때
> 그것은 곧 영원(永遠)과 소멸(消滅)……
>
> 불꽃으로 다진 어느 보석(寶石)이
> 질투보다 강(强)한 어느 눈물이
> 저렇게도 끝내 무한(無限)에 부딪쳐 깨어져 버릴 수 있을까.
>
> (「유성(流星)에 붙여」, 2 · 3연, 전집, p.112)

첫 행의 '초조한 사랑'은 불완전(不完全)한 사랑을 이름이다. 그것은 "관대한 너의 옷깃에 파묻힐 때" 소멸되지만 곧 영원의 세계로 뛰어드는 것이다.

굳고 단단한 보석과 눈물은 "끝내 무한에 부딪쳐" 깨져버리는 것이다. 3연에서 사용된 영탄(詠歎)은 시인의 허무(虛無)한 심정(心情)을 잘 보여준다. 무한(無限)은 영원함을 뜻한다. 오랜 세월 동안 불꽃으로 단단하게 다져진 보석도 결국은 지상의 것이기 때문에 유한성에서 벗어나지 못한다. 그 단단함도 영원함 앞에서는 결국 파괴(破壞)되고 만다. 견고에의 집념도 이러한 유한성을 극복하고자 하는 초월적 지향이었으나 영원과 무한 앞에서는 역시 깨어지는 것일 수밖에 없다는 인식이다. 이러한 구조는 낭만적(浪漫的) 아이러니[15)]를 연상케 한다. 지상의 것은 유한하기 때문에 허무한 것이지만 아름다운 까닭은 그것들의 사라짐을 통해 보다 가치 있는 세계로 열려가기 때문이다.

그의 시에서 유한한 존재로서의 지상적인 것들의 사라짐의 의미는 또한 태우는 행위를 통해서 더욱 구체화(具體化)되고 심화되어 간다.

14) 「보석(寶石)」은 1961년 『현대문학(現代文學)』 5월호에, 「유성(流星)에 붙여」는 1962년 8월호에 각각 발표.

15) 오세영편(吳世榮篇), 『문학사조(文學思潮)』 (고려원, 1983), pp. 110~111 참조.

(4) '재'와 '검은빛'의 이미지

'재'의 이미지는 만해시(萬海詩)의 '타고 남은 재'(「알 수 없어요」의 끝 연)의 이미지처럼 다형시의 본질을 드러내주는 이미지로 보인다.

무엇을 태운다는 것은 사물의 형체(形體) 뿐만 아니라 그것의 본질까지도 변질되거나 사라지게 하는 것이다. 그것은 완전한 소멸을 위한 적극적인 행위라고 볼 수 있다.

박이도(朴利道)가 김현승의 후기 시에는 "'재'와 '불꽃' 이미지가 자주 나온다. 이 '재'와 '불꽃'은 어떤 것을 위해서 자신을 소진(消盡)하는 정신, 즉 가장 헌신적인 정신자세를 나타내는 것이다"[16]라고 밝힌 바대로 이 능동적이고 헌신적인 자세는 보다 이상적(理想的) 세계(世界)를 지향하는 자세(姿勢)와 관련된다.

당신의 불꽃 속으로
나의 눈송이가
뛰어듭니다.
당신의 불꽃은
나의 눈송이를
자취도 없이 품어줍니다.

(「절대신앙(絶對信仰)」, 전문(全文), 전집, p.324)

1연에서는 '불꽃' 속으로 눈송이가 스스로 뛰어드는 능동적 자세를 보여주고 있다. '눈송이'는 맑고 순수한 이미지를 환기(喚起)시키며 시인은 눈송이를 통해 자신의 존재성(存在性)을 구체화(具體化)하고 있다. 불꽃 속으로 뛰어든 눈송이는 자취도 없이 사라진다. 끝 연 3행의 '품어줍니다'는 소멸이 곧 안기움, 즉 구원이라는 인식을 암시해 준다. 이는 유한(有限)한 존재인 그 유한성(有限性)에서 벗어나게 하는 길은 스스로를 없

16) 박이도(朴利道), 「다형문학고(茶兄文學攷)—그의 시정신(詩精神)을 중심(中心)으로—」(숭전어문학 6, 1977), p140.

애므로 가능해진다는 역설적 의미를 함유한다. 다음으로 '재'의 이미지는 사물을 태우고 남는 것이라는 맥락에서 '열매', '눈물', '보석(寶石)', 의 이미지와 연결된다. 이 재의 이미지는 계절의 끝이라 할 수 있는 겨울과 태움, 불꽃, 어둠(밤)의 이미지들을 배경으로 그의 종교적 상상력의 패턴이 어떤 세계관에서 연유된 것인가를 시사(示唆)해 주는 중요한 이미지로 제시된다. 「재」의 배경적 이미지를 살펴보자.

불을 지피는 때나 눈송이가 내리는 때는 모두 겨울에 해당된다. 가을에 꽃잎의 피와 살이 단단한 열매로 맺혀지고 언어의 뼈마디를 고르던 때였다면 겨울은 그것들을 태우는 때이다. 겨울은 지상의 모든 것들을 어둠(밤)에 의해 완전히 소멸되는 때이며 따라서 계절의 끝이기도 하다.

> 마음에 깊이 간직한
> 아름다운 보석(寶石)들을 온종일 태우며,
> 내 영혼이 호올로 남아 사는
> 슬픔을 더 부르지 않을
> 나의 집이여.
>
> (「겨울 실내악(室內樂)」, 끝 연, 전집, p. 334)

가을에는 "별을 생각으로 깎고 다듬고"(「가을」, 3연, 전집, p.456) 겨울은 마음의 보석을 태우고 있다. 3행에 "내 영혼이 호올로 남아 사는" 겨울은 그러한 쓸쓸함의 정조(情調)도 종말(終末)을 고하는 때이다. 앞장의 분석에 의하면 '슬픔'을 '눈물'의 원천으로 보았는데, 겨울은 '슬픔을 더 부르지 않을' 때이고 따라서 '눈물'도 소멸되어 가는 계절로 나타난다. 견고한 '열매'와 '보석'이 타고 남은 것이 '재'이다. '재'는 '견고하고 아름다운 것들'이 '불꽃'으로 타는 것에서 연상된 보다 심화된 이미지라고 할 수 있다.

시 「참나무가 탈 때」는 이러한 '재'의 이미지를 잘 드러내 주고 있다.

참나무가 탈 때,
그 불꽃 깨끗하게 튄다.
보석(寶石)들이 깨어지는 소리를 내며
그 단단한 불꽃들이 튄다.

참나무가 탈 때,
그 남은 재 깨끗하게 고인다.
참새들의 작은 깃털인 양 따스하게 남는 재,
부드럽고 빤질하게 고인다.

까아만 유리 너머
소리없이 눈송이가 나리는 밤,
호올로 참나무를 태우며
물끄러미 한 사람의 그림자를 바라본다.

짧은 목숨의 한 세상,
그 헐벗은 불꽃 속에
언제나 단단하고 깨끗하게 타기를 좋아하던,
지금은 마음의 파여 · 플레스 안에
아직도 깨끗하고 따스하게 고여 있는,
어리석은 한 사람의 남은 재를 생각한다.

(「참나무가 탈 때」, 전문(全文), 전십, pp225~226)

눈송이나 보석보다 '참나무'는 태우는 것의 소재(素材)로써는 아주 적절하다. 막연한 나무가 아니라 '참나무'라는 외연적 의미도 시의 이미지를 더욱 선명하게 하는 효과를 주며 또한 '참나무'의 어감(語感)도 매우 맑고 단단한 이미지를 준다.

이 시 전체에서 시인이 가장 강조하고 있는 이미지는 맑고 깨끗하게 '타는' 것이다. '깨끗하다'는 말을 4번 반복(反復)하여 사용하고 있으며, '보석', '불꽃', '눈송이' 등 맑은 느낌을 주는 이미지 등을 끌어오고 있다. 1연의 '보석들이 깨어지는 소리'는 깨끗함, 깨어짐, 보석 등의 감각적 이미지가 참나무의 정갈함과 잘 어울린다. 나무의 살(육(肉))은 태워져서 깨끗하고 따스한 '재'로 남게 된다.

깨끗함과 태우는 것의 비유적 이미지는 3연 끝행인 '한 사람의 그림자'를 떠올리는 일의 배경과 관련을 갖는다. 깨끗하게 고인 재는 '한 사람의 그림자'를 연상(聯想)케 하는 계기가 된다. 참나무가 단단한 불꽃을 튀기며 깨끗하게 타듯이 "언제나 단단하고 깨끗하게 타기를 좋아하던" 한 사람을 떠올리는 것이다. 스스로를 태운다는 것은 가장 헌신적(獻身的)인 삶의 자세다. 즉, '헐벗은 불꽃 속에'서 스스로를 태우는 한 사람의 존재는 곧 내면화(內面化)된 주관(主觀)이 인격화(人格化)된 신(神)의 모습을 떠올리게 하는 것이다. 시인의 마음 속에는 그 재가 '아직도 깨끗하고 따스하게' 남아 있다. 견고한 것의 소멸은 내면적 심화와 시인의 원작자(原作者)」[17] (자끄 · 마리땡의 신(神)과 시인의 주관성(主觀性)과 연관된 원작자 참조)의 형상화(形象化)라는 윤리적 인식으로 차원이 변화되는 조짐이라 할 수 있다.

이제 '재'는 지상에서 존재할 수 있는 사물의 최후(最後)의 모습이다. 그 모습이 값진 것이기 때문에 마음속에 간직되고 기억(記憶)되는 것이다.

또한 지상에 존재하는 모든 것들은 이제 '검은색'(사라지는, 소멸하는 빛)에 가까운 잿빛으로 최후의 모습을 지닌다. 계절로는 '겨울'로 접어들게 되고 시간은 하루의 시간 중에서 '밤'이 배경이 된다. 그리고 지상에 있는 모든 것은 다 저물어간다. 사물뿐만 아니라 자연(사물)의 배경인 시공(時空)이 모두 저물어간다. 이제 재만이 지상에 남아 있는 최후의 사물성(事物性)의 정수(精髓)이며 가치체(價値體)이다. 그렇기 때문에 시인 자신도 재로 남고자 한다.

17) 자끄마리땡, 『시와 미와 창조적 직관』. 김태관역(金泰寬譯), 성바오로사, 1982, pp.128~130 참조.

나는 무엇보다 재로 남는다.
바람만 불지 않으면 재로 남는다.
무덤도 없는 곳에 재로 남아
나는 나를 무릅쓰고 호올로 엎드린다.

「사행시(四行詩)」, 끝 연, 전집, p.389)

시인은 '무엇보다 재로' 남고자 한다. '재'는 소멸되는 자연(사물)이 모두 타고 남은 마지막 형상(形相)[모습]이기 때문이다. 따라서 '재'의 이미지는 가장 본질적이고 근본적인 물자체(物自體)의 의미를 갖는다. 그래서 작자(作者)도 재와 동일해지고자 한다. 그러나 '재'가 아무리 근본적이고 본질적인 사물의 모습일지라도 종래 지상적인 것을 태우고 남은 것이기 때문에 불완전한 것일 수밖에 없다. 이러한 예감은 '바람만 불지 않으면' 이라는 시적(詩的) 문맥(文脈)에서 드러나는 것이다. 바람이 불면 재는 사방(四方)으로 흩어져 형체(形體)도 남지 않고 사라질 것이라고 시인은 예감한다.

재의 존재성(存在性)은 무풍(無風)을 전제로 해서만이 가능한 것으로 되어 있다. 그렇기 때문에 '재' 또한 소멸될 수 있는 가능성을 가지고 있는 것이다. 만일 영원히 바람만 불지 않는다면 재는 소멸되지 않고 영원히 존재할 수도 있다. 또한 영원히 소멸되지 않는다면 시인이 지향하는 초월적 세계는 '재'를 통해서 성취(成就)될 수도 있는 것이다. 이렇게 '재'의 의미성(意味性)과 사물성(事物性), 즉 관념(觀念)과 사물(事物)의 내면적(內面的) 결합에 의해서 형이상적(形而上的) 명제를 시적으로 형상화(形象化)하는 창조성이야말로 그의 종교적 상상력에서 연유된 것이라 할 수 있다.

3행에 나오는 '무덤'은 그의 시에 가끔씩 등장하는 시어(詩語)이다. '무덤'은 죽음의 집이다. 죽음은 생명이 없는 상태(狀態)를 표상(表象)하는 한 아무런 가능성이나 희망이 없는 심연이다.

무덤의 모습은 무한한 공간(空間)으로 향한 문(門)을 굳게 닫고 있다. 하늘을 향해 한치도 개방(開放)돼 있지 않고 모든 것과 완전히 단절되어 있는 모습이다.

작자(作者)가 재로 남을 수만 있다면 초월적 세계는 자연히 열리게 되고 따라서 '무덤도 없는 곳' 일 수 있다. 재는 더 이상 태워지지 않는 것이기 때문에 영원히 존재할 가능성도 있는 것이다. 그러나 재는 '바람' 에 날려 소멸할 수밖에 없다는 사물의 유한성(有限性)의 본래적(本來的) 인식에 다다르게 된다.

다음 「재」라는 제목의 시는 이러한 인식을 시화(詩化)하고 있다.

나는 나의 재로
나의 모든 허물을 덮는다.
나의 모든 기쁨과 슬픔을
나는 한 줌의 재로 덮고 간다.

그러나 까마귀여,
녹슨 칼의 소리로 울어다오.
바람에 날리는 나의 재를
울어다오.

나의 허물마저 덮어 주지 못하는
내 한줌의 재를
까마귀여,

모든 빛깔에 지친
너의 검은 빛—통일의 빛으로
울어다오.

(「재」, 전문(全文), 전집, pp.386~387)

지상에 존재하는 모든 것은 최종적으로 재의 형태로 남을 수 있다. 궁극적으로 어떠한 것도 재로 남지 않는 것이 없다. 따라서 '재' 는 모든 것이 다 소진(消盡)된 것의 정수(精髓)이며 포괄의 의미를 갖는다. 기쁨과 슬픔만이 아니라 '허물' 마저도 다 덮어서 무화(無化)시킬 수 있으며 모든 것은 '가느다란 숯 껌정으로' (「불을 지키며」, 전집, p.438) 남아 하나의 모습으로 존재할 수도 있을 것이다.

2연 첫 행의 '그러나' 는 1연에서 보여준 재에 대한 믿음을 무너뜨리는 조짐을 보여준다. 재가 바람에 날릴 수밖에 없다는 절망적(絕望的) 인식이 2연에 와서는 구체적으로 드러난다. '바람에 날리는 나의 재' 이기 때문에 "허물마저 덮어주지 못하는" 재가 되고 마는 것이다.

'재' 는 영원한 세계의 가능성을 가지고 있던 지상에서의 유일(唯一)한 존재였다. 지상에서 가장 최후까지 남았던 '재' 가 날린다면 시인은 재의 모습으로 남을 수 없다. 재가 바람에 날리기 때문에 지상에서 영원히 존재할 수 있는 것은 이제 아무것도 없다. 따라서 지상적(地上的)인 것은 전적(全的)으로 부정(否定)되고 절망적인 것이 될 수밖에 없다. 시인은 재를 가장 본질적인 것으로 표상(表象)하고자 했으나 '바람' 에 의해 무화(無化)되고 만다. 그러나 '재' 도 '허물' 도 모두 '나의 것' 이다. '나의 재' 로 '나의 허물' 을 덮고자 한 것이다. 여기서 우리는 사물성(事物性)에서 시인 자신의 존재성(存在性)으로 심화된 것에 유의할 필요가 있다. 자기의 존재성이 재의 불완전성(不完全性)으로 인해 한계상황(限界狀況)에 처한 것이다. 그리하여 시인은 재의 유한성(有限性)을 초월(超越)하는, 즉 비상성(飛翔性)의 대상으로 '까마귀' 를 의미화(意味化)하게 된다. 이 갑작스러운 '까마귀' 의 출현(出現)은 이 시만을 가지고는 이해될 수 없다. 작자(作者)는 「재」보다 먼저 발표된 「산까마귀 울음소리」[18]에서 '까마귀 울음' 의 상징성(象徵性)을 암시하고 있었다.('까마귀' 에 관해서는 '까마귀' 의 상징성과 함께 고찰될 것이다).

이 시를 통해서 알 수 있는 것은 재의 한계성(限界性)과 함께 시인 자신의 한계성을 극복할 수 있는 대상으로 까마귀가 암시되어 있다는 사실이다. 시인은 붕괴된 자신의 세계에 대해 "녹쓴 칼의 소리로 울어달라" 고 한다. 이는 어렴풋이 인식하는 정조(情調) 속에서 그의 영혼의 각성이 예감

18) 「산까마귀 울음소리」는 1972년 『창작과 비평』 봄호에, 「재」는 11월호에 각각 발표.

되는 것이다. 그리하여 그의 창조적 상상력은 다시 한번 굴절 심화되는 것이다. 즉, 절망의 심연(深淵)을 통해 통일(統一)의 빛으로 비상(飛翔)하는 영혼의 이미지가 까마귀에 의해 형상화(形象化)되는 것이다.

4연의 '검은빛' 은 까마귀의 빛깔에서 연상된 것으로 역시 이 시인의 상상력의 특징이 잘 드러나는 중요한 빛의 심상이다. '검은빛' 은 일반적으로는 어둠이나 절망의 이미지를 주는 빛이다. 그러나 시인은 '검은빛' 은 모든 "빛깔에 지친 통일의 빛"이라고 한다. 마치 보석의 이미지에서 물질의 결정과 빛의 근원으로서의 빛을 암시하듯이 '검은빛' 은 그냥 검은 빛이 아니고 사물과 현상을 드러내던 색으로서의 빛이 다 사라지고 현상의 빛이 다한 데서, '빛의 정수(精髓)' 로서의 빛을 의미하고 있는 것이다. 이는 모든 사물이 타고 남은 마지막 정수의 모습으로의 '재' 의 이미지에 대응되는 구조다. 이렇게 해서 검은 빛은 죽음의 빛이라는 일반적 의미가 시인의 초월(超越) 지향적(指向的) 이념(理念)의 등가적(等價的) 표현으로 변형되어 '통일의 빛' 으로 되는 것이다. 이를 뒷받침하는 시 「검은빛」을 보면,

> 사랑하기보다
> 사랑을 간직하며,
> 허물을 묻지 않고
> 허물을 가리워 주는
> 빛.
>
> 모든 빛과 빛들이
> 반짝이다 지치면,
> 숨기어 편히 쉬게 하는 빛,
>
> 그러나 붉음보다도 더 붉고
> 아픔보다도 더 아픈,

빛을 넘어
빛을 닿은
단 하나의 빛.

(「검은빛」, 4 · 5 · 6연, 전집, pp.291~292)

'열매'나 '보석'의 아름다운 빛에서 그것들을 태운 '잿빛'으로 변화되었다가 이제는 '검은빛'에 다다르게 되었다. '잿빛'까지는 지상적인 빛깔이고 결국 허물을 덮지 못하는 빛으로 절망의 빛이었다. 그러나 절망과 좌절을 함께 포용하는 빛의 빛이 '검은빛'이다. '사랑을 간직하며', '허물을 가리워 주는' 것, 지친 것들을 '편히 쉬게 하는' 것 등은 모두 기독교적 인생태도를 상기시키는 말이다. 모든 죄를 용서해주고 감싸주며 인식하게 하는 것이 그것이다.

이 시는 작자(作者)의 세계관을 잘 나타내준다. '검은빛'은 모든 "빛을 넘어 빛에 닿은" 초월(超越)의 빛이다. 사물(事物)들이 연소(燃燒)되어 재의 형태로 통일을 이루듯이 모든 빛은 '검은빛'으로 수렴된다. 그래서 검은 빛은 '단 하나의 빛', 즉 '통일의 빛'이 되는 것이다. 까마귀는 이러한 '검은빛'을 두른 상징(象徵)의 새이다.

김현승은 자신의 관념을 '열매'나 '눈물', '보석', '재' 등의 사물을 통해서 이미지화(化)하고 있다. 그에게 있어 자연이나 사물은 그 자체로 의미를 지니는 것이 아니라 그가 추구하고 있는 사상이나 관념을 드러내는 수단이 된다. 사상이나 관념의 사물화는 비유의 형식을 취하고 이 비유적(比喩的) 심상(心象)으로 관념을 육화(肉化)시켜 새로운 이미지를 창조한다. "비유란 관례적 언어사용으로부터 벗어나, 어떤 특수한 의미나 효과를 위하여 언어가 독특한 양식으로 쓰임을 말한다."[19] 즉 비유에 의해 새로이 창조된 이미지는 정서를 유발하고, 사상이나 관념에 구체적이며 새로운 의미를 부여하고, 작품 전체의 구조 속에서 주제를 암시하고 시적 상상력의 맥락을 유기적(有機的)으로 결합시킨다. 자연에 대한 작자의 진술은 이런 점을 잘 나타내 준다.

19) 이승훈(李昇薰), 『시론(詩論)』(고려원, 1983), p.151 참조.

나는 자연을 있는 대로 받아들이지 않고, 자연에다 어떤 주관적인 해석을 가하고 주관에 의하여 변형시키기를 요구한다. 이런 점에서는 나는 동양적이 아니고 서구적이다.[20]

그의 자연은 즉물적(卽物的) 자연이 아니라 주관(主觀)에 의해 새로운 차원으로 변형시킨 이미지로써의 자연이다. 즉 그는 이러한 이미지를 통해 그가 꿈꾸는 초월적 세계를 형상화시킨다.

한편 초월지향(超越指向)의 대상이 종교적 신앙의 이상세계에서 시인자신(詩人自身)의 영성(靈性) 안으로 내면화(內面化)화여 관념자체(觀念自體)가 된 것이 그의 '고독(孤獨)'이라 할 수 있을 것이다.

본고에서는 사물성의 이미지를 중심으로 그의 종교적 상상력을 규명(糾明)하는 데 초점을 두었기로 그의 시세계(詩世界)에서 독특한 관념체계(觀念體系)를 이루는 '고독'에 관해서는 고(稿)를 달리해서 비유(比喩)의 언어와 함께 고찰하게 될 것이다.

3. 까마귀의 상징성(象徵性)

까마귀의 상징적(象徵的) 의미는 김현승의 종교적(宗敎的) 상상력(想像力)을 최종적으로 마무리해 줄 중요한 것이다.

김현승은 어릴 때부터 전남(全南) 광주(光州)에 살면서 까마귀와 친숙해졌고 "까마귀의 이 독특한 빛깔과 목소리를, 평범한 다른 날짐승들의 울긋불긋한 빛깔과 고운 목소리보다"[21] 더 좋아했던 것이다. 그리고 산까마귀의 울음소리를 통해 '더 많은 나의 고장'[22]을 느낀다고 했다. 까마귀는 시인의 마음 속 깊이 뿌리내리고 있는 새인 만큼 그의 시의 소재(素材)나 시제(詩題)로 많이 사용되고 있다.

20) 김현승, 산문집(散文集), 「고독(孤獨)과 시(詩)」(지식산업사, 1977), p.201.
21) 상게서(上揭書), p.37.
22) 「바람」, 전집(全集), p.35.

그의 까마귀는 우리나라의 전통적 · 일반적 원형심상(原型心象)을 나타내는 이미지로 사용되는 것이 아니라, 그의 기독교적 세계관에 접맥(接脈)되어 독특한 개인적(個人的) · 시적 (詩的) 상징으로 그의 종교적 상상력을 밝힐 수 있는 가장 중요한 상징적 이미지로 등장한다. "상징에 관해서 말할 때는 지속성과 반복성을 언급할 필요가 있으며, 어떤 특이한 통찰력이 번득일 때 단 한 번의 은유로 사용된 이미지는 정확히 말해서 상징적 기능이 있다고 말할 수 없다. 상징성을 띠게 되는 것은 어떤 변용을 거쳐서라도 회기성(回起性)을 지니게 되거나 이를 지닐 수 있다고 생각될 때이다."[23] 지속성과 반복성을 전제로 하는 상징은 "한 마디로 비상사성(非相似性) 혹은 비유사성(非類似性)을 터널로 한 두 사물의 결합이라고 할 수 있다. 좀 더 부연하면 전혀 이질적인 두 사물, 곧 심상과 관념이 내면적인 유사성을 암시하거나 진술하는 표현의 양식(樣式)이다."[24]

김현승에 있어서 까마귀는 "한 시인의 상징적 삶과 그의 실제 생활에 대하여 지속적인 활기를 불어 넣고 타당성을 가질 뿐 아니라 시 작품 속에서 다양한 형태를 취하며 수시로 반복해 나타나는"[25] 개인적 상징이라고 볼 수 있다. 앞장에서 '재의 이미지'를 살펴보면서 시인은 바람에 날리는 재의 절망을 회복해 줄 대상(對象)으로 까마귀를 암시했었다. 시 「재」에서는 바람에 날릴 수밖에 없는 재의 숙명(宿命)을 "까마귀여 울어달라"고 반복해서 부르고, 청원하고 있었다.

과연 까마귀의 울음소리가 갖는 의미가 무엇인지 작품을 통해 살펴보기로 하겠다.

아무리 아름답게 지저귀어도
아무리 구슬프게 울어 예어도
아침에서 저녁까지

23) P. Wheelwright, *metaphor and reality*, 김태옥역(金泰玉譯), 문학과 지성사, 1983, p. 94.
24) 이승훈(李昇薰), 전게서(前揭書), p. 152 참조.
25) P. Wheelwright, 전게서(前揭書), p. 104.

모든 소리는 소리로만 끝나는데,

겨울 까마귀 찬 하늘에
너만은 말하며 울고 간다 !

목에서 맺다
살에서 터지다
뼈에서 우려낸 말,
중에서도 재가 남은 말소리로
울고간다.

저녁 하늘이 다 타 버려도
내 사랑 하나 남김 없이
너에게 고하지 못한
내 뼈속의 언어로 너는 울고 간다.

(「산까마귀 울음 소리」, 전문(全文), 전집, pp.384~385)

2연에서 다른 새의 울음은 '소리' 이상의 의미를 갖지 못하지만 까마귀는 '말하며 울고 가는' 새다. 말이라는 것은 우리의 인식작용과 깊은 관련을 갖는 것으로 무엇을 지각(知覺)하고 생각할 수 있는 매체(媒體)인 것이다.

3연에서, 까마귀 울음의 이미지를 구체적(具體的)인 사물을 빌려 제시하고 있다. 여기서도 '살'에서 '뼈'로, '뼈'에서 다시 '재'로 의미가 점층 심화되고 있다.

시 「가을」에서 봄에는 언어 가운데서 노래를 고르고, 가을에는 노래 속에서 '언어의 뼈마디'를 골랐다. 까마귀는 그 뼈마디를 우려낸 말 중에서도 '재가 남은 말소리'로 울고 간다고 하고 있다. '뼈에서 우려낸 말'이란 가장 본질적(本質的) 의미의 말을 나타내는 것이다. '재가 남은 말'은 모든 물체(物體)를 다 불태우고 남은 순수하고 맑은 언어를 말하는 것이다.

그러므로 까마귀 울음소리는 가장 근원적인 순수한 의미를 지닌 소리이다.

4연에서는 "내 뼈속의 언어로 너는 울고 간다"고 하여 까마귀 울음 소리와 시인의 언어를 동일화(同一化)하고 있다. 그러나 까마귀는 울고 가지만 시인은 까마귀와 같지 않다. 시인의 '뼈속의 언어'는 '너에게 고하지 못한' 언어이기 때문이다. 즉 고하지 못한 것이기 때문에 이루지 못한 꿈과 같은 것이다. 까마귀는 시인이 이루다 고(告)하지 못한 언어들을 울고 가는 새이다. 따라서 까마귀는 시인의 못다 이룬 꿈을 이루어줄 수 있는 희망의 상징이며, 구원(救援)의 언어를 말하는 새이다. 따라서 까마귀는 '검은 빛—통일의 빛'으로 말하는 존재의 상징이다. 시인이 까마귀를 초월의 언어로 우는 구원의 존재로 본 것은 "내가 아무리 많은 시를 평생에 내어뱉은들 그것들이 겨울 까마귀의 울음 소리만큼 사람들의 귀와 가슴에 부딪칠 수는 없을 것이고, 느끼고 생각하게 할 수도 없을 것이다."[26]라고 진술한 것에서도 뒷받침된다고 하겠다. 까마귀는 시인이 바라는 초월적 영혼의 표상이기 때문에 시인은 까마귀와 동일해지길 바라는 것이다. 자신의 언어가 까마귀의 울음과 같길 바라는 시인은 "까마귀와 더불어 울게 하라"[27]고 외친다. 그리고 기도(祈禱)하는 것이다.

가을에는
호올로 있게 하소서……
나의 영혼,
굽이치는 바다와
백합(百合)의 골짜기를 지나,
마른 나무가지 위에 다다른 까마귀 같이.

(「가을의 기도(祈禱)」, 끝 연, 전집, p.135)

26) 김현승, 산문집(散文集) 『고독(孤獨)과 시(詩)』(지식산업사, 1977), pp.37~38.
27) 「만추(晩秋)의 시(詩)」, 『한국시문학대계(韓國時文學大系) 17』, p.191.

이 시에서 까마귀는 “굽이치는 바다와/백합(百合)의 골짜기를 지나,/마른 나무가지 위에 다다른”, ‘영혼의 새’이다. 굽이치는 바다와 백합의 골짜기는 지상에서 겪는 역경(逆境)과 아름다움을 표현한 것이라고 볼 수 있다. ‘마른 나무가지’는 까마귀가 도달한 지상의 마지막 목적지이자 거기서 비상(飛翔)하는 출발점이기도 하다. 까마귀는 마른 나무가지 위에서 하늘로 비상(飛翔)할 것이다. 지상에서의 삶을 완성(完成)하고 지상의 마지막 공간(空間)인 “마른 나무가지 위에 다다른 까마귀”같이 시인의 영혼도 그러한 상황에 놓이길 기도하는 것이다.

앞장의 ‘마른 나무가지’의 이미지는 시인과 동일한 것이었기에 “마른 나무가지에 다다른 까마귀”는 시인의 마른 육체에 하늘로 비상할 영혼이 앉은, 하나가 된, 초월과 구원의 의미를 구상화시킨 상징적 이미지라 할 수 있다.

참나무나 보석이 타서 재로 남는 것과는 달리 ‘마른 나무가지’는, 앞의 「내 마음은 마른 나무가지」에서 살펴보았듯이 시인의 저무는 육체(肉體)를 의미하기 때문에 깨지거나 타지 않고 마르며 저물어간다. ‘마른 나무가지’는 지상에 남아 있는 시인의 마지막 형상(形像)이다. 다 저무는 시인의 형상 위에 까마귀가 앉은 모습의 이미지이다. 즉 그의 영혼이 비상할 자세의 형상이라 할 수 있다.

영혼의 새

(중략)

내가 십이월(十二月)의 빈들에 가늘게 서면,
나의 마른 나무가지에 앉아
굳은 책임(責任)에 뿌리 박힌
나의 나뭇가지에 호올로 앉아,

저무는 하늘이라도 하늘이라도

멀뚱거리다가,

벽에 부딪쳐

아, 네 영혼의 흙벽이라도 덤북 울고 있는 소리로,

까아욱—

깍—

(「겨울 까마귀」, 1 · 7 · 8연, 전집, pp.200~202)

이제 까마귀는 영혼을 표상(表象)하는 '영혼의 새' 이다. 까마귀의 '재가 남은' 울음 소리는 영혼의 소리와 같은 것이다. 계절의 끝이며 한 해의 마지막 달인 십이월(十二月)에 까마귀는 빈들의 마른 나무가지 위에 앉는다. 마른 나무가지는 '굳은 책임(責任)에 뿌리박힌', 즉 종교적(윤리적) 인간의 의인적(擬人的) 표현이다. 그 종교적 실존(實存)의 위에 앉아 영혼의 새는 구원(救援)의 소리로 운다. 하늘도 다 저물어 어둠이 찾아드는 시간에 지상적인 모든 형상(形象)의 빛, 그 빛의 빛인 '검은빛' 을 두르고 모든 빛을 빛이게끔 하는 그 존재의 빛, 즉 '통일(統一)의 빛' 으로 운다. "모든 새들의 지저귐은 지상의 소리로 끝나지만 모든 새들의 빛깔은 생명의 기쁨만을 노래하지만 '죽음의 빛' 을 두르고 주검을 노래하는 새"[28] 까마귀는 저물어가는 지상의 모든 것을 검은 빛 속에 품고 영혼의 소리로 운다. '재가 남은 발소리' 는 사라져간 지상의 모든 것을 응집(凝集)시킨 마지막 소리다. 끝 연에서는 영혼을 '흙벽' 으로 구체화하고 있다. '흙벽' 은 보이지 않는 '영혼' 에 시인이 입은 육체의 옷이다. 이 옷은 영혼을 담은 구체적인 모습의 형상(形像)을 드러내준다. 영혼의 흙벽에 의해 구체적으로 형상화(形象化)된 것이다.

지상의 모든 '소리' 와 '빛깔' 은 까마귀라는 형상 속으로 응집된다. 이제 금(金)과 은(銀)과 같이는 울리지 않아 납(鉛) 덩어리에 비유했던 그의 시도 마침내 언어의 옷에서 벗어나 침묵(沈默)으로 돌아가려 한다.

28) 김현승, 산문집(散文集) 『고독(孤獨)과 시(詩)』, p.38.

나의 시(詩)는
나에게서 차츰 벗어나
나의 낡은 집을 헐고 있다.

(중략)

나는 무엇을 생각하고 있는가,
얻으려면 더욱 얻지 못하는가,
아름다운 장미도 아닌
그 장미와 시간의 관계도 아닌
그 장미와 사랑의 기쁨은 더욱 아닌 곳에,
아 아 나의 시(詩)는 마른다 !
나의 시(詩)는 잠을 이루지 못한다 !

(「고백(告白)의 시(詩)」, 2 · 6연, 전집, pp. 396~398)

시인은 시를 간직하고 있는 '낡은 집'을 헐려고 한다. 시인의 육신은 시를 담아 놓은 형식이고 시는 그 속에 담겨 있는 본질적 가치이다. 시인과 시는 서로가 서로를 담고 담기어 사는 집이다. 한쪽이 붕괴되면 다른 한쪽도 무너진다. 시인의 육체가 마른 나무가지처럼 저물어가면 시도 그 집에서 벗어나게 된다. "언어는 본래/침묵으로부터 고귀(高貴)하게 탄생한"(「겨울 까마귀」, 전집, pp.200~201) 것이기 때문에 다시 침묵으로 돌아가는 것이다.

마지막 연의 '장미'는 꽃이고, 꽃은 소멸할 것의 피와 살 (앞장의 「가을이 오는 달」)이었다. 지상적인 것의 아름다움이나 그것들과의 만남을 통한 기쁨도 아니라면 시인의 시는 '마른다'. 모든 현상적(現象的)인 것이 사라져가는 시간에 구원의 노래가 되지 못하는 시는 마르고 고통 한다. 지금은 '낡은 집'을 헐며 꿈꾸던 영원한 세계가 열리기를 기다리는 지상의 마지막 시간이다. 즉 언어(言語)는 침묵(沈默)하고 영혼이 깨어 기다리는 시간이기도 하다.

섰다.

입을 다물었다.

사라졌다.

빈 하늘만이
나의 천국(天國)으로 거기 남아 있다.

사랑과 무덤을 가슴으로 쓰던
내 시(詩)의 마지막 가지 끝에……

(「완전(完全) 겨울」, 전문(全文), 전집, p.321)

모든 것은 사라져가고 "영혼만 서고 입을 다물었다." 지상의 것을 사랑하며 뜨거운 가슴으로 쓰던 '내 시의 마지막 가지 끝'은 시인의 '마른 나무가지'의 끝이며, 이 세상의 것이 사라지고 하늘이 열리는 '사이 공간(空間)'이다. 그 가지 끝에서 모든 빛과 모든 계절이 끝나고 "빈 하늘만이/나의 천국(天國)으로" 열려오는 것이다.

지상적인 것의 끝과 '나의 천국'의 '사이 공간'인 '마른 나무가지' 위에 앉은 것은 '영혼의 새' 까마귀이다. 까마귀는 지상의 모든 빛깔과 소리를 응집(凝集)시킨 것의 마지막 형상(形像)인 동시에 그 사라짐의 끝에서 비상(飛翔)하는 영혼의 상징이다. "인간의 고독과 인간의 천형을 자기 한 몸에 그 빛깔과 그 소리로 집중(集中)하여 형상화한"[29] 상징(象徵)의 새 까마귀는 지상과 천상의 공간이 하나로 열리는 '지평선(地平線)'을 향해서 날아간다. 소멸될 수밖에 없는 지상적인 것의 비애(悲哀)를 자기 몸에 두르고 까마귀는 하늘로 비상(飛翔)하는 것이다. 이 비상하는 새와 함께 시인의 영혼도 날아간다.

29) 김현승, 상게서(上揭書), p.35

회색보표(灰色譜表) 꽂은 비곡(悲曲)의 명작가(名作家)
서산(西山)에 깃들이는 황혼(黃昏)의 시인(詩人) —
나는 하늘에 우는 까마귀 따라간다.

(「까마귀」, 1연, 전집(全集) p.511)

세계내존재(世界內存在)인 인간(人間)은 유한(有限)한 존재이면서 영원(永遠)을 꿈꾼다. 그의 영혼은 천상(天上)으로 열려 있으며 천상적(天上的)인 것을 추구했다. 시인은 육(肉)과 영(靈), 지상적(地上的)인 것과 초월적(超越的)인 것을 함께 지니고 시작(詩作)했다. 까마귀는 이러한 죽음으로서의 유한한 존재와 영원으로서의 구원의 사이 공간을 떨리는 목소리로 노래하는 시인을 상징화(象徵化)한 시적 표상(表象)이다. 그래서 까마귀는 유한한 존재의 비가(悲歌)를 부르며 날아가는 '황혼(黃昏)의 시인(詩人)'인 것이다. 까마귀는 시인의 저무는 마른 나무가지 끝에서 유한한 존재로서의 시인의 비극적(悲劇的) 세계를 울며 날아가는 새이다. 시인의 영혼은 까마귀가 되어 천상(天上)으로 비상(飛翔)한다.

까마귀는 "저무는 산하(山河)를 품에 안고/빙빙 돌다가", (「미래(未來)의 날개」, 전집, p.344) '지평선(地平線)'을 넘어갈 것이다. '지평선'은 하늘과 땅이 하나로 만나는 경계이자 땅이 끝나는 곳이며 동시에 하늘이 열리는 사이 공간이다.

이 눈이 끝나는 곳에서
그 마음은 구름이 피고
이 말이 끝나는 곳에서
그 뜻은 더욱 멀리 감돈다.
한 세상 만나던 괴롬과 슬픔도
끝에선 하나로 그리움이 되고,
여기선 우람한 기적(汽笛)도
거기선 기러기 소리로 날아간다.

지나가 버린 모든 시간(時間)
잊히지 않는 모든 기색
나는 그것들을 머언 지평선에 세워두고
노을에 물든 그 모습으로

(「지평선(地平線)」, 전문(全文), 전집, pp.471~472)

지상(地上)에서 겪었던 '괴롬과 슬픔도' 하늘이 열리는 땅의 끝에선 모두 사라지고 하나의 아름답고 그리운 추억(追憶)으로 남는다. 지상에서 "지나가 버린 모든 시간"과 "잊히지 않는 모슨 기색"은 지평선에서 끝난다.

'노을' 은 지상의 모습을 마지막으로 드러내주는 최후의 아름다운 빛이다.

까마귀는 지상적 삶의 아픔을 지니고 지평선을 넘어 영원한 초월의 세계(구원의 세계)에 다다를 것이다.

산 까마귀
긴 울음을 남기고
지평선(地平線)을 넘아갔다.

사방(四方)은 고요하다!
오늘 하루 아무 일도 일어나지 않았다.

넋이여, 그 나라의 무덤은 평안한가.

(「마지막 지상(地上)에서」, 전문, 김현승시집
『마지막 지상에서』, p.49)

까마귀는 시인의 고독(孤獨)과 소멸(消滅)하는 것의 아름다움과 아픔을 지닌 채 지상의 끝을 넘어 '나의 영원(永遠)으로' 날아갔는가. 지상에는 재로 남은 본질(本質)의 말인 '긴 울음' 소리를 남기고 지평선을 넘어갔으나 그 울음소리는 아직도 지상에 남아 사라져가는 모든 것들을 구원(救援)의 언어로 떨리고 있는 것이다.

시인이 지향해오던 초월적(超越的) 정신(精神)의 추구(追求)는 '초월의 빛' 을 두른 영혼의 새 '까마귀' 를 통해 이루어진 것이다. 까마귀는 시인이 꿈꾸던 영원의 세계를 향해 날아가는 '지상적(地上的) 초월(超越)의 새' 의 상징(象徵)임이 밝혀졌다.

김현승 시인의 종교적(초월적) 상상력이 형상화(形象化)한 시적 상징인 '까마귀 이미지' 는 우리의 문학(文學)과 정신사(精神史)에 독특한 의미로 접맥(接脈)되어 지속적(持續的)인 빛을 발할 것이다.

4. 결어(結語)

지금까지 김현승시의 중심(中心)이미지를 이루고 있는 사물(事物)의 이미지로써 '열매', '마른 나뭇가지', '눈물', '보석(寶石)', '재' 등이 암시하는 의미와 '까마귀' 의 상징성(象徵性)을 분석했으며 이들의 유기적(有機的) 관련성(關聯性)을 통해 그의 시적 상상력(想像力)의 패턴과 기독교적 세계관이 어떻게 시작품으로 형상화(形象化)되었나를 고찰해 보았다.

그의 초월지향(超越指向)의 사상은 현상적(現象的) 존재의 소멸성(消滅性)과, 견고성(堅固性), 그리고 비상성(飛翔性)을 통해 다양하게 심화되어 갔다. 이제 이들 이미지의 형성 · 심화되는 과정을 간단히 요약하면 다음과 같다.

'열매' 는 햇빛과 꽃들의 피와 살이 스며든 단단하고 오래 남는 것의 의미를 담은 이미지이다.

'마른 나무가지' 는 조락(凋落)의 정조(情調) 속에서 저무는 시인의 육신(肉身)이 앙상한 마른 나무가지와 동일화(同一化)되는 서정적(抒情的) 인식을 환기(喚起)하는 이미지다.

'눈물' 은 슬픔의 이미지와 함께 웃음과 행복의 이미지와 대비시켜 감정의 형이상적(形而上的) 등가물(等價物)로 표상되며 그의 종교적 윤리관(倫理觀)을 상징하는 이미지다.

'보석(寶石)'은 사물성(事物性)의 결정(結晶)이라는 견고성의 이미지와 불꽃을 태워 결정(結晶)된 것이어서 스스로 아름다운 빛을 발하는 이미지일 뿐 아니라 빛의 본질(本質)을 암시하는 초월적 이미지로 김현승 시인이 추구하고 있는 사물성 탐구의 핵심적 이미지라 할 수 있다. 즉 견고성과 영구성(永久性) 그리고 미적(美的) 가치성(價値性)의 의미를 함축하는 이미지다.

'재'는 모든 사물이 그 사물성(자연성)으로 하여 소진(消盡)된 그 마지막 결정체(結晶體)이기 때문에 현상적 존재의 최후의 이미지가 되는 것이다. 그러나 그 본질이 궁극적으로 사물성이기 때문에 '바람'에 의해 흩어질 가능성(可能性)을 배제하지 못한다. 여기서 우리는 그의 사물성 이지미의 종식(終息)과 함께 인격적 초월의 이미지와 만나게 되는 것이다.

'검은빛'은 현상(現象)의 빛이 다 소멸된 빛의 마지막 빛이며 "빛을 넘어 빛에 닿아 있는 통일의 빛"으로 빛의 형이상적(形而上的) 이미지로 제시되고 있다. 그리고 검은빛의 이미지는 그의 기독교적 세계인식과 초월성을 암시하는 까마귀 이미지에 수용된다.

'까마귀'는 그의 시에서 드물게 보이는 동물(動物)의 이미지일 뿐 아니라 전작품(全作品)을 통해 등장하는 가장 중요한 상징이라 할 수 있을 것이다.

'까마귀' 이미지는 세 가지 의미를 함축하는데 그 '빛깔'과 '소리', '비상성(飛翔性)'이 그것이다. 까마귀의 '검은빛'은 현상의 빛이 소멸된 '빛의 빛'이자 "빛을 넘어 빛에 닿아 있는 통일(統一)의 빛"이라는 '김은빛'의 이미지와 결부되고 소리는 '말하는 새', '울고가는 새', '비곡(悲曲)의 작곡가(作曲家)〉, '황혼(黃昏)의 시인' 등의 은유적(隱喩的) 표현에서 언어, 시와 시인의 이미지를 환기한다. '비상성(飛翔性)'은 '영혼(靈魂)의 새', "지평선(地平線)을 향해 날아가는 새" 등으로 '인간영혼(人間靈魂)의 귀향(歸鄕)', '천상(天上)으로의 비상(飛翔)' 등의 이미지에 의해 지상적 존재의 초월성을 암시하고 있다. 따라서 '까마귀'는 현상적 존재의 소멸성과 인간존재의 창조적 삶의 의미와 영혼의 영원한 세계로의 비상성이 하나에 응집된, 김현승의 초월적 세계관과 시적 상상력이 형상화한 통합(統合)의 상징이라 할 수 있을 것이다.

지금까지 보아온 '열매', '나무가지', '눈물', '보석', '재'로 이어지는 사물의 이미지는 '꽃', '푸른 잎', '웃음', '육체(肉體)' 등의 이미지와 대비되면서 나타난다. '자연(自然)'적 존재들의 비본질적(非本質的) 속성으로 하여 본질적인 것이 형성되는 이러한 이미지 구조는 시인의 상상적 패턴의 구조와 대응되는 것으로 보아진다.

그의 시에 나타난 이러한 삼원적(三元的) 세계는 모순과 갈등의 구조라기보다 화해(和解)와 변용(變容)의 변증법적(辨證法的) 지양(止揚)의 구조로 형상화되는 세계이다.

그의 시의 이미지와 상징의 구조를 통해 그의 자연관(自然觀), 인생관(人生觀), 시관(詩觀)을 정리해 보면 ① 그의 자연관(사물관)은 유한성(有限性)과 소멸성(消滅性)으로 영원한 본질적 세계와는 구별되는 이원적세계관(二元的世界觀)을 보여주고 있으며, 따라서 그의 시에 나타나는 사물의 이미지는 시인의 초월의 정신에 의해 의미화된 가치 지향적 이미지이다. 현상적 존재로써의 사물은 인간의 정신에 의해 새로운 가치성(價値性)을 형성할 수는 있으나 궁극적으로는 영원성(永遠性)에 닿아 있지 않은 기독교적 자연관이라 할 수 있다.

② 인간존재(人間存在)는 그 자연성(自然性)의 소멸에도 불구하고 영혼을 가진 인격성(人格性)으로 해서 절대자(絕對者)의 주관성(主觀性)을 창조적 행위(行爲)로 암시할 수 있는 존재이고, 영원한 세계를 지향하는 인격적 존재이기 때문에 그의 본질탐구(本質探求), 영원추구(永遠追求)는 기독교적 윤리성으로 연결되는 것이다.

③ 그의 시세계는 자연의 유한성과 소멸성을 통해 초월지향의 정신이 창조적 상상력에 의해 영원한 존재성(存在性)을 암시하고 상징하는 고통스럽고 아름다운 이미지의 세계를 이루고 있다.

김현승의 시사적(詩史的) 의의는 인간존재의 유한성과 소멸성에도 불구하고 그것으로 하여 본질적이며 영원한 세계를 지향하는 초월적 정신의 시적 형상화로 기독교적 상상력의 소산(所産)이란 점에서, 우리 현대시(現代詩)에 사상적 깊이와 형이상시(形而上詩)의 가능성을 보여주었다는 점에서 의의를 찾을 수 있다.

출전 : 『숭실어문』2, 1985

관념시에서의 구체성의 자리

황현산*

김현승의 시에 관하여, 어떤 종류의 것이건 설명이나 이론을 개진하려 들면 먼저 당혹감이 앞서는데, 이는 이 시인의 시를 그 자신보다 더 잘 주석하기 어렵다는 생각이 들기 때문이다. 그가 완숙기에 발표한 두 권 시집의 제목인 『堅固한 고독』과 『絕對 고독』이라는 말만으로도 주제와 방법의 양면에서 그의 시의 전모가 설명될 듯한데, 그가 쓴 명징한 산문들이 또한 뒷사람들의 수고를 무색하게 한다. 1985년 시인사에서 발간된 『김현승전집』제2권 산문편[1]에 실린 84편의 글은 그의 삶과 문학과 종교에 대한 깊은 사색, 미학과 윤리와 관련된 소회, 시대의 풍속과 문화에 대한 의견 등을 명확하고도 단단한 문장으로 전하여 한 문인의 전모를 오롯하게 드러낸다. 특히 1970년 『월간문학』에 발표되었다가 이 전집에 수록된 「나의 文學白書」는 그의 문학적 연원, 시작의 시기별 주제와 방법, 그 전개과정을 시인 자신의 목소리로 깊이 있고 간명하게 정리하고 있으며, 이 내용을 우리는 그가 쓴 시에서 어김없이 다시 발견할 수 있다. 그는 초기 시에서부터 자신이 무엇을 어떻게 써야 할 것인지, 그것을 위해 어떤 언어를 어떤 방식으로 조직해야 할 것인지 알고 있었으며, 그 결과가 어떤 모습으로 나타날 것인지를 미리 계산할 줄 알았다. 말이 덤으로 얹어 줄 수 있는 의외의 효과에 기대하지 않은 채, 자신이 의도했던 것 그대로를 언어로 실현했을 뿐만 아니라 그 의도를 벗어나는 해석의 여지를 남기지 않는 글쓰기, 말하자면 절대적 글쓰기의 한 전형이 여기서 발견된다. 위의 글에서 그가 "인간의 삶 자체를 자연의 流露라고는 생각지 않는다."고 말했던 것처럼, 그에게 글쓰기는 이성적 비평을 거치지 않는 어느 자연인의 유로일 수 없었던 것이다. 이 점에서 그는 기독교인이었던 것 못지않게 명철한 지식인이었고 과학적 인간이었으며, 두 인간적 측면의 갈등을 가장 먼저 의식한

* 고려대학교 불어불문학과 교수

1) 『金顯承 全集』2 散文, 시인사, 1985.

것도 그 자신이었다. 이를테면 그는 『견고한 고독』에 수록된 시 「제목」에서 인성적 인간과 종교적 인간 사이에서 선택의 갈등을 느끼며 이렇게 묻고 있다.

> 어떻게 할 것인가
> 눈이 맑을 것인가
> 마음이 착할 것인가

그러나 이 눈이 맑은 이성의 인간과 마음이 착한 종교적 인간이 실제로는 다른 뿌리에서 태어난 것도 아니었고, 반드시 서로를 배척하는 관계에 있는 것도 아니었다. 기독교인으로서 자신을 순결한 인간으로 닦으려 했던 그에게서 지성과 과학적 비평능력은 자기 안의 자연인 원죄를 다스리려는 의지와 결합해 있었기 때문이다. 그에게서 종교는 이성을 만나 객관적 질서의 원리가 되며 이성은 종교적 신념과 결합하여 삶의 원리가 된다. 이 두 원리와 그 결합은 당연히 순수 관상을 통해 드러날 것이며, 이때 자연과 외부세계의 사물은, 더 정확히 말해서 자연과 외부세계에 대한 우리의 인습적 사고들은 해체되어 어떤 근본에 대한 체험, 곧 지각의 최초 바탕으로서의 무에 대한 경험에 이를 것인바, 김현승에게서 그것은 '견고한 고독'이니 '절대 고독'을 딛고 마침내 얻게 되는 유일 관념의 형식으로 나타난다. 그러나 시인으로서의 김현승에게서는 이 개인적 체험을 넘어서서 인간의 육체성과 세계의 물질성을 순결하고 투명한 유일 관념으로 표현해 줄 언어가 필요하며, 그 언어가 지칭하는 대상의 구체성이 늘 문제된다. 김현승이 어느 글에서 김광섭의 초기시를 두고 '시 표현의 본질적 특징인 구체성'[2]의 부족을 약점으로 지적할 때, 우리는 또 한 사람의 관념 시인이었던 그가 자기 시에서는 구체와 추상적 관념의 관계를 어떻게 설정하였던가를 묻지 않을 수 없다. 그래서 이 길지 않은 평문은 이 질문으로부터 시작하여, 시인의 관념 의지에 쉽게 순종할 수 없었을 육체와 물질의 저항력을 그의 잘 알려진 시편들을 통해 살펴볼 것이며, 그것이 어떻게 무의

2) 위의 책, 106면.

체험 위에서 시적 언어를 결집시키는 미학적 원동력이 되었는지 이야기할 것이다. 다음은 시집 『擁護者의 노래』에 실린 시 「플라타너스」의 전문이다.

꿈을 아느냐 네게 물으면,
플라타너스,
너의 머리는 어느덧 파아란 하늘에 젖어 있다.

너는 사모할 줄을 모르나,
플라타너스,
너는 네게 있는 것으로 그늘을 늘인다.

먼 길에 올 제,
홀로 되어 외로울 제,
플라타너스,
너는 그 길을 나와 같이 걸었다.

이제 너의 뿌리 깊이
영혼을 불어넣고 가도 좋으련만,
플라타너스,
나는 너와 함께 神이 아니다!

수고로운 우리의 길이 다하는 어느 날,
플라타너스,
너를 맞아 줄 검은 흙이 먼 곳에 따로이 있느냐?
나는 오직 너를 지켜 네 이웃이 되고 싶을 뿐,
그 곳은 아름다운 별과 나의 사랑하는 窓이 열린 길이다.

명확한 내용을 평이한 언어로 쓴 시이지만, 몇 가지 분석적 검토를 요구하는 사항이 없지 않으며, 그것들은 이 시의 사색적 깊이와 직결된다. 먼저 몇몇 평자들도 주목한 바 있는 수의 문제다. 제3연에 염두에 둘 때, 시의 화자는 지금 플라타너스가 심어진 가로숫길을 가고 있고, 따라서 여기서 문제가 되고 있는 플라타너스는 복수의 플라타너스들일 것이 분명한데, 시인은 그것들을 '너' 라고 부른다. 시인의 인식 속에서 여러 그루의 나무가 한 그루의 나무로 혼동된다기보다는 한 그루의 플라타너스 안에 모든 플라타너스들이 겹쳐져 있다고 보아야 할 것이다. 다수가 단수로 파악될 때 플라타너스는 벌써 형식화된다. '너' 라는 명명과 함께, 현실의 플라타너스들은 그 구체성을 잃고, 하늘을 향한 머리와 땅에 박은 뿌리라는 그 구조와 그 가지로 길에 그늘을 드리운다는 그 기능만을 남긴 채, '플라타너스의 형식' 으로 바뀐다. 이 형식화를 통해 플라타너스는 하나의 투명한 관념이 되어, 시의 마지막 연에서 기약하는 영원성에 접근하며, 시인은 이 형식적 투명성의 도움을 받아 현실의 중압감과 우울의 한 가운데에 '아름다운 별' 과 '사랑하는 窓' 을 향한 길을 연다.

게다가 이 형식화는 시 속에 직접 표현되지 않은 또 하나의 이미지, 곧게 뻗어나가 먼 소실점에서 현실의 풍경을 무에 연결하는 가로숫길의 이미지를 그 자체 안에 내장한다. 다른 층위에서, 이 대상의 형식화에 따른 대명사 '너' 의 사용은 화자와 대상의 관계에 관여한다. 이 시에서 2인칭 단수 대명사는 대상에 대한 주관적 감정을 드러내면서 동시에 대상의 형식화를 돕는다. '너' 는 화자를 대상에 일대일로 대면하게 하여 그 관계를 주관화하게 하여, 그 정서를 강화시키고 집중력과 밀도를 높인다. 이는 형식화를 통한 사물의 대상화가 주관적 관계의 설정으로 이어지고, 대상의 추상화가 그에 대한 정서의 구체성을 높이게 되는 특이한 경험의 한 예이다.

이 밀도 높은 정서에도 불구하고 화자는 플라타너스가 그 깊은 뿌리와 하늘로 치켜든 머리의 구조 속에 비밀스럽게 감추고 있을 법한 영혼의 존재를 부인한다. 이는 물활론을 용인할 수 없는 한 기독교인이 자연에 대해 당연히 지녔을 태도의 표현이겠지만, 이 태도는 또한 시인의 시적 방법을 규정한다. 만일 어떤 시인이 "순수한 영혼 하나가 돌의 껍질 아래서 자라고 있다"[3]고 말한다면, 이는 하나의 돌 속에 그 돌에 관해 우리에게 알려진 것과 함께 알려지지 않은 것이 들어 있으며, 그 알려지지 않은 것은 알려진 것과는 비교할 수도 없이 중요한 질과 힘을 지니고 있다고 말하는 것과 다른 것이 아니다. 이렇게 믿고 말하는 시인은 알려진 것을 알려지지 않은 것에 대한 기호로 삼으며, 그의 시에서 기지의 사물은 미지 세계의 은유와 상징이 된다. 자연 사물의 영혼을 부정하는, 다시 말해서 한 사물 속에 미지의 부분이 존재함을 인정한다 하더라도 그것이 기지의 부분보다 더 중요하다고는 여기지 않는 김현승은 자연 사물의 주체성을 부정하는 대신 그에 대한 자신의 주체적 감정을 강화함으로써 시적 서정을 창출한다. 따라서 그에게는 기지의 사물과 미지의 관념을 겹쳐 놓는, 통상적 의미에서의 은유의 사용이 자제된다. 그에게서 한 편의 시는 그 전체가 하나의 은유일 수는 있어도 그 낱말 하나하나는 은유가 아니다. 자연 사물에 대한 김현승의 이 태도는 자신의 심정세계에도 그대로 적용된다. 그는 의식의 하부, 곧 잠재의식이나 무의식을 믿지 않는 사람처럼 시적 몽상에 기대지 않으며, 섬망의 언어를 기록하지 않으며, 언어의 연금술에 경도하지도 않는다. 주체의 타자성을 믿지 않는 그에게서는 "나의 가장 나중 지니인 것"까지도 의식의 문턱을 벗어나는 법이 없다. (이 점은 그의 종교인 기독교에 대해서도 마찬가지다. 시인으로서 그는 지극히 고독한 사색에서도 계시의 목소리에 의지하지 않았으며, 수차례에 걸친 시대의 환란 속에서도 묵시록적 환상을 시에 끌어들이지 않았다.)

시의 결구가 되는 마지막 연은 죽음 뒤의 세계에 관해 이야기한다. 시인이 별빛에 의해 지시를 받고, 마음의 창을 통해 예감하는 그 세계에 플라타너스가 또한 영접을 받을 수 있는 가능성은 시인의 시적 실현과 사실상 맞물려 있다. 플라타너스는 시인의 형식화를 거쳐서만 한 나무의 원형이 됨으로써, 근원적 존재가 지배하는, 모든 존재가 이데아의 빛 속에 수렴되는 그 세계의 시민권을 획득할 수 있기 때문이다. 그런데 이미 말했던 것처럼 플라타너스를 형식화하려는 시인의 의지는 그가 외롭고 고단한 순간

3) 네르발의 「황금시」.

에 그 나무에 바치는 특별한 우애의 감정과 엇물려 있다. 이 감정은 플라타너스가 그 원형이 되어 근원의 자리에 이식된 후에까지도 그 강도를 낮추지 않는다. 플라타너스가 새로 누리게 될 '검은 흙' 곧 기름진 흙은 이 세상에서의 고단한 삶을 염두에 두지 않고는, 또한 원형의 나무 뒤에 현실의 구체적 플라타너스를 세워 놓지 않고는, 그 자리에 써넣을 수 없는 표현이기 때문이다.

이렇듯 순결한 세계를 열기 위한 이성의 관념화 작업은 현실의 삶에서 획득하는 정서적 구체성의 고삐를 끝내 벗어버리지 않는다.이렇게 이야기하고 보면, 시집『擁護者의 노래』의 표제시「擁護者의 노래」의 한 절을 떠올리지 않을 수 없다. 모두 5연으로 되어 있는 이 시는 시인이 한 생애를 거쳐 완성시켜야 할 문학의 입지를 천명하고 있다는 점에서 매우 중요한 시이다. 전통적인 기승전결 구조의 '기'에 해당하는 제1연과 제2연에서, 모든 노래와 말이 고갈되고 침묵까지 불가능해진 시간에도 시인 자신은 노래를 부를 것이며, 인간들의 높은 가치가 해체 소멸하고, 믿음을 지닌 자들이 시련을 겪는 시간에도 그들을 옹호할 것이라는 의지를 표명한 다음, 제3연에서, 시인은 자신이 밟게 될 길이 상식과 물량의 확보를 최종의 목표로 삼는 이 시대를 역류하여 근원으로 다가가는 길이 될 것임을 확인하여 '승'을 삼는다. 그리고 '전'에 해당하는 제5연을 다음과 같이 쓴다.

> 아로새긴 象牙와 有限의 층계로는 미치지 못할 구름의 사닥다리로,
> 구름의 사닥다리로,
> 보다 광활한 領域을 나는 가련다!
> 싸늘한 蒸氣水의 時代여,
> 나는 나의 憂鬱한 血液循環을 노래하지 아니치 못하려다.

시인이 지향하는 세계의 내용은 분명하다. 그곳에서는 인공이 부정되고 물질의 영화가 초월되어 순결하고 광활한 전망이 펼쳐지는 근원의 영역이다. 그런데 '싸늘한 蒸氣水의 時代'는 어느 시대를 말하는 것일까. 모든 가치의 척도가 수량화되어 인간의 감정이 식어버린 현대사회를 염두에 둔

것일까. 또는 시인이 이 근원의 광활한 영역에서 새로 누리게 될 냉엄하도록 순결하게 정화된 환경을 염두에 둔 것일까. 어느 쪽이든 간에 시인은 이 비인간적이며 기계적인 순결에 만족할 수 없다. 그는 현세적 감정인 우울함과 자신의 육체적 생명의 표지인 '혈액순환'이 그 순수 세계를 향한 갈망 속에 여전히 섞여 있을 수밖에 없다고 생각한다. 특히 이 '우울한 혈액순환'을 말하는 마지막 시구는 다소 자연스럽지 못한 이중부정문으로 끝나고 있다. 이는 시인이 성찰에 성찰을 거듭한 숙고 끝에 이 결론에 이르렀음을 뜻한다. 마찬가지로 이 '우울한 혈액순환'도 시인이 관념의 구름 사닥다리를 밟으며 정화에 정화를 거듭한 끝에도 여전히 남아 있는 이 세상의 육체적 물질적 조건이다.

여기서 정화의 마지막 순간까지 그 기능이 요구되는 이 육체적 구체성은 유한한 현세의 기획 속에서는 어쩔 수 없는 잔존물이라고 해야겠지만, 김현승의 여러 시에서 그것은 또한 순수 세계를 지향하여 삶의 경계에 이르기까지 자신을 헌신하는 자가 최후의 순간에 얻게 되는 필연적인 결실의 형식으로 나타난다. 시 「눈물」의 '눈물'이 우선 그렇다. 시인 자신의 고백에 의하면, 이 눈물은 한 인간이 이 지상에서 '오직 썩지 않은 것'으로 유일하게 골라 신 앞에 바칠 수 있는 봉헌물이다.[4] 이 눈물은 그것을 흘리는 지순한 심정에 의해, 그리고 그 자체의 투명성에 의해 순수의 표상이 될 수 있지만, 시인이 '가장 나중 지니인 것'인 그것은 여전히 육체에서 비롯하여 육체를 넘어서는 육체의 잉여물이다. 그러나 이 육체의 잉여물은 거기에 순수관념 그 자체는 아니라 하더라도 적어도 순수관념을 지향하는 의지와 오랜 사색이 응결되어 있기에, 웃음의 꽃 뒤에 거두는 열매의 가치를 얻고 때로는 '沃土에 떨어지는 작은 生命'의 씨앗이 될 수 있다. 시 「가을의 비명」에서도 10월의 밤이슬에 차가워진 대리석에 손을 얹고 자기 영혼의 피를 뽑아 거기에 '하나의 물음'을 새긴 자, 다시 말해서 자기 정화적 사색이 최후의 순결한 질문에 이른 자는 "굳은 열매와 같이/種子 속에 길이" 남는다. 시 「보석」에서 보석의 '敵과 같이 頑强한 빛의 盟誓는' 더 이상 '무너질 길이 없어'서 더욱 새롭게 타올라 '차거운 結晶

4) 「구비쳐 가는 물굽이」, 『전집 2』 산문, 263면.

속에' 서 변함없이 빛난다. 시 「겨우살이」에서 조락의 계절을 거쳐 세상을 표백하는 눈 속에 여전히 남아 있는 것들은 '질긴 근육의 창호지' 와 '책을 덮고 문지르는 마른 손등' 에서부터 '뜰 안에 남은 마지막 잎새' 에 이르기까지 '남을 것이 남아' 있는 방식으로 남아 있다. 그것들은 냉정한 시련의 잔존물이 아니라 삶의 근원을 형성하는 실체의 가치를 지닌다.

그러나 사물의 우연한 껍질을 벗겨내고 필연적 결실로 남아 실체의 자격을 얻게 된 것 가운데 가장 먼저 꼽아야 할 것은 김현승이 시에 사용한 언어 그 자체일 것이다. 완숙기에 김현승이 쓴 견고한 시들은 그가 일찍이 '과부의 기도' [5]라고 부른 말에 어긋남이 없이 간결하고 투명한 언어를 남겨 놓고 있다. 물질의 중압감과 감정의 우연함을 벗어버린 이 고양된 언어에 대한 설명의 일단과 그 실현을 『堅固한 孤獨』의 한 시 「겨울 까마귀」에서 발견할 수 있다.

영혼의 새.

매우 뛰어난 너와
깊이 겪어 본 너는
또 다른,
참으로 아름다운 것과
호올로 남는 것은
가까워질 수도 있는,

言語는 본래
침묵으로부터 高貴하게 탄생한,

열매는
꽃이었던,

5) 「나무와 먼 길」, 『擁護者의 노래』.

너와 네 祖上들의 빛깔을 두르고.
내가 十二月의 빈들에 가늘게 서면,
나의 마른 나뭇가지에 앉아
굳은 責任에 뿌리박힌
나의 나뭇가지에 호올로 앉아,

저무는 하늘이라도 하늘이라도
멀뚱거리다가,

벽에 부딪쳐
아, 네 영혼의 흙벽이라도 덤북 물고 있는 소리로,까아욱-
깍-

단 한 개의 시구로 되어 있는 제1연과 함께 이 시의 전반부를 구성하는 제2연에서부터 제6연까지 시구들의 통사법은 매우 특이하다. 제2연에서 제5연에 걸친 다섯 개의 연은 각기 제6연의 '너와 네 조상들'에 걸리는 관행절인데, 이 관행절들과 체언은 수식 관계에 의해서가 아니라, 어떤 심리적 연관성에 의해 서로 연결되어 있다. 그 심리적 내용은 다소 복잡하다. 어떤 탈속한 대상도 친근한 자리에서 바라보면 범속한 모습을 지니고 있다. 훌륭한 '너'는 범속한 자아를 딛고 서서 훌륭하다. 마찬가지로 진실로 아름다운 것을 아름답게 하는 것은 '호올로' 남아 자신을 추슬러 올린 그 과정에 의해서다. 마찬가지로 비범한 자의 열매를 열매되게 한 것은 범속한 나날 동안 꽃 피어 이울기까지의 그 과정이다. 범속함의 과정이 마침내 하나의 단단한 형식을 빚어 올릴 때, 비로소 비범한 '너'가 탄생한다. 다시 한 번 마찬가지로, 그 범속한 세계에 침묵이나 다름없이 산만하게 흩어져 있는 언어로부터 어떤 형식화의 의지를 거쳐 고귀한 시의 언어가 탄생한다. 시인은 그 고귀한 언어의 한 전형을 '겨울 까마귀'의 울음소리에서이다. 까마귀는 시인에게서 그 순수 이상의 자리인 "굳은 책임에 뿌리박힌" 12월의 '마른 나뭇가지에 앉아' 저무는 하늘을 원망하듯이 바라보며, 다른 세계로 상승하려는 영혼의 마지막 장애물인 '영혼의 흙벽'을 물어뜯듯이 외마디 비명을 지른다. 이 금속성의 외침은 범속한 침묵들이 하나의 형식을 얻어 고귀하게 솟아오르는 순간의 말이다.

어떤 마술적 혼란에도, 계시적 영감에도 기대지 않는 시인의 언어는 허황한 수사와 웅변으로 남아 있지 않으려 하기에 씨앗의 지위를 얻는다. 바로 그 점에서 이 언어는 시인의 관념 의지에 길항하여 마침내 단단한 보석, 투명한 눈물, 금속성의 외마디 소리로 남게 되는 육체와 물질의 구체성과 동일한 밀도를 지닌다. 형식화와 관념화의 저항체로서의 이 구체성은 관념의 사실성과 물질의 추상성이 융합되는 자리이기에 아름답다. 앞에서 우리는 김현승에게서 통상적인 의미의 은유가 자제되고 있다고 말했지만, 구체성의 마지막 저항력으로 남은 이 보석과 눈물과 외마디 외침 등은 그 자체로써 여전히 물질적 현실의 사물이면서 시인이 거기에 투여한 밀도 높은 감정에 의해 은유의 힘을 얻고 있다. 이 은유들이 표상하는 바는 '견고한 고독'을 거쳐 '절대 고독'에 이르도록 자신을 채찍질해온 강인한 시인의 얼굴이다. 그의 관념적 시에 남아 있는 구체성은 시인 그 자신의 자아이다. 고독은 한 자아의 구체적 현실이 어떤 의지에 따른 관념화의 지향점이며, 그와 동시에 한 관념이 시인의 인간적 자아로 구체화하는 자리이다.

출전 : 다형김현승30주기기념세미나, 2005.11.

스타일, 기질

김종길, 견고에의 집념

김윤식, 인류적 보편성과 개인적 기질의 분리문제

유성호, 김현승시의 구조와 방법

III 스타일, 기질

견고(堅固)에의 집념(執念) –김현승의 스타일을 중심으로–

김종길*

금년 초에 발간된 김현승씨의 제삼시집(第三詩集)은 제목이 『견고(堅固)한 고독』으로 되어 있지만 이 제목은 그의 시나 인간에 대하여 암시하는 바가 적지 않은 것 같다. 특히 '견고한' 이라는 형용사는 그의 시적(詩的) 체질이나 시적 기호를 특정 지을 수 있는 말로 보인다. 1934년경부터 씌어진 그의 초기 시에서부터 그는 견고한 것에 대한 집념을 보이고 있는데 이 집념은 몇 가지로 나누어 생각할 수 있다.

첫째 그의 시에는 현저하게 딱딱한 한자어(漢字語)가 많이 눈에 뜨인다. 여기서 딱딱하다는 것도 두어 가지로 나누어 생각하는 것이 좋을지 모른다. 즉 '창(窓)' '프라타나스' '첨탑(尖塔)' '포도(鋪道)' '파편(破片)' '토지(土地)' 등 ㅊ, ㅍ 및 ㅌ음(音)을 포함하여 말소리가 딱딱한 것이 그 한 가지 경우요, '철학(哲學)' '구축(構築)' '해체(解體)' '분석(分析)' '가치(價値)' '결핍(缺乏)' '추상(抽象)' '저돌(猪突)' '고갈(枯渴)' '견고(堅固)' 등 추상적인 관념어(觀念語)로서 말의 뜻이 딱딱한 것이 다른 한 가지 경우이다. 후자의 경우에도 '철학' '구축' '가치' '결핍' '추상' 등 그 소리가 또한 딱딱한 것이 있으며 '분석' '저돌' '고갈' '견고' 와 같은 말도 결코 그 소리가 부드럽거나 낭랑하다고는 할 수 없다.

* 고려대학교 영어영문학과 명예교수

또한 그의 시에는 단단한 물체를 가리키는 말들이 많이 눈에 뜨인다. 앞에서 든 것들 중에서도 '창' '첨탑' '포도' '파편' 등이 그러하지만 그 밖에도 '보석(寶石)' '에메랄드' '마른 나무가지', '열매' 나 '씨', '새의 부리' 나 '주둥이', '금속(성)(金屬(性))' '(발)부리' '무기(武器)' '빵(떡)' 과 같은 말을 그는 즐겨 쓰고 있다. 게다가 그의 시에는 '마른', '모진' 및 '여위어 간다' 와 같은 형용사나 동사가 자주 눈에 뜨인다.

이러한 말들은 그 자체가 이미지로서 또는 그 이미지를 이루는 비유 가운데에 쓰인 경우가 많은데 그런 경우 이미지는 견고한 것이 되게 마련이다. 그러나 그의 시의 경도(硬度)는 이러한 시어나 이미지의 경도에서만 오는 것이 아니라 시어와 이미지를 포함한 그의 시적(詩的) 사고(思考) 전반에서 연유하고 있다.

일례로 그의 시집 『옹호자(擁護者)의 노래』의 권두(卷頭)에 보이는 「신설(新雪)」을 들어 보기로 한다.

시인(詩人)들이 노래한 일월(一月)의 어느 언어(言語)보다도
영하(零下) 오도(五度)가 더 차고 깨끗하다.

메아리도 한 마정이나 더 멀리 흐르는 듯……

정월(正月)의 썰매들이여,
감초인 마을들은 미지(未知)의 산란(散亂)한 언어(言語)들을
가장 선명(鮮明)한 음성(音聲)으로 번역하여 주는
출발(出發)의 긴 기적(汽笛)들이여,
잠든 삼림(森林)들을
이 맑은 공기 속에 더욱 빨리 일깨우라!

무엇이 슬프랴,
무엇이 황량(荒涼)하랴,
역사(歷史)들 썩어 가슴에 흙을 쌓으면

희망(希望)은 묻혀 새로운 종자(種子)가 되는

지금은 수목(樹木)들의 체온(體溫)도 뿌리에서 뿌리로 흐른다.

피로 멍든 땅,
상처(傷處)깊은 가슴들에
사랑과 눈물과 스미는 햇빛으로 덮은
너의 하얀 축복(祝福)의 손이 걷히는 날

우리들의 산하(山河)여,
더 푸르고 더욱 요원(遼遠)하라!

이 작품에 나타난 신설(新雪)은 그 자체 상당한 경도(硬度)를 가진 물체로서 자각되어 있다. 처음 두 행에서 '신설'은 '일월'에 관한 시인들의 '언어'에 대비되어 있는데 이 경우의 '언어'도 차고 깨끗한 눈이나 얼음과 같은 물체나 물질로 생각되고 있다. 그러나 신설은 그보다도 "영하 오도가 더 차고 깨끗하다." 그러므로 이 경우의 신설은 '언어'라는 눈보다 얼음보다도 더 차고 깨끗할 뿐만 아니라 또한 경도에 있어서도 훨씬 더 강한 물체 내지 물질이 되는 것이다. 왜냐하면 '영하 오도'라는 적확한 온도의 표시가 '신설'을 그만큼 적확하게 더 얼어붙은 고체로 만들기 때문이다. 그러므로 셋째 행에 있어서의 "메아리도 한 마정이나 더 멀리 흐르는 듯……"하다는 것은 충분히 논리적이며 처음 두 행에 대한 앞의 해석을 정당화해 준다. 메아리가 더 멀리 울리는 것은 바로 신설의 고체로서의 성질로써 설명될 수 있고 또한 그 고체로서의 성질을 규정하고 있기 때문이다.

이 작품의 셋째 부분, 즉 넷째 행에서 여덟째 행까지의 다섯 행에 있어서는 '신설'의 풍경의 성질이 '출발의 기적' 즉 '정월의 썰매'들의 소리로써 규정되어 있다. 따라서 그 규정의 방식은 이 작품의 둘째 부분을 이루고 있는 셋째 행에 있어서와 같은 소리에 의한 것이며 그러므로 그 부분의 부연이라고 볼 수 있다. 이 부분에 있어서의 썰매와 기적의 동격관계의 시적 타당성은 문제될 수 있지만 그 동격 관계는 또한 이 시인의 견고에의 집념을 나타내고 있다. 즉 이 시인은 기적과 썰매를 동격 관계에 놓음으로써 소리를 또한 물체로 '번역' 하고 있는 것이다. '마음들' 이나 '언어들' 이라는 복수형도 '마음' '언어' 를 물체로서 다루려는 시인의 의식을 암시하지만 그 말들을 수식하는 형용사들, 즉 '마음들' 에 대한 '감초인' 과 '언어들' 에 대한 '산란한' 이라는 말들 또한 그 말들의 개념의 물체로서의 성질을 돋우고 있다.

그리고 또한 이 부분에서 주목할 점은 이 부분의 물체화 된 주어인 '기적' 이 단순한 정적(靜的)인 물체가 아니라 기능을 가진 물체로서 자각되고 있다는 점이다. 그것은 '번역하여 주는' 이라는 말과 '일깨우라' 는 동사로써 알 수 있다. 그러나 다음 부분에 있어서의 '역사' 와 '희망' 이라는 관념은 기능을 통함으로써 물체화 된다. 즉 이 경우의 역사는 '새로운 종자' 가 되는 것이다. 그 다음 부분, 즉 이 작품의 끝에서 둘째 부분에서는 관념의 물체화는 선명한 윤곽을 잃고 있으나 그래도 "사랑과 눈물과 스미는 햇빛으로 덮은/너의 하얀 축복의 손이 걷히는 날"에 있어서는 어렴풋이나마 그 경향을 보이고 있다.

김현승씨에 있어서의 이러한 관념의 물체화의 경향이 특히 어떠한 영향 아래 이루어졌는가를 적확히 추적할 물적 증거는 별로 있는 것 같지 않고, 우리에게는 다만 그의 가정환경과 그가 받은 교육과 그가 시를 발표하기 시작한 시기의 우리 시단의 풍토와, 그의 시가 보이는 그가 좋아하고 영향받은 듯이 보이는 시인들에 관한 약간의 지식이나 추측이 있을 뿐이다. 우리가 알기로는 그는 기독교도 집안의 출신이며 기독교적인 요소는 여러 편의 그의 작품에 나타나 있다. 게다가 그는 장로교에서 경영하던 평양 숭실전문학교(崇實專門學校) 문과(文科)를 졸업했다. 이 두 가지 사실로 미루어 보아도 그가 성서(聖書)에 친숙했고 적어도 영어에 대한 어느 정도의 소양이 있었으리라는 것은 거의 확실하다.

성서와 영어에 관한 소양은 김현승씨에 있어서는 결코 범연하다고는 할 수 없는 의의를 갖는 것으로 생각된다. 왜냐하면 그의 시가 보이는 발상이나 사고나 문체는 그러한 영향, 그것도 어릴 적부터의 그것을 지적하지 않고서는 설명하기 어려울 만큼 서구적이기 때문이다. 앞에서 살펴본 그의 시에 있어서의 견고에의 집념도 실은 그의 시의 서구성의 일부에 지나지 않는다. 그러나 이 점에 관해서 우리는 좀더 직접적인 영향을 지적할 수 있다. 그가 릴케의 시에서의 '사물(事物)'(Dinge)의 의미를 어느 정도 이론적으로 의식하고 있었는지 알 수 없으나 무의식적으로라도 아마 일어역(日語譯)으로 읽은 릴케의 시에서 그는 그것에 상당히 깊은 접촉을 가진 것으로 보인다.

그는 그의 제2시집 『옹호자의 노래』(1963)의 자서(自序)에서 "유달리 좋아하는 계절(季節)인 가을에 관(關)한 시편(詩篇)들을 한데 묶어 보았"음을 밝히고 있고 거기에 재수록 된 그의 초기 작품의 하나인 「가을이 오는 시간(時間)」은 다음과 같이 끝맺어지고 있다.

우리의 마음들은 남긴 것 없음을
이제는 서러워한다.
지금은 먼 길을 예비할 때 —
집 없는 사람들은 돌아와 집을 세우는,
지금은 릴케의 시(詩)와 자신(自身)에
입 맞추는 시간(時間)……

여기에는 '릴케의 시'가 바로 언급되어 있지만 '시간'과 '집 없는 사람들'이라는 말도 그대로 릴케의 「가을날」(Herbsttag)에 보이는 것들이다. 이밖에도 그의 가을에 관한 작품, 특히 「가을의 입상(立像)」, 「가을의 기도(祈禱)」 및 「가을의 시(詩)」와 같은 작품은 그 발상과 정조와 구문에 있어 릴케의 작품들의 명백한 영향을 보이고 있다.

W.H. 오오든이 지적한 바와 같이 관념이나 심적 상태를 '사물'로 번역하는 것은 릴케의 시적 방법 가운데서도 특히 현저한 것의 하나이다. 따라서 김현승씨의 물체화의 경향 내지 견고(堅固)에의 집념(執念)은 적어도 부분적으로는 릴케와 관계가 있다고 볼 수 있을 것이다. 그 밖에도 그가

시작(詩作)을 시작할 무렵에 받았음직한 영향으로 T.E. 흄이나 에즈라 파운드 일파의 딱딱하고 건조한 시를 생각할 수 있으나 설사 그가 영향을 받았다고 하더라도 그것은 주로 그 무렵의 우리 시단에 신선한 차림으로 등장했던 김기림(金起林)의 시나 시론을 통한 간접적인 것이었을 것이다. 왜냐하면 그의 시에서 우리가 지적할 수 있는 가장 명백한 영향으로 김기림을 릴케와 더불어 들 수 있기 때문이다.

"자연(自然)의 사물(事物)에서 얻은 감각(感覺)과 인상(印象)을 표백(表白)한 것들"이라고 시인 자신이 분류하고 있는 『옹호자의 노래』의 제1부의 작품들에서, 그리고 자기가 "현실적(現實的)으로 처하여 있는 문명(文明)과 사회(社會)와 민족(民族)에 대(對)한 자기의 태도(態度)와 주장(主張)과 신념(信念)을 노래하였다"는 같은 시집 제4부의 작품들에서, 우리는 김기림의 영향을 뚜렷이 느끼지만 그 중에서도 「여름 방학(放學)」 중의 다음과 같은 부분은 너무나도 김기림의 스타일과 흡사하다.

> 교통도덕(交通道德)이 존중되어야 할 시간(時間)이다.
> 예언자(豫言者) 모양 앞서 가는 먼 길들의 구름을 넘어
> 영원히 작열(灼熱)하는 황홀한 육체(肉體) —
> 저 태양(太陽)의 현장(現場)으로 공사자(工事者)들을 안내(案內)하는 시간(時間)이다.

그러나 김기림과 흡사한 이러한 구절에서도 우리는 김기림의 시의 재빠른 템포를 느끼지 못한다. 그러나 이 두 시인 사이의 차이는 우선 가치판단과는 무관한 시적 체질에 있어서의 차이로 보아야 할 것이다.

시집 『옹호자의 노래』의 제4부를 이루고 있는 '문명과 사회와 민족에 대한' 그의 태도와 주장과 신념을 노래하였다는 작품들은 그 시적 관심에 있어 해방을 전후한 김기림의 시를 방불케 하면서도 그것과는 다른 시적 개성과 역량을 보이고 있다. 이 작품들에서는 김현승씨의 시가 흔히 보이는 어눌함이나 구성의 허약함을 거의 찾을 수 없을 만큼 대체로 달변과 충실한 논리와 유창한 템포가 구사되고 있다. 그 중에서도 「슬픈 아버지」,

「신성(神聖)과 자유(自由)를」 및 「1960년(年)의 연가(戀歌)」와 같은 작품은 김기림의 비슷한 작품을 능가할 뿐만 아니라 우리 현대시에 있어서의 그러한 종류의 작품들을 대표할 만하다.

김기림과 더불어 초기의 김현승씨에게 영향을 끼쳤을 법한 시인으로 우리는 정지용을 생각할 수 있으며 앞에서 본 「신설」의 첫 부분은 다음과 같은 정지용의 「춘설(春雪)」의 첫 구절을 쉽게 연상시킨다.

문 열자 선뜻!
먼 산이 이마에 차라.

그러나 이 구절과 김현승씨의 "시인들이 노래한 일월의 어느 언어보다도/영하 오도가 더 차고 깨끗하다"는 서로 비슷한 의미나 효과를 노리고 있으면서도 그 의미나 효과에 도달하는 절차와 방법이 너무나도 대조적이다. 김현승씨는 정지용의 '이마에 차라'와 같은 감각적인 관계(이 경우에는 먼 산(의 춘설)과 자기의 이마와의) 파악이나 설정이라는 동양적인 직관에 능하지 못하거나 또는 그것을 거부하는 듯이 보인다. 그의 표현 대상에 대한 시적 접근은, 앞에서도 보았지만 원래 이 땅의 어느 시인보다도 서구적이다. 그의 초기 작품 중에서 동양적인 시적 접근을 보이는 「무등차(無等茶」를 비슷한 내용을 다룬 정지용의 「인동차(忍冬茶)」와 비교해 보는 것도 무익할 일은 아닐 것 같다. 「무등차」의 전문은 다음과 같다.

가을은
술보다
차 끓이기 좋은 시절……

갈가마귀 울음에
산들 여위어 가고

씀바귀 마른 잎에
바람이 지나는,

남(南)쪽 십이월(十二月) 긴 긴 밤을,
차 끓이며
끓이며
외로움도 향기인 양 마음에 젖는다.

「무등차」는 별로 힘들이지 않은 가벼운 소품(小品)에 불과하지만 비슷한 행수와 비슷한 시적 접근을 보이는 「인동차」와 비교할 때 작품으로서의 우열은 고사하고라도 두 시인 사이의 차이는 상당하다. 「인동차」의 전문도 아울러 들어보면 다음과 같다.

노주인(老主人)의 장벽(腸壁)에
무시(無時)로 인동(忍冬) 삼긴 물이 나린다.

자작나무 덩그럭 불이
도로 피여 붉고,

구석에 그늘 지여
무가 순돋아 파릇하고,

흙냄새 훈훈히 김도 사리다가
바깥 풍설(風雪)소리에 잠작하다.

산중(山中)에 책력(冊曆)도 없이
삼동(三冬)이 하이얗다.

이 두 작품을 비교해 보면 첫째 우리말의 선택과 배열의 방식과 격조가 사뭇 다르다. 「무등차」의 둘째 부분, "갈가마귀 울음에/산들 여위어 가고"와 「인동차」의 넷째 부분, "흙냄새 훈훈히 김도 사리다가/바깥 풍설소리에 잠착하다"는 표현 대상에 대한 시적 접근이 일견 비슷하지만 우리말의 놓임새 내지 리듬이 매우 다르다. 게다가 '갈가마귀 울음'으로 시작되는 두 행은 그 다음에 "씀바귀 마른 잎에/바람이 지나는"이라는 두 행이 와 가볍게 흘러감으로써 갈까마귀와 산들 사이의 관계 설정이 매우 가벼운 상투적인 느낌을 주는 데 대해서 「인동차」의 그 두 행의 경우에는 문장이 종지됨으로써 그 다음에 "산중에 책력도 없이"라는 상투적인 행이 와도 방안의 흙냄새와 김과 바깥 풍설소리 사이의 관계 설정에 요동을 가져오지 않는다. 정지용과 김현승씨와의 대비는 후자의 시의 성격이나 경위(境位)를 규정하고 평가하는 데 있어 시사하는 바가 많다. 김현승씨의 시가 놀라울 정도로 서구적인 이미저리나 구문을 구사할 때가 있는 만큼 흔히 시어가 생경하거나 리듬에 있어서 전[踐]다거나 구성이 허술할 때가 있는 것은 그가 자기의 시의 스타일을 너무나 서구적으로 틀 잡은 데 있다. 정지용도 영문학을 전공했고 천주교도였던 점에 있어 김현승씨에 못지않게 서구적 내지 기독교적 교양이 있었던 시인이다. 그러나 새삼스럽게 지적할 것도 없이 그의 시는 1930년대에 있어서뿐 아니라 오늘날에 있어서도 오히려 새로움을 잃지 않고 있다. 앞에 든 「인동차」와 같은 작품에서도 그의 동양 취미의 표백에는 '노주인의 장벽'이라든가 "삼월이 하이얗다"와 같은 구절이 보이듯이 적절히 소화된 서구적이며 현대적인 교양과 감각을 엿볼 수 있다.

금년초에 나온 시집 『견고한 고독』에서 김현승씨는 서구적인 그의 본래의 스타일을 대부분 버리다시피 하고 초로(初老)에 접어든 한국의 시인으로서의 심경을 이야기하고 있다. 그가 후기(後記)에서 밝히고 있듯이 『옹호자의 노래』를 출간한 뒤 최근 5, 6년 동안에 씌어진 35편의 작품이 수록된 이 시집은 1963년을 전후하여 이 시인의 시에 중대한 변화가 있었음을 역력히 보이고 있다. 하긴 앞에서 본 「무등차」와 같은 그의 초기 작품이나 「눈물」과 같은 그의 중기 작품은 그의 시기에 있어서의 이러한 변화의 가능성을 암시하는 것들이긴 했다. 그러나 그 변화의 정도는 자연스러운 전이를 느끼게 하기에는 너무나 급격하고 돌연한 것이라 아니할 수 없다. 그의 시의 원래의 스타일이 이른바 발전적 해소를 치른 것이라기보다는 거의 그것이 포기되고 그것과는 너무도 대조적인 또 하나의 스타일로써 대치된 것이다.

물론 시집 『견고한 고독』에 김현승씨의 종래의 스타일을 찾을 수 없는 것은 아니다. 시인 자신도 자기 시에 일어난 변화를 스스로 의식하고 있음을 보여 주는 증거이기도 하지만 그는 이 시집에서 그의 종래의 시풍(詩風)을 보이는 작품 세 편을 따로 묶어 이 시집의 제2부로 삼고 있다. 그밖에 이 시집에 수록된 작품으로는 그의 새로운 스타일과는 구별되는 스타일을 보이는 작품으로 광주문화방송개국(光州文化放送開局)을 기념하여 씌어진 작품인 「추억(追憶)」 한 편밖엔 없다. 이 작품은 그 스타일로 보아 『옹호자의 노래』의 제4부를 이룬 작품들의 계열에 속하는 것으로 이 시집에 들어 있는 비교적 적은 수효의 좋은 작품 중의 하나이며 이러한 종류의 작품에 있어서의 이 시인의 역량을 다시 한번 확인하게 한다.

그러니 『견고한 고독』에서 김현승씨의 종래의 시풍이 유지된 작품들의 수효는 전체의 5분의 1에도 달하지 않는 셈이나, 주목할 만한 점은 네 편밖에 안 되는 이 작품들이 이 시집에 들어 있는 그의 종래의 시의 수준을 유지한다고 볼 수 있는 작품 수의 약 반을 차지한다는 사실이다. 이 네 편의 작품 가운데서 이 시집의 제2부에 수록된 「파도(波濤)」에 대해서는 작년 그것이 『현대문학(現代文學)』에 발표되었을 때 필자가 동지(同誌) 11월호에서 그 시적 맥락 내지 구조를 검토한 바 있지만 이번에 시집에 수록됨에 있어서는 두 군데의 사소한 수정이 가해짐으로써 한결 그 맥락이 자연스러워져 있다. 「보석」은 앞에서도 보았듯이 그가 종래에 즐겨 쓰던 보석 그 자체를 제재(題材)로 하여 치밀한 시적 접근을 전개한 것으로 이 시집을 통틀어 가장 강렬한 작품이 되고 있다. 「산포도(山葡萄)」는 끝에서 둘째 부분 "그리하여 여름은 나의 피 속에서 뜨겁게 탄다/그 열매 속에 스며들던 태양(太陽)으로……"가 뻔하게 딜런 토마스의 어떤 구절을 방불케 하는 것이 흠이지만 끝부분에서 오히려 그것이 묻힐 만큼 신선하게 다음과 같이 앞부분의 아이디어를 발전시키고 있다.

그리하여 그 그늘은 나의 눈에 가을을 가져온다
그 살의 열매를 기르던 맑은 바람으로……

그 밖에도 이 시집에도 「견고한 고독」 「시(詩)의 맛」 「돌에 사긴 나의 시(詩)」 「시(詩)의 겨울」과 같은 이 시인의 종래의 수준을 유지한다고 볼 수 있는 새 스타일로 씌어진 작품들이 있지만 그 밖의 대부분의 작품들의 수준은 심한 낙차를 노정하고 있다. 여기서도 우리는 흥미 있는 사실을 보게 되는데 그것은 이 시인이 종래의 스타일을 버린 작품들 가운데서도 성공하고 있는 작품들은 대개 어느 모로나 그의 종래의 관심 내지 집념으로 보이는 것들이라는 점이다. 「견고한 고독」이나 「돌에 사긴 나의 시」나 「시의 겨울」과 같은 작품은 제목 자체가 '딱딱하고 메마른' 것에 대한 그의 관심을 나타내고 있지만 「시의 맛」과 같은 그렇지 않은 작품도 다음에 인용하는 부분이나 "내 영혼의 벗들인 말들은/까아만 비로도 방석에 누운/아프리카산(産) 최근(最近)의 보석(寶石)처럼/눈을 뜬다./빛나는 눈을 뜬다."는 그 끝 부분에서 그의 종래의 시풍을 엿보이고 있다.

멋진 약속(約束)을 깨뜨리고
시(詩)를 쓴다.

종아리가 곧은 나의 사람을

태평로(太平路) 이(二)가 프라스틱 지붕 아래서
온 종일 기다리게 두고,
나는 호올로 시(詩)를 쓴다.

'견고한 고독'이 보여준 김현승씨의 새로운 문체는 대체로 딱딱한 한자어가 대폭 자취를 감추고 참신하고 견고한 이미지와 서구어적인 구문이 현저하게 줄어진 대신 그만큼 보통의 우리말의 구문이 그것을 대치하고 현저하게 보통의 진술이 늘어난 것으로 우선 특징지을 수 있다. 그러나 그 결과 작품들의 시적 긴장이 풀어지고, 이 긴장의 해이는 구성의 단조화를 또한 초래하고 있다. 특히 이 시집에서 현저하게 많이 사용된 작품의 구성 형식은 권두(卷頭)에 실린 「길」에서와 같은 형식의 반복이다.

나의 길은
발을 여의고,
배로 기어간다
5월의 가시밭을.

너의 길은
빵을 잃고,
마른 혀로
입 맞춘다.
7월의 황톳길을,
(후반 생략)

이러한 형식이라도 「파도」에 있어서와 같이 이미저리를 주로 하여 반복 내지 병치(竝置)되었을 때는 단조로움이 덜하지만 진술이 주가 될 때에는 「길」에 있어서처럼 다소 우스꽝스러워지게 될 수조차 있다. 비슷한 형식과 구성을 보이는 「어린 것들」의 경우에는 문제가 더 구체적으로 파헤쳐져 있기 때문에 그 우스꽝스러움은 없으나 단조로움이나 산만함이 완선히 가시었다고는 할 수 없다. 그러나 이 작품은 다음과 같은 빛나는 두 행을 포함하고 있는데, 그것이 이 작품에서 특히 빛나는 구절이 되는 이유를 생각해 보는 것은 어떤 유익한 암시를 시인에게 줄 수 있을지 모른다.

그리하여 너희들의 깨끗한 한국어는
가장 강(强)한 노래의 샘물이 된다.

이 두 행이 이 작품에서 가장 빛나는 구절이 되는 것은 그것이 서구어적인 구문으로 견실한 이미지를 만들어내는 이 시인의 종래의 방법으로 씌어졌기 때문이다. 이번의 시집 『견고한 고독』이 그의 제1시집 『김현승시초(金顯承詩抄)』의 작품들을 1960년을 전후한 그의 중기 작품들과 함께 재수록 한 그의 제2시집 『옹호자의 노래』에 비하여 현저하게 시적 중량이 감소된 원인은 주로 그가 그의 본령인 종래의 시적 방법을 너무 급격히 포기한 데 있다 하겠다.

『창작(創作)과 비평(批評)』금년 봄호에 발표된 김현승씨의 다섯 편의 최근 작품들은 스타일에 있어서는 대체로 『견고한 고독』의 그것의 연장이라고 볼 수 있다. 그러나 그는 이 다섯 편에서 전에 없이 깊은 시적 사유를 느끼게 하는 관념적이요 철학적인 추상시(抽象詩)에 대한 그의 관심을 보이고 있다. 이러한 관심은 한 시인에 있어서 한층 원숙한 경지를 보이는 심화된 시적 관심이라 할 수는 있다. 그러나 시적 관심의 깊이만으로 훌륭한 시가 되는 것은 아니다. 이 시인은 그의 최근작 다섯 편 가운데에서도 가장 이미저리에 힘을 기울인 「불완전(不完全)」같은 작품이 비교적 성공한 예가 되는 이유를 깊이 생각해 볼 필요가 있을 것 같다. 철학시(哲學詩) 내지 추상시(抽象詩)라 하더라도 진술이나 알레고리만으로는 작품으로 성공하기는 어려운 것이고 더구나 우리말의 리듬의 구사에 있어서 그리 뛰어난다고는 볼 수 없는 이 시인과 같은 경우에 있어서는 더욱 그러할 것 같다.

결론적으로 말하면 김현승씨가 그의 초기 시에서부터 보이던 '물체화의 경향' 내지 '견고에의 집념'은 그의 이점과 약점 내지 한계를 동시에 설명하는 것이라 보여 진다. 그는 앞에서 우리가 보아온 바와 같이 시풍으로 1950년대에 와서야 발견된 1930년대의 우리 시단의 모더니스트이다. 1930년대의 모더니스트를 사이에 두고 본다면 그의 시적 수준은 그들의 그것에 손색이 없을 뿐 아니라 김우창씨가 최근에 지적한 것처럼 아마 그들 가운데서는 가장 골똘한 모랄리스트이기도 하다. 그러나 그는 바로 그러한 시풍과 집념 때문에 주로 우리말과 우리말의 이름에 대한 감각에 둔한 편이었고 흔히 시의 구성의 허약함을 드러냈으며 또 『견고한 고독』이 보여주듯 순조로운 시적 변모를 수행하기 어려웠던 것이다. 그의 본령은 원래 시의 스태틱스(정력학(靜力學))에 있었던 것이지 다이내믹스(동력학(動力學))에 있었던 것은 아닌 것 같다.

출전 :『창작과 비평』(1968. 여름)

인류적 보편성과 개인적 기질의 분리문제 - 김현승의 경우

김윤식*

1. 방법으로서의 고육책

(객) 오래전 선생이 쓴 「신앙과 고독의 분리문제- 김현승론」(『시문학』 1975. 7.)은 골드만의 역작 『숨은 신』의 방법론으로 결말을 삼았더군요. '데카르트는 신앙인이지만 그의 합리주의는 무신론인 것이다.' 라는 명제가 그것이지요. 아마도 선생은 그 무렵 시인 김현승보다는 문학연구의 방법론에 관심이 기울어졌던 모양이더군요.

(주) 그 무렵만 그러했던 것이 아니라 지금도 그러합니다. 문학연구도 과학(학문)의 일종일 수 있을까. 좀더 겸허히 말해 어느 수준의 객관성(설득력)을 획득할 수 있을까. 이런 강박관념에서 벗어나지 못하지요.

모든 개인이 형성하고 있는 다양 복잡한 인간관계의 총체는 매우 자주 한편에는 그의 일상생활과 다른 한편에는 그의 개념적 사고나 그의 생산적 상상력 사이엔 '단절'을 낳는다는 것입니다. 또 그러한 것 사이에는 너무도 매개된 관계 이외에는 없기 때문에 실제 문제로서 다소라도 적확한 아무런 분석도 손댈 수 없는 것으로 되어 있다는 것이지요. 다시 말해, 작품 이해를 가능케 하는 행동이 작가의 그것이 아니고 하나의 사회적 집단의 행동일 경우 만일 저자의 인격을 통해서만 혹은 주로 인격에만 의지하여 작품을 이해하려 한다면 작품이 갖고 있는 주관적인 의미 등은 반드시는 무엇보다도 역사철학자에 관심 있는 그것의 객관적인 의미에 일치하지 않는다는 것입니다.

(객) 이 딜레마를 어떻게 극복할 것인가. 골드만이 내세운 것이 유명한 비유, 곧 '두 사람의 책상들기' 아닙니까. 창작(사상)의 주체란 개인일 수

* 명지대학교 국어국문학과 석좌교수

없고, 집단이어야 한다는 것이지요. 그레마스(Greimas)는 이 점을 이해하고는 싶지만 이해되지 않는다고 했더군요. 비유로 설명할 수밖에요.

여기 책상이 있다고 칩시다. 무겁기 때문에 이를 들기 위해서는 두 사람이 필요하다고 가정합니다. 따라서 이 책상을 드는 주체는 A라는 사람이나 B라는 사람이 아니라 A와 B인 것입니다. 책상이 들렸다는 사실은 오직 하나의 '집단주체'와의 관계 속에서만 이해될 수 있다는 것입니다. 그 전체적 구조와 의미를 추출해야 되는 예술작품에 직면할 땐 유독 그러하다는 것이지요. 그러니까 시인 김현승의 경우에도 사정은 마찬가지라는 것입니다.

(주) 만약 내가 김현승 개인과의 관계 속에서 김현승 작품의 기능성(의미)을 묻노라면, 이러한 연구를 수포화하는 두 가지 기본 난점에 마주치게 되지요. 첫째, 김현승의 개성은 너무나 복잡하여 나는 사실상 그것을 과학(객관)적으로 연구할 수 없으며, 따라서 그 작품의 기능성을 제시할 수 없습니다. 둘째, 이 점이 중요한데, 만약 내가 이러한 방법(개인관계)으로 기능성에 대한 하나의 가설에 도달할 수 있다 해도, 그 가설은 작품의 문학적 혹은 문화적 특성과 아무런 관계도 없을 것입니다. 이때의 기능성이란 미치광이의 그림이 그 미치광이에 대해 지니는 기능성, 혹은 보통사람의 질문이 그 보통사람의 심리에 대해 지니는 기능성에 지나지 않을 것입니다.

반면, 집단주체는 하나의 경험적 문제입니다. 곧, 전반적 행위가 나에게 이런 유형의 심적 구조화를 하나의 기능석 현실로서 부여하는 그리고 그 연구가 작품의 내적 구조를 이해히는 데 필수불가결한 사회 그룹은 무엇인가 하는 문제인 것이죠.(골드만,『현대사회와 문화충격』, 천희성 역, 1982.)

(객) 요컨대, 두 사람 또는 그 이상의 사람들이 책상을 들어 올릴 때라야 어느 수준의 객관성이 보증된다는 것 아닙니까. 중요한 것은 어째서 선생이 유독 김현승론에서 이런 난점에 봉착하여 안절부절 상태에 빠졌던가에 있지 않은가요. 요컨대 김현승시에도 흥미가 있지만 그 논자에도 흥미가 있다는 것, 그래야 공평하지 않겠습니까.

(주) 그쪽에서는 어째서 유독 골드만의 과제가 김현승시 앞에 크게 노출되었는가를 묻고 있습니다 그려. 작가론이 안고 있는 아포리아의 하나를 묻고 있습니다 그려.

2. 워스워즈와 릴케 사이에서

(객) 김현승시의 유별남이란 과연 무엇일까. 선생이 착목한 데는 신앙과 고독의 분리문제였던 것. 그러니까 통념과 위배되거나 상용치 않는 대목이겠는데요. 목사의 아들이며, 형까지 목사였던 김현승에 있어 기독교 신앙이란, 통념상으로는 최고의 이념이자 지향성이었을 터입니다. 이러한 신앙인이 고독을 읊고 있다는 것입니다.

(주) 그것도 '절대고독'

(객) 참 그렇군요. 그냥 '고독'이 아니라 '절대고독'.

(주) 내가 김현승론을 쓰고자 한 것은 아주 세속적인 계기에서입니다. TV가 아직 흑백이던 1974년을 전후한 두 해 동안 「명작의 고향」(KBS 교양물)의 사회를 맡은 바 있었지요. 김현승 차례가 되어 시집을 검토하다가 『절대고독』앞에 부딪쳤지요. 묻지도 않았는데 시인 자신이 이렇게 말한 것으로 회고돼요. "기독교 신앙인이 고독하다니 하고, 주위에서 의아해 하고 있다."라고. 여기서 말하는 '주위'란 아마도 교회주변을 가리킴이기보다는, 문단인을 지칭함인 것으로 이해됩니다. 신에 귀의하고, 신의 품에 안겼다면 고독할 수 없다는 것. 신과 더불어 한 치 틈도 없이 살아간다면 어찌 고독할 수 있겠는가. 그런 시인이라면 응당 모든 시가 신에의 찬미에 바쳐져야 당연하다는 것. 그런데도 신앙인 김현승의 시에는 신에 대한 찬미가 없을 뿐 아니라 '절대고독'까지 내세우고 있다는 것.

(객) 묻지도 않았는데, 그렇게 말할 때의 김현승 표정은 어떻든가요.

(주) 낮은 목소리였고 조금은 씁쓸한 표정이었던 것으로 기억됩니다. 적극적으로 그 부당함을 밝히려고 하지 않았고, 그렇다고 주변의 몰이해를 탓하지 않는 목소리였다고나 할까요. 지금 생각해보니, 이 무렵 김현승의

가장 아픈 대목이었던 것으로 느껴집니다. 주위 사람들의 쑥덕거림이란 실상 시인 자신의 양심의 쑥덕거림이 아니었을까.

信仰을 가리켜 그러나 고독에 나리는 祝福이라면
깊은 信仰은 우리를 더욱 고독으로 이끌 뿐,
내 사랑의 뜨거운 피로도 너의 肉體를 속일 수는 없구나!

抽象으로도 肉體로도
溶解되지 않은,
오오, 너의 이름은 모든 愛情과 信仰을 떠나
내 마음의 王國에서 自由와 獨立을 열렬히
呼訴하는구나!

(「인간은 고독하다」, 1957. 7, 8연)

모든 피조물과 마찬가지로 인간도 그러하다는 것. 그러기에 원죄를 피할 수 없다는 것. 고독과 신앙이 나란하다는 것이 아니라 신앙을 능가함이 고독이라는 것.

신잉이 짙을수록 고독이 더욱 굳어진다는 것. 어떤 것으로도 이 고독을 해소시킬 수 없다는 것. 정신적으로도 육체적으로도 용해되지 않는 견고한 고독이라는 것. 이렇게 되면 신앙에서 촉발된 고독이 마침내 인간적인 모든 애정은 물론 출발점인 신앙조차 떠난다는 것. 마침내 그 결과 그 고독이 '나'를 능가하고 '나'를 떠난다는 것. 절망이 아닐 수 없지요. 내 속에서 키워진 고독이 '나'를 떠나 사물(자연)의 질서 속에 들어가 정작 그를 키워낸 '나'를 불쌍한 듯이 물끄러미 바라보고 있다는 것. 구원이 아닐 수 없지요. 드디어 절망과 구원 앞에 설 수 있는 존재가 '나'라는 것.

(객) 아마도 선생은 위의 시에서 다음 두 가지를 지적하고 있었겠지요.

하나는 순수 서정시인 워스워즈(1757~1877)의 「수선화」4연 끝부분의 멋진 대목. '고독 위에 내리는 정복(淨福)'(the bliss of solitude)이 그것.(이재호 역, 『낭만주의 영시』, 탐구당.) 수선화의 이미지가 '고독 위에 내리는 정복'이라 워스워즈가 읊었다면 김현승은 수선화 대신 '신앙'을 대치시킨 거죠. 수선화가 전원시인에겐 순수한 자연을 가리킴이고, 그러기에 수선화는 고독한 자의 축복이지만 목사의 아들로 자라 교회와의 관계가 일상이었던 김현승에겐 자연 대신 신앙이 그 자리를 차지함이란 무엇인가. 신앙이 깊어지면 고독도 짙어진다면 신앙과 고독은 비례하는 것으로 보이지만 실상은 그렇지 않지요. 그러기에 '내 사랑의 뜨거운 피'로도 고독을 견제할 수 없다 함은 결국 신앙에서 벗어날 수 없다는 뜻일까. 그렇지 않음에 주목할 것입니다. 고독이란 모든 애정과 신앙조차 넘어선다고 했으니까. 신앙도 애정도 넘어선 자리에 놓인 고독이란 그러니까 '절대성'이 아닐 수 없지요. 육체도 관념도 넘어선 자리에 올려진 고독이니까. 신앙이란 새삼 무엇이뇨. 기껏해야 '고독'을 위한 예비단계, 고독을 기리기 위한 한갓 장식물이거나 고독을 유도하고 그래서 축복해주는 격려자일 뿐.

(주) 신앙으로 말미암아 신앙의 축복을 받아 비로소 고독에 이르렀다는 것이라면 신앙이란 고독에 비해 한갓 '과정'에 지나지 않는 것. 신앙의 축복을 받았기에 고독은 신앙보다 더 절대적이라는 것. 육체보다 관념(추상)보다 근원적이라는 것. 그렇다면 신앙보다 우위에 놓인 '고독'이란 대체 무엇인가. 이 물음 속에 천금의 무게가 실려 있는 형국. 우리가 물을 수 있는 데는, 그러니까 김현승이 말하는 신앙의 성격이 아닐 수 없지요. 신이란 고독에 비해 절대일 수 없다는 것이니까. 만일 그렇지 않다면 그가 신앙이란 기독교적인 신이란, 절대이기는커녕 고독에 비해 별 것 아닌 것이지요. 기독교의 신을 능가하는 고독이라는 새로운 신을 모색했던 것이라 하지 않을 수 없지요. '절대고독'이라 한 것은 이를 가리킴이지요. 이를 상징화함에 있어 워스워즈의 힘을 빌렸다고 하겠지요. 다른 하나는?

(객) 다른 하나는, 선생이 이미 언급했듯 인간이란 피조물이라는 것.

> 나로 하여금
> 세상의 모든 책을 덮게 한 고독이여!
> 비록 우리에게 가브리엘의 성좌와 사탄의 모든 저항을 준다 한들

만들어진 것들은 고독할 뿐이다!
인간은 만들어졌다!
무엇하나 이 우리들의 의지 아닌

이 간곡한 자세— 이 절망과 이 구원의 두 팔을
어느 곳을 우러러 오늘은 벌려야 할 것인가

(「인간은 고독하다」, 끝부분)

피조물로서 인간의 운명이 뚜렷하지 않습니까. 피조물로서의 인간이 그 운명과 맞서는 장면이란 어떤 것인가. 일찍이 이 물음에 직면하고 이를 타개하고 수용하기 위해 골똘히 생각한 사람은 시인 릴케입니다. 김현승을 논하는 자리에서 자주 사람들은 릴케와 연관시키곤 합니다. 릴케의 사물시(事物詩)와 김현승의 관련성의 지적이 그것.

견고하다든가, 가을이라든가, 열매 등에서 두 시인의 관련성은 쉽사리 찾아집니다.(김종길 「견고에의 집념」, 『창작과 비평』, 1968년 여름호.) 그러나 김현승의 릴케 독법은 좀더 깊은 곳에 있지 않았을까. 피조물인 인간이 직면한 절망과 그것에서 구원당할 수 있는 방도는 무엇인가. 이 물음에 릴게만큼 민첩한 정신은 드물지요.

(주) 사물(Dinge) 만들기가 그것.

(객) 바로 그것. 릴케식으로 말하면 피조물인 인간이 마주친 고독 또는 절망에서 벗어나는 길은 단 하나. 사물 만들기인 것. 로댕이 그 대표적인 사례. 로댕이 만든 것은 단지 '사물'이지 예술품이거나 아름다운 조각 따위가 아니라는 것.

"어떤 사물이겠습니까? 아름다운 것이라고요. 그렇지 않습니다. 대관절 미(美)가 무엇인 줄 누가 알았겠습니까? 그와 비슷한 것을 만들려고 했던 것입니다. 하나의 사물입니다. 그 가운데서 자기가 사랑하고 있는 것, 또 두려워하고 있는 것, 그리고 그 모든 것 안에 있는 이해 불가능한 무엇이 다시 나타나고 있음을 보게 되는, 그런 물건을 바랐던 것입니다."(릴케, 『로댕』, 핏셔서점, 1955, p. 10.)

(주) 피조물인 인간이란 실로 일찍부터 자연물을 원형삼아 힘들여가며 사물의 형태를 만들었습니다. 필요에 의해서이기도 하지만 일상은 피조물의 조건(허무)에서 벗어나고자 하는 충동에서였던 것, 자기가 만든 물건이 이미 있었던 자연물과 나란히 그처럼 인정을 받고 동등한 권리를 가지고 자연물 곁에 놓여 있는 것을 보는 일만큼 진기한 경험이 달리 있을까. 되는 대로 일하는 가운데 맹목적으로 무엇인가 생겨났던 것입니다. 그리하여 그것은 위협 받은 채 자연 그대로인 생명의 흔적을 제몸에 지니고 있습니다. 아직도 그 생명은 온기가 있었지요. 그러나 그것이 완성되어 사람의 손을 떠나기가 바쁘게 벌써 사물 속으로 들어가 버려 사물이 가지는 침착성과 조용한 품위를 얻는 것이었지요. 그리하여 이제는 마치 세상에서 멀어지기나 한 것처럼 서글피 합의를 보고서 그 영속하는 저편으로부터 이쪽을 바라다 볼 뿐, 이 굉장한 체험은 너무나 이상야릇하고 강렬한 것이어서 오로지 이런 체험을 해보려고 만들어진 물건이 별안간 나타났다손 치더라도 우리는 그것을 이해할 수 있습니다. 최초로 신의 모습을 만든 것은 이런 체험에서 가능했다는 것, 그것은 그러니까 우리 눈에 보이는 인간적인 것이나 동물적인 것으로부터 함께 사멸하지 않는 것, 영속적인 것, 그보다 한층 더 고차적인 것, 곧 '사물'을 만들려는 시도였던 것.

(객) 피조물인 인간이란 어차피 죽게 마련인 것, 운명이니까. 자기가 만든 사물이 완성되자마자 자기 손을 떠나 사물의 질서 속에 들어가 창조자인 인간을 연민의 시선으로 바라보고 있음이란 얼마나 충격인가. 어차피 죽을 운명의 '나'를 내가 만든 사물쪽이 불쌍한 듯이 '나'를 바라보고 있다니! 최초로 신의 모습을 만든 인간의 체험이란 바로 이것.

(주) 요컨대 김현승 시인은 신앙상으로도 서구적이지만, 시의 운용방식에 있어서도 서구적이라 할 것입니다. 그러나 이 서구적인 방식은 모방도 거역도 아니지만 단순한 영향관계와도 구별되는 특수한 관련양상이라 하겠지요.

그러면 우리를 고독케 하는 것들은 무엇인가?
잃어버린 지평선(地平線) — 저 풍요(豊饒)하던 창고(倉庫)들인가,

헬렌의 슬픈 이야기를 우리에게 들려 준 호우머의 시(詩)들인가,
아니면 사랑이 가고 지혜(智慧)가 오기 전 무성턴 저 무화과(無花果)
나무의 그늘들인가.

비록 그것들에 새로운 시간(時間)의 수액(樹液)을 흐르게 하여,
현재(現在)와 미래(未來)의 꿈 많은 여정(旅程)을 주어,
시(詩)를 산문(散文)으로 종합(綜合)을 분석(分析)으로, 결핍(缺乏)
을 생산(生産)으로
성장케 한들 그것은 또한 무엇인가?

(「인간은 고독하다」, 9, 10연)

서구적인 논법이나 사상이 아무리 대단해도 별것 아니라는 것, 피조물인 인간의 운명(고독) 앞에서는 실로 쓸모없다는 것, 그렇다면 대체 이 서구적인 시나 사상이나 관념(추상)이란 무엇인가. 피해갈 수 없는 물음이지요.

3. 죽음에 마주친 축복받은 고독

(객) 신앙보다 윗자리에 놓인 것이 고독이며, 설사 그것이 신앙의 축복을 받았다 할지라도 사정은 마찬가지. 그 신앙이 만일 기독교라면, 기독교인 김현승에 있어 고독이란 기독교를 넘어선 새 영토, 이른바 새로운 신, 그러니까 '낯선 신 찾기'에 해당되는 것이겠습니다 그려. 새로운 교주되기라고나 할까. 아니 스스로 신되기이겠지요. 이런 현상은 스스로 신(교주)되기를 모색했던 「황토기」(1939)의 작가 김동리에서도 볼 수 있습니다. 소설의 김동리와 시의 김현승이란 이 점에서 매우 닮았다고 할 것입니다. 김동리와 다른 점이 있다면 김현승의 목소리가 차디차다고나 할까요.

(주) 김현승이 이르고자 하는 곳은 교주의 자리가 아니지요. 유일 절대한 자리 곧 '혼자인 신'입니다. 어떤 신도도 없는 그런 자리, 고독한 신이

지요. 성내지도 않고 자비심 따위도 걷어치운 그런 신이지요.

"나의 고독은 구원에 이르는 고독이 아니라 구원을 잃어버리는, 구원을 포기한 고독이다. 수단으로서의 고독이 아니라 나의 고독은 순수한 고독 자체일 뿐이다. 그러므로 나의 고독이야말로 이 세상에서 가장 진정한 고독이다."(김현승, 산문집 『고독과 시』, 지식산업사, 1977. p. 210.)

보다시피 교주되기와는 현저히 다릅니다. '절대고독'이라 한 까닭이지요. 영혼까지 포기한 경지인 만큼 신을 문제 삼을 수 없는 경지인 것.

거기서
나는
옷을 벗는다.

모든 황혼이 다시는
나를 물들이지 않는
곳에서.

나는 끝나면서
나의 처음까지도 알게 된다.

신(神)은 무한히 넘치어
내 작은 눈에는 들일 수 없고,
나는 너무 잘아서
신(神)의 눈엔 끝내 보이지 않았다.

무덤에 잠깐 들렀다가,

내게 숨막혀
바람도 따르지 않는
곳으로 떠나면서 떠나면서,

내가 할 일은
거기서 영혼의 옷마저 벗어 버린다.

(「고독의 끝」, 1970. 전문)

키에르케고르처럼 신에게 외면당할까봐 절망적인 단독자와 별개의 경지이지요. 너무 신이 커서 '나'에게 수용될 수 없고, 신 또한 '나'에게 끝내 보이지 않음이란 새삼 무엇인가. 신 쪽의 거부도 아니며, 신을 거부한 경우도 아닙니다. 그렇다고 해서 청마(靑馬)의 신 모양 아예 인간과는 무관한 허무의 신도 아니지요. 김현승의 경우는 신과 '나'의 내기에서 공평합니다. 너무 큰 것은 보이지 않는 법이니까 수용할 수 없는 것은 내쪽의 의지이자 상화이며, '나'의 존재의 미미함으로 말미암아 신쪽에서 수용할 수 없는 형국이니까. 만일 신과 무관한 자리에까지 나아간다면 어떤 경지가 열릴까. 영혼이 없는 경지가 아닐 수 없지요. 이를 일러 '절대고독'이라 하여 '견고한 고독'에서 한발 내딛고 있습니다. 일찍이 아무도 고려해 보지 않은 경지임엔 틀림없습니다. '세상에서 가장 진정한 고독'일 법하지 않습니까.

신에 매달리고자 외치거나 발버둥질하지 않았고, 신 쪽에서도 '나'에게 관심을 주지 않았음이란 결국엔 어디에 닿는 것일까. 무신론의 경지일까요. 그렇지는 않아 보입니다. 어째서? 바로 이 물음 속에 '절대고독'의 참모습이 가로 놓여 있는 것으로 해석되기 때문입니다. 신의 무한성이나 절대성이 부정되었지만 허무에 빠지지 않는 것이 최후로 놓여 있었기 때문, 곧 '양심'이 그것.

먼저 지적되는 것은 김현승에 있어 신앙(신)이란 외부에서 주어진 것이라는 사실. 목사가문의 둘째 아들이며, 형 역시 목사였음을 염두에 둔다면 또 그가 신사 참배거부로 이름난 평양 숭실전문학교에서 공부했음을 고려할 것입니다. 자기 스스로 신을 적극적으로 구한 것이 아님에 주목할 것입니다. 마치 그것은 태어나보니 그런 환경에 놓여 있었고, 또 자연스럽게 그 환경에 익숙해졌을 터입니다. 그의 처지에서 보면 이는 기독교 집안이라는 또 신앙적 환경이라는 일종의 보편성(좋은 의미)이라 할 것입니다.

가문의 전통이었으니까. 이에 비해 개개인은 저마다의 '기질적 개성'이 따로 있기 마련이지요. 김현승에 있어 이 '기질적 개성'이 어느 순간 크게 고개를 들기 시작했을 터, 그것도 거의 중년에 가서입니다. 고독이 그것. '혼자 있음'을 기질적 개성으로 갖고 살아온 아이가 자라서 어른이 되고서도 신앙이라는 가문의 보편성의 원리에 짓눌려 오다 만년에 가서야 마침내 그 보편성을 돌파하게 됐습니다. 기질적 개성이 보편성(기독교적 개성)을 뚫고 분출해 올라 왔겠지요. 그 자신은 이렇게 고백하고 있습니다.

"나는 재작년(1972) 2월 말경에 며칠째 머리가 흐리멍텅하더니 하루는 쓰러져 버렸다"라고. 환갑을 며칠 앞둔 시점. 둘째 아들 혼례식장이었지요. 이 충격의 원인을 시인은 이렇게 주장합니다.

"나와 목사이었던 나의 형은 전문학교 다닐 때까지도 방학 때 집에 내려가면 목사님이시던 아버님이 사랑채에 우리를 불러 꿇어앉게 하시고 객지에서 공부할 때 십계명을 어긴 일이 있느냐고 조목조목이 물으셨다. 그러나 형과 나는 양심의 가책을 느끼지 않고 어기지 않았다고 떳떳이 대답하곤 하였었다. 그리고 저녁 예배에서는 가끔 성단에 올라 서 서투른 설교나마 때때로 하였었다. 그 순진하였던 청년시절에 비하면 육십에 가까워진 근년의 나의 생활은 얼마나 신앙과 멀어지고 있었던가! 결국 나라는 인간은 세상의 문학으로는 썩어질 이름을 얻은 것 같았으나 그만큼 신앙을 잃고 천국을 향하는 길에서 까마득히 멀어져가고 있었던 것이다. 이 나의 신앙적 배반을 오래 참고 보시다 못하여 나를 주관하시는 하나님 아버지께서는 나를 치셨던 것이다."(『고독과 시』, p. 162.) 1974년에 쓰여진 시인의 참회록이라 하겠지요. 신으로부터 멀어져간 대가로 주어진 것이 바로 '쓰러졌던 사실'이라 말하고 있습니다. 신이 '썩어질 문학의 이름'의 대가로 시인을 쓰러뜨렸던 것, 그 '썩어질 이름'이 바로 '절대고독'을 가리킴입니다. 신의 압력, 신과의 긴장관계에서 벗어나야 시가 만들어진다고 시인이 생각하지 않았다면, 말을 바꾸면, 신앙과 시의 분리문제에 매달림으로써 시인은 약간의 문학적 성과를 얻었던 것입니다. 견고한 이미지에의 집착, 마침내 '절대고독'에까지 이르고 만 것이었지요. 이 나라 시문학사의 처지에서 보면 김현승의 저러한 견고성의 시적 달성이란 커다란 봉

우리로써 큰 성과임엔 틀림없습니다. 감각적 민감성의 정지용, 문명의 모습을 원시적 이미지로 포착한 김기림, 「오감도」(1934)로 정리되는 이상의 슈리얼리즘 등과도 선을 긋는 김현승문학의 성과는 단연 문학사적인 사건성이겠지요. 견고성, 절대고독 등의 관념성을 시에로 순화시킨 것은 오직 김현승시에서 비로소 가능했던 것이죠. 견고함, 절대고독 등이란 실상 헤브라이즘에 대한 후천적 훈련의 결과이겠지요. 요컨대 이 나라 시사에서는 뚜렷한 하나의 봉우리에 틀림없습니다.

(객) 그럼에도 불구하고 시인 김현승은 이런 성과를 싸잡아 '썩어질 이름' 이라 했습니다. 그 시점이 1972년 전후, 회갑을 맞이할 그 무렵 그는 쓰러져 혼수상태를 지속했던 것. 신이 이런 김현승을 후려쳤던 것.

(주) 그러나 신은 시인을 버리지 않았다고, 시인 스스로 말합니다. 자, 보십시오.

"이러던 중에 나는 지금으로부터 3년 전(1973년, 인용자)의 어느 겨울에 갑자기 쓰러지고 말았다. 나의 느낌으로는 죽었던 것이다. 그러나 며칠 만인가, 얼마 만에 나는 다시 의식을 회복하고 살아나게 되었었다. 죽은 가운데서 누가 과연 나를 살렸을까? 나는 확신한다! 그 분은 나의 하느님이시다. 나의 부모와 나의 형제들, 나의 온 집안이 모두 믿고 지금도 믿고 있는 우리의 신이, 하느님이 나에게 회개의 마지막 기회를 주시려고 이 어리석은 나를 살려놓으신 것이다. 개인적인 신념지고 나의 이 신념과 이 신앙처럼 더 확실하고 더 굳센 신념은 지금 이 지상에는 더는 없다고 나는 생각한다."(『고독과 시』, p. 167.) 1974년 시점에서 김현승의 도달점입니다.

(객) 그렇다면 영혼까지 부정한 저 '절대고독' 이란 무엇인가. 잠시 헛섯에 들렸던 것일까. 시인 김현승에 있어 신앙이란 한갓 부차적인 영위에 지나지 않았고, 그 결과가 '죽음에 이르는 병' 이었던 것일까. 이제 정신이 들고 보니 '시 짓기' 란 한갓 부차적인 것. '생활의 전부' 일 수 없다는 자각에 이르렀다는 것. "시 짓기란 내 생활의 전부가 아니다" 라는 자각에 이르렀다면 이는 그동안 시 짓기를 일삼아온, 그래서 생활의 전부로 여겨온 행위의 결과인 시들은 과연 무엇일까. '절대고독' 을 스스로 부정한 것일

까. 부정하기까지는 아니더라도 한갓 부차적인 것이겠는데요.

(주) 시인 김현승론과 인간 김현승론이 각각 분리되는 현장에까지 이른 셈이지요. 이 둘을 전체상으로 파악하는 방도는 없는 것일까. 이런 물음도 이젠 피해가기 어렵지요. 그렇지 않으면 어느 쪽의 논의도 부실해질 염려가 있겠지요.

4. 사실과 관습의 균형감각

(객) 시인의 말대로 신이 '죽음'을 들고 나와 시인을 후려쳤을 때를 원점으로 하여 일단 그 이전과 이후를 따로 논의해야 될 처지에 우리가 놓였습니다 그려.

(주) 좋은 지적입니다. 김현승은 나이 47세에 숭실대학 교수가 되지 않았습니까. 바로 그 해에 「나의 고독과 나의 시」(1960)를 썼습니다. 그 동안의 자기의 시적 생활을 개관한 이 글에서 신앙에 대한 회의가 표현되어 있습니다.

"내가 거의 일생을 믿어온 기독교에 대하여 회의를 일으키게 된 이유를 여기 짧은 지면에 다 쓸 수는 없지만 몇 가지 중대한 논리적인 이유와 현실적인 이유로 나눌 수 있다."(『시와 고독』, p. 206.)라고.

(객) 논리적 이유란 쉽사리 짐작됩니다. 첫째 하느님이 '유일신'이 아니라는 것. 어째서? 만일 기독교만이 유일신이라면 세계의 온갖 다른 종교란 없어야 하지 않겠는가. "나 이외에는 다른 신을 공경하지 말라"(십계명)를 보아도 이 점을 알 수 있다는 것. 또 일원론일 수 없는 것은 악마의 존재를 인정하고 있다는 것, 이원론이 아닐 수 없지요. 이 점에서 오직 알라신만을 내세운 코란의 종교와도 구별되는 것.

(주) 그렇죠. 김현승도 꼭 같이 그렇게 말했으니까. 그러나 중요한 것은 그가 내세운 '현실적인 이유'입니다. "현실적인 이유로는 나는 거의 일생을 교회를 상대로 하여 살아 왔다. 그러나 내가 얻은 결론은 교인들의 생활과 마음가짐이 일반사회인의 그것과 다름이 없다는 사실이다."(『고독과

시』, p. 207.)

특유한 형식을 지키는 면에서만 다를 뿐 실생활 면에서는 영혼 중심의 교인들이 육체 중심의 사회인과 다를 것이 '전혀' 없다는 것. 이것이 그의 오랜 체험으로 증명될 수 있다는 것.

(객) 논리적 이유와 현실적 이유를 들어 회의론자가 되었을 때, 그의 시가 시사에서 갖는 뚜렷한 성좌로 빛났다는 논법이 성립됩니다 그려. 대체 이를 어떻게 평가, 수용해야 적절할까요.

(주) 1962년 무렵 김현승은 「인간다운 기본정신」(『현대문학』, 1964. 9.)을 발표했지요. 기본적인 정신이란 무엇인가 스스로 묻고 또 답해 놓았지요. '인간의 본질을 이루는 기초적 가치'가 그것. 다르게 또 그는 이를 '순수가치'라 했지요. 무기의 가치와 꽃의 가치를 대등한 위치에서 평가할 줄 아는 정신, 인간의 가치란 한갓 상대적인 것이기에 '독선'이란 있을 수 없다는 마음가짐이 그것. 이것이 기본정신이며, 따라서 보편성이라면 특수성이란 한갓 부차적이 아닐 수 없지요. 개인의 기질과 특성이라든가 가문의 전통이라든가 특정 종교 신앙하기 따위란 제이차적인 가치에 지나지 않는다는 것. 그러기에 그가 이렇게 자기규정함도 가능합니다. "나는 인간으로서는 결점도 많지만 시에서만은, 시를 쓸 때만은 참되고 정의롭고 양심적이려 한다. 이러한 수련으로써 나의 인간가치도 점차로 순수로 연난(鍊鍛)될 수 있으리라 기대를 스스로 가져보는 것이다."(『현대문학』, 1964, 9. p. 42~3.)라고.

(객) 거기까지는 알겠는데, 보편성이 우선하고 특수성이란 부차적이겠지요. 이렇게 말하고 있으니까.

"그러나 그렇다고 해서 나의 作品에 어떤 思想의 갈래 속 具體的인 특수한 精神이 作用하지 않는 것은 아니다. 더욱이 앞으로의 나의 詩는 아무래도 基督敎의 神을 相對로 形而上的인 世界로 나가기 쉬울 것 같이 나 自身이 느낀다. 그것은 基督敎의 바탕에서 낳고 자라난 나의 年齡과 詩의 年條가 不惑을 넘어선 지금 必然的으로 그러한 段階로 나의 詩를 發展시키지 않을 수 없을 것이기 때문이다. 그러한 나는 또한 信仰에 순응하기만 하는 詩人은 아니다. 人間의 內在的인 것과 神의 超越的인 것이, 나의 詩 안에서 부딪쳐 衝突하고 소용돌이치는, 말하자면 懷疑와 反抗과 葛藤과 理解와 攄得으로 몸부림치는, 정상적인 信仰과는 자못 容貌가 다른 追求의 世界를 나는 나대로 걸어가 볼 것이다."(윗글, p. 43.)

(주) "시에서는 시를 쓸 때만은 참되고, 정의롭고 양심적이려 한다."고 1964년도에 천명해 놓았지요. 시에서만 적용되는 절대적 기준인 것입니다. 그러기에 현실생활이란 한갓 부차적이지요.

(객) 신의 처지에서 보면 영락없는 회의론자, 나아가 무신론자의 마음자리이지요. 신과 시를 동등한 자리에 또 나아가 신보다 윗자리에 시를 놓은 형국이니까. 이를 지켜보던 신이 1970년에 이 시인을 준엄한 죽음의 채찍으로 내리쳐 쓰러뜨렸다!

(주) "그러나 하나님 아버지께서는 나를 다시 깨어나게 하시어 나의 과거를 회개할 기회를 주시고, 그리하여 나는 고혈압 증세를 앓기 전보다 신앙을 회복하고 자신의 죄과를 깨닫고 신앙에 정진하려고 지금은 노력하고 있다."(『고독과 시』, p. 163.)

(객) "내가 병후에 첫째로 해야 했고, 한 일은 나의 문학관의 개조와 혁신이었다."(『고독과 시』, p. 163.)

(주) 시의 가장 가벼운 깃틀도 스밀 수 없는 절대고독, 호랑이도 건들어볼 생각을 품지 않는 바윗덩이 같은 절대고독에서 벗어나는 길은 무엇인가. 형이상학에로 믿고 끝도 없이 치닫던 이 준마는 어떻게 자기개혁을 시도했던가. 이 물음이야 말로 결정적입니다.

다음 시가 이를 잘 말해주는 것.

나는 차를 앞에 놓고
고즈넉한 저녁에 호올로 마신다.
내가 좋아하는 차를 마신다.
그러나 이것은 다만 事實일 뿐,
차의 짙은 향기와는 관계없이
이것은 물과 같이 담담한 事實일 뿐이다.

누구의 시킴을 받아
참새 한 마리가 땅에 떨어지는 것도 아니고
누구의 손으로 들국화를 어여삐 가꾼 것도 아니다.
차를 마시는 것은
이와 같이 스스로 달갑고 가장 즐거울 뿐,
이것은 다만 事實이며 또 慣習이다.
나의 고즈넉한 慣習이다.

물에게 물은 물일 뿐
소금물일 뿐,
앞으로 남은 十年을 더 살든지 죽든지
나에게도 나는 나일뿐,
이제는 차를 마시는 나일뿐,

이 짙은 향기와는 관계도 없이
차를 마시는 事實과 慣習은
내가 아는 내게 대한 모든 것이다.
그리고 모든 것에 대한 모든 것도 된다.

(「사실과 관습」, 1970년 가을)

'고독 이후' 라는 부제가 붙은 이 작품만큼 '김현승스런 현상' 이 따로 있으랴.

(객) 선생이 감탄하고, 탄복하는 이유를 이제 알만합니다. 인류적 보편성과 개인적 기질로서의 특수성을 아주 자연스럽게 극복하고 있습니다. '사실' 이란 인류적 보편성(만물의 이치)이며, 관습이란 기독교로서의 특수성인 것. 인류사의 시선에서 보면 그렇지요. (만일 기독교가문을 보편성으로 상정한 장면이라면 앞에서 이미 지적했던 김현승 개인적 기질이란 한갓 특수성이지요.)

(주) 그가 아는 모든 것은 바로 융화랄까 종합에 있었던 것. 이때 비로소

'모든 것' 에 대한 '모든 것' 도 된다는 것이니까. 관념도 사라지고, 구체적 묘사도 꼬리를 감추었지요. 거저 담담한 서술체라고나 할까요. 한 동안 종교를 비판하고 회의한 것도 결국은 종교에 귀의하고 싶은 심정의 '변태적인 발로'(『고독과 시』, p. 214.)였을 터입니다.

(객) '절대고독' 이란 일종의 '변태적인 발로' 이어서 목에 힘을 꽉 준 형국. 그 단계를 넘어서자 '사물' 과 '관습' 으로 정지된 형국. '변태적인 발로〉의 극복이야말로 만년의 도달점이겠습니다 그려.

'고독 이후' 의 시가 아름다운 이유가 거기 있습니다. 그렇다면 이 나라 시사에서는 어떠할까요. 신앙을 되찾은 것은 좋지만, 그것이 이 나라 문학사에서 보면 어떠할까요. '변태적 발로' 의 위치말입니다.

(주) 거기까지 논의할 자신이 없습니다. 서두에서 말한 것처럼 문제제기에 지나지 않으니까요.

5. 고독과 미의 동시성

(객) 선생의 능력이 모자란다는 것은 알지만 문제제기만도 조금은 의의가 없지 않을 듯합니다. 이 글 머리에서 선생이 논의한 것은 골드만의 "두 사람의 책상들기"였습니다. 방법론이었던 셈이지요. 데카르트는 신앙인이지만, 그의 합리주의는 무신론이다!

신앙으로서의 기독교도 이해하기 어렵지만 목사의 가문에서 낳고 자라 시인이 된 사람에 관해서도 이해하기란 실로 어렵지요. 작가론의 난점이 여기에서 옵니다. 이 난점을 극복하기 위해 제시된 것이 창작주체의 집단성론이지요. 골드만이 요컨대 복합성을 집단이라는 큰 단위로 환원시킴으로써 조금씩 단순화시킴이라고나 할까요.

(주) 신앙으로서의 기독교쪽을 단순화시킴이 그 첫 번째 과제입니다. 비서구권의 한국적 기독교가 이에 관련될 터입니다. 여기서는 모더니스트이자 가톨리시즘으로 대표되는 정지용시학과의 대비가 요망될 터입니다. 정지용과 김현승 두 사람의 '책상 들어올리기' 를 과제로 삼노라면 좀더 단

순성(과학성, 객관성)이 얻어질지 모릅니다. 다른 하나는 김현승의 시적 업적을 이 나라 문학사와 견줌입니다. 이때 모더니즘으로서의 서구적 시의 운용방식의 과제에로 단순화될 수 있겠지요.

이런 연구가 조만간 이루어져야 할 것으로 생각합니다.

(객) 아까도 선생 머리 속엔 김현승이 자주 언급한 T.S. 엘리엇과의 비교검토도 들어 있지 않은가요.

(주) 지금 단계로서는 다만 머리 속에 둘 수밖에 없네요. 비서구인의 기독교 신앙과 서구인의 그것과의 비교란 실로 대논문감이니까요.

(객) 엘리엇의 특질은 그 지적인 풍모에 있다는 것. 그 정서를 노출시키지 않는 지성 속에 얼마나 깊숙한 멋이 스며 있는지 모른다는 것, "나는 그러한 멋을 잔뜩 간직한 엘리엇의 지성이 좋았다."(『시와 고독』, p. 198.)라고 공언한 김현승이고 보면 한 가지 의문을 떨치기 어렵네요. 시인의 개성이란 시와 무관하다는 것, 곧 매개물(백금선)에 지나지 않는다는 것.(T.S. 엘리엇,「전통과 개인의 재능」)

(주) 동감입니다. 문학이 문학인가 아닌가를 따지는 것은 '문학적 기준'에 의해 판가름나 옳다는 것. 이는 물리칠 수 없는 점이지요. 그러나 가령 문학이 어떤 각도에서 읽히더라도 그 영향은 언제나 인간적 전체에 이르는 것이라는 것. "문예비평은 하나의 명확한 윤리적 신학적 견지에서 행하는 비평에 의해 보충되었을 때 비로소 완전을 기할 수 있다."(엘리엇, 『종교와 문학』Ancient and Modern, p.93.)라고 엘리엇이 말했음을 상기해 보기 바랍니다. 서구인이 아니고는 이런 대목을 이해하기에 심한 난처함을 느끼기 마련입니다. 요컨대 장차 쓰여질 김현승론에서는 비서구인 그것도 한국인의 기독교와 시의 관계항이 전개될 수도 있겠지요.

(객) 시사적으로도 시인론으로도 아무런 보탬이 되지 않은 상태에서 우리의 대화가 끝나고 있습니다 그려. 뭔가 처음부터 잘못되었을까요. 지금 생각해보니 아마도 보편성과 기질적 개성에 대해 우리의 대화가 집중되었어야 했을 터입니다. 곧, 기질적 개성에 좀더 관심을 가져야 했을 터입니다. 실상 우리의 대화는 그 잘난 인류적 보편성에 너무 기울어졌지요.

(주) 우리 잘못만은 아니겠지요. 시인 자신이 보편성에 기울어져 고투했

으니까. 시를 잃어버릴 만큼.

(객) 기질적 개성에 관심을 모은다면 그 중심은 어디일까요.

(주) '까마귀' 이지요. 잘 살펴보면 이 시인이 유년기에 까마귀에 홀려 있었음이 판명됩니다. 한 겨울 하늘을 가득 채우는 검은 새. 그의 울음소리만큼 시인을 감동시킨 것은 많지 않습니다.(『고독과 시』, p.35~38.) 개인적 기질인 까닭에 아주 드러내기를 꺼렸다고나 할까. 까마귀의 부정적 이미지를 독창적으로 되살렸다고 해석한 김현승론도 있습니다.(곽광수, 『가스통 바슐라르』, 민음사, 1995. p. 274.)

관념적 형이상학적 흔적이 군데군데 남아 있지만 그럼에도 시 「겨울까마귀」(1965)는 진짜 김현승스런 현상이 아닐 것인가. 유년기에서부터 친해진 검은 겨울새. 자기의 영혼의 흙벽이라도 덤북 물고 있는 소리를 가진 새. 시인으로서나 인간으로서나 그것은 죽음을 걸고 보편성에 치달아가는 결과물이지요. 그러기에 부질없이 시인은 보편성에 온 힘을 쏟은 것은 아닐지요. 이 점이 곧 관념에 약한 이 나라 시단을 확장시킨 업적이지요. 잠시 음미함으로써 우리의 엉성한 대화를 마치면 어떠할까요. 고독(기질적 개성)과 미(보편성)의 동시적 인식이 비로소 이루어진 경지이니까.

영혼의 새.

매우 뛰어난 너와
깊이 겪어 본 너는
또 다른,

참으로 아름다운 것과
호을로 남은 것은
가까와질 수도 있는,

언어(言語)는 본래
침묵으로부터 고귀(高貴)하게 탄생한,

열매는
꽃이었던,

너와 네 조상(祖上)들의 빛갈을 두르고.
내가 십이월의 빈 들에 가늘게 서면,
나의 마른 나무가지에 앉아
굳은 責任에 뿌리 박힌
나의 나무가지에 호을로 앉아,

저무는 하늘이라도 하늘이라도
멀뚱거리다가,

벽에 부딪쳐
아, 네 영혼의 흙벽이라도 덤북 물고 있는 소리로,
까아욱—
깍—

(「겨울까마귀」(1965), 전문)

(색) 이 경지에서 멈추어야 했을 터이지요. 시인은 부질없이 여기서 벗어나 갈 데까지 가 보자였던 것. 「절대고독」(1968)에까지 한발 떼어놓았던 것. 인간적 보편성과 기질적 개성의 분리에까지 밀어 붙였던 것. 그 결과는 죽음이었지요. 신의 경고가 그것.

(주) 그 어느 쪽에서도 미가 머물 수는 없었던 것.

출전 : 다형김현승30주기기념세미나, 2005.11.

김현승 시의 구조와 방법

유성호*

1. 김현승 작품론의 구도

문학 작품에 대한 연구는 그 작품들에 대한 가치 있는 의미 체계의 설정에 뜻을 두고 있다. 그것은 문학 작품 안에 담겨 있는 창조적 의미와 가치를 찾아내어, 그것을 우리의 삶에 복원하여 전승될 만한 예지의 한 부분으로 받아들이는 일을 의미한다. 따라서 문학 작품 연구는 그것이 축적되어 온 전통을 끊임없이 의식하면서, 낱낱 작품이 견지하고 있는 의미와 가치를 이어받는 일에 그 목적이 있다. 하지만 문학 작품을 연구하는 것은 그 방법의 선택에 따라 많은 것을 찾아낼 수도 있고, 역으로 상당 부분을 잃어버릴 가능성도 있다. 작품의 속성과 독법(讀法) 선택의 조응이 절실하게 요청되는 것은 바로 이 때문이다. 우리가 다형 김현승과 그의 시편들을 놓고 고심할 수밖에 없는 것 역시 시인과 그의 작품에 걸맞는 독법 설정 문제라 할 것이다.

이 점에서 그의 생애와 시편들을 별다른 굴절 없이 연결시키는 전기 비평적 폐해는 극복되어야 한다. 어차피 시인은 '형상(形象)' 으로 자신의 세계를 드러내는 법이고, 물리적 시공간을 통해 구현한 생애나 산문적으로 뜻을 새긴 전언(傳言)이 시세계의 본뜻은 아니기 때문이다. 따라서 한 시인의 시를 전체적으로 읽는 데 주의를 기울여야 할 것은, 시세계의 기조가 되는 서정적 주체의 '인식 구조' 와 '형상화 방법' 이라고 할 수 있다.

이제 우리는 김현승에 어울리는 독법을 마련할 때, 효율성과 적합성을 필요조건으로 살펴야 한다. 그 필요조건을 설정하는 데 고려되어야 할 것이 바로 '인식 구조' 와 '형상화 방법' 이다. 여기서는 김현승이 사물을 읽

* 한국교원대학교 국어교육과 교수

는 '인식 구조'와 시를 쓰는 '형상화 방법'을 이른바 '대위구조적(對位構造的) 상상력'[1]으로 파악하려고 한다. 그것은 다름 아닌 이원적 사유에 바탕을 둔 이항대립(binary opposition)적 상상적 힘을 일컫는 말인데, 이를테면 '유(有)/무(無)'라든가 '진(進)/퇴(退)' '명(明)/암(暗)' '생(生)/멸(滅)' '온(溫)/한(寒)' '희(喜)/비(悲)' '선(善)/악(惡)' '시(是)/비(非)' '해방/억압' '자유/구속' '자연/문명' '희망/절망' '농촌/도시' '제국주의/식민지' '이성/감성' '신/인간' 같은 사회적, 추상적, 가치 평가적인 의미론적 짝(semantic pair)이 사상(事象)의 본질을 규정하는 대립적 힘이고, 그들이 이루는 조화 또는 우열의 양상에 따라 인생의 감각과 정서, 정조가 결정적으로 좌우된다는 사유 방식을 일컫는다.[2] 그리고 그것에 바탕을 둔 상상적 힘은 결국 그것들(의미론적 짝)의 대립 · 융화의 원리로 시적 형상을 창조하는 상상력을 말한다.

이러한 '인식 구조' 및 '방법'이 김현승의 시세계를 읽어내는 데 가장 적합하다고 상정했을 때, 우리는 그 같은 양상이 이 시인에 와서 새롭게 고안되었다거나 또는 충격적일 정도로 독창적이라는 것을 이야기하고자 하는 것이 아니다. 다만 그의 시세계를 검토했을 때, 이러한 '인식 구조'와 '형상화 방법'으로 그를 파악하는 것이 가장 유용하고 타당한 열쇠의 의미를 띤다고 보는 것이다. 김현승은 한결같이 이러한 두 대립항의 긴장과 이완 또는 거룸과 화해의 여하이 사물들의 의미와 가치를 이루고 있다고 사유한 시인이다. 따라서 그의 시 안에 부조(浮彫)되어 있는 두 가지 대립항의 긴장과 길항(拮抗)이 갖는 패러다임의 일관성을 자세하게 추적하

1) 원래 '대위(對位)'라는 단어가 갖고 있는 내포적 의미는 '대립적 위치'이다. 물론 음악 용어로서 사용되는 '대위법(對位法)'은 "각각 독립된 많은 선율을 동시에 결합시키는 기술로, 화음의 형태를 나타내는 각 성부의 횡적인 흐름을 중시하는 작법"을 일컫는 것이지만, 이 글에서는 어의(語義) 그대로 "대립 형질로서의 의미와 동등한 위상(位相)을 확보하고 있다는 뜻"의 통합적 의미로 쓰인다.

2) 물론 김현승의 시에서 추출되는 이항대립은 '남/녀'와 같은 중간 단계가 부재하는 '모순 개념'보다는 '빛/어두움'처럼 그 중간 단계가 가능한 이른바 '반대 개념'이 단연 우세종으로 나타난다. 따라서 이원적 사유에 바탕을 둔 이항대립적 틀이라고 할 경우 그것의 의미 자질들은 대부분 이와 같은 '반대 개념'이라고 보아야 한다. 그리고 이러한 경우에만 이른바 두 대립항을 통합할 수 있는 상상력이 발아할 수 있기도 하다.

면, 그의 시 안에 구현되고 있는 미학적 본령을 온당하게 검토할 수 있을 것이다.

2. 신성(神聖)과 역설(逆說)의 시학

(1) '신성(神聖)'의 이미지 추구

김현승은 한결같이 이원적 대위를 이루는 개념을 통해 사물의 실상에 접근하였으며, 그것을 철저히 이미지화하는 시작 경향을 보였다. 그것이 초기시에서는 '알레고리'라는 양식과 '인유(引喩)'라는 방법론적 원용, 그리고 감각적 이미지를 중시하는 작법으로 나타났다. 그러나 해방 이후 그의 시세계는 방향을 조금씩 바꾸어가기 시작한다.

그늘,
밝음을 너는 이렇게도 말하는구나.
나도 기쁠 때는 눈물에 젖는다.

그늘,
밝음에 너는 옷을 입혔구나,
우리도 일일이 형상을 들어
때로는 眞理를 이야기한다.

이 밝음, 이 빛은
채울 대로 가득히 채우고도 오히려 남음이 있구나.
그늘 -- 너에게서……

내 아버지의 집
풍성한 大地의 圓卓마다,
그늘,

五月의 새 술들 가득 부어라!
이깔나무 -- 네 이름 아래
나의 고단한 꿈을 한때나마 쉬어 가리니…….

-「五月의 歡喜」 전문

이 시의 대위구조는 '그늘/밝음(빛)' '기쁨/눈물에 젖음' (이상 1연) '형상/진리' (2연) '채움/남음' (3연) '고단함/쉼(환희)' (4-5연) 등으로 이루어져 있다. 이 시의 현상적 청자로 설정된 '너' 는 문맥상으로 보아 '이깔나무' 가 된다. 그러나 그것은 별 의미가 없다. 이 시의 수신자는 그냥 보편적인 자연 물상일 수도 있고, 역으로 시인의 내면일 수도 있기 때문이다. '이깔나무' 는 다만 형식적이고 가상적인 청자일 뿐이다. '이깔나무' 는 깊은 산에 사는 전나무과에 속하는 낙엽 침엽수로서, 이 시에서 등장하는 '그늘' 의 이미지와 썩 잘 부합되는 기품을 가진 나무이다. 이 시에서 결국 '그늘/밝음(빛)' 의 대위는 시인의 상상력 안에서 '그늘=밝음' 으로, '기쁨/눈물에 젖음' 은 '기쁨=눈물' 로 '형상/진리.' '채움/남음' 은 각각 '형상=진리' '채움=남음' 으로 어느새 동질화되어 축제의 상상적 공간('풍성한 大地의 圓卓'), 혼융의 이미지 "새 술들 가득 부어라!" 등을 불러온다. 결국 '고단함/쉼' 조차 '고단함=쉼(환희)' 으로 화한다. 이 같은 대위구조의 변화는 이 시인의 시세계의 변화의 길목에 많은 것을 시사한다. 예전에 대위항을 둘로 갈라 하나에 긍정적 의미를, 또 다른 하나에 부정적 의미를 덧씌워 결국 전자가 후자를 극복함으로써 하나의 세계를 이루었던 그의 시세계가, 이제는 '신성(神聖)' 이라는 환희의 공간에서 그 둘을 통합하고 둘 사이의 변별을 무너뜨리고 있는 것이다. 이와 같이 하나의 사물 또는 진리를 표상하는 두 가지 대위항을 결국 하나로 통합해내는 양식을 우리는 '역설(逆說)' 이라 한다. 따라서 이 시기에 눈에 띄는 김현승의 변화는 '알레고리' 에서 '역설' 로의 진화라고 할 수 있다.

이 시에 모두 네 번 등장하는 '그늘[陰影]' 이라는 어휘는 의미가 이중적인데, 그것은 그 안에 '그늘' 과 '밝음' 의 양면성을 동시에 내포하고 있는 것으로 드러난다. '그늘'은 결국 '밝음'을 역설적으로 드러내는 자연의 한 현상이다. 신록을 반짝이게 하는 '밝음(빛)'으로 인한 필연적인 부산물이 '그늘'이라고 할 수 있는데, 그것은 '내 아버지의 집'이라는 환희의 공간에서 이미 갈등과 대립을 넘어선 융화의 세계로 탈바꿈된다. 대립적 심상의 동시적 파악, 곧 대립이 아니라 상호 침투하는 대위항들, 이것이 김현승의 대위구조적 상상력의 변화상을 강력하게 시사한다는 것이다. 대립적 심상을 자신의 관념 안에서 선험적으로 설정하고 그것에 알맞은 자연 심상을 배치한 후 하나에는 긍정적 의미, 다른 하나에는 부정적 의미를 덧입혀 하나를 승인하고 다른 하나를 배제했던 알레고리적 세계관에서 벗어나, 그 두 대위항이 결국은 사물의 양면을 이루는 동시적 존재상이라고 볼 수 있는 안목의 열림, 그 변증적 안목이 김현승 시의 진화를 드러내주는 대목인 것이다.

따라서 이 작품 안에서 서정적 주체는 한 계절의 추이(推移)에서 자연과 동화되어 있는 자신을 발견하고, 자기 본연의 실존을 별다른 적대감이나 갈등 없이 수락하는 조화로운 시적 목소리를 보인다. 결국 사물들은 '형(形)'만 다르지 '본(本)'은 다르지 않다는 인식 안에서 '기쁨'과 '눈물'이 대립성을 띨 까닭이 없는 것이다.

(2) 명랑성의 시학과 감각적 이미지

사실 김현승의 시는 누구보다도 '지성(知性)'에 바탕을 둔 사색의 시 곧 주지적(主知的) 시이며, 신선하고 발랄한 감각을 언어적으로 이미지화한 것을 특징으로 한다. 그리고 그는 어떤 '관념'이라도 그것을 구체적인 '사물'로 받아들임으로써 일차적 의미의 이미지즘적 성향을 구현하고 있는 시인이다.

> 詩人들이 노래한 一月의 어느 言語보다도
> 零下 五度가 더 차고 깨끗하다.
>
> 메아리도 한 마정이나 더 멀리 흐르는 듯……

正月의 썰매들이여,
감초인 마음들을 未知의 散亂한 言語들을
가장 鮮明한 音響으로 번역하여 주는
出發의 긴 汽笛들이여,
잠든 森林들을
이 맑은 공기 속에 더욱 빨리 일깨우라!

무엇이 슬프랴,
무엇이 荒凉하랴,
歷史들 썩어 가슴에 흙을 쌓으면
希望은 묻혀 새로운 種子가 되는
지금은 樹木들의 體溫도 뿌리에서 뿌리로 흐른다.

피로 멍든 땅,
傷處 깊은 가슴들에
사랑과 눈물과 스미는 햇빛으로 덮은
너의 하얀 祝福의 손이 건히는 날

우리들의 山河여
더 푸르고 더욱 遼遠하리!

-「新雪」 전문

이 시편은 시인이 생전에 스스로 전집(全集)을 묶을 때 그 첫 페이지에 수록한 작품이다. 차고 깨끗함을 지향하는 서정적 주체의 정서가 '일월'이라는 시간적 배경이 갖는 신선함과 잘 어울리는 작품이다. 모두 6연으로 구성되어 있는 작품이다.

1연에서 서정적 주체는 시인들이 '일월'에 대해서 노래한 어느 시어(詩語)보다도 일월의 실제 온도인 '영하 오도'가 더 차고 깨끗하다고 말하고 있다. 시인들이 아무리 차고 깨끗한 이미지를 구사하였다고 하더라도 그것은 불완전할 뿐만 아니라, 실재에 가깝지 않은 가상(假想)일 뿐인 것이다. 시인의 '언어' 가 결국은 가 닿을 수 없는 감각적 실재를 '일월' 은 그 기운으로 고스란히 가지고 있는 것이다. 이와 같이 '언어(또는 사변)' 보다 '실재(또는 형상)' 을 우위에 두는 것은 김현승의 대위구조의 기본을 이룬다고 앞서 말한 바 있다. 「나무와 먼 길」이나 「플라타너스」 등에 그와 같은 양상이 잘 나타나 있다. 2연은 1행으로 구성되어 있는데, 여기에서는 그 차고 깨끗한 공기 속에서 멀리 퍼지는 소리의 형상을 보이고 있다. 차고 깨끗한 공기 속에서 소리[音響]가 멀리 멀리 퍼져 나가는 것은 우리의 체험으로도 넉넉히 증명할 수 있는 실재이다.

3-4연에서 서정적 주체는 정월을 달리는 아이들의 '썰매' 를 보면서 어느새 들녘을 달리는 '기차' 를 연상한다. 그것은 '기차' 가 '기적' 을 울리며 미지(未知)의 언어를 나르는 이미지를 가지고 있기 때문이다. "잠든 삼림들을 이 맑은 공기 속에 더욱 빨리 일깨우"는 '기적' 은 "감초인 마음들을 미지의 산란한 언어들을 가장 선명한 음향으로 번역하여주는" 소생과 출발의 이미지를 가지고 있다. 여기서 '미지' 는 두려움이고 설렘이지만, 그 언어에는 슬픔과 황량함이 없다. 그것만이 1월을 나타낼 수 있는 것이다. 그렇듯이 역사가 썩어 흙으로 돌아감으로써만이, 그리고 한 알의 씨가 땅에 묻힘으로써만이 희망의 새 역사는 열리는 것이다. 5-6연에서는 지나간 상처나 아픔 따위는 사랑과 눈물과 스미는 햇빛으로 덮어버리고, 더 푸르고 요원한 산하를 덮는 눈을 두고 희망을 읊조리고 있다. 이 같은 '명랑성' 의 시학은 이 시인의 형이상적 열정의 또 하나의 기축을 이룬다.

(3) '자아' 에 대한 역설적 인식

'역설' 또한 대위구조를 필요 조건으로 하는 인식 및 방법임에 틀림없다. 다만 하나가 다른 하나를 배제해버리는 것이 아니라 하나와 다른 하나가 결국 별개의 것이 아니라는 것을 보여주는 일종의 통합성을 근간으로 하는 것이다. 이것 역시 김현승이 알레고리적 세계관을 벗어나 세계의 복합성을 승인하고 그 사이에서 갈등하고 서성이는 것이 실존적 정직성임을 알아챈 일종의 '시적 진화(進化)' 라고 할 수 있다. 그 '역설' 은 이 시인의 자기 탐구의 적실한 방법론이 된다.

내 목이 가늘어 懷疑에 기울기 좋고,

血液은 鐵分이 셋에 눈물이 일곱이기
咆哮보담 술을 마시는 나이팅게일……

마흔이 넘은 그보다도
빰이 쪼들어
戀愛엔 아주 失望이고,

눈이 커서 눈이 서러워
모질고 사특하진 않으나,
信仰과 이웃들에 자못 길들기 어려운 나 ---

사랑이고 원수고 몰아쳐 허허 웃어 버리는
肥滿한 모가지일 수 없는 나 ---

내가 죽는 날
단테의 煉獄에선 어느 扉門이 열리려나?

- 「自畵像」 전문

이 시편은 김현승이 해방 후에 창작을 다시 시작하는 시기(1947. 6)에 씌어진 작품이다. 이 시의 전반부에 형상화된 자신의 외양은 곧바로 자신의 내면적 모습을 설명적으로 전이시킨 것이라고 볼 수 있다. 신앙적 회의, 곧 자기 자신을 이제까지 강력한 구심력으로 옭아매었던 신앙으로부터 '눈물이 일곱인' 시인은 서성이는 모습을 보인다. 따라서 이 시인의 회의에는 연옥이 기다리고 있다. 자신의 자조적(自嘲的) 캐리커처를 통해 시적 주체는 회의와 죄의식, 불안 의식, 운명에 대한 불투명성을 노래하고 있는 것이다. 그러나 이러한 회의가 그에게 '역설'적 인식과 정서적 복합성을 가져다주는 매질로 작용할 근거가 되는 것이다.

(4) '사라짐'의 역설적 의미 추구

우리가 평소에 갖고 있는 통념(通念)에 의하면 '소멸성(消滅性)'과 '영원성(永遠性)'은 전형적인 대위적 짝이 될 수 있다. 사물이나 현상이 순간적이고 일과성(一過性)적으로 사라지는 것을 뜻하는 '소멸성'은 당연히 '영원'할 수 없는 것이고, 또 '영원'한 것은 시간적 구속 자체를 받지 않기 때문에 '소멸'할 수 없는 것이기 때문이다. 우리의 보편적 사유에서 지상적, 세속적인 것은 일시적이고 '소멸'할 수밖에 없는 데 비해, 천상적이고 신성한 것은 무한하고 '영원'한 것으로 각인된다.

이처럼 선명한 대립적 의미를 갖는 '소멸(사라짐)'과 '영원(남음)'은 '유한성'과 '무한성'으로 환치(換置)되어 전자는 인간적 한계를 나타내고, 후자는 그리움의 형식으로 우리들 마음 속에 존재한다. 그런데 이러한 대립성을 띠는 두 형질은 김현승의 독특한 시적 사유에서 통합된다. '소멸'과 '영원'의 통합, 그것을 더욱 선언적으로 말하면 김현승에게는 "사라지는 것만이 영원한 것"이다.

보다 아름다운 눈을 위하여
보다 아름다운 눈물을 위하여
나의 마음은 지금, 喪失의 마지막 잔이라면,
詩는 거기 반쯤 담긴
가을의 향기와 같은 술……

사라지는 것들을 위하여
사라지는 것만이, 남을 만한 眞理임을 위하여
나의 마음은 지금 저무는 일곱時라면,

詩는 그곳에 멀리 비추이는
입 다문 窓들……

나의 마음 --- 마음마다 로맨스 그레이로 두른 먼 들일 때,
당신의 영혼을 호올로 北方으로 달고 가는
詩의 검은 汽笛 ---

天使들에 가벼운 나래를 주신 그 은혜로
내게는 자욱이 퍼지는 言語의 무게를 주시어,때때로 나의 슬픔을 위로하여 주시는
오오, 地上의 神이여, 地上의 詩여!

-「地上의 詩」 전문

이 시편은 김현승의 시적 사유가 지향하는 역설과 통합적 상상력을 잘 보여주는 상징적인 작품이다. 그것은 그동안 전형적으로 대립적 구조를 형성하던 형질들이 결국 하나의 사물 또는 본질을 이루고 있는 양대 기축(基軸)이 되는 것임을 인식하는 것을 말한다.

1연에서 서정적 주체가 소망하는 것은 '보다 아름다운 눈' 이나 '보다 아름다운 눈물' 로 표상된다. 물론 여기서 나타나는 '아름다움' 이 유미주의적이고, 자족적인 '심미성(審美性)' 그 자체를 의미하는 것은 아닐 것이다. 그것은 김현승이 지향하는 인생론적 경지로서의 '아름다움' 이다. 결국 그것은 '아름다움=참됨(진리)' 의 뜻으로 전화된다. 그 진리를 위하여 자신의 마음은 지금 '상실' 의 마지막 잔이 되고, 자신의 '시' 는 그 안에 반쯤 담긴 술과 같다고 말한다. 여기서 '상실' 이란 '결여' 또는 '결핍' 을 초래하는 직접적 원인이지만, 이 시에서 그것은 결국 '충일' 의 이미지를 곧바로 불러오는 역설적 기제가 된다. 따라서 그것은 '채우기 위해 비우는' 것으로 읽힌다. 시인의 '시' 역시 잔속에 반쯤 담겨 있는 술로 비유되는데, '반(半)' 이라는 양 자체가 긍정과 부정, 곧 '소멸' 과 '충일' 을 동시

에 가능성으로 갖고 있는 것이기도 하다. 거기에 '가을의 향기'와 같다고 함으로써 그것 역시 '가을'이 환기하는 '소멸'과 '풍요'라는 이중적 속성을 고스란히 반영하고 있는 것이다.

2연에서 그것들(눈/눈물)은 '사라지는 것들'과 의미론적으로 같게 된다. 그러나 서정적 주체에게 있어서 '사라지는 것들' 곧 '보다 아름다운 눈'과 '보다 아름다운 눈물'은 그것만이 '남을 만한 진리'가 된다. 그것들을 위하여 자신의 마음은 '저무는 일곱시'이고, '시'는 '그곳에 멀리 비추이는 입 다문 창'이 된다. '저무는 일곱시'나 '입 다문 창' 역시 예외 없이 '소멸'의 이미지를 동반하는데, 그것 역시 '새롭게 열림'이라는 가능성을 동시에 잉태하고 있는 이미지이다. 이제 '소멸'과 '생성'은 모든 존재가 갖고 있는 양면적 속성일 뿐 그 자체로 선연한 대립성을 띠지는 않는다.

마지막 연에서 이 작품은 '천사/시인'의 대위구조를 형성하는데, 그것은 '가벼움/무거움'의 대위이기도 하다. '지상의 신'은 내게는 천사와 같은 '가벼운 나래' 대신에, 감당하기 어렵고 자욱이 퍼지는 '언어의 무게'를 짐 지운다. 그 어려움과 인고(忍苦)를 통해 '지상의 신'은 때때로 나의 슬픔을 위무(慰撫)하기도 하는데, 그 존재는 곧바로 '지상의 시(詩)'로 환치된다. 결국 지상의 '시는'('신은' – 재미있는 일이지만 그 둘은 발음상 똑같다) 사라지고 말 운명과 속성을 지니고 있지만, 그 '사라짐'의 운명을 지니고 있는 '지상의 시'를 결국 영원성에 이르는 길로 승화시키고 있는 시인됨의 역할을 하고 있는 서정적 주체의 열정과 애정을 볼 수 있다.

이와 같은 시적 상상력 곧 '사라짐'과 '영원'을 통합적으로 인식하는 힘은 "길들이 끝나는 곳에서/길은 열리어/生命의 매듭은 자라가는 것 ---/歷史의 廻廊은 영원으로 굽이치는 것"(「飛躍」)이나 "갔으나 사라지지 않고/빈 들에 울리는 우리의 소리를 듣는가"(「生命의 合唱」) 등으로 이어진다. '시적 상상력'이란 위대한 창조적 질서의 원리로서, 제재들을 분별하고 질서화하며, 분리하고 통합할 수 있게 하는 능력인데, 이 시인에게 있어 그것은 이질적이고 대립적인 것을 하나로 통합하는 힘으로 작용하는 것이다.

3. '고독' 천착을 통한 존재론적 '자기 탐구'

김현승은 후기 시편에서 철학적 관념을 극한까지 추구하게 되면서 형이상적 궁극에 이르는데, 그것이 다름 아닌 '고독(孤獨)' 이라는 개념의 집요한 천착이다. 사실 그에게 '고독' 이라는 추상적, 철학적 범주는 이 시기에 그가 경험하였던 지적, 정서적 충동을 웅변해서 드러내 주는 대표적 의미소가 되고 있다. 사실 이 시인에 대해서 보통 사람들이 갖고 있는 이미지 역시 그것에 크게 기대고 있는 편인데, 김현승을 이르는 별칭 중 가장 보편적인 것이 '고독의 시인' 인 것만 보아도 '고독' 과 그의 관계는 단순한 주제적 집념 외에 더 큰 의미가 내포되어 있다고 볼 수 있다. 이 '고독' 의 인식을 통해 결국 김현승은 가장 치열한 '자기 탐구' 의 극점에 이른다고 할 수 있다.

김현승이 자신의 시적 여정 중 가장 깊이 있는 '관념(고독)' 에 이르고 또 그것을 끊임없이 애정을 가지고 형상화한 것으로 미루어 보아,『견고한 고독』과 『절대고독』을 펴낸 시기는 그의 시적 일생의 클라이맥스이고, '신앙' 으로 원점 회귀(原點回歸)하기 직전의 한 정점(頂點)이기도 하다. 따라서 이 시기는 마치 마지막 불꽃을 태우며 피어나는 촛불의 찬란함과 아름다움을 연상시키는 기간인데, 그 중에서 가장 우리의 영혼에 깊고 뚜렷이 각인되어 있는 형이상적 관념이 앞서 이야기하였듯이 '고독' 이다. 그것은 분명 시적 '천착' 또는 '굴착' 이라는 표현이 적절할 정도로 끈기 있고 정성 어린 탐구였다고 보인다.

(1) '견고성/결정성' 에 대한 관심

제대로 된 문학 작품 연구는 작품의 표면에 나타나 있는 진술을 넘어서 작품이 가지고 있는 문학적 경험 자체의 핵심에 도달하는 것을 의미한다. 김현승의 시를 탐구하는 데 우리가 그의 경험적 정수에 도달하는 일은 그의 '관념' 이 가지고 있는 변이 곡선을 따라가 보는 일이다. 김현승은 '견고함' 과 '결정성' 이라는 그만의 독특한 이미지의 각질을 형성한다. 그의 이 시기의 시집 제목이 벌써부터 『견고한 고독』이다.

껍질을 더 벗길 수도 없이
단단하게 마른
흰 얼굴.

그늘에 빛지지 않고
어느 햇볕에도 기대지 않는
단 하나의 손발.

모든 神들의 巨大한 正義 앞엔
이 가느다란 창끝으로 거슬리고,
생각하던 사람들 굶주려 돌아오면
이 마른 떡을 하룻밤
네 살과 같이 떼어 주며,

結晶된 빛의 눈물,
그 이슬과 사랑에도 녹슬지 않는
堅固한 칼날 -- 발 딛지 않는
피와 살.

뜨거운 햇빛 오랜 時間의 懷柔에도
더 휘지 않는
마를 대로 마른 木管樂器의 가을
그 높은 언덕에 떨어지는,
굳은 열매

쌉쓸한 滋養
에 스며드는
에 스며드는
네 생명의 마지막 남은 맛!

-「堅固한 고독」 전문

'이슬과 사랑'에도 녹지 않는 녹녹하지 않은 단단한 '고독', 그것은 여하한 인간적 열정과 의지로도 범접하기 힘든 자기 신성성을 일정 부분 누리고 있다. 여기 '감상(感傷)'이 끼어들 자리는 없다. 이 시편에서 말하는 '고독'은 단단한 각질을 두르고 있다. "껍질을 더 벗길 수도 없이/단단하게 마른" 얼굴을 하고 있고, '結晶과 칼날' 또는 '木管樂器' '굳은 열매' 등의 이미지를 동시에 가지고 있을 정도로 그 경도(硬度)는 매우 거세다. 그러나 마지막 연에서 그같이 견고하고 메마른 이미지에 단 하나의 습기와 윤기가 도는데, 그것이 다름 아닌 열매 안에 들어 있는 "네 생명의 마지막 남은 맛"이다. 따라서 그의 '고독'은 견고하면 견고할수록 '불모성'에 가까운 것이 아니라, 오히려 '생명'에 더 가까이 갈 수 있다는 역설적 인식을 보여준다. 따라서 여기서 엇비치는 신앙적 자아에 대한 회의(懷疑)는 '질서'에 대한 것이지 그 자체로 '비관주의'를 형성하지 않는다.

특히 이 시는 한결 같은 명사형 종결 유형이 그 메마름을 형상적으로 일깨우고 있는 특색을 보인다. 그것은 모두 견고한 고독을 이루는 '살'의 이미지이다. '고독'의 원의에 해당하는 이른바 '매개어(vehicle)'들이 하나하나 철저히 대응하는 구조로 되어 있는데, 그것이 환기하는 것은 철저히 인간적 고뇌 안으로 들어오려는 서정적 주체의 단호함을 증명해주는 매질로 작용한다. 따라서 이 작품의 서정적 주체는 줄기차게 인간적 관심과 인간적 사상(事象) 및 주제를 추구하고 있는 것이다.

(2) '고독'의 시적 천착

김현승이 이 시기에 가장 줄기차게 매달렸던 시적 주제는 앞서 이야기하였듯이 '고독'이다. 이 시인이 추구한 '고독'의 층위는 실로 다양한데, 그것은 그 스스로 말했던 '기질적인 고독', 그리고 시대적 양상이 가져다준 '사회적인 고독', 그리고 '존재론적 고독'과 '신을 잃은 고독' 등으로 나타난다. 그러나 김현승의 '신'에 관한 인식 또는 자기 정체성에 관한 인식이 키에르케고르를 연상시키는 실존주의적인 것과 완전히 등가를 이루는 것은 아니다. 왜냐하면 키에르케고르가 다분히 신 앞에서 '단독자'로서의 인간적 구원을 바랐던 데 비해, 김현승의 그것은 신으로부터 멀리멀리 방법적으로 떠나버린 순수 고독의 세계이기 때문이다. 그 순정한 고독의 세계를 그는 다음과 같이 표현한다.

나는 이제야 내가 생각하던
영원의 먼 끝을 만지게 되었다.

그 끝에서 나는 눈을 비비고
비로소 나의 오랜 잠을 깬다.

내가 만지는 손끝에서
아름다운 별들은 흩어져 빛을 잃지만,
내가 만지는 손끝에서
나는 내게로 오히려 더 가까이 다가오는
따뜻한 체온을 새로이 느낀다.
이 體溫으로 내게서 끝나는
나의 영원을 외로이 내 가슴에 품어 준다.

그리고 꿈으로 고이 안을 받친
내 言語의 날개들을
네 손끝에서 이제는 티끌처럼 날려보내고 만다.

나는 내게서 끝나는
아름다운 영원을
내 주름 잡힌 손으로 어루만지며 어루만지며
더 나아갈 수도 없는 나의 손끝에서
드디어 입을 다문다 --- 나의 詩와 함께.

-「절대고독」 전문

김현승의 필생의 시적 테마였던 '고독'은 프로테스탄트의 힘겨운 자기 각성 또는 자기 정체성 도달의 의미를 띤다. 신의 일관된 침묵, 그러나 세계를 버릴 수 없는 고독한 자의 쓸쓸함은 앞서 보았듯이 그의 시에서 '보석(寶石)'이라는 이미지를 즐겨 불러온다. 그것은 그의 내면의 고독과 고고함을 동시에 표상하는 시적 이미지이다. 김현승은 그의 시작 후기에 이르러 그의 시적 주제를 온통 '고독'의 의미에 두었던 시인이다. 시집 『견고한 고독』과 『절대고독』은 이러한 그의 집요한 탐구열을 보여 주는 작품집인데, 이때 '고독(Solitude)'의 시적 의미는 외따로 혼자 버려져 있는 감각적 쓸쓸함으로서의 '외로움(Lonliness)'과 질적으로 다르다. 그것은 '단독자'로서의 인간적 실존에 대한 자각을 의미하는 개념으로 쓰이고 있다. 다른 짐승들과는 달리 인간은 자신이 고독한 존재라는 것을 앎으로써 세계와 자신을 인식하는 것이다.

보통 '고독'은 홀로 있음의 의미이다. 이를 '고립자'와 '단독자'의 두 범주로 나누어 생각해볼 수 있는데, '고립자'는 기질적인 문제에 속하며, '단독자'는 인간의 실존적 조건이다. 일찍이 키에르케고르는 참된 타자와의 관계를 설정하고 있다. 그에 의하면 '단독자'는 모든 사람들 속의 단한 사람을 의미함과 동시에 만인을 의미할 수가 있다. 만일 사람들이 변증법적으로 주의를 환기하려 한다면 '단독자'의 범주를 늘 쌍방에 걸쳐 사용할 수가 있다. 이 이중적인 것이 참된 '단독자'의 사상이다. 이 '단독자'에 철저해지는 것이 타자와의 연대를 낳는다. 이 시에 나타나는 '고독' 역시 고립되고 절망적인 '외로움' 같은 차원의 것이 아니다. 오히려 '고독'에 깊이 들어간 세계에서 새로 발견하는 탄생의 기쁨을 보고 있다. 그것을 일러 시인은 '절대고독'이라 부르고 거기서 '영원의 먼 끝'을 만지고 있다. 중요한 것은 이제까지 '생각하던' 것을 '만지게' 되었다는 감각의 전이(轉移)이다. 의식 속에서 이루어진 대상의 확연한 전유를 시인은 만진다는 촉각적 체험으로 절실히 표현한다. 사실 '영원'이란 시간성의 흐름 자체를 절대적으로 부정하는 시간 부정적(negative) 개념이다. 따라서 그 안에는 변화나 굴절보다는 절대성으로서의 무한 동경이 내재한다. 시인은 그 영원의 끝을 만지면서 비로소 고독한 존재로서의 자신을 발견한다. 그것을 하품을 하며 오랜 잠을 깨는 기침(起寢)의 이미지로 표현한 것이다.

4. 맺음말

관념론적 사유에 의하면 원래 '실재(實在)'는 정신적인 것이다. 버클리(Berkley)가 말한 바와 같이 "존재하는 것이 지각되는 것이다(esse est percipi)". 따라서 물질은 정신 속에 있는 관념들(ideas)의 형태로밖에는, 또는 정신 활동의 표현으로밖에는 존재하지 않는다.

그런 의미에서 김현승의 경우 사유 방식은 관념론의 한 형태인 기독교적 실존주의에 입각한 것이었으며, 그는 인간 존재를 신 앞에 던져진 유한하고 고독한 존재로 파악, 그 안에서 영원을 감득하는 '절대고독'의 극한까지 추구해 간 보기 드문 지적 치열성을 지닌 시인이었다. 그리고 그 방법적 기제는 관념의 이미지화와 외계와 주체의 상호 기투에 의한 외계의 내면화였음을 알 수 있다. 그것은 역설적으로 말하여 김현승에게 자기 탐구 및 자기 구원의 한 방법이기도 하였다.

출전 : 다형김현승31주기기념세미나, 2006.11.

시의식

홍기삼, 고독과 르네상스적 딜레머

김윤식, 신앙과 고독의 분리문제

오규원, 비극적 종교의식과 고독

안수환, 신의 부재와 초월성

Ⅳ 시의식

고독(孤獨)과 르네상스적 딜레마 –김현승과 고독의 관계–

홍기삼*

방문하기엔 좋은 장소이지만, 머물기엔 쓸쓸한 장소가 고독이라고 버나드 쇼오는 말한 적이 있다. 고독에 대한 이런 식의 재담(才談)은 지나친 경박감 마저 느끼게도 한다. 외롭다는 것이나 고독하다는 것은 김현승의 경우에 맞추어 생각하자면, 타인과 함께 있지 않고, 홀로 떨어져 있다는 상태에서 일치된다. 그러나 외로운 자는 그의 외로움을 벗어나기 위하여 타인과 만나기를 갈망하는 것이지만 고독한 자는 타인과의 부단한 단절을 스스로 감행한다는 점에서 상반된다. 외로움과 고독이 동의어인 것처럼 오해되는 이유란 홀로 있다는 그 상태 때문인 것이다. 따라서 고독이란 방문하기엔 어려운 장소지만 머물기엔 편안한 곳이라고 바꿔 생각할 수도 있을 것이다.

시인(詩人) 중에도 고독한 시인이 있으나 시인이기 때문에 누구나 모두 고독한 것은 아니다. 고독은 주어지는 것이 아니라, 선택되는 것이기 때문이다. 라이너 마리아 릴케도 우리나라의 가장 지적인 시인인 김현승도 모두 고독한 시인들이다. 이들을 이해하기 위하여 우리는 무엇보다도 이들이 택한 고독의 의미가 과연 어떤 것인지 이해하지 않으면 안 된다. 특히 김현승의 경우 고독은 단순히 시 몇 편의 주제로 파악된 부분적인 스펙트

* 동국대학교 국어국문학과 명예교수

럼이 아니라 삶의 전면적인 영역 속에서 그의 모든 것과 긴밀히 동화(同化)하고 있다는 느낌을 주고 있다. 그의 제4집이 되는 『절대고독(絕對孤獨)』의 서문(序文)은 매우 시사적(示唆的)이므로 여기 일부를 소개한다.

"고독 속에 파묻히는 것은 감상이나 위축이 아니다. 고독을 추구하는 것은 허무의식과도 그 색채가 다르다. 고독을 표현하는 것은 나에게는 가장 즐거운 시 예술의 활동이며, 윤리적 차원에서는 참되고 굳세고자 함이 된다. 고독 속에서 나의 참된 본질을 알게 되고 나를 거쳐 인간 일반을 알게 되고 그 점으로서 나의 대사회적(對社會的) 임무까지 알게 된다."이 짧은 인용구 속에 고독을 보는 김 시인의 자세는 명백하게 압축되어 있다. 그러나 이 시인의 문학세계를 고독이라는 문제와 연결해서 설명하기 위하여 많은 분량을 필요로 하겠지만 여기서 다만 몇 가지 문제는 지적해 두지 않을 수 없다. 먼저 그 자신의 표현을 따르면 고독이라는 문제는 '내 시 생애의 최후의 추구'가 될지도 모를 만큼 절실한 것인데 그것은 '허무의식(虛無意識)'과도 전혀 다르다는 사실을 단호하게 주장한 점이다. 허무주의와 고독을 구분한 이유에는 대략 다음과 같이 실로 중요한 문제가 내포되어 있기 때문인 것 같다.

첫째 고독과 신의 관계이다. 그는 「나의 문학백서」(『월간문학』 73. 9.)라는 매우 주목할 만한 글에서 "나는 이렇게 신과 기독교에 대한 회의를 일으키게 되면서 점점 인간에 대한 이해와 동정으로 기울이지게 되었다. 나는 인간의 현실에 살면서도 너무 인간이라는 것을 선험적(先驗的)으로만 생각하고 있었다. 나의 관심은 점차 천국에서 지상으로, 신에서 인간으로, 길등을 느끼고 있다."는 놀라운 고백을 진술한 바가 있다. 같은 글에서 그는 "정신상의 문제로는 나는 인간으로서 새로운 고독에 직면(直面)하게 되었다는 사실과 그 고독이란 한 마디로 '신을 잃은 고독'이며 궁극적으로 구원에 이르기 위한 수단으로써의 고독이 아니라 '순수(純粹)한 고독 그 자체"일 뿐이라고 말한다.

이와 같이 천국(天國)에서 지상(地上)으로, 신(神)에서 인간(人間)으로, 신과의 부단한 동거(同居)에서 별거(別居)로 나타나는 충격적 변화에 의하여 그의 고독의 성곽(城郭)은 쌓여졌던 것이다. 이러한 현상을 김 시인의 르네상스적 딜레마라 불러도 무방할 것 같다. 그러나 여기에서도 몇 가지 주의가 덧붙여져야 마땅할 것이다. 김 시인이 쓴 「대표작(代表作) 자선자평(自選自評)」(『문학사상』, 73. 6.)이라는 글에서 고독에 관심을 기울이게 된 것이 1960년대 후반이 되며, 고독에 관심을 기울인 원인은 한 마디로 '기질상(氣質上)의 문제' 라 못 박고 있다.

또한 같은 글에서 "인생관적으로는 천국의 기독교를 믿으면서 인간적인 고독에 관심을 갖는 것이 확실히 모순"인 줄 알지만 '시는 사상보다 기질의 소산' 이기 때문에 어쩔 수 없고, 그 고독은 절망적인 것이 아니라 '부모 있는 고아와 같은 고독(孤獨)' 이라고 설명한다. 김 시인의 고독은 신과 인간, 양심과 현실, 역사와 윤리의 폭 넓은 현장을 배경으로 하고 있는 것이지만 그 주요 계기는 일단 회의없이 받아들여 온 기독교정신에 대하여 오히려 가차 없이 회의하면서부터 비롯된 것이 틀림없다.

신의 부정과 신의 긍정이라는 문제는 이 시인의 르네상스적 딜레마를 당분간 더 심화시킬 것이 틀림없으리라 보여지는데 기독교가 이 시인을 괴롭히는 이유에는 본질적인 측면과 구조적, 제도적인 면(교회의 타락과 부패)까지 난마(亂麻)처럼 엉크러져 주어지는 것이 아닌가도 생각된다(실제로 이런 문제를 언급한 바가 있다). 그렇기 때문에 신을 완전히 상실했던 니체나 자크모노의 경우와 같이 허무주의적인 좌절과 극복의 의미가 이 시인의 고독이라는 명제와 전적으로는 일치될 수 없고 키엘케골처럼 구원에 이르기 위한 메시아적인 원병(援兵)으로서 고독의 의미가 일치되는 것도 아닌 것이다.

이 시인에게 있어서 고독은 목적이며, 그 자체일 뿐이다. 그의 고독은 신을 상실한 고독이 아니라 스스로 신을 버리고자 하는 고독이며, 신을 부단히 버리거나 신으로부터 떠남으로써 신과 미래에 만나기를 원하는 떼아르 드 샤르뎅의 고뇌(苦惱)와 유사한지도 모른다. 그가 '신을 잃은 고독' 이라는 말을 했을 때 그리고 그가 '부모 있는 고아의 고독' 이라는 말을 했을 때 앞뒤가 심히 모순을 일으키는 이유란 여기에 있는 것이다. 신과의 동거마저 거부하는 그의 저 깊은 시적인 밀실에 더불어 동거할 만한 인간도 사물도 남아 있지 않을 것이며, 이런 연유로 가장 특이한 한 시인의 정신 탐구가 고독이라는 언어-끝을 헤아릴 수 없는 심연으로부터 차분히 울려오는 목소리로 들려오는 것이다.

이 시인의 초기 작품들은 센티멘털리즘과 로맨티시즘에 가까운 것들이었는데 거의 천성적으로 이 시인에겐 어쩔 수 없이 센티멘트가 강렬하게 느껴지고, 또 한곳에선 치열한 비판정신(批判精神), 불타는 시혼(詩魂)을 느끼게 한다. 그러나 그의 센티멘트가 바로 활달한 시적 상상력을 의미하는 것은 아니다.

그의 시적 특성은 거의 섬약하다고나 말할 어떤 시편에서도 활달한 시적 상상력으로 나타나기보다는 오히려 나이브한 감수성과 치열한 비판정신의 양면성으로 나타나는 듯 하다. 이러한 성향이 그로 하여금 릴케에 가까운 구도자적 자세로 나아가게 하였고, 쉬르리얼리즘에 젖지 않은 이유가 되게 하였으며, 감각과 이미지를 보다 더 인정하는 시인 · 시론가가 되게 하였던 것 같다.

그러나 1960년대 초기까지 기독교 정신을 바탕으로 한 그의 문학세계는 특별한 변화가 없이 성숙하다가 1964년 「제목(題目)」이라는, 문제의 작품을 발표하면서 이 시인의 기독교 정신엔 일대 전기를 맞게 되고, 기독교적 단순성으로부터 벗어나 고독이라는 문제를 추구하게 된다.

떠나갈 것인가.
남을 것인가.

나아가 화목할 것인가
쫓김을 당할 것인가.

이렇게 시작되는 「제목」이라는 시는 김 시인의 무겁고 고통스런 딜레마를 여지없이 드러낸다. 신으로부터 떠나느냐 남느냐, 그와 화목하느냐 쫓기느냐, 그의 품안에 안기느냐 포기하느냐, 허물을 수용하느냐 거부하느냐, 지성을 취하느냐 신앙을 취하느냐, 육체를 택하느냐 영혼을 택하느냐 하는 햄릿식 고뇌가 분기점으로 되면서 육체도 영혼도, 신앙도 지성도 아닌 제3의 영역으로 물러선다.

이 시인의 고독은 바로 신(神)도 인간도 아닌 제3의 영역을 의미하게 된다. 여기에서 그는 지금까지 살아온 삶의 어리석음과 어두움과 미망(迷妄)을 끊기 시작한다. "나는 이제야 내가 생각하던/영혼의 먼 끝을 만지게 되었다./그 끝에서 나는 눈을 비비고/비로소 나의 오랜 잠을 깬다." 작품 「절대고독(絕對孤獨)」은 이렇게 시작된다. 이제 비로소 영원(永遠)의 먼 끝을 만지면서 드디어 오랜 종교적(宗敎的)인 잠을 깨어난 이 시인은 상황(狀況)과 역사(歷史)와 윤리(倫理)에 대하여, 시의 형식과 내용이 가져야 할 균형에 대하여, 삶의 양식과 예술의 변용(變容)에 대하여 우리 시단에서 가장 명징(明澄)한 작업을 거듭 이루어 내고 있다.

이러한 이유로 그의 고독은 예술성의 근원이 되기도 하고 삶의 현장이기도 하며 신과 무관한 양심(良心)과 지성(知性)의 원천이 되기도 하는 것이다. 『창비(創批)』 13호「김광섭론(金珖燮論)」, 『문지(文知)』 창간호 「60년대 시의 방향과 한계(限界)」, 『창비(創批)』 11호 「김수영(金洙映)의 시사적(詩史的) 위치(位置)」『월간문학(月刊文學)』 25호, 「참여문학(參與文學)의 진의(眞義)」 등 김 시인의 주요논문을 참고하시기 바란다. 이 글은 다만 김 시인의 고독이라는 문제에 국한해서 쓴 글이므로 결국 김 시인의 일면만을 언급한 결과가 되기 때문이다.

출전 : 『숭전대학신문』 1973.5.11.

신앙(信仰)과 고독(孤獨)의 분리문제(分離問題)

김윤식*

1

엄격한 기독교 집안이라 술과 담배를 멀리하고 금욕생활을 해온 것으로 알려진 김현승(1913~1975)은 다(茶; 커피)를 즐겨 다형(茶兄)이라는 아호(雅號)를 지녔고, 그의 시생활(詩生活)은 1934년 숭실전문학교(崇實專門學校) 때부터로 알려져 있다(양주동씨의 추천).

그의 시는 대략 3단계로 나눌 수 있는 바, 첫 단계는 데뷔작 「쓸쓸한 겨울 저녁이 올 때 당신들은」 등을 포함한 초기 단계이고, 두 번째는 6.25이후의 『옹호자(擁護者)의 노래』속에 포함된 가을 주제와 「프라타나스」 등의 단계이며, 세 번째는 『견고(堅固)한 고독(孤獨)』, 『절대고독(絕對孤獨)』으로 표상되는 마지막 단계이다. 그의 초기시가 편석촌(片石村)투의 모더니즘적인 요소를 내포하고 있음을 지적하기란 쉬운 일이다. 그러나 이 초기 시와 두 번째 단계의 고독인식(孤獨認識)의 연결을 찾아내는 일은 단순하지가 않다. 앞에서 나는 일부러 기독교 집안, 금욕(禁慾) 운운(云云)이라고 적었다. 그 자신은 다음처럼 쓰고 있다.

> 내 목이 가늘어 회의(懷疑)에 기울기 좋고,
> 혈액(血液)은 철분(鐵分)이 셋에 눈물이 일곱이기
> 포효(咆哮)보담 술을 마시는 나이팅게일……
>
> 마흔이 넘은 그보다도
> 뺨이 쪼들어
> 연애(戀愛)엔 아주 실망(失望)이고,

* 명지대학교 국어국문학과 석좌교수

눈이 커서 눈이 서러워
모질고 사특하지 않으나,
신앙(信仰)과 이웃들에 자못 길들기 어려운 나-

사랑이고 원수고 몰아쳐 허허 웃어버리는
비만(肥滿)한 모가질 수 없는 나-

내가 죽는 날
단테의 연옥(煉獄)에선 어느 비문(扉門)이 열리려나?[1)]

이 시의 핵심은 가는 모가지(회의)와 그것에 대한 불안의 확인에 있다. 기독교인으로서의 회의에 기울기 쉬운 모가지를 갖고 있다는 것은 피상적으로 보면 부도덕한 일이다. 설사 모질고 사특하지는 않으나 신앙과 이웃사랑(隣人愛)에 길들여지지 않았다는 것은 기독교인으로서는 바람직한 일이 아니다. 그렇다면 사후 최후 심판에 대한 불안은 감출 수 없는 것으로 된다. 이 시에서 만일 시인 자신이 이렇게 사고하고 있었다면 아마도 그것은 기독교에 대한 상식적 판단에 근거한 것으로 보아도 될 것이다. 왜냐하면, 한 개인에 있어 모가지가 가늘다는 것은 그 사람의 기질에 속하는 문제이기 때문이다. 이 기질을 문제 삼는다면 그것은 자랑일 수도 부끄러움일 수도 없는 운명 자체일 따름이리라. 이 기질을 인간의 본질적 요소의 차원에로 확인하는 일은 이미 서구철학에서 수없이 되풀이된 사실에 속한다.

보통 고독(孤獨)은 혼자 있음(Einsamkeit)에 관계되며, 이를 고독자(孤獨者)와 단독자(單獨者)의 두 범주로 구분함이 일반적이다. 전자는 상식적 개념의 고립의식에 근거한 적료감(寂廖感)에 속하며 따라서 부정적(否定的)·기질적(氣質的) 문제에 속한다. 인간이 그 인간된 조건으로, 특권으로서 인간만이 갖는 고독은 단독자(單獨者)의 입장에 설 때이며, 이것이

1) 「자화상(自畵像)」, 『김현승전집(金顯承全集)』, 관동출판사, pp.81~82 이하 『전집(全集)』으로 약(略)함.

전자를 극복하는 적극적 · 긍정적 차원이다. 이 문제에 대한 깊은 통찰이 키에르케고오르에 의해 전개되어 있다. 그는 '단독자(單獨者)' 속에서 단독자와 대중을 구별하고, 참된 타자(他者; 대중이 아닌)와의 관계를 설정하고 있다. "단독자는 모든 사람들 속의 단 한 사람을 의미함과 동시에 만인을 의미할 수가 있다. 만일 사람들이 변증법적으로 주의를 환기하려 한다면 단독자의 범주를 늘 쌍방에 걸쳐 사용할 수가 있다.…… 이 이중적인 것이 참으로 단독자의 사상"이라 하고, 이 단독자에 철저해지는 것이 타자(他者)와의 연대를 낳는다고 주장된다. 이와 비교할 김현승의 다음 시는 아직도 이런 단계에 도달되어 있지 않다.

신앙(信仰)을 가리켜 그러나 고독에 나리는 축복(祝福)이라면
깊은 신앙(信仰)은 우리를 더욱 고독으로 이끌 뿐,
내 사랑의 뜨거운 피로도 너의 전체(全體)를 속일 수는 없구나

추상(抽象)으로도 육체(肉體)로도
용해(溶解)되지 않는,
오오, 너의 이름은 모두 애정(愛情)과 신앙(信仰)을 떠나
내 마음의 왕국(王國)에서 자유(自由)와 독립(獨立)을 열렬히 호소
(呼訴)하는 구나.[2)]

만일 신앙이 고독에 내리는 축복이라는 전제를 승인한다면 신앙과 고독은 정비례(正比例)한다. 그 고독의 근원이 원죄이기 때문에 한 인간의 피로도 이를 극복할 수 없다. 추상으로도 육체로도 어쩔 수 없는 것이다. 여기서 문제가 발단되어 있다. 즉, 이 어쩔 수 없는 고독에 체념하고 안주하느냐, 이에 대한 도전으로 나오느냐의 택일문제(擇一問題)가 가로놓인다. 키에르케고오르는 이를 절망하여 자기 자신으로 있으려 하지 않는 절망(Verzweifelt nicht er selbst sein wollen)과 절망하여 자기 자신으로 있으려 하는 절망(Die Verzweiflung dessen, der verzweifelt er

2) 「인간(人間)은 고독(孤獨)하다」 7 · 8연(聯), 전집(全集), p. 173.

selbst sein will)으로 설명하고 있다. 만일 "믿음으로 좇아 하지 아니하는 모든 것이 죄(罪)"(로마서 14장 23절)라면, 그리고 죄의 반대가 덕이 아니고 신앙(信仰)이라는 것이 기독교의 가장 결정적인 규정(das ganze Chistentum entscheidendsten Bestimmungen)이라면, 이 문제 속에 기독교의 본질이 스며 있어 그것이 죄의식과 동질적임을 엿보게 하는 것이다.[3] 이에 비추어 보면 김현승에겐 이 죄의 의미가 사상(捨象)되어 있고, 따라서 신앙과 고독의 축복관계가 분리현상을 빚는다. 그 근거를 분명히 할 수는 없지만 고독이 신앙과 분리된 사실만을 지적할 수가 있다. "오오, 너의 이름은 모두 애정(愛情)과 신앙(信仰)을 떠나"라고 진술될 때, 고독(너)의 이름은 모든 애정(인간적인 것)과 신앙을 떠난 것이다. 신앙이 더욱 고독으로 이끄는 것이라면, 축복(祝福)이라면, 고독은 인간적인 모든 것을 초월한다. 신앙은 따라서 인간적인 모든 것을 초월한다. 그것은 절대(絕對)인 것이다. 그런데 이 시인은 여기서 고독은 신앙조차도 떠난다고 진술하는 것이다. 만일 이 관계설정(關係設定)에서 변증법적(辨證法的) 사유(思惟)를 도입하지 않으면 설명을 더 계속할 수 없게 되고 만다.

여기서 잠깐 이 문제와 관련하여 종교시(宗教詩)의 하나로 평가된 바 있는, 그리고 김현승이 영향 받은 것으로 보이는 정지용(鄭芝溶)의 「불사조(不死鳥)」와 비교해 보기로 한다.

비애(悲哀)! 너는 모양할 수도 없도다.
너는 나의 가장 안에서 살었도다.

너는 박힌 화살, 날지않는 새,
나는 너의 슬픈 울음과 아픈 몸짓을 지니노라.

너를 돌려보낼 아모 이웃도 찾지 못하였노라.
은밀히 이르노니—'행복(幸福)'이 너를 아조 싫어하더라.
너는 짐짓 나의 심장(心臟)을 차지하였더뇨?

3) S. Kierkegaard: *Die Krankheit zum Tode*, Fisher, S. 67.

비애(悲哀)! 오오 나의 신부(新婦)! 너를 위하야 나의 창(窓)과 웃음을 닫었노라.
이제 나의 청춘(靑春)이 다한 어느날 너는 죽었도다.
그러나 너를 묻은 아모 석문(石門)도 보지 못하였노라.

스사로 불탄 자리에서 나래를 펴는
오오 비애(悲哀)! 너의 불사조(不死鳥) 나의 눈물이여![4]

1936년 이전에 씌어진 "신앙(信仰)과 직접(直接) 관련(關聯)있는 시(詩)"라고 스스로 말한 정지용은 뾰족집을 드나들던 가톨릭 신자(信者)였다. 한갓 젊음의 고뇌를 신앙으로 착각하여 멋을 부리던 1930년대 종교시의 한 모습과 김현승 시와의 거리는 이처럼 현격한 것이라 할 수 있다. 요컨대, 김현승의 시로 말미암아 한국시에서도 기독교적 신앙과 그것이 인간과 맺는 변증법적 사유(思惟)를 유발하게 하는 문턱에까지 이르게 된 것이라면, 이 사실(事實)은 하나의 모험일 수도 있었으리라.

2

변증법적(辨證法的) 사유(思惟)란 무엇인가. 이 문제는 어차피 신학적(神學的) 과제에 속할 것이다. 키에르케고오르는 이 문제를 다음처럼 말하고 있다.

> 죄(罪)의 반대(反對)인 신앙(信仰)은 기독교적인 것이다. 그것은 모든 윤리적인 개념 규정을 기독교적으로 개조(改造)하고, 심각한 것으로 만들고, 날카로운 것으로 만드는 것이다. 그 근저 앞에 '신(神) 앞에서' (ver Gott)라는 결정적으로 기독교적인 것이 놓여져 있다. 배리(背理), 역설(逆說), 그리고 넘어짐의 가능성(die Mäglichkeit

4) 鄭芝溶, 「불사조(不死鳥)」建設出版社, pp.128~129

> des Ärgernisses)이 곧 그것이다. 이것이 기독교적인 것의 모든 규정 밑에서 보여진다는 것이 무엇보다도 중요하다. 그것은 넘어짐이 모든 사변(思辨)에 대한 기독교적인 것의 보루를 이루는 때문이다. 그러면 그 넘어짐의 가능성이 어디에 놓여져 있는가. 인간이 개체적(個體的)인 인간으로서 신(神) 앞에 현존(現存)한다는 실제성을 가져야 한다는 것, 따라서 그로부터 귀결되는 것은 인간의 죄(罪)가 신(神)에 관계하고 있다는 점에 그 넘어짐의 가능성이 있는 것이다. 이 신(神) 앞에 있어서의 개체적(個體的)인 인간(人間)이라는 것은 사변(思辨)이 결코 생각해 낼 수 없는 것이다.[5]

이처럼 기독교적 인식의 문제는 죄(罪)의 인식에 대한 변증법에 놓여있고 신과 인간의 변증법이 아니라(그렇다면 그것은 결정적으로 비기독교적이다.) 죄와 신앙의 변증법에 속하는 과제로 파악된다. 그렇다면 김현승의 시가 말하는 '신앙을 떠난 고독'이란 무엇인가. 그것은 변증법의 관계 설정이 처음부터 차단된 상태로 보인다. 모든 '인간적 애정'과 '신앙'을 떠나 남은 것은 마침내 무엇인가. 고독뿐이다. "내 마음의 왕국(王國)에서 자유(自由)와 독립(獨立)을 열렬히 호소(呼訴)하는 구나."의 주체(主體)는 고독이다. 그렇다면 이미 '내'가 인간적 요소는 물론 신앙까지 떠난 자리에 남는 '내'는 무엇인가? 즉 무엇이 '내' 속에 남아 있다는 말인가? 아무것도 남아 있지 않다는 뜻이라면 그것은 해골(骸骨)일 뿐이다. 그 해골 속에 고독이 가득 채워졌다는 것은 이미 고독이 '나'를 포함한 모든 관계개념(현실)에서 분리되었음을 자동적(自動的)으로 의미하게 된다. '내 마음' 속에서 고독이 '자유와 독립'을 열렬히 호소한다는 것은 고독이 '내 마음' 혹은 내 의식에서 완전히 분리되어야만 가능한 세계이다. 여기엔 변증법적 사유가 끼어들 틈이 없다.

모든 인간적 사변으로부터 고독의 분리를 시도한 것이 소위 이 시인의 '견고한 고독', 그리고 그 극한이 '절대고독(絕對孤獨)'이라면, 설사 그 출발이 기독교적 사유(思惟)에서 발단되었다 하더라도 결정적으로 기독교

5) S. Kierkegaard: a.a. O., s. 68.

적인 것일 수 없다. 이 문제는 잠시 덮어두고, 그 고독의 사물화(事物化)를 우선 살펴보기로 한다.

뜨거운 햇빛 오랜 시간(時間)의 회유(懷柔)에도
더 휘지 않는
마를 대로 마른 목관악기(木管樂器)의 가을
그 높은 언덕에 떨어지는,
굳은 열매

씁쓸한 자양(滋養)
에 스며드는
에 스며드는
네 생명(生命)의 마지막 남은 맛![6)]

"굳은 열매"로 표상되는 이 고독은 아직도 완전한 사물의 단계가 아니다. 물기가 완전히 가신 상태에의 지향(志向)을 분석한다면 감정(感情) 혹은 정서(情緒)의 배제라 부를 수 있다. 그러나 완전히 배제되지 않은 상태이기 때문에 '생명의 마지막 남은 맛'이 존재한다. 따라서 이 시에서는 인간적 요소가 아직도 남아 철저하지 못한 상태이다. 이 물기가 완전히 가신 지향(志向)을 보인 것이 다음 시로 판단된다.

하물며 몸에 묻은 사랑이나
짭쪼한 볼의 눈물이야.

신(神)도 없는 한 세상
믿음도 떠나,
내 고독을 순금(純金)처럼 지니고 살아왔기에

6) 「견고(堅固)한 고독(孤獨)」 5 · 6연, 전집(全集) pp.198~199.

흙 속에 묻힌 그 뒤에도
내 고독은 또한 순금(純金)처럼 썩지 않으련가.

그러나 모르리라.
흙속에 별처럼 묻혀 있기 너무도 아득하여
영원의 머리는 꼬리를 붙잡고
영원의 꼬리는 또 그 머리를 붙잡으며
돌면서 돌면서 다시금 태어난다면,

그제 내 고독은 더욱 굳은 순금이 되어
누군가의 손에서 천(千)년이고 만(萬)년이고
은밀한 약속을 지켜주든지,
그렇지 않으면
안개 낀 밤바다의 보석(寶石)이 되어
뽀야다란 밤고동 소리를 들으며
어디론가 더욱 먼 곳을 향해 떠나가고 있을지도……[7)]

순금(純金)으로 변한 고독일 때 그것은 사물(事物)이다. 이 때, 시인의 사유는 고독과 '나'의 등질성(等質性)으로 변모되어 있다. 정서와 감정이라는 주관성(물기)이 제거되었을 때, 남는 것은 '내' 해골 속에 전면(全面)을 차지한 고독이란 이름의 사물이며, 신앙과 인간적 감정을 모두 제거한 '내'(해골) 자체가 고독이라는 이름의 순금이다. 이 엄청난 반생명적(反生命的) 사유가 나 자신이라면 종래의 통속적 표현을 빌면 혼(魂)으로 될 것이다. 구태여 혼이라 부르지 않고 고독이라 부른 이유란 무엇일까. 이 물음에는 시사적(詩史的) 답변이 어느 정도 의미를 띨 것이다.

문제를 더 부각시키기 위하여, 끝에 놓인 마지막 고독의 시를 보기로 한다.

7) 「고독의 순금(純金)」, 전집(全集) pp. 298~299.

나는 이제야 내가 생각하던
영원의 먼 끝을 만지게 되었다.

그 끝에서 나는 눈을 비비고
비로소 나의 오랜 잠을 깬다.

내가 만지는 손끝에서
영원의 별들은 흩어져 빛을 잃지만,
내가 만지는 손끝에서
나는 내게로 오히려 더 가까이 다가오는
따뜻한 체온을 새로이 느낀다.
이 체온(體溫)으로 나는 내게서 끝나는
나의 영혼을 외로이 내 가슴에 품어준다.

그리고 꿈으로 고이 안을 받친
내 언어(言語)의 날개들을
내 손끝에서 이제는 티끌처럼 날려 보내고 만다.

나는 내게서 끝나는
아름다운 영원을
내 주름잡힌 손으로 어루만지며 어루만지며
더 나아갈 수도 없는 나의 손끝에서
드디어 입을 다문다 - 나의 시(詩)와 함께[8)]

이미 여기에는 고독이란 말이 자취를 감추고 '영원(永遠)' 으로 대치되어 있다.

이로써 이 시인이 인간적 감정의 배제를 목표로 하여 지향(志向)한 곳의 도달점이 결국 '영원' 의 사물화(事物化)로 귀착되었음을 보게 된다. 이 이

8) 「절대 고독(絕對 孤獨)」, 전집(全集) pp.300~301

상 나아갈 수도 없고, 따라서 이 시인은 여기서 시를 포기할 수밖에 없는 것으로 되고 만다. 이 불모성(不毛性)에 대해 더 이상 언급할 재간이 내겐 없다. 변증법적 사유를 차단하고 출발한 이 시인의 막힘은 따라서 극히 당연하고도 자연스러운 일에 속하리라.

3

앞에서 나는 두 가지 문제점을 지적한 바 있다. 첫째는 이 시인 자신이 「인간(人間)은 고독(孤獨)하다」에서 고독이 신앙마저 떠난다고 했을 때 봉착한 신앙에의 불안(不安)을 어떻게 처리하려 했는가를 문제 삼을 수 있다. 기독교 목사 아들이며, 평생을 기독교적 분위기와 금욕생활에 젖어 왔다고 스스로 말하고 있는(KBS 1974년 10. 인터뷰) 이 시인으로서는 고독과 신앙의 분리문제(分離問題)가 심각했으리라고 짐작된다. 이에 대해서는 자신이 다음처럼 산문(散文)으로 말해 놓고 있다.

> 시(詩)에 있어 정신(精神)이라고 하면 대개는 구체적(具體的)인 어떤 정신(精神) 즉 불교(佛敎)라든가……무슨 주의(主義)에 입각한 정신(精神)-이런 것들을 말하게 되고 또 듣고자 할 것이다. 그러나 나는 인간(人間)의 정신(精神)을 기본적(基本的)인 일반정신(一般精神)과 구체적인 특수정신(特殊精神)의 두 가지로 나누고, 나의 시(詩)에 있어서는 기본적(基本的)인 정신(精神)을 매우 가치(價値)있는 것으로 믿고 그 바탕 위에서 나의 구체적(具體的)인 시정신(詩精神)을 건설(建設)하여 나아가고 있다.[9)]

여기서 기본적(基本的) 정신(精神)이란 '인간의 인간다운 본질을 이루는 기초적 가치'를 뜻한다. 즉, 공리적 입장을 떠나 순수 가치를 추구, 실현하는 정신을 뜻한다면 그것은 상대적(相對的) 가치(價値)의 차원(次元)인

9) 「인간(人間)다운 기본정신(基本精神)」, 『현대문학』10권 9호, p.42

것이다. 이에는 독선(獨善)이 용납되지 않는다. 한편 구체적 정신이란 유교, 불교, 기독교 혹은 어떤 특정한 사상의 추구현실(追求現實)을 의미하고 있다. 이 두 정신 중에서 이 시인은 전자(前者)를 항상 우위에 놓고 그것을 표준으로 한다는 것이다. 그것에의 도달을 시를 수련하는 가운데서 더욱 깊이 한다는 것으로 된다. 다음 구절(句節)은 특히 지적되어질 만하다.

> 그보다도(구체적 정신-인용자) 더 근본적이고 기본이 되는 떳떳하고 참되고 올바른 인간정신(人間精神)을 나의 시(詩)에 스며들게 하는 데 나는 더 큰 가치(價値)를 느낀다. 그러기에 나의 지금까지의 시작품(詩作品)에서는 어떤 구체적(具體的)인 사상(思想)을 가려내는 데 실망할 사람들이 있을지 모른다. 그러나 나는 그런 이유(理由)로써는 내 작품(作品)에 대하여 실망하지 않는다……그렇다고 해서 나의 작품에 어떤 사상(思想)의 갈래 즉 구체적(具體的)인 특수한 정신(精神)이 작용(作用)하지 않는 것은 아니다. 더욱이 끝으로 나의 시(詩)는 아무래도 기독교(基督敎)의 신(神)을 상대로 형이상학적(形而上學的)인 세계(世界)로 나가기 쉬울 것 같이 나 자신이 느낀다……그러한 나는 또한 신앙(信仰)에 순응하기만 하는 시인(詩人)은 아니다. 인간(人間)의 내재적(內在的)인 것과 신(神)의 초월적인 것이 나의 시(詩) 안에서……회의와 반항과 갈등과 이해와……정상적인 신앙(信仰)과는 자못 용모가 다른 추구(追求)의 세계를 나는 나대로 갈 것이다.[10)]

정신의 분류(分類)로 볼 때 이 시인에서 그 순위(順位)는 (1)기본적(基本的) 일반정신(一般精神) (2)구체적(具體的) 정신(精神)으로서의 기독교 (3) 그 기독교에서도 정상적(正常的)인 것과는 다른(종속적이 아닌) 회의와 갈등 등으로 되어 있다. 그러나 문제는 이 (3)에 있다. 그 자신이 아무리 인간(人間)의 내재성(內在性)과 신(神)의 초월성 사이의 갈등이라 주장해도

10) 상게서(上揭書), p.43.

앞에서 보아왔듯이 그 시에서는 그러한 소용돌이가 고독의 절대성 탐구로 하여 벌써 차단되어 있었기 때문이다. 그렇다면 이 시인에 있어 정신의 비중(比重)은 단연 독선(獨善)이 있을 수 없는 상대적(相對的) 가치로서의 인간일반정신(人間一般精神)에 놓여 있을 따름인 것으로 볼 수 있다. 그것은 휴머니즘이라 부르는 것이 가장 타당하리라고 나는 생각한다. 기독교가 상대적(相對的) 가치의 정신세계(精神世界)가 아님은 삼척동자라도 아는 일이다.

키에르케고오르가 말하는 결정적인 의미의 기독교적인 것에서 김현승이 이토록 먼 거리에 놓여 있다는 것은 많은 사실을 시사(示唆)할 것으로 나는 생각한다. 평생을 기독교 속에서 살아온 한 시인의 의식 과정이 휴머니즘 이상일 수 없는 단계에 놓여 있다는 것은 한국인에 있어 기독교 역시 하나의 생활방편(生活方便) 이상일 수 없음을 드러내는 것인지도 모른다. 물론 정지용(鄭芝溶)의 장식적(裝飾的) 기독교(가톨릭)와 김현승의 경우는 현저히 다르긴 하나 요컨대 이 문제 속엔 기독교의 토착화문제의 차원(次元)과 그것의 문학화(文學化) 차원이라는 이중의 아포리아가 가로놓여 있어 보인다.

이와 관련하여 이 시인이 「가을의 기도」를 위시, 가을 연작시(連作詩)를 많이 쓴 점에 일별을 던지기로 한다.

> 가을에는
> 기도(祈禱)하게 하소서……
> 낙엽(落葉)들이 지는 때를 기다려 내게 주신
> 겸허(謙虛)한 모국어(母國語)로 나를 채우소서[11]
>
> 우리의 마음들은 벌써 낙엽(落葉)이 진다.
> 우리의 마음들은 남긴 것 없음을
> 이제는 서러워한다.
> 지금은 먼 길을 예비할 때—

11) 「가을의 기도(祈禱)」 첫 연(聯), 전집(全集) p.131.

집없는 사람들은 돌아와 집을 세우는
지금은 릴케의 시(詩)와 자신(自身)에
입맞추는 시간(時間)……[12)]

이러한 가을 연작시(連作詩)가 기독교적인 차원과 무관한 상태라는 것은 명백(明白)한 일이다. '기도(祈禱)' 라든가 '주(主)여' 라는 단어가 있다고 해서 기독교를 연상한다는 것은 지극히 피상적(皮相的)일 따름이다. 요컨대 이것은 자기 말대로 기질(氣質)의 문제일 따름이다. 여기서 내가 생각해 보고 싶은 것은 릴케와의 관련에 있다.

릴케의 「가을날」(Der Herbsttag)은 "주(主)여 때가 왔읍니다."로 시작된다.(*Buch der Bilder* 소수(所收)) 러시아 여행 중(1902.9.21)에 씌여진 이 시가 기독교적일 수 있는 것일까. 이 점에 관해서는 확언하기가 어렵다. 주지하는 바와 같이 릴케 시의 핵심인 천사(天使, das Engel)의 개념이 대지(die Erde)의 모티브와 함께 비기독교(非基督教)임은 널리 알려져 있는 일이다.[13)] 그가 추구한 신성(神性)은 별개의 차원에 놓여있는 것이다. 그렇다면 릴케에 있어서의 사물화(事物化)란 무엇인가. 우선 그는 예술작품(Kunstwerk)과 예술사물(Kunstding)을 구별한다. 전자는 주관의 판단에 의한 미의식(美意識)을 뜻하며 따라서 그것은 미(美)가 작용(作用) 내지 효과(效果)의 측면에 설 경우이다. 그것은 미(美)를 일종의 취미의 영역으로 볼 때만 성립된다. 이와는 달리 예술사물은 작용(作用)이 아니라 존재(存在)인 것이다. 사물은 본래의 모습대로(주관의 판단과는 관계없이) 자기완결(自己完結)의 세계에 존재하고 있다. 객체(客體)와는 어떤 상관관계도 허용을 금치 않은 순수하게 주체(主體)라는 방식(方式)에 따라서만 존재한다. 여기에 예술사물이 일반사물처럼 자립성(自立性)을 확립한다. 물론 예술의 자립성은 미(美)이다. 그러나 이 미(美)의 본질이 효과 속에 놓여 있는 것이 아니라 존재 속에 놓여있다(das Wesen der Schönheit nicht im Wirken liegt, sondern im Sein).[14)]이 예술사물

12) 「가을이 오는 시간(時間)」 끝 연(聯), 전집(全集) p.131.
13) H. Singer: *Rilke und Hölderlin*, BöHlay Verlag, S. 128 ff.
14) R. M. Rilke: *Sämtliche Werke, Bank* Ⅵ, Insel Verlag, S. 428

에의 도달은 위험의 소산(所産)이며 극한 상황까지 밀고 갔을 때(in einer Erfahrung Bis-ans-Ende-gegangen-Seins) 비로소 가능한 것이다.

만일 릴케에 있어서의 사물화의 문제가 이러한 것이라면 우리가 거론하고 있는 김현승 시의 사물화와는 거의 상관없는 것으로 보아질 수가 있을 것이다. 그것은 또한 마땅한 일로서 김현승은 자기 방식이 있기 때문이다. 그것은 추상을 메타포(metaphor) 없이 사물화한 방식이라 할 수 있다. 고독을 만질 수 있다는 것의 인식은 극히 단순한 도식(圖式)인 것이다. 미당(未堂)이 신라(영원)를 손으로 만질 때와 이 경우는 같다. 시간의 사물화(事物化)였던 것이다. 메타포의 원리가 추상의 구체화(具體化)임은 누구나 아는 일이다. 다만 김현승에 있어 그 사물화가 형식상의 메타포 과정을 생략하고 드러난 곳에 새로움이 놓여 있다 할 것이다. 이 점은 한국시사(韓國詩史)에서 볼 땐 특이한 높이로 인정될 것이다.

어째서 이러한 과정이 형성된 것인가라는 물음엔 시사적(詩史的) 조명(照明)이 가로놓인다. 앞에서 나는 두 가지 문제점을 지적한 바 있었는데, 그 두 번째의 지적을 이 문제에 관련시키기로 한다. 즉, 인간적 요소(애정, 감정, 정서)를 철저히 제거했을 때 남는 '나'는 무엇인가. 아마 해골(骸骨)뿐이 아니겠느냐고 나는 앞에서 적었다. 고독을 절대(絕對)에까지 추구, 실현하기 위해서는 이 방법밖에 도리가 없었을 터이니까. 이 도저(到底)한 반생명적 사고가 형성된 과정은 무엇인가. 한국근대시사(韓國近代詩史)에서 김현승의 등장은 1934년이며 오래도록 습작기를 거친 바 있다. 그가 큰 영향을 입은 것은 당시의 모더니즘의 시, 곧 김기림(金起林) · 정지용(鄭芝溶) 등의 시풍이었다. 시 스타일 면에서 김기림과의 관계는 김종길(金宗吉)의 평론에서 확인된다.[15] 이 모더니즘과 관련하며 나는 다음 두 가지 점에서 문제를 살펴두고자 한다.

하나는 그가 사용하는 이미지의 서술성에 관련된다.

> 꿈을 아느냐 내게 물으면,
> 푸라타나스,

15) 김종길(金宗吉): 「견고(堅固)에의 집념(執念)」, 『창작(創作)과 비평(批評)』 10호(號)

너의 머리는 어느덧 파아란 하늘에 젖어 있다.
너는 사모할 줄 모르나,
푸라타나스,
너는 네게 있는 것으로 그늘을 늘인다.

먼 길을 올 제,
홀로 되어 외로울 제,
푸라타나스,
너는 그 길을 나와 같이 걸었다.

이제 너의 뿌리 깊이
나의 영혼을 불어넣고 가도 좋으련만,
푸라타나스,
나는 너와 함께 신(神)이 아니다!

수고론 우리의 길이 다하는 어느날,
푸라타나스,
너를 맞이 줄 검은 흙이 먼 곳에 따로이 있느냐?
나는 오직 너를 지켜 네 이웃이 되고 싶을 뿐,
그곳은 아름다운 별과 나의 사랑하는 창(窓)이 열린 길이다.[16]

만일, 이미지를 서술적(敍述的)인 것(descriptive image)과 비유적(比喩的) 이미지(metaphorical image)로 대별할 수 있다면 작품 「푸라타나스」는 전자(前者)에 속한다. 푸라타나스란 푸라타나스 나무를 뜻할 뿐 다른 이중의 뜻이 없다. 따라서 투명하다. 한편, 후자의 경우는 "백마(白馬)타고 오는 초인(超人)이 있어"(육사(陸史)의 「광야(曠野)」) 에서처럼 초인은 이중, 삼중의 상징성을 띠어, 지극히 불투명한 이미지로 된다. 김현승이 이처럼 투명한 서술적 이미지를 선택한 것은 한편에서는 기질적(氣質

16) 「푸라타나스」, 전집(全集) pp.74~75.

的)이지만 다른 한편에선 시사적(詩史的)이다. 시사적이란 그가 이미지즘의 영향권에서 시를 수업하였다는 뜻이다. 한국의 1930년대 중반을 휩쓴 모더니즘 운동은 이미지즘에 연결되어 있다.[17] 이미지즘의 선언서에 의하면 (1) 일상어(日常語) 사용 (2) 새로운 리듬 창조 (3) 제재(題材) 선택의 자유(自由) (4) 명확한 이미지 (5) 견고하고 확실한 시 (6) 집중(集中) 등이 거론되어 있으며, E. 파운드는 더욱 강력히 (1) 주관적이든 객관적이든 사물의 직접적 처리 (2) 표현에 공헌하지 않는 말은 절대 금지 (3) 리듬 창조 등을 들고 있다.[18] 이 유파(流派)의 영향권이라면 서술적 이미지 획득이 김현승 시 형식에 작용된 측면을 고려하게 할 것이다.

다른 하나는 이 유파(流派)의 세계관, 곧 예술관(藝術觀)을 문제 삼을 수 있다. 그것은 T.E. 흄의 신고전주의(新古典主義)와 연결된다. 종래의 낭만주의가 생명적 예술(vital art)이라면 신고전주의는 기하학적 예술(geometrical art)이라 한다. 따라서, 아름답다, 곱다 투의 것이 아니라 준엄하다(austere), 뚜렷하다(clear-cut) 등으로 드러나는 예술이다.[19] 이러한 반생명적(反生命的) 예술의 근거에는 인간이 극히 불완전(不完全)하고 결점투성이어서 인간을 표준으로 할 수 없다는 준엄한 상대주의(相對主義)의 배격에 놓여 있다. 절대(絕對)에의 탐구가 비인간(非人間), 반인간적(反人間的) 기하학적 예술로 향하게 한 것, 그것이 시에 발현(發顯)된 것이 이른바 투명함을 목표로 한 이미지즘 운동이었던 것이다. 이 이론은 1934년에 이미 최재서(崔載瑞)가 자세히 설명한 바 있고,[20] 成田成壽의 자세한 연구가 일본(日本)에서 간행되었던 것이다.

김현승이 투명한 이미지 추구와 실현을 견지하는 한(限), 이러한 반인간적 예술관에 알게 모르게 이끌려 갔을 것으로 볼 수가 있다면 말년의 그의 고독의 추구와 현실의 시사적(詩史的) 의미를 띠게 되는 것이다. 그 위에 그의 기질적 편향성(偏向性)으로의 인간 혐오사상이 작용되었음은 새삼

17) 이 점에 대해서는 Louise Bogan: *Achievement in American Poetry 1900~1950*, 김용권(金容權譯) 참조.

18) *A. Dictionary of Modern Critical Terms*, ed., R. Fowler, pp.96~97.

19) T.E. Hulme: *Speculation*, Routeledge, p.10.

20) 「現代主知主義文學理論」

물을 것도 없는 일이다.(그는 사람을 싫어하여 제자 외에는 친구가 없기로 유명했다.)

4

이상으로 살펴본 이 시인의 검토에서 우리가 부딪치는 난관이 이제 자명(自明)하게 떠오르게 된다. 그것은 선명한 모순(矛盾)인 것이다. 다시 그 모순을 부각시킨다면 다음과 같다.

그가 '절대(絕對) 고독'을 탐구하게 된 단서(端緖)는 인간의 가정이나 정서를 추방한 연후, 즉 '신앙과 고독의 분리'(신앙과 고독의 축복관계 부정)에서 비로소 가능했던 것이라면, 그것은 반인간적 예술론의 방법론을 알게 모르게 전제(前提)로 한 것이다. 이는 필연적(必然的)으로 인간의 상대적 가치의 부정을 승인(承認)한 자리에 서지 않을 수 없는 것이다. 그런데, 이 시인은 이와는 정반대(正反對)로, 자기는 인간의 상대적 가치 즉 독선(獨善)을 부정(否定)하는 휴머니즘의 입장을 무엇보다 우선하여 견지한다고 주장하고 있다는 점이다. 이것을 그는 구체적(具體的) 정신(精神)과 구별하여 기본적(基本的) 일반정신(一般精神)이라 부르고 있다. 이 모순을 검토함에 있어, 한 시인이 자기의 자각(自覺)한 방법론과 기질적 문제(무의식적(無意識的) 혹은 전의식적(前意識的))의 분리현상을 문학연구의 한 문제점으로 부각시켜 놓아야 할 것으로 나는 생각한다. 이 문제의 극복 없이는 한국문학연구의 섬세성은 기대되기 어려운 것이라 전망된다. 이 전술 속엔 근자(近者) 여러 자료가 발굴되고, 또 거기에 성급한 해설 및 평가들이 무질서하게 범람하고 있음에 대한 내 나름의 우려가 내포된다. 이러한 연구방법의 모색에 있어, 그 한 과정으로서 골드만의 다음 구절을 특히 적어두고 싶다.

> 모든 개인(個人)이 형성하고 있는 다양, 복잡한 인간관계의 총체(總體)는 매우 자주, 한편에는 그의 일상 생활과 다른 한편에는 그의 개

념적 사고나 그의 생산적(生産的) 상상력과의 사이에, 단절을 낳는다. 또 그러한 것의 사이에는 너무도 매개된 관계 외는 없기 때문에 실제문제(實際問題)로서 다소라도 정확한 아무런 분석(分析)도 손댈 수 없는 것으로 되어 있는 것이다. (작품의 이해를 가능하게 하는 행동이 작가의 그것이 아니고 하나의 사회적 그루우프의 행동일 경우, 이러한 경우) 만일 저자(著者)의 인격(人格)을 통해서만 혹은 주로 인격(人格)에 의거하여 작품(作品)을 이해하려 한다면 작품(作品)은 알기 어려운 것으로 된다. 또한 작가의 의도라든가 그 작품이 그에 대하여 갖고 있는 주관적(主觀的)인 의미 등은 반드시는 무엇보다도 역사철학자(歷史哲學者)에 관심있는 그것의 객관적(客觀的)인 의미에 일치하지 않는다. 흄(D. Hume, 1711~76-인용자 주(註))은 엄밀히는 회의론자가 아니지만 경험주의(經驗主義)는 그러한 것이다. 데카르트는 신앙인(信仰人)이지만 그의 합리주의(合理主義)는 무신론(無神論)인 것이다. 연구자(硏究者)가 종종 작자 자신에게도 거의 의식되지 않는 작품의 객관적(客觀的) 의미(意味)를 분명하게 밝힐 수가 있다고 한다면, 그것은 그 작품(作品)을 역사(歷史)의 전환(轉換)의 총체(總體) 속에 놓아두고, 그것을 사회생활의 총체(總體)에 관련 지우는 것에 의해서이다.[21]

김현승의 경우, 그것은 이중적 모순을 안고 있다. 한국인이 안고 있는 기독교 자체의 모순과 한국근대시(韓國近代詩)가 안고 있는 모순에서 각각 그러하다. 대다수 한국인 기독교인의 의식 구조 속에 모순해명(矛盾解明)의 일단이 객관적으로 존재하고 있을 것이다. 마찬가지로 대다수 한국 시인의 의식 속에 한국근대시의 모순해명의 단서가 객관적으로 잠복해 있을 것이다.

출전 : 『한국현대시론비판』, 일지사, 1975

21) L. Goldmann: *Der Verborgene Gott*, Luchterhand. S. 22.

비극적 종교의식과 고독
-김현승의 시세계(詩世界)-

오규원*

1

'고독'의 문제는 김현승의 시세계를 이해하는 데 중요한 명제의 하나이다. 퓨리탄적 정신세계에 깊이 침잠해 있던 한 시인의 의식이, 어떻게 회의의 한 극단인 고독에 이르게 되었는가 하는 문제는 우선 우리에게 적지 않은 관심을 불러일으킨다. 그와 함께 그러한 정신적인 궤적(軌跡)을 치달리고 있는 한 시인을 통해, 시는 무엇을 얻고 있는가에도 상당한 흥미를 느낀다. 그의 '고독'은 어떻게 얻어진 것일까, 그것은 어떠한 전개를 통해 우리가 도달하고자 하는 정신적 또는 문학적 문제와 혈연을 두고 있을까, 이러한 의문은 그러므로 매우 당연한 귀결로서 우리의 앞을 가로막는다. 뿐만 아니라 한국에서 유수한 기독교 시인으로서의 그의 회의는, 한국의 종교적 문제와 전연 무관한 것일까라는 점에도 관심이 집중된다.

『견고(堅固)한 고독』·『절대(絕對) 고독』이라는 두 시집이 나오기 전, 그러니까 고독에 대해 본격적인 탐구가 이루어지기 전으로 보아도 좋은 『옹호자(擁護者)의 노래』라는 시집 끝부분에 가면, "나로 하여금 세상의 모든 책을 덮게 한 최후의 시혜여, 인간은 고독하다!"라는 첫 연으로 시작되는 「인간(人間)은 고독하다」라는 작품을 볼 수 있다. 이 작품은 시 제목으로서는 고독이라는 낱말이 처음 얼굴을 내밀고 있을 뿐만 아니라, 다음에 나타나는 다른 고독시편들에 대한 많은 시사를 포함하고 있다.

이 시는 총 12연으로 되어 있는데, 김현승의 작품 경향으로 보면 상당히 긴 작품에 속한다. 제일 먼저 눈에 띄는 부분은 "인간(人間)은 고독하다" 라는 각 연 끝의 빈번한 리프레인이다. 이 반복되는 명제는 느낌표와 함께, 작자의 음울한 정서와 그 정서의 울림대를 작품의 표면에 질펀히 깔아

* 前 서울예술대학 문예창작과 교수

놓고 있다.

김현승의 초기 시를 읽어본 사람들은 누구나 느낄 수 있듯 그의 시세계는 잘 절제된 언어가 종교적인 경건함을 대동하고 전면에 떠오른다. 이것은 물론 그의 표현을 그대로 적으면 "나는 동양적이 아니고 서구적이다. 그리고 그것은 기독교적이다. 그리고 그것은 성선설(性善說)에 입각한 생활이 아니고, 원죄설(原罪說)에 뿌리박은 생활"이라는 것에서 얻어진 때문이며, 그러므로 해서 그것은 우리가 읽을 수 있는 가장 솔직하고 경건한 한 인간의 기도문의 예술적 환치물이라는 일면을 강하게 풍긴다.

① 더러는/옥토(沃土)에 떨어지는 생명(生命)이고저…… — 눈물
② 슬픔은/죄를 모른다,/사랑하는 시간보다도 오히려 — 슬픔
③ 창(窓)을 사랑하는 것은,/태양(太陽)을 사랑하는 말보다/눈부시지 않아 좋다 — 창(窓)

상기(上記)의 ①②③에서 볼 수 있듯, 극히 일상적이고 감상적인 눈물, 슬픔 등의 사물과 관념들도 그의 작품에서는 결코 상식적이고 감상적인 공간에 머물지 않고, 보다 순화된 정서적 감흥을 일으킨다. 이것은 일종의 종교적인 참회의식으로부터 시적 발상이 시작되고 있기 때문이다. 그의 삶 또는 적극적으로 그러한 신앙 세계 속에 있기를 희망하는 자세로 충만되어 있다. "내 마음은 마른 나무가지/주(主)여,/나의 머리 위으로 산까마귀 울음을 호올로/날려 주소서"(「내 마음은 마른 나무가지」)에서 발견되듯, 정서적인 고갈이 올 때마다 "마른 나무가지 위에 다다른 까마귀같이'(「가을의 기도(祈禱)」) 홀로 있기를 기구하는 것이나, 그러한 때마다 까마귀라는 흑색 이미지의 동물을 자주 찾는 것도 이러한 삶의 한 양태이다.

"나도 모를 나의 푸른 길 — 내 바래움의 기름진 흙』(「무형(無形)의 노래」)이라는 표현을 읽을 때 느끼는 점도 그와 동류의 것이며, 그의 작품에 빈번하게 출몰하는 보석(寶石)이라는 사물도 그것과 깊은 관련을 지니고 있다.

④ 나의 가슴에 언제나 빛나는 희망(希望)은/너의 불꽃을 태워 만든 단단한 보석(寶石)

— 눈물

작품에 나타난, 그에게 있어서의 보석(寶石)이란 빛의 다른 이름이며, 빛이란 '창조(創造)된 모든 것들'에게 '문(門)을 열어주는 것'이며 또한 '살고 있는 신(神)에 가장 가까운' 것이다. 그러므로 보석화(寶石化) 되어 있는 그의 희망, 그의 빛이란 '살고 있는 신(神)'에의 접근이란 말이 된다. 때문에 그의 시는 항상 기도문적(祈禱文的) 측면을 노출하는 것이다. 이런 점에서 같은 기독교적 정신세계에서 출발하면서도, 종교적 이상주의의 관념으로 유토피아의 실현을 갈구하는 박두진(朴斗鎮)의 시세계와 다른 위치에 선다.

그러나 이와 같은 그의 종교적 정신세계에 큰 변혁이 오고, 그로 인하여 우리는 적지 않은 당황감을 맛보게 된다. 그 변혁의 증좌가 여실히 드러나는 작품의 하나가 「인간은 고독하다」인 것이다.

⑤ 가장 아름답던 꿈들의
마지막 책장을 넘기며
우리는 깨어진 보석(寶石)들의 남은 광채(光彩)를 쓸고 있는
너의 검은 그림자를 바라본다.
그리하여 모든 편력(遍歷)에서 돌아오는 날 우리에게 남은 진리(眞理)는
저녁 일곱시의 저무는 육체(肉體)와
원죄(原罪)를 끌고가는 우마차(牛馬車),
인간(人間)은 고독하다!
신앙(信仰)을 가리켜 그러나 고독에 나리는 축복(祝福)이라면
깊은 신앙(信仰)은 우리를 더욱 고독으로 이끌 뿐!
내 사랑의 뜨거운 피로도 너의 전체(全體)를 녹일 수는 없구나!

대체적으로 간결한 시행(詩行), 절제된 언어들로 엮어진 김현승의 시형식의 특질과는 달리, 매우 끈끈하고 생경한 관념어들이 빈번하게 등장하고 있는 이 작품은 극히 격앙된 감정에 휩싸여 있다. 무엇 때문에 이렇게 보기 드문 고성(高聲)을 내고 있는가를 알아내는 것은 힘든 일이 아니다. '인간은 고독하다'는 점을 개별적 위상에서 감득한 까닭이며, 그러한 절망적인 명제로 시인을 끌고 간 것은 "신앙은 우리를 더욱 고독으로 이끌 뿐"이라는 관념이다. 한 인간의 정신적 지주의 흔들림, 이 깊은 신앙이 '더욱 고독으로' 유도한다는 결론은, 그러나 결코 그가 희구했거나 예측한 사실이 아니었다는데 그의 목소리가 급작스레 높아진 것이다.

이것은 부정(否定)의 간접화법, 간접화법이라기보다 굳게 믿었던 사실이 던져 주는 엄청난 배반감의 노출이라는 표현이 더 적절할지도 모른다. '인간은 고독하다'는 문제가 '세상의 모든 책을 덮게 한 최후의 지혜', "우리들의 꿈과 사랑과 모든 광채(光彩) 있는 것들의 열량(熱量)을 흡수(吸收)하여 버리는 최후의 언어"라는 극적인 정의를 얻고 있는 까닭도 그런 연유에서이다. "이상(理想)이란 무엇이며 실존(實存)이란 무엇인가 그것들의 현대화(現代化)란 또 무엇인가"등의 관념적 넋두리의 삽입도 마찬가지이다.

그의 '고독'이 매우 형이상학적이고 종교적인 문제로부터 시작되고 있다는 점은 작품 외에서도 자세히 기술되고 있다.

> ⑥ 무엇보다 하느님은 유일신(唯一神)이 아닌 것 같다. 만일 유일신(唯一神)이라면 어찌하여 이 세상에는 다른 신(神)을 믿는 유력(有力)한 종교(宗敎)가 따로이 있겠는가. 그리고 십계명(十戒命)에는 어찌하여 "나 이외(以外)의 다른 신(神)을 공경하지 말라"하였을까. 그것은 다른 신(神)의 존재를 전제(前提)하지 않고서는 표현할 수 없는 말이 아닌가?
>
> ⑦ 지상(地上)의 종교란 초월적(超越的)인 신(神)으로부터 근원된 것은 아니고, 결국은 인간들 자신이 만든 것을 오랜 세월에 따라 최초의 창시자(創始者)를 신격화(神格化)한 것뿐인 것 같다.(…) 그

러나 나는 인간(人間)을 종주(宗主)로 하는 종교는 결코 종교가 될 수 없다고 주장한다.

⑧ 현실적인 이유로는(…) 특유한 형식을 지키는 면(面)에서만 다를 뿐, 실생활면에서는 영중심(靈中心)의 교회인(敎會人)들이 육중심(肉中心)의 사회인(社會人)과 다른 것이 전연 없다.

「나의 문학백서(文學白書)」에 나타난 종교에 대한 회의의 주요 내용은 이상의 3가지이다. 결국 「인간은 고독하다」에서의 '깊은 신앙' 이란, 위와 같은 결론까지 도달할 수 있었던 한 종교인의 정신적 심도를 말함을 여기에서 알 수 있다. 그러나 그럼에도 불구하고 이 '깊은 신앙' 의 회의의 내용이 매우 피상적이라는 사실을 지적하지 않을 수 없다. 그 내용이 현대종교사(現代宗敎史)의 일부를 읽는 느낌 외에는 별다른 감회가 없기 때문이다. 18세기의 유신론적 합리주의 또는 계몽주의 사상에서부터 실라이에르마허의 심정신학을 거쳐 포이에르바허 · 마르크스 · 니이체 · 샤르트르 등까지 이르는 무신론적 종교 시대까지의 종교사를 읽어본 사람들은 알 수 있듯이, 그의 종교적 회의는 극히 일반적이고 보편화된 이론으로밖에 보이지 않는다. 「문학백서(文學白書)」에서 그의 사적인 견해가 두드러지지 않기 때문이다. 이것은 혹시 그의 회의가 스스로 획득한 것이 아니라 얻어진 것이 아닌가 하는, 즉 역사적 또는 개인적인 사건이나 충격 없이 서서히 '나이 50대에 이르러' 온 사상사의 수락이 아닌가 하는 의문을 떠올린다. 「인간은 고독하다」에 등장하는 '책' 이라는 어휘가 시사하는 바는 무엇일까? "내가 불교(佛敎)나 유교(儒敎)를 믿지 않고 기독교를 믿는 이유는 기독교의 종주(宗主)만이 인간이 아닌 초월적(超越的) 신(神)으로 믿었기 때문이다"라는 그의 유일신주의(唯一神主義)와 유신론주의(有神論主義)를 사실대로 이해하기 위해서는, 인용의 ⑧ 부분과 '무조건 부모에게서 전습(傳襲)한 신앙(信仰)' 의 50대까지의 긍정을 함께 읽어야 한다. 어째서 무신론적 종교관으로서의 변모를 이룰 수 없었으며 부정으로만 치달리게 되었는가는, 한국에서의 기독교의 뿌리를 이해하는 데 좋은 자료가 된다.

어떻든 나의 견해로선, 그의 「문학백서(文學白書)」에는 종교적 관습과 사상에서 자득(自得)한 속죄와 희구의 상상력으로 점철된 그의 언어와, 한국의 50년대 후반과 60년대 초반에서 만날 수 있었던 시대적 상황과의 갈등이 그의 글 속에 보완되어야 할 것으로 보인다. 그곳에서 한 시인이 만난 정신적, 종교적 갈등의 충격이 그의 극적 변모를 유도한 것으로 보이기 때문이다.

그 무렵 「인간은 고독하다」와 유사한 형태의 시들이 많이 보이는 점도 우연한 일 같지는 않다. "잠재(潛在)했던 우연(偶然)한 슬픔도 아닌, 절박한 얼굴들을 — 벽(壁)과 같은 얼굴들을 본다"(「박명(薄明)의 남은 시간(時間)속에서」), "싸늘한 증류수(蒸溜水)의 시대(時代)여, 나는 나의 우울한 혈액순환(血液循環)을 노래하지 아니치 못하련다"(「옹호자(擁護者)의 노래」), '고립(孤立)된 거리와 핏기없는 거리를'(「갈구자(渴求者)」), "아버지는 흙벽을 핥으며 자랐고 너는 외인부대(外人部隊)의 깡통을 가지고 노는구나"(「슬픈 아버지」) 등도 그러한 예에 속한다.

김현승의 종교적인 큰 변혁의 문제점은, 그것이 역사적 또는 개인적인 어떤 충격에 의했건 아니건 간에, 종교관의 변모로 이어지지 않고 부정으로 나타난 데 그의 삶과 종교의 한국적인 비극이 있다. 그 비극이 그로 하여금 고독시편과 해후하게 한 것으로 보인다.

그렇다면 그의 '고독'은 우리에게 무엇을 말하고 있는가, 그가 고독의 세계까지 도달한 이유와 아무 상관없이, 그의 시는 우리의 문학적 관념을 행복하게 해 주는가. 물론 이러한 질문에 끼어든 문학적 관념이란, 중요한 것은 고독의 현실적인 체험이 아니라 고독이 품을 수 있는 문학적 관념이라는 까뮈의 상대적 표현을 빌린 것이다. 「견고한 고독」은 「절대 고독」, 「고독의 끝」 등과 함께 그 해답을 구하는 데 중요한 구실을 한다.

「견고한 고독」은 우선 고독의 상태를 아는 데 도움이 된다.

⑨ 껍질을 더 벗길 수도 없이
단단하게 마른
흰 얼굴,

그늘에 빛지지 않고
어느 햇볕에도 기대지 않는
단 하나의 손발,

모든 신(神)들의 거대(巨大)한 정의(廷議) 앞엔
이 가느다란 창끝으로 거슬리고,

생각하던 사람들 굶주려 돌아오면
이 마른 떡을 하룻밤
네 살과 같이 떼어 주며,

결정(結晶)된 빛의 눈물,
그 이슬과 사랑에도 녹슬지 않는
견고(堅固)한 칼날 — 발 딛지 않는
피와 살.

뜨거운 햇빛 오랜 시간(時間)의 회유(懷柔)에도
더 휘지 않는
마를 대로 마른 목관악기(木棺樂器)의 가을
그 높은 언덕에 떨어지는,
굳은 열매

쌉쓸한 자양(滋養)
에 스며드는
에 스며드는
네 생명(生命)의 마지막 남은 맛!

— 전문(全文)

여기에서 우리는 견고한 '고독'이 무엇의 다른 이름인가를 파악할 수가 있다. 1 · 2연은 고독의 순수성을 적고 있다. 그 순수성은 더 벗길 수 없는 껍질로 표현할 수 있는, 인간의 모든 가식을 벗어난 내적 정신적 자세에서 찾아, 얼굴과 손발에 묶어 그려놓는다. 3연은 신(神)에 대한 자기 나름의 해석과 거부를, 4연은 고독과 또는 고독한 자들과의 대화를 '마른 떡'과 "네 살과 같이 떼어주며"라는 성경적 표현으로 엮는다. 스스로를 이렇게 어렵고 고통스럽게 직립(直立)시킴으로써 그 '고독'은 "결정(結晶)된 빛의 눈물, 그 이슬과 사랑에 녹슬지" 않고 (여기에서 그의 보석의 이미지를 함께 생각해 보기 바란다.) '칼날' 같으며, 함부로 접근할 수 없는 "피와 살"이며, 회유에도 결코 타협치 않은 가을의 "굳은 열매"임을 자부한다. 그리고 '생명의 마지막 남은 맛!' 이란 종연(終聯)을 통해, 그것이 자신의 삶의 최후, 그 최후의 삶의 진가(眞價)라고 주장한다.

결과적으로, 이 시는 우리에게 한 시인이 얼마만한 의지로 자신을 견고하게 무장하고 있는가를 보여 주고 있다. 그러므로 이 작품이 주는 감동은, 한 인간의 무서우리만큼 단단해져 있는 의지 또는 사고의 철저에 대한 우리의 찬탄이다. 그 결과 당연하게 '고독'은 한 시인의 의지라는 자리에 우리의 상상력을 멈추게 하고 만다. 이 의지의 다른 이름인 고독, 더 구체적으로 적으면 김현승의 의식적 자기 무장인 고독은 필연적으로 매우 폐쇄적인 시의 시계를 형성한다. 즉 정신의 견고함만을 강조하는, 스스로의 고독의 순수함 그것만을 수직적으로 탐구하는, 그리하여 정신의 탄력을 제한해 버리는 결과를 초래한다.

"너를 잃은 것도/나를 얻는 것도 아니다.… 그것은 나와 내 안의 잃음이다"(「고독」)라는 진술과, "생애(生涯)는 남은 것도 없고 또 남기지도 않았다"(「고독의 풍속(風俗)」)는 표현은, 그것이 얼마나 단순화된 형태로 한 시인의 사고를 경화시키고 있는가를 알려 주는 좋은 예에 속한다. 그 직선적으로 단순화된 의식은 어렵지 않게 "나는 이제야 내가 생각하던/영원의 먼 끝을 만지게"(「절대 고독」)되며, "내가 할 일은/거기서 영혼의 옷마저"(「고독의 끝」) 벗어버린다는 얘기는 무엇을 뜻하는가. 그는 "그러나 나의 고독은 구원(救援)에 이르는 고독이 아니라 구원을 잃어버리는 구원을 포기하는 고독이다. 수단으로서의 고독이 아니라 나의 고독은 순수한 고독

자체(自體)일 뿐이다"라고 말하고 있다. 순수한 고독 자체란 다시 그의 말을 그대로 옮기면 "육체가 죽은 뒤에도 영혼만은 남는다는 나의 사상까지도 벗어버리고 완전한 고독의 무(無) 속으로" 잠긴다는 뜻이다. 신앙의 적극적인 부정론(否定論)의 다른 표현이다. 이와 같은 사실은 우리에게 두 가지의 감회를 불러일으킨다. 그 하나는 그의 '고독'이란 시인이 지녔던 기독교적 관념을 적극적으로 부정하는 데 차용된 의지의 다른 말에 불과하다는 것이며, 다른 하나는 지나치게 그런 직선적 결론까지 도달한 게 아닌가 하는 것이다. 이 두 가지는 '양심(良心)'이라는 아주 보편적인 가치관념을 종교 대신에 내세우고 있는 것과 함께, 우리에게 계속 탐구해 보아야 할 문제점을 남겨 놓는다.

매우 지적(知的)이고 훈련된 감수성을 가진, 그리고 한국에서 기독교적 시세계를 지닌 유수한 한 시인의 극적인 가치관의 변모는 이러한 근거로 우리를 우울하게 만들고 있다. 때문에 "신(神)도 없는 한 세상/믿음도 떠나/내 고독을 순금(純金)처럼 지니고 살아왔기에/흙 속에 묻힌 뒤에도 그 뒤에도/내 고독은 또한 순금(純金)처럼 썩지 않으련가"(「고독의 순금」)와 같은 시구들이 가벼운 음향으로밖에 울리지 않는다.

쉽게 뿌리가 뽑히고 있는 종교, 그 비극적 종교 의식이 피워 올린 '고독'의 꽃인 시 또한 예술적 비극의 한 측면을 보여 줌을 우리는 고독시편에서 발견할 것이다. 지금 한국의 종교는 신(神)의 존재 유무에 대한 신학적인 고찰과는 상관없이, 종교란 예술과 함께 인간의 가장 아름다운 재보(財寶)의 하나라는 점에 깊은 동의(同意)를 갈구하고 있는지도 모른다.

출전 : 『현실과 극기』, 문학과지성사, 1976

신의 부재와 초월성
—다형시(詩)를 중심으로

안수환*

1

신성을 인간성에서 찾아보거나, 인간성을 거꾸로 신성에서 찾으려는 생각은 결국 올바른 판단이 못된다. 왜냐하면 그와 같은 생각의 발전을 통하여 정말로 신을 만나리라는 확신은 엄밀히 말해서 또 다른 자리에 서 있는 인간의 모습을 바라보는 일에 그치기 때문이다. 마침내 그것은 세속주의에 이르며, 신도 인간도 패배하는 비운을 맞는다. 그렇다면 무엇이 문제인가? 인간에 대한 과신과, 인간을 뛰어 넘으려는 이상과, 인간을 사로잡는 맹신이 피차 상접해 이루어 놓은 형상에서도 그것이 종당에는 인간으로 일그러진 한계를 벗어나지 못한다는 점이다. 따라서 중요한 것은 인간을 인간답게 만드는 힘이 어디에 있는지, 혹은 그것이 무엇인지를 통찰하는 인식을 새로 세워야 한다. 과연 그 힘은 어디에서 오며, 지금 그 힘을 인간은 실제로 가지고 있는가? [1)]

이런 점에서 우리는 성서에 등재된 문학적인 기초를 단순히 낭만주의의 정서와 리얼리즘의 열정으로 못박아서는 안된다. 이때야말로 우리는 예컨대 바르트 신학[2)]의 기조에 접근할 수도 있겠다. 하나님은, 말하자면 이 세상의 그 아무것도 아닌 하나님 자신이므로 인간이 만든 문화로 그 나라의

* 천안연암대학 교양학부 교수

1) 그 힘을 우리는 초월성이라고 달리 이름지어도 좋을 것이다. 그 초월성이라고 하면, 시간과 공간의 한계를 뛰어 넘는 어떤 힘에 대한 이름일 것이다. 그것은, 항상 지금 여기에 존재하고 있기 마련인 인간이 그 지금 여기에 있는 상태로부터 벗어난 올라감을 의미한다(김주연, 「한국문학, 왜 감동이 없는가」,『1985년 가을』, 현암사, 1985, p.31)

2) 바르트(Karl Barth 1886-1968) 신학의 특색은 '하나님 말씀의 신학'이란 점에서는 다른 변증법적 신학자들과 공통되지만, 신학을 인간학의 바탕 위에 확립하려는 것이 아니라, 오로지 하나님 말씀 그 자체, 즉 그리스도론에서만 구하려는 점이 다르다.

법칙을 이해하기란 불가능하다. 그 문화의 첨탑은 하늘의 비밀을 찌르기 이전에 거꾸로 인간의 발등을 찍는다. 마침내 우리는 그 문화의 속박으로부터 아무도 자유로울 수 없는 한계에 부닥친 셈이다.

2

다형시의 초기, 중기의 『옹호자(擁護者)의 노래』와 『견고(堅固)한 고독』에서 보여주는 세계는 무엇일까? 다형문학은 기독교 진리를 구현하면서도 거기서 삶의 부수적인 뜻을 건지려고 하지 않는다. 그의 시 속에는 인간의 운명에서 누수된 어두움이 있다. 그 어두움은 시상의 구조적인 분위기에서뿐만 아니라, 범용한 낱말과의 접촉에서까지 드러나는데, 이는, 그의 시세계가 말해주는 이미지의 질이 삶의 모든 대상들로부터 너무 조급하게 회의적인 가치를 뜯어냈다는 약점을 안고 있다. 바꾸어 말하자면, 그의 시적 상상력은 단번에 형태 · 물질의 작용을 뛰어 넘어 보편적인 삶의 모습, 그 원형질과 만나려고 한다. 시인이 그 형상미의 전제를 뛰어 넘는 까닭은, 삶의 참모습이야말로 표면적인 형상보다는 먼저 그 앞자리에 포진한 선행조건에 의하여 조명되는 다른 풍경을 달고 있기 때문이다. 불트만의 용어를 빌어 말하자면, 전이해의 세계[3]가 그를 과민하게 자극한 까닭이다. 그것은 다름아닌 원죄요, 그로부터 벗어나는 고독이요, 그 고독의 역동적인 힘이 더 깊은 어두움을 막아내는 힘이 되고, 이 순환을 끊기 위해 그의 시는 '무'로 향하여 움직이기 시작한다. 그 세계에 피고 들어가서 움직이지 않으려는 자재적인 존재와 시인은 마침내 만나고 만다. '아무런 길도 보이지 않는 하늘의 세계'(「무형(無形)의 노래」)가 곧 그것이다.

3) 이 전이해의 세계는, 곧 신화에 해당한다. 불트만(Bultmann 1884-1976)의 견해로는 신약의 내용도 근본적으로는 역사적인 사항이 아닌 신화적인 기록이라는 것이다. 따라서 기독교 신앙이란 마땅히 역사적인 예수를 믿는 쪽에서보다 그분의 부활로 작용하는 교회의 케류크마를 믿는 데 있다고 보았다. 이것이 그가 제창한 성서의 비신화론이다.

꿈을 아느냐 네게 물으면,
푸라타나스,
너의 머리는 어느덧 파아란 하늘에 젖어 있다.

너는 사모할 줄을 모르나,
푸라타나스,
너는 네게 있는 것으로 그늘을 늘인다.

먼 길에 올 제,
홀로 되어 외로울 제,

푸라타나스,
너는 그 길을 나와 같이 걸었다.

이제 너의 뿌리 깊이
나의 영혼을 불어넣고 가도 좋으련만,
푸라타나스,
나는 너와 함께 신(神)이 아니다!

수고론 우리의 길이 다하는 어느 날,
푸라타나스,
너를 맞아 줄 검은 흙이 먼 곳에 따로이 있느냐?
나는 오직 너를 지켜 네 이웃이 되고 싶을 뿐,
그곳은 아름다운 별과 나의 사랑하는 창(窓)이 열린 길이다.[4)]

시인은 이와 같인 「푸라타나스」(1953)에서 자연과의 유연한 화합을 노래하면서 인간의 위상에 대한 질문을 던진다. 이 시에서는 신과 현실이 병존해 있으면서 그 두 극점이 대립되기는 커녕 객관적 상관과의 단순한 간

4) 『김현승전집(金顯承全集) · 1』, 시인사, 1985, p.71. 이하 다형시의 인용은 이 책에 전거함.

격으로 묘사되고 있는데, 이는 시인의 전이해가 깊으면 깊을수록 존재의 모순과 갈등이 부각되기 힘들다는 점을 잘 시사해 준다. 다만 여기에는 "나는 너와 함께 신이 아니다!"라고 선언한 시인의 감응이 있을 뿐, 신의 모습은 아직도 '먼 곳'에 떠있는 공백으로 나타난다. 그러기에 시인은 실재의 처소, 그 현금(現今)의 궁극성[5]을 가리켜 "그곳은 아름다운 별과 나의 사랑하는 창이 열린 길"이라고 헛되이 진맥할 따름이다. 고작해야 그는 그 고독의 의미를 3, 4연의 감정이입으로 약화시키면서 "나의 영혼을 불어넣고 가도 좋으련만"이라는 심약한 간구로 만족해버린다. 실상 그 고독의 의미가 예수의 책형(磔刑) · 대속(代贖)의 사건으로 연결되기까지에는 「절대신앙(絕對信仰)」(1968)의 시대를 겸손하게, 혹은 오만하게 기다려야 하는 것이었다. 어떻든 초기 중기의 시에서 시인이 그토록 '나무'의 이미지에 연연해하면서 온유한 식물성의 상상력을 떠나지 못하고 있는 까닭은, 앞서 이야기한 저러한 고독에 대하여 마땅히 대응할만한 능력을 갖추지 못해서라기보다는, 고립 · 소원(疎遠)을 눈여겨 바라보는 그의 인간미, 혹은 종교적 취향과 더 긴밀히 상관할 것이라고 볼 수 있겠다.

3

대저 우리의 삶은 그 존재이유에 대한 명쾌한 대답을 오늘 얻는다고 해서 행복해질 수 있을까? 생의 고뇌와 싸우면서 그에 의한 붕괴 · 변용의 물결을 헤쳐가는 과정에서 김현승이 들려주는[6] 그 목소리(「가을의 기도(祈禱)」)는 각별한 의미를 지니게 된다. '자존'을 너무도 뚜렷이 의식한 나머지 현실을 감지하는 부분에 대해서는 훨씬 홀대하고 있다. 이것은 시인의 창조적인 의지와는 상반된 입장에서 피조물로서의 한계를 지나치게

5) 바슐라르는 이러한 시적 이미지의 가치를 '인간 욕구의 완성' '미래의 원인성' '현금의 궁극성'으로 간주한다. (곽광수/김현, 『바슐라르 연구(研究)』, 민음사, 1976, p.73)

6) 다형시는 주제를 드러내는 데 있어서 대체로 직투(直投)형식을 취하고 있다고 최하림은 규명한다. (최하림, 『시(詩)와 부정(否定)의 정신』, 문학과 지성사, 1984, p.188)

자각한 데서 연유한다.

> 나로 하여금
> 세상의 모든 책을 덮게 한 고독이여!
> 비록 우리에게 가브리엘의 성좌와 사탄의 모든 저항을 준다 한들
> 만들어진 것들은 고독할 뿐이다!
> 인간은 만들어졌다!
> 무엇 하나 이 우리들의 의지(意志) 아닌,
>
> 이 간곡한 자세—이 절망과 이 구원의 두 팔을
> 어느 곳을 우러러 오늘은 벌려야 할 것인가!

저와 같은 격양된 감정을 붙잡지 않더라도 이미 이 「인간은 고독하다」의 종련 속에는 그 '자존'과 '고독'과 '무'가 같은 휴지부로 오는 발문인 것을 알 수 있겠다. 고독을 말소시키는 구원의 두 팔을 벌려보아도, 결국 시인이 '오늘' 확인할 수 있는 부분은 '무' 밖에는 따로 없다. 그렇기 때문에 그 '무'는 지향점이며, 결핍이 아닌 시간이 되는 셈이다. 어째서 그런가? 그에게 있어서 신앙이란 고독에 내리는 축복이며 그 고독과 만나면서 더욱 큰 힘을 쌓아, 다시 '자존'과 만나는 시간을 확보한다. 그 고독이란 거꾸로 말해서 원죄의 산물인데—'눈물'이 그의 시세계의 중심이 들어와 인간적인 깨끗한 정감으로 증폭되면서, 그것은 다시 신인식으로 발전한다—그렇다면 시인의 아름다운 세계를 추억할 만한 대상은 당초 없는 것이었다. 그래서 그는 몽상의 저편에 떠 있는 행복의 세계보다는, 인식의 이편에서 솟아나는 고독의 통각성에 대하여 더 깊이 파묻히게 된다. 시인은 그것을 승화시키지 않고 어떻게 견딜 수 있을까? 다형은 그것의 극복을 내인계(內因界)에다 접어두면서—고독의 견고성, 절대성은 이 점을 두고 하는 말이다—또다시 그것을 외현으로 나타내 보일 때는 고독과 신성을 동일한 빛깔로 파악하면서 세계와의 화합을 꿈꾸는 것이다.

4

현존의 입성을 입고 있는 존재, 혹은 자연은 본질적으로 다형의 시에서는 허상의 이미지로 처리된다. 더구나 언어에 대해서까지 "나의 말은 서툴러/네 언어 속에 무늬 맺어/남지도 않(는)"다고(「부재(不在)」, 1968) 고백한다.

나는 네 눈동자 속에
깃들여 있지도 않고,

나는 네 그림자 곁에 따르지도 않고
나는 네 무덤 속에 있지도 않다.

나의 말은 서툴러
나는 네 언어 속에 무늬 맺어
남지도 않고,
나는 네 꿈 속에 비치지도 않는다.

네가 나를 찾았을 때
나는 성전(聖殿)에 있지도 않았고,
나는 또 돌을 들어 떡을 만든 것도 아니다.

나는 많은 사람들 가운데
내 튼튼한 발목으로 뛰어 내리지도 않았고,
나는 나의 젊음 곁에
암사슴처럼 길게 누워 있지도 않았다.

나는 끝내 어디에 있는가.
나는 내 한줌의 재로 뿌려지는

푸른 강가 흐린 물 속에 있는가.
그 흐르는 강물을
한 개의 별빛이 되어
물끄러미 나는 바라볼 것인가.

나는 어디에 있는가.
나는 내 단단한 뼈 속에 있지도 않고,
비 내리는 포도(鋪道)의 한 때마저
나는 내 우산(雨傘) 안에 있지도 않았다.

시인은 이 시에서, 말하자면 절대자 앞에 선 자기 무화(無化)의 경지를 노래하고 있다. 물론 이 경우의 부재는 "무는 스스로를 무화한다."는 하이데거의 입장과도 사뭇 다른 것이다. 도리어 "무는 존재를 배경으로 할 때만 스스로 무화할 수 있다."고 주장한 싸르트르의 생각과 매우 흡사한 것인데, 인간의 그 원초적인 경험을 모면할 수 없는 데서 시인의 지향성은 언제나 배태되고 있었다. "나는 끝내 어디에 있는가"의 그 설의는 무엇인가? 시인은 '강물' '재'가 암시하는 가숙(假宿)의 이미지를 '성전' '별빛'과 같은 천상(天上)으로 대비시키면서, 자기 정처의 길목을 끝끝내 엄폐하려 하지 않는다.

4, 5연과 같이 성서적 이미지를 통해 예수의 얼굴을 형상화시키려는 표현 따위도 실재의 후미를 따라가보려는 인식에 불과하다. 문학은 삶의 명료성일 뿐, 관념 · 언어의 명료성—다형시의 경우에 이것은 주제의 명료성이라고 달리 말할 수 있겠다—이 아니기 때문이다. 여기서 시인이 붙잡는 자기 부재의 명료성이란 두말할 필요없이 자기 없는 삶 그 자체의 허망함을 가리키는 말이 아니다. 분명한 사실은 그 '부재'로서는, 있음에 대한 확고한 신념, 그것이 삶을 건강하게 이끌어 가려는 투철한 자기인식의 변용으로 해석될 수 있겠다.

이때 그는 고독의 생성적인 방향, 즉 견고한 고독으로서의 숙명을 타개하는 시적 진실성을 획득하기에 이른다. 그것은 무엇인가? 신과 인간이 맺는 '부재'의 공간으로 돌입하는 관계력의 충만이다. 이 관계력은, 말하자면 신을 '그분'으로 대상화시킬 때는 부재적 형식을 밟고 오지만, 생명의 내면적인 현존성으로 스며들 때는 더욱 강렬한 종결사의 아무데든 '있지도 않다'로 은폐된다. 작품의 표면에는 그래서 시인이 거두어들인 소재들만 불꽃처럼 타오를 뿐이다. 그렇다면 소재들의 가현(假現)이 불러오는 세계는 무엇일까? 허상의 세계를 실상으로 몰고 가는 시인의 판별은, 현실이 담고 있어야 할 아픔 · 절망의 판각(板刻)을 무심히 뛰어 넘은 까닭에—이 점에 대해서 시인은, 삶의 허위성에 대응하기 위하여 인생의 밑바닥으로 내려간다거나, 적어도 그에 대신하는 장소에서 응신(應神)의 의미를 살펴볼 겨를없이 생득적으로 청교도 정신에 사로잡혀 있었다—그 허상의 가닥을 추궁하기는 커녕 관념적인 영성에만 집요하게 매달리게 할 뿐이었다.

사실은 무한자와의 교감을 파악하는 데 있어서 시인은 어쩔 도리없이 아득한 은유와 형이상의 언어를 빌어 오지 않을 수 없다. 그의 관념은 삶의 심의적(心意的)인 풍경을 번안하는 데 곧잘 원용되는 힘이었다. 그만큼 시인의 생활 속에 허여된 이상적인 가치가 영성적으로 옮겨지면서 그를 존재론적인 탐구형의 시인으로 만들어 놓았던 것이다.

5

다형은 왜 신의 현전화를 폐기하려 하는가? 시인이 말하는 신에 대한 부재의식은 객관적 대상권(圈)에서 그 실재를 호출하려던 노력보다 세계 안에서 신의 현존을 파지(把持)하고 있는 형편이었으므로, 그 경우 신에게 더욱 가까이 가는 표정으로 아름답게 담지된다. 만일 그의 시적 사유가 신앙의 끈을 풀고 보들레르처럼 '악한 신'을 편들면서 자연을 시화하려 했다면, 신과 인간의 간격, 영혼의 계시성은 파괴되고 말았을 것이다. 신은 언제나 인간과 관계를 맺고 있기 때문에 인간이 존재하는 방식으로 자기의 모습을 현시한다. 이러한 신인식을 전제로 한다면 존재야말로 객관적인 실재가 아닌 현실 · 호명이 될 것이다. 그러므로 그 호출은 달리 말해서 존재의식이기도 한데,[7] 다형에게 있어서는 그것이 부재의식으로 변용되는 추이(推移)작용을 보인다. 그 가운데는 나중에 천상의 자유의식으로 승화될 부재성이 또한 내포되어 있다. 그럼에도 불구하고 인간은 아직도 고독으로, 절망으로 죽어가면서 근본적으로 신의 현전을 이해하지 못한 채 역사와 대향(對向)한 궁극적인 시간을 느끼지 못하는 것이다. 이때 다형은 허상의 늪을 빠져나와 자연스럽게도 '부재'의 형식을 밟고 오는 실상과 만나면서 「희망」(1974)과 같은 작품을 쓰게 된다.

나의 희망,
어두운 땅속에 묻히면
황금이 되어
불같이 손을 기다리고,

너의 희망
깜깜한 하늘에 갇히면
별이 되어
먼 언덕 위에서 빛난다.

나의 희망,
아득한 바다에 뜨면
수평선의 기적이 되어
먼 나라를 저어 가고,

너의 희망,
나에게 가까이 오면
나의 사랑으로 맞아
뜨거운 입술이 된다.

7) 김병우, 『존재(存在)와 상황(狀況)』, 한길사, 1981, p.161

빵 없는 땅에서도 배고프지 않은,
물 없는 바다에서도
목마르지 않은
우리의 희망!

온 세상에 불이 꺼져 캄캄할 때에도,
내가 찾는 얼굴들이 보이지 않을 때에도,
우리는 생각하는 갈대 끝으로
희망에서 불을 붙여 온다.

우리에게서 모든 것을 빼앗을 때에도
우리의 무덤마저 빼앗을 때에도
우릴 빼앗을 수 없는 우리의 희망!

우리에게 한번 주어 버린 것을
오오, 우리의 신(神)도 뉘우치고 있을
너와 나의 희망! 우리의 희망!

시인이 애써 찾는 다른 얼굴들이 보이지 않는다고 하더라도, 혹은 세상이나 무덤마저 가없이 없어진다고 하더라도, 희망의 발원만은 부서지지 않는다. 1, 2연에서 밝히고 있는 것처럼 희망은 "어두운 땅속에 묻히면/황금이 되"고 "캄캄한 하늘에 갇히면/별이 되"는 모습을 갖추고 있기 때문에 외부의 어떠한 힘에 의해서도 빼앗기지 않는 보물이 된다. 이 경우 '황금', '별'이 주는 금속성의 이미지는 그 견고함에 있어서 영원성의 가치보다는 강함의 가치를 지니는 것이라고 곽광수(郭光秀)는 말한다.[8] 그러나 '희망'과 마주 서 있는 시인의 이러한 충동은 '어둠'에 의하여 규정된, 밝음을 지향하는 인식일 뿐, 나와 혹은 공동체의 실질적인 힘으로 채워진 소생은 아니다. 여기서는 아직 희망의 기능이 없다. 그러면서도 여기에는 또

8) 곽광수, 「사라짐과 영원성(永遠性)」, 『김현승(金顯承)』, 지식산업사, 1982.

세계를 채운 생명이 자신의 그것으로 내재화될 때, 어두운 불행과의 접촉에서 빚어지는 갈망이 거칠게 틈입하고 있다. 그렇다면 이 '희망' 역시 비실재의 영역이면서, 윤리적 행위에 있어서는 좌절로부터의 탈출을 시도해 보려고 하겠지만, 그럴수록 시인에게는 무의미한 미몽을 거꾸로 명시해주는 도식까지 보여준다. 존재와 고독 사이에 가로놓인 그 넓은 틈을 저와 같은 희망이 가르고 있을 때, 초월자와의 터무니없는 간극은 좁혀지게 마련이다. 희망은 만유를 불러다가 그 만유 속에 붙어 있는 갑갑한 어둠을 깔끔히 소각한다. 그렇다면 다형은 왜 그토록 목마르게 희망을 탄원하고 있을까? 희망이야말로 현실의 미몽을 말소하는 원동력일 뿐 아니라, 자기 고독의 요인을 먼 세계와의 화해로 교체시키는 기화(奇貨)가 된다. 희망은 항용 외부 세계와의 접촉을 통해서 자기 내면의 어둠을 삭제시키는 향수로도 떠오르지만, 일찌기 그것을 부질없는 기다림으로 갈파한 다형으로서는 부조리한 상황 가운데 철저하게 자기를 고립시킴으로 자기 강화의 터전을 닦아 두었다. 이 점은 세계를 가현으로 바라본 그의 수사법상의 암호와 더불어 이 현실에 닿은 쓸데없는 환상, 과민한 감성을 버릴 줄 알았던 그의 관점에서 비롯된 결과라고 보겠다. '묻히면', '갇히면' 혹은 '보이지 않을 때', '빼앗을 때' 라는 조건적 술어들의 타박이 바로 그 점을 반증해 준다. 이에 당도한 시인은, 비로소 신이 부재한다는 느낌을 가지고도 충분히 자유로울 수 있게 되었다. 그의 「절대(絕對) 고독」(1968)의 끝련을 다시 읽어 보자.

나는 내게서 끝나는
아름다운 영원을
내 주름잡힌 손으로 어루만지며 어루만지며
더 나아갈 수도 없는 나의 손끝에서
드디어 입을 다문다 - 나의 시(詩)와 함께.

그의, 부재의 시학은 '유'와의 대립의 관계를 가진 '상대무(相對無)'의 차원에서, 이제는 무한의 절대고독의 세계를 탐험해 들어가면서 그 무한 · 영원과 새롭게 조우하게 된 것이다. 이 세계는 유한한 사물의 범주를 포괄하면서도, 거울의 표면과 같은 '무' 로서 그 안에 모든 존재를 포용하는 부재성으로 심화된다. 이 무한의 부재성은 '유' 를 배제하는 것이 아니라 만유를 끌어 안기 때문에, 그런 점에서 절대상(絕對相)을 보여주면서[9] 시인의 지극한 고독을 휘몰아 무한과 긍정의 '무' 로 변전시킨다.

엄청난 회의를 동반했던 그의 신앙심도 이제는 고요히 가라앉아 「전환(轉換)」(1972)과 같이 아름다운 시를 또 쓰게 된다.

이제는
밝음의 이쪽보다
나는 어둠의 저쪽에다
귀를 기울인다.

여기서는
들리지도 않고
보이지도 않는
어둠의 저쪽에다 내 귀를 모두어 세운다.
이제는 눈을 감고
어렴풋이나마 들려 오는 저 소리에
리듬을 맞춰 시도 쓴다.

이제는 떨어지는 꽃잎보다
고요히 묻히는 씨를
내 오랜 손바닥으로 받는다.

될 수만 있으면
씨 속에 묻힌 까마득한 약속까지도……

9) 이 경우 '무' 는 '무(無)라는 물(物)' '무(無)라고 하는 명(名)의 무(無)' 로서, 존재의 일종으로 파악될 수 있다. (최염렬, 『노장철학(老莊哲學)의 연토(硏討)』, 학문사, 1984, p.78)

그리하여 아득한 시간에까지도 이제는
내 웃음을 보낸다,
순간들 사이에나 떨어뜨리던 내 웃음을
이제는 어둠의 저 편
보이지 않는 시간에까지
모닥불 연기처럼 살리며 살리며……

'떨어지는 꽃잎'은 '어둠의 저쪽'에 '고요히 묻히는 씨'가 되어—이 은유를 시적 구원으로 바라본다면, 이미 사라지고 만 신의 형상이 '이제는 [……] 어렴풋이나마 들려 오는 저 소리'라는 임재적인 리듬이 되어, 시인의 삶을 보람있는 '씨'의 힘으로 북돋고 있다. 그제서야 신의 부재성은 자아의 부재의식으로 전이되면서, 영원으로 들어가는 이른바 기독교적인 거듭남의 추인 과정 · 초월성을 획득한다. 다형시에 있어서 금속성의 이미지는 지상적인 세계를 투사할 때 빈번히 나타난 감성들이다. 그러나 그것이 천상적인 소리의 품계로 옮겨질 때는 위의 시 1, 2연에서 보여 주듯이 청각심상의 표현을 빌어 온다. 영혼이 만유에게 질서를 줄 때는 대개 소리로써 삶의 정위를 바로 잡는다. 성음은 반드시 언령과 상관하므로, 영혼을 싣고 있는 소리는 시인의 의식으로 깊게 파고들어 오면서 청각심상을 만들게 마련이다.[10] 다형은 이때부터 부재의 세계에 대하여 확실한 관계 · 간격을 체득하는 호흡, 곧 신의 초월성을 바라보는 시인으로 바뀐다. 그의 고독은, 그러므로 신 없는 공허에서 그것 자체로 절대가 된 침묵을 깨뜨리고 새로운 기호를 찾아 움직인다. 우리 주위에 생명없이 텅빈 공간이란 어디 있을까?

출전 : 『문예중앙』1986, 여름

10) 졸고, 「가락(歌樂)과 영혼(靈魂)의 문제」, 『시문학』, 통권171호, 1985, 10.

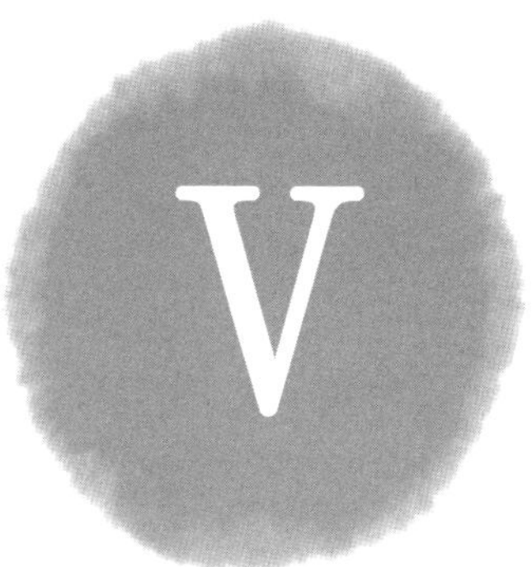

인간적인 면모

권영진, 스승 김현승선생 회고담

김광일, 대쪽보다 더 단단했던 대추씨 선생

V 인간적인 면모

스승 김현승선생 회고담

권영진*

선생님은 1913년에 나셨고 숭실전문 재학시절에 시가 『동아일보』에 발표되면서 시작활동을 시작하셨습니다. 타계하실 때까지 300 여 편의 독창적이고 주옥같은 시를 발표하신 이 나라의 큰 시인이셨습니다. 다형선생을 생각하면 찻집에서 커피를 마시며, 시상에 잠겨 계시던 모습과 마른 나뭇가지 위에 홀로 앉아 있는 까마귀가 떠오릅니다.

제가 선생님을 처음 뵌 것은 대학 2학년 때인 1960년 선생께서 모교에 부임하신 후입니다. 선생님은 매우 재미있고 명쾌하게 강의를 잘 하셨습니다. 문학의 밤 행사에서 행사가 끝난 뒤 칭찬을 해주시고, 시를 쓴 것이 있으면 가져오라고 하셔서 선생님께 시 몇 편을 가지고 찾아뵈었습니다. 졸업 후에 선생님께서 제 시를 『현대문학』에 실어주셨고, 모교의 교양국어 강사로 추천해 주셨습니다. 그 후에 계속 선생님을 가까이 뵈어 왔습니다.

선생님은 이목구비가 수려한 미남형이셨습니다.

어느 날 빛바랜 젊은 시절 사진을 보여 주셨는데, 아주 잘 생기시고 매우 건강한 모습이었습니다.

이미 「자화상」을 쓰실 때는 중년을 훨씬 넘기신 뒤였습니다.

선생님께서는 어렸을 때부터 스포츠를 좋아하셨고, 만능 스포츠맨이었

* 숭실대학교 국어국문학과 명예교수

습니다.

특히 축구는 숭실중학시절에는 대표선수였고, 광주에 내려가셔서 올스타로 활약하셨었습니다. 선생께서 서울에 오신 지 얼마 되지 않아 개교기념일 때인가 가을 축제 때인가 교수팀과 교직원팀간에 축구시합이 있었는데, 마침 교수팀에서 패널티킥을 얻었고, 선생님께서는 강하게 포즈를 잡으시더니 골을 넣으셨습니다. 그 때 주위에서 박수를 치자 "패널티킥이라는 것은 세게 차는 것이 아니라 이렇게 차는 것이야!" 라고 말씀하셨는데, 마치 젊은 시절로 돌아가신 듯 천진난만하셨던 선생님의 모습이 떠오릅니다. 이렇게 잘 생기고 건강하신 선생님은 숭실전문시절부터 고질적인 위장병을 얻으시고, 이미 중년에 접어들면서는 야위어지셨습니다.

선생님의 성품은 깐깐하고 강건하셨습니다. 내성적이고 완고하셨습니다.

사람들과 좀처럼 어울리는 일을 좋아하지 않으시고, 사람 사귀는 일도 좋아하지 않으셨습니다. 주로 홀로 계셨습니다. 그 당시 연구실이 따로 없고 교수실을 함께 썼었는데, 누가 특별히 말을 걸지 않는 한 홀로 생각에 잠겨 있으셨습니다.

대학원 강의 때에도 얼굴을 마주보고 강의하시는 일이 거의 없으셨고, 시선을 아래에 두시고 말씀하셨고, 걸으실 때도 주위를 살피거나 위로 봄이 없이 늘 땅 아래를 보셔서 선생님과 한번도 인사를 나눠보지 못했다는 교수들이 많았습니다.

그러나 그런 선생님께서는 제지사랑만은 각별하셔서 제자들과 함께 있을 때는 스승과 제자라는 사이를 떠나 마치 다정한 친구같이 대단히 인간적이셔서 존경하며 따랐고, 주위에 젊은 시인과 제자들이 많았습니다.

선생께서는 고향 광주를 사랑하시고 가끔 광주 얘기를 하셨는데, 광주에는 애환이 서려 있는 듯하셨습니다. 젊은 시절 신사참배 거부 주동자로 몰려 옥고를 치르시고 모교가 폐교된 뒤 광주로 내려오셔서 해방될 때까지 근 18년을 시 한편도 못 쓰시고 침묵하셨었는데, 선생께서는 당신의 생애에서 그 시절이 가장 암담했다고 하셨습니다.

물론 생활고로 여러 가지 어려움이 많았겠지만 일제말기라는 참담했던 우리의 시대적 상황이 선생님으로 하여금 절필하고 암담하게 만들지 않았나 생각합니다.

선생님의 기호나 취향은 술 담배를 전혀 못하시고, 유독 커피, 냉면, 설렁탕을 좋아하셔서 아무데나 안 가시고 입맛에 드는 커피집과 냉면집을 찾으셨고, 누구를 만날 때도 학교나 시인들이 모이는 다방이 아니라 꼭 커피와 냉면 맛이 좋은 집에서 만나셨습니다.

단골찻집은 무교동에 있었던 망고수 다방이고 냉면집은 지금도 중앙일보 뒤에 있는 황수면옥의 육수가 담백해서 좋다고 하셨습니다.

선생님의 커피에 대한 애정은 유별나셨습니다. 선교사 집에 드나들며 커피를 배웠는데, 처음에는 막걸리 마시듯이 사발로 마셨다고 합니다. 제 생각으로는 위장병이 커피 때문이 아니었나 생각합니다. 선생님의 댁에 방문을 하면 꼭 손수 커피를 타주셨는데, 하루는 제 후배가 "선생님, 제가 하겠습니다."라고 말하자 "자네가 타면 맛이 없어, 내가 커피 타는 법을 알려 줄테니 봐!" 하시면서 물을 끓이는 것부터 차례차례 알려주셨고, 강조하신 점은 커피의 빛깔이 진한 황토색이 나야 한다는 것과 한꺼번에 마시는 것이 아니라 한 모금씩 커피가 식을 때까지 천천히 마셔야 한다고 하셨습니다. 그 때 전수받은 커피맛이 제 커피맛입니다.

선생님은 대체로 간소하고 담백한 것을 좋아하시는 분이셨습니다. 선생님께서는 또 버스를 늘 타셨습니다. 학교에서 선생님댁인 수색까지 한 시간이 넘게 걸리는 먼 거리였는데도 꼭 버스를 타고 출퇴근하셨고, 대전캠퍼스로 출근하실 때도 서울역 앞에서 떠나는 버스를 타셨습니다. 모임이나 회식 때, 시간이 늦어 여자들과 함께 택시를 타는 경우엔 조금 가다가 내려서 버스로 갈아타셨습니다. 선생님께서 왜 그렇게 버스를 좋아하시는가 여쭤봤더니 "버스를 타면 다양한 행인들을 만날 수 있고, 차창으로 스치는 풍경 속에서 시상이 떠올라. 그래서 버스는 내 시의 보고야." 라고 말씀하셨습니다. 선생님 시에 「군중속의 고독」이라는 시가 있는데 아마 선생님이 버스 안에서 군중속의 고독을 느낀 것을 쓰신 게 아닌가 합니다.

서울에 오신 뒤에 가장 왕성한 활동을 하셨는데, 그 많은 시들 중에서 상당수는 버스 안에서 구상된 것은 아니었나라고 짐작해봅니다. 선생께서는 서민적이고 검소하셨습니다.

선생님은 의외로 서부극을 좋아하셨습니다. 그 당시는 서부극을 많이 상영하기도 했지만 다른 좋은 영화들도 많이 있었고 저도 영화를 좋아하는데, 어느 날 「황야의 7인」인가 하는 영화가 있었는데 함께 관람을 하고 나오셔서 주인공인 대머리 친구보다 무명인 조연의 연기가 멋지다고 하셨습니다. 나중에 알고 보니 무명의 조연배우가 대스타가 되어 있었습니다. 그래서 '선생님께서 연기를 보는 안목도 있으시구나.' 하고 생각했었습니다.

영화를 보고 나와 설렁탕을 먹으며, 선생님께서 왜 서부극을 좋아하시느냐고 여쭤봤더니 "악당들이 판을 치고 악인이 이기는 것 같지만, 끝내는 의인이 이기고 정의가 승리하는 이런 통쾌한 세계가 여기 말고 어디 있느냐. 우리의 역사와 현실이 그러냐?" 라고 말씀하셨습니다. 선생님께서는 이승만 독재, 4.19, 5.16을 겪으시며 자유가 억압당하고 정의가 실현되지 못한 현실에 대해 대단히 안타까워하셨습니다.

하루는 신문기자로 있는 제자친구와 선생님을 만났는데, 선생님이 청렴하시다는 것을 감안해서였는지 제자가 모 중년 시인의 스캔들을 폭로해야겠다고 하니까 선생님께서는 화를 내시면서 "아니 강한 자의 횡포를 폭로해야지 가난하고 약한 시인의 로맨스나 들춰서야 쓰겠느냐?" 하셨고, 머쓱해진 기자는 기사를 쓰지 못했습니다. 선생님은 강한 자의 횡포와 불의에 대해서는 질책하셨지만 가난하고 약한 자에 대해서는 무한한 사랑을 보내셨습니다. 이런 자유와 정의, 약한 자에 대한 마음은 선생님의 「무기의 의미」와 같은 시편 속에 암암리에 표출되어 있다고 생각됩니다.

선생님이 얼마만큼 당신의 작품과 시에 대해서 칭찬하시는가에 대해서는 숭전대학교 시절 고 김영남 총장님이 계실 때라고 기억납니다. 교가를 새로 짓기로 하고 작사를 선생님께 부탁드렸는데, 작시를 해 주시고 그때 돈으로 5만원을 받으셨습니다. 그런데 어찌 어찌해서 작곡을 한 김동인 선생은 20만원을 받는다고 소문이 있었는데, 선생님은 대단히 불쾌해 하시면서 이것은 시에 대한 모독이다. 어떻게 시는 5만원이고, 작곡은 20만원이냐 하시면서 당장 가셔서 5만원을 집어던지고 시를 찾아오셨습니다.

총무처장으로부터 보고를 받은 총장께서는 모교에 봉직하고 있고 자신의 솜씨로 교가를 작사했으면 작사료 없이도 영광으로 생각해야 되는데 작사료 적다고 작품을 다시 가져갔다고 당장 가서 되찾아오라고 하셨고, 총무처장이 다형선생께 다시 갔지만 선생님께서는 막무가내셨습니다. 난처해진 총무처장은 제자인 저에게 와서 전후 사정을 얘기하고 선생님을 설득해 달라고 했습니다. 가만 생각해보니 총장께서 선생님을 오해하신 것이 마음에 걸려 저는 용기를 갖고 선생님댁을 찾아갔습니다. 그래서 선생님이 이번에는 양보를 하시고 학교에 시를 주시면 안 되겠냐고 여쭤보니 선생님께서는 "자네, 그래 가지고선 앞으로 시 못써! 그만 소리하려면 당장 돌아가!" 처음이자 마지막인 이 한마디 말씀이 예언처럼 비수로 꽂혀 아직도 제 가슴에 남아 있습니다. 선생님은 본인의 작품, 시에 관해서는 아주 철저하셨습니다. 물론 작곡료와 같이 20만원을 받으시고 작시를 하셨었습니다.

선생님의 기독교 영향관계와 관련 있는 것 같은데 하루는 커피를 마시면서 "선생님은 좋아하는 시인이 있으십니까?" 여쭈었더니 "예수야. 예수님이야말로 나의 유일한 스승이고, 가장 위대한 시인이야." 그래서 제가 또 "예수님 말고 또 좋아하는 시인이 누구십니까?" "T.S 엘리엇, 릴케, 발레리, 워즈워드" 네 분을 드셨습니다. "국내시인은 누구십니까?" 라고 물으니, 정지용과 김기림이라고 답하셨습니다. 그 뒤에 제가 공부하면서 선생님 시는 철저하게 기독교 정신에 영향을 받고 있다는 것을 알았고, 세계적인 시인으로부터 나름대로 조금씩은 영향을 받았다고 생각했었습니다. 특히 정지용과 김기림의 경우는 선생님의 작품 활동을 하시던 30년대 모더니즘, 니힐리즘 기법을 수용한 작가들로서 선생님의 작품에 보이는 신선하고 매우 감각적인 비유법이나 명증한 이미지는 거기서 영향을 받으셨을 거라고 생각됩니다.

하루는 선생님이 편찮으셔서 누워 계신다고 해서 수색으로 선생님댁을 찾아 갔었습니다. 선생님께서 누워 계시는데, 처연한 표정을 하시며 "내가 죽으면 몇 사람이나 내 시를 기억 할까?" "선생님의 시 좋아하는 사람 많을 겁니다." 했더니, 한참 뒤에 "자네는 내 고독에 대해 어떻게 생각하나?" 라고 물으셔서 뜻밖의 심각한 질문에 대답을 못하고 멈칫하다가 "혹시를 떠난 고독 아닙니까?" 했더니, 제 어깨를 치시며 빙그레 웃으셨습니다. 그 때 저는 선생님도 당신의 시라든가 고독에 대해서 불안해하시는 것을 알게 되었으며 그 인간적인 모습에 대해 대단히 감동받았습니다.

선생님의 고독에 대해 제가 생각해 보면, 기질적인 성격에서 오는 것이기도 하겠지만 인간존재의 유한성에 대한 깨달음, 존재의 각성에서 오는 고독. 이러한 고독은 선생님의 「무형의 노래」,「견고한 고독」이란 시에서 아주 아름답게 물들어 있고, 선생님에게 있어서는 거의 절대적으로 군림하다시피한 신으로부터 적을 잃는, 그리고 그 마지막에서 만나게 되는 고독 그 자체가 목적이 되고 시의 원천, 시의 대상이 됐습니다. 물론 선생님께서는 이 고독을 절대고독이라고 말씀하십니다. 선생님의 '절대고독'이라는 것은『절대고독』시집 속에 잘 나타나 있다고 하셨습니다. 선생님께서『절대고독』의 시편들을 쓰실 때, 제가 옆에서 보기는 대단히 고통스러워하시는 것 같았습니다. 선생님 시를 보면 '뼈로 우려내는 말' 이라는 표현이 있습니다. 그야말로 뼈를 깎아서 시를 쓰시는 것 같았습니다. 자기와의 치열한 추격을 통해서 선생님은 주옥같은 작품들을 창조해 내신 것이 아닌가라고 생각됩니다. 1973년 아드님 결혼식 때 고혈압으로 쓰러지셨고, 그 뒤부터는 입맛이 변하셔서 그 좋아하는 커피도 못 마시셨습니다. 하루는 "내가 그 동안 교만했던가 봐. 하나님이 내 뒤통수를 쇠망치로 내리치신 거야!" 라고 말하시며, 참회하는 듯하셨습니다. 그 뒤로 선생님은 절대신앙으로 귀의하셔서 신앙시를 쓰셨습니다.

1975년 4월에 모교의 채플 시간에 기도를 하시면서 그대로 쓰러지셨고 그 길로 세상을 떠나셨습니다.

茶兄先生

가을 하늘을
커피잔에 담아
無等茶로 마시고

마른 손가락 사이로
흐르는 孤獨을
당신의 살과 같이
떼어 주시던 詩人.

서울에서도
얼음이 가장 나중 녹던
西쪽의 겨울을
속 內衣처럼 입고
十字家가 보이는
언덕길을
호올로 걸어가시던
詩人.

孤獨의 끝에서
永遠을 보고
이땅의 不義를
그 槍끝으로
거슬리며….

하늘과 땅 사이, 오직
깨어 있는 者들의
淸澄한 눈에
부어지던 純金의
빛깔이여!

靈魂은 위에 두고
땅만 내려다보시었기에
그 그림자

더욱
외로와 보이던 詩人.

語感이 따뜻하다고
金兄, 李兄처럼
茶兄이라 부르라시던
해가 갈수록
뒷 모습이 그리운 님이여.

대쪽보다 더 단단했던 대추씨 선생

김광일*

I.

존경하는 여러 선생님들과 자리를 함께 해서 영광입니다. 오늘은 두서없이 말씀드리겠습니다. 일목요연한 것들이 너무나 배반을 많이 하는 세상이어서 그렇습니다.

광주 양림동에 김현승 선생이 사셨던 곳 옆에는 교회가 있고, 동산이 있는데, 그곳에 시비를 세울 예정이라고 합니다. 양림동 주민들이 준비 중이라고 합니다. 추진위원회가 만들어져 지금까지 여러 차례 회합을 가졌다고 합니다.

광주 무등산에는 '눈물' 이라는 시비가 이미 세워져 있습니다.

> '더러는/ 옥토에 떨어지는 작은 생명이고저...// 흠도 티도,/ 금가지 않은/ 나의 전체는 오직 이뿐!// 더욱 값진 것으로/ 드리라 하올 제,// 나의 가장 나중 지니인 것도 오직 이뿐!// 아름다운 나무의 꽃이 시듦을 보시고/ 열매를 맺게 하신 당신은,// 나의 웃음을 만드신 후에/ 새로이 나의 눈물을 지어 주시다'

여기서 '나의 가장 나중 지니인 것' 이란 대목은 1994년 동인문학상을 받은 소설가 박완서 씨의 「나의 가장 나종 지니인 것」이라는 단편의 제목이 됐습니다. 박완서 씨는 김용택 시인의 '그 남자네 집' 이란 시 제목을 빌려와 작품을 쓰기도 했고, 교과서에도 실렸습니다.

광주 남구 구청장은 황일봉 이라는 분입니다. 문병란 선생의 제자입니다. 그 분과 아는 사이인 고정희 시인은 다정다감했고 남을 배려하는 마음

* 조선일보 기자

씀씀이가 아름다운 분이었습니다. 광주 지산동 농장다리 아래에서 살 때였습니다. 고정희 시인이 이런 시를 썼습니다.

'태산목 흰 꽃 향기 돌담 밑을 돌아가다/ 일봉이 품에 절은 땀냄새와 마주쳐/ 태산목 흰 꽃 향기 돌담 밑을 돌아가다/ 일봉이 고달픈 두 다리와 마주쳐/ 태산목 흰 꽃 향기 돌담 밑을 돌아가다/ 일봉이 높다란 두 귀와 마주쳐/ 태산목 흰 꽃 향기 돌담 밑을 돌아가다/ 일봉, 우산대에 찔려 달아난/ 일봉의 외짝눈과 마주쳐/ 일봉이 외짝눈 그 반짝이는 눈/ 일봉이 외짝눈 그 머나먼 깊이/ 일봉이 외짝눈 그 섬짓한 상징/ 일봉이 외짝눈 그 반쪽의 설움/ 일봉이 외짝눈 그 시퍼런 칼날/ 일봉이 외짝눈 돌아흐르는/ 남도벌 치맛자락 적시는 눈물/ 태산목 흰 꽃향기 돌담밑을 지나다가/ 일봉의 폭발적인/ 가슴과 마주쳐/ 일봉이의 기나긴 가슴과 마주쳐'

「신(新) 연가 (3)」란 제목의 시입니다. 이 시의 주인공은 '일봉', 아니 '일봉'의 외짝눈입니다. 문병란 시인과 황일봉 씨는 1977년 어느 날 밤, 정체불명의 사나이 4명과 시비를 벌이다가 황일봉 씨는 우산대에 찔려 실명했다고 합니다. 그리고 문병란 시인은 머리 성수리가 찔렸습니다. 이 사건은 당시 반체제 시인에 대한 완벽한 테러였다고 사람들은 말하고 있습니다. (우리문학기림회 지음, '내가 뭐 논문감이 되나' 중에서)

그 황일봉 씨가 청장으로 있는 남구청에서 다형문학상을 준비하고 있다고 합니다. 시를 대상으로 주는 상이 될 것이며, 재정적인 지원은 남구청이 맡고 있다고 합니다.

광주의 한희원이란 작가가 있습니다. 회화 전시회를 작년에 열기도 했습니다. 좋은 그림을 그리는 분으로 평판을 얻고 있는 분인데, 양림동 출신 문인들을 주제로 한 그림을 그리고 있습니다. 예를 들면 교과서에도 실린 이수복 시인이나, 김현승 선생 같은 분입니다. '양림동'은 '햇볕 드는 숲' 이란 뜻이라고 돼 있는 자료도 있습니다만, 버들양자에 수풀림자가 맞습니다. 김윤식 선생님이 지적해 주셨습니다. 어느 쪽으로든 정말 좋은 이름입니다.

"군데군데 칠도 벗겨지고, 손가락으로 훑으면 먼지가 묻어나올 것 같은 창문 너머로 바깥 풍경이 보인다. 아주 선명하지도 않고 아주 흐릿하지도 않은 골목길, 그리고 노란 백열등 빛이 새 나오는 집들과 가로등, 밤하늘에 보이는 별과 달…."

이라고 현지 신문은 묘사하고 있습니다. 광주에서도 오래된 동네인 양림동은 광주의 역사가 켜켜이 쌓여있는 곳입니다. 그 양림동의 오래되고 낡은 집들이 주거환경 개선사업으로 헐리고 재개발이 진행 중이라고 합니다.

한희원 작가는 2005년 1월28일부터 2월11일까지 광주 신세계갤러리서 열린 '오아시스, 광주' 전(展)을 열었습니다. "점점 정체성을 상실해 가는 도시 공간에서 오아시스 같은 곳을 찾아내고자 한 이 전시회에 그는 양림동 그림들을 걸었다."고 합니다.

"나는 천천히 걸음을 옮겼다. 이 지상의 마지막 풍경을 향해 먼지 나는 거리며, 낡은 전봇대 사이로 보이는 퇴락한 골목길, 거의 쓰러져 가는 집들 사이로 나는 천천히 걸음을 옮겼다. 나의 누이와 형, 친구들이 걸었던 풍경 속으로…."

철거작업이 진행되고 있는 양림동 헐려진 집들 사이를 하루 종일 걸으며 한씨는 버려진 창틀을 주웠습니다. 한때는 그 창틀로 보았을 풍경들을 생각하며 창틀을 액자 삼아 그림을 그렸습니다. 그곳은 김현승 선생께서 제자들과 함께 늘 산보를 하셨던 곳입니다.

양림동은 이야기거리가 많은 곳입니다. 근대 광주의 역사가 새겨진 곳이 바로 양림동입니다. 배를 타고 광주천을 따라 들어온 외국인 선교사들이 양림동에 터를 잡으면서, 빨리 개화되었고 많은 지식인들과 예술인들이 거쳐갔습니다.

한국 시단의 대표적인 시인 김현승과, 『징소리』의 작가 문순태, 드라마 「첫사랑」, 「회전목마」등을 썼던 방송작가 조소혜, 「사평역에서」의 시인 곽재구, 전통적 서정세계를 노래한 「봄비」의 시인 이수복 등이 살았다고 합니다. 하지만 김현승 선생이 사셨던 그곳이 지금은 재개발에 의해 변화하고 있는 것 같습니다.

지금부터 말씀드리는 내용은 시인 이성부 씨와 소설가 문순태 씨가 제 질문에 답변해주신 내용을 토대로 만든 내용입니다. 이성부 씨와 문순태 씨는 고등학교 시절에 이미 김현승 선생을 찾아가 뵙고, 나중에 『현대문학』에 추천을 받기도 했습니다.

그곳 광주에서 김현승 선생은 교유관계가 별로 없었다고 합니다. 아무하고도 깊게 사귀지 않았습니다. 광주에서 외로웠다고 할 수도 있을 것입니다. 광주 문인들과 잦은 교류를 갖지도 않았고, 서로 친밀하게 지내는 사이도 아니었습니다.

그 분은 작품에만 전념했습니다. 행사 같은 것은 되도록 외면했습니다. 거기에는 지방 문인들의, 약간의 시기도 있었지 않았을까, 나중에 생각해 보게 된다고 제자들은 말하고 있습니다. 대신 김현승 선생은 주로 제자들과 많이 어울렸습니다. 문병란, 손광은, 진헌성, 이성부, 문순태, 박봉우 같은 문인들입니다.

김현승 선생이 조선대에 계실 때 이성부, 문순태 같은 고등학생 제자들을 데리고 숲을 거닐기도 했다고 합니다. 그리고 다방에 데리고 가서 차를 사주기도 했다고 합니다. 한마디로 대쪽같고, 아무나 하고 교유하지 않고 살았다고 합니다.

또 김현승 선생은 영어 실력이 대단했다고 합니다. 양림동 자택에 살 때 아리스토텔레스의 '시학'을 영어 원전으로 읽었습니다. 그러면서 제자들에게 “자네들도 시학을 꼭 읽어보라.”고 당부하기도 했습니다.

김현승 선생은 외롭게 살았습니다. 물론 그분의 고독은 종교적 의미가 강합니다. 그러나 『절대 고독』이란 시집을 낼 무렵에는 교회에 다니지 않았습니다. 인간적인 고독에 더 많이 기울어 있었던 때라고 할 수 있겠습니다. 신으로부터도 구원 받을 수 없는 절대 고독을 말합니다.

김현승 선생은 술은 절대로 안 마셨습니다. 거의 한 방울도 하지 않았다고 하는 게 옳을 것입니다. 오로지 커피를 즐겨 마셨습니다. 제자들이 가면 손수 끓여 주었습니다. 놋대 대접으로 마시는 때도 있었습니다. 커피가 좋다고 소문이 나면 먼 거리에 있는 다방도 꼭 찾아 다녔습니다. 광주에는 ‘신성다방’이라고, 제일 극장 옆에 있는 곳을 즐겨 찾으셨다고 합니다.

제자들과 자리를 함께 할 때는 주로 문학 얘기, 시 이야기를 했습니다. 그 외에는 별로 다른 말씀은 잘 안 하셨습니다. 제자들이 시를 써 가지고, 대학 노트를 갖다 주시면, 구체적인 말씀이 없으셨습니다. 그 다음에 찾아가 뵙는 제자들이 잔뜩 기대하고 있는데도 “시어를 잘 골라 쓰게, 압축을 더 하게.” 정도의 이야기를 들려주실 뿐이었다고 합니다. 제자들 중에서는 이성부 시인이 가장 큰 사랑을 받았습니다. 다른 제자들이 질투를 느낄 정도였다고 합니다.

김현승 선생은 정치적인 활동은 거의 하지 않으셨습니다. 민주화 운동에도 관여하지 않았습니다. 미당 서정주와 허물없이 지낼만큼 썩 좋은 사이는 아니었다고 제자들은 기억하고 있습니다. 미당이 정치 지향적인 모습을 보였기 때문이라고 제자들은 생각하고 있습니다. 대신 김동리 선생과는 사이가 좋은 편이었습니다.

한마디로 김현승 선생은 성격이 올곧고 누구와도 타협을 하지 않는 성격이었습니다. 별명이 ‘대추씨’였습니다. 성격이 날카롭고 깐깐하고 사교성도 별로 없었다는 뜻입니다. 어떻게 보면 융통성이 없고, 살가운 데가 없으신 분이었습니다. 그러나 그러한 모습들이 “아, 시인은 저렇게 살아야 하는 것”이라는 느낌을 많이 주는 분이었습니다. “고독한 자기 시간을 충분히 갖는 시인"이라고 할 때 그 의미 말입니다. 문학 행사가 있다고 해서 누구를 만나거나 어울리는 일을 거의 하지 않으셨습니다. 혼자 책을 보고, 외로움을 즐기고, 산책하며 사셨습니다. 한마디로 탈속한 분이었습니다. 어떤 의미에서 '세상'을 전혀 몰랐습니다.

김현승 선생은 본인이 숭실대에서 축구부 선수로 뛰었다는 말씀을 하셨습니다. 축구 이야기를 많이 하셨습니다.

김현승 선생은 6.25 전란이 있을 당시 미당에게 조선대 부교수로 자리를 잡을 수 있게 해주었습니다. 미당은 조선대 문학부장인 장용건 씨의 집에 임시 거처를 마련했습니다. 그곳에서 미당이 사귄 사람들이 허백련, 김현승, 박흡, 이동주, 김남중, 천경자, 임자연 같은 분들입니다. 당시 미망인이었던 천경자 씨와 김현승 선생이 각별한 사이였다는 이야기도 있습니다. 다음은 화가 천경자 씨가 글로 쓴 김현승 선생에 대한 추억담입니다.

> '너는 사모할 줄을 모르나/ 플라타너스/ 너는 네게 있는 것으로 그늘을 늘인다/ 먼 길에 올 제/ 호올로 되어 외로울 제/ 플라타너스/ 너는 그 길을 나와 같이 걸었다'

> 지금 읽으면 시의 그리움과 고독이 산뜻하게 승화된 일면, 연가(戀歌)가 아닌가 느껴지기도 하는 〈플라타너스〉가 발표됐던 당시, 그러니까 1950년대 초에 나는 엉뚱하게도 새파란 하늘 아래 푸른 넥타이가 팔랑거리는 듯 한, 적이 신선하고도 모던한 감각으로 이 시를 받아들였었다. 실례가 될지 모르지만 실제의 김현승 씨는 매력적이라기보다는 상당히, 페루의 쿠스코 지방에서 볼 수 있는 야마나 아르파처럼 순수했고 휴머니스트여서 작가와 작품은 다른 점도 있구나 생각했던 것이다. 그 무렵 6.25 수복 이후 광주 역시 비 갠 다음 죽순 솟듯 다방이 많이 생겼었다. 젊고 가난한 시인과 화가 등은 터질 것같이 부푼 마음으로 집을 뛰쳐나와 그저 다방에서 대화로 살다시피 했다. 그런

데 광주 사람들 중에는 다방을 '타방 타방' 하는 사람도 있어 '타방에서 만납시다.' 고 잘 했고 나 역시 자칫하면 행복(幸福)을 '팽복' 이라고 해 대화하는 상대방을 어리둥절하게 만들기 일쑤였다. 또 매력(魅力)을 곧잘 '미력' 이라고 하는 대가도 있었다.

"하하하 혓바닥이라고 하세요, 혓바닥. 쎄바닥이라고 말고 하하하"

역시 다방에서 김현승 씨가 낭랑하게 웃었을 때 나는 얼굴을 붉히지 않을 수가 없었는데도 워낙 그 분이 (적어도 나에게만은) 관대했고 휴머니스트였기에 부끄럽지가 않았었다.

김현승 씨는 커피를 무척이나 즐기는 대신 술과 담배를 못했다.

시장할 때는 으레 빵집을 드나들 게 되는데 서로가 빵을 씹는 분위기란 역전 식당에서 후적후적 천하게 설렁탕을 먹는 것보다도 내게는 삭막하기도 했다.

그 시대에 화폐 개혁이 되어 일시적인 혼란을 겪게 되었을 때 헌돈조차 없는 우리 집엔 쌀이 떨어졌었다.

어느 날 저녁, 예쁘장한 중학생이 쌀자루를 메고 찾아와서 "아버지가 갖다 드리래요."한다.

김현승 씨는 아들에게 쌀자루를 메이고 뒤따라와 세 얻어 사는 우리 집을 가리켜 들여보내곤 캄캄한 밖에서 기다리고 섰다가 빈손으로 나온 아들 모습에 마음을 놓으며 "받더냐?"고 물었을 것이다.

그뿐만이 아니었다.

하도 옹색하게 사니까 보다 못했던지 한 해 전에 내가 선물했던 수국 그림을 돌려주면서, 우선 팔아 쓰라고도 했다. 환경이 나를 어지간히 얌체로 만들었던가. 나는 그 그림까지 받아서 팔아먹었다.

"먼 길에 올 제 / 호올로 되어 외로울 제 / 플라타너스……"

이젠 알 것 같다. 내 나이 오십이 넘어서도 깨닫지 못했던 김현승 씨의 절대 고독과 견고한 고독의 경지를 말이다. 그분은 이미 삼십 대에 다 깨달았던 것이고 그 숭고한 차원에서 뭇 속물들을 안타까운 눈으로 보았던 것이다.

지금은 타계하고 없는 김현승 씨, 무척이나 나에게 잘해 주었지만 하

나도 보답을 못한 터에 겹쳐서, 이런 글까지 써 조금이라도 누가 된다면 어쩔까 염려가 된다.'

김현승 선생은 고등학생 제자들을 다방에 데리고 가면 칼피스(사이다맛 나는 음료수)를 사 주시면서, "이게 첫사랑 맛이다"고, 그 톡 쏘는 맛을 표현해주곤 하셨습니다. 옛날에 김현승 선생 댁이 수피아 여고에 가까웠다고 합니다. 숲이 굉장히 좋았다고 합니다. 지금도 수피아 여고 숲은 좋습니다만... 조선대 농대 숲도 좋았다고 합니다. 김현승 선생은 제자들을 그리로 데리고 다니면서 사진도 많이 찍고 문학 얘기도 하고 그랬습니다.

김현승 선생의 일화 중에는 박흡 씨와 '한판 승부'가 있습니다. 동인지를 만들다 싸움이 벌어져 어떤 건물 안에서 발길질과 멱살잡이가 있었다고 합니다. 그 건물의 복도에서 박흡 시인과 김현승 시인이 대판 싸움을 벌인 일화입니다.

김현승 선생의 특징 가운데 하나는 잡문을 거의 남기지 않으셨다는 점입니다. 에세이도 거의 쓰지 않으셨습니다. 오로지 시 쓰고, 강의 하고 사셨습니다.

Ⅱ.

김현승 선생이 광주에서 서울로 올라오면 이른바 '수색 사단'의 시대가 열립니다. 김현승 선생이 수색에 사셨는데, '수색 사단'이란 그때 교유했던 제자와 후배들을 일컫습니다. 광주에 문병란, 임보, 노향림 씨 등이 김현승 선생의 주변에 있으면서 어울렸다면, 서울에는 김종해와 이근배 씨 등이 같이 어울렸다고 합니다.

서울의 '수색 사단'은 60년대 말부터 70년대 초까지 전성시대였습니다. 같이 어울려 커피도 마시고, 화투도 쳤는데, 김현승 선생이 끼어드는 화투판은 주로 '섰다' 였다고 합니다. '섰다' 는 그 분 댁에 모여든 시인들이 하는 놀이였습니다. 단독주택이었는데, 작년에 가보니 이미 헐리고 없었다고 합니다.

문학적으로, 혹은 문학 외적으로 김현승 선생을 이해하고 싶을 때 미당 서정주와 대비해서 말하면 이해하기 쉽다는 것이 제자들의 생각입니다. 미당이 한국적이고 전통적이라면, 다형은 서구적 인상이고, 생활 습관도 다분히 기독교적인 데가 많았습니다. 또 그런 분위기 속에서 성장했습니다. 미당이 막걸리 타입이라면, 김현승 선생은 커피를 좋아했습니다.

김현승 선생은 꼬장꼬장하고, 맑고, 그런 인품이었습니다. 원칙론자이기도 했습니다. 현재 중견 시인으로 활동하고 있는 제자들은 고등학교 다닐 때부터 그 분을 알았는데, '대추씨' 라는 별명은 "딴딴하고 타협을 모르는 분"이라는 뜻이었습니다.

김현승 선생은 태어난 곳이 평양일 뿐, 어린 시절부터 광주에서 보냈습니다. 아버지가 목사이셨습니다. 목회를 평양서 보시다가 광주에 양림교회를 세우고, 그곳에서 초대 목사를 지내셨습니다. 김현승 선생은 중학교까지 광주에서 보내고, 그 이후에 평양 숭실전문학교로 진학했습니다. 해방 전에 광주에 내려와 숭일중학교 초대 교감으로 부임했습니다. 1950년대 광주에서 조선대 교수로 부임했고, 1960년대 들어 서울 숭실대 교수로 발령이 났습니다. 그때 김현승 선생은 집은 광주에 두고, 숭실대가 있는 상도동과 신촌에서 하숙을 했다. 그리고 1년 뒤 광주 집을 처분해서, 수색에 둥지를 틀고 서울살이를 시작한 것입니다. 돌아가실 때까지 수색에서 사셨습니다.

김현승 선생은 패거리로 어울릴 줄을 전혀 모르는 분이셨습니다. 그런데 휩쓸리는 법이 없었습니다. 따라서 친구들도 거의 없었고, 오로지 후배와 제자 시인들이 많이 따랐습니다.

그런데 김수영 시인과 의기투합한 측면이 있지 않은가 생각됩니다. 김수영 선생이 교통사고로 돌아가셨을 때 김현승 선생이 이렇게 말했다. "나는 문단 쪽으로 나를 옹호했던 사람이 빨리 죽거나 그런다."

신인 시절 서로 좋아하고 사귀었던 김기림과 정지용이 월북했는데, 그것까지도 마음에 두었던 말씀이 아닌가 합니다. 빗대서 말한다면, 김수영과는 문학적 의기가 투합된 사이였다면 미당과는 "그렇고 그런 사이"라고 할 수 있다는 것이 제자들의 추억담입니다.

문단 쪽으로는 많이 외로웠던 것 같습니다. 그러나 문인협회 부이사장, 시분과 위원장까지 하셨습니다. 그때가 김동리 선생이 이사장을 하던 시절이었습니다.

김현승 선생이 광주에 있을 때 제1회 한국시인협회상 수상자로 선정이 돼서 그분께 통보를 했는데 거절한 적이 있습니다. 그때 한국시인협회를 주도했던 인물들은 조지훈, 박목월 씨 등이라고 합니다. 김현승 선생이 수상을 거부하는 바람에 제1회 한국시인협회상은 김수영에게 돌아갔습니다. 무슨 이유인지 모르겠습니다. 아무튼 국내에서는 '문학상 거부의 효시'가 아닌가 합니다.

다형 김현승 선생이 민주화 운동을 하지는 않았으나, 심정적으로, 광주에서나 서울에 있을 때나 군부 독재에 대단한 반감을 가지고 있던 것은 사실입니다. 대단한 정의파였습니다. 양심과 정의를 삶의 기본 축으로 강조했습니다. 김지하 시인이 감옥에 있을 때도 구명 운동을 앞장서 지휘하거나 그러지는 않았지만 문서로 의견을 묻거나 하면 그를 석방해야 한다는 주장을 분명하게 밝히곤 하셨습니다. 그때는 이것 역시 대단히 힘든 시절이었습니다.

다형 김현승 선생이 술, 담배를 전혀 하지는 못하시지만, 술을 좋아하는 후배들을 술집에 데리고 가서 술값을 대신 내주는 경우는 많았습니다. 박봉우 같은 시인이 그랬습니다.

김현승 선생의 부인은 피아니스트였는데, 지금은 미국에 사십니다.

김현승 선생은 서울에서도 축구를 좋아했습니다. 그리고 커피에 마니아를 갖고 있었습니다. 이 두 가지가 그분을 '문학 외적으로'(?) 규정할 수 있을 것입니다. 효창구장이나 서울 운동장에서 빅게임이 있을 때는 구경을 꼭 가셨습니다. 축구 이론도 해박하셨습니다.

1969년인가, 1970년인가에 문인협회 주관으로 문인들의 축구대회가 열렸습니다. 시인팀과 산문팀(소설+평론)으로 나뉘었고, 다시 노장팀과 소장팀으로 나뉘어, 두 게임을 벌였습니다. 김현승 선생은 노장팀으로 뛰었는데, 귀하게 얻은 페널티킥을 실축했습니다. 당시 이동주 선생도 수색에 사셨는데, 축구 이야기가 나올 때마다 "페널티킥을 놓치는 법이 어딨나!" 라면서 김현승 선생을 놀렸습니다. 김현승 선생은 이렇게 대꾸했다고 합니다.

"월드컵 축구도 못 봤나. 평소에 잘 차는 사람일수록 실축을 하는 법이야."

김현승 선생은 탁구도 즐겨했습니다. 이대 입구에서 하숙을 할 때 탁구장에도 열심히 다녔습니다. 파트너는 이성부 시인이었습니다.

물론 커피에 관해서라면 유아독존이셨습니다. 제자들이 오면 직접 커피를 끓였고, 물어보지도 않고 설탕을 알아서 타셨습니다. 지식산업사에서 나온 산문집 '고독과 시'에 커피에 관한 글이 몇 편 있습니다. 커피가 맛있다는 소문만 나면 불원천리를 마다 않고 맛보러 가셨습니다. 서울서 자주 다녔던 다방은 무교동 맘모스 다방, 그리고 서울역 그릴이었습니다.

다형 김현승 선생의 추천을 받고 『현대문학』을 통해 문단에 나온 시인으로는 주명영, 임보, 박홍원, 낭승만, 이성부, 김대환, 정현웅, 문병란, 김광회, 박봉섭, 최학규, 손광은, 이기원, 김규화, 정의홍, 최만철, 권영주, 조남기, 오규원, 박경석, 이환용, 이운룡, 이생진, 박정우, 이병석, 진헌성, 강우성, 오경남, 문순태, 진을주, 김충남, 이병기 등 32명이 조사돼 있습니다.

해설

해설 : 다형 김현승론의 논점과 시의 본질

김인섭*

김현승(1913~1975)은 기독교 집안의 목사의 아들로 태어나 1934년 『동아일보』를 통해 등단한 이래, 1975년 숭전대학 채플시간에 쓰러져 타계할 때까지 모두 300여편의 시를 남겼다. 그의 시들은 대개 종교와 고독에 관한 내용들을 담고 있고, 그의 삶은 기독교 정신의 영향으로 지상에서의 물질적, 육체적 삶의 가치를 넘어서는, 천상의 세계에서 영원성을 구하려는 철저한 구도자의 자세를 보여주었다. 그러면서도 선험적으로 수용한 기독교사상을 순수한 인간의 관점에서 재검토하면서 그것을 자신의 시정신으로 삼아 독특한 시세계를 형성하였다. 그래서 "우리 시사(詩史)가 아직까지 가지지 못했던 형이상의 정점을 미학으로 구축했던 시인"(조재훈, 171)[1]이라는 평가를 받는다.

특유의 시정신과 업적으로 인해, 문단사적으로 소외되어 있었음에도 불구하고[2] 이 상, 서정주 등과 더불어 학문적, 비평적 논의가 가장 활발하게 이루어진 시인 가운데 한 사람이다. 시의 문체나 스타일상의 특징을 규명한 형식 중심의 논의를 비롯하여, 신앙이나 고독 등 시세계의 사상적 특성, 시적 변모 과정 정리, 시의 이미지 분석, 시의 본질적 성격 규명 등 다채로운 고찰이 이루어졌다. 이 글에서는 그동안의 논의를 주요 논점 중심으로 정리해가면서 그의 시의 본령은 바람직하게 해명되었는지, 그의 시세계를 향한 본질적 접근을 위해 앞으로 필요한 과제는 무엇인지 확인해 보고자 한다.

* 숭실대학교 문예창작학과 교수

1) 본 글에서 인용하는 논자는 본문에서 이름만(필요한 경우 쪽수까지) 제시하며, 구체적인 서지사항은 부록의 '참고서지목록'으로 대신함.

2) 김현승시로 박사학위논문을 썼던 유성호(p.5)는 그 원인을 '경향파', '시문학파', '생명파' 등 유파적 분류에 해당되기 어려웠고, '청록파', '후반기' 등처럼 이른바 집단적 준거를 가지 못했기 때문이라고 보았다.

시의 형식과 스타일

김현승 시인은 "감상을 배격하고 지성적인 시관을 자기화하는 데 노력한 시인"(김해성, 290)으로 평가받는데, 적지 않은 논의가 이를 뒷받침하는 데 할애되었다. 시적 발상이나 사고(思考), 문체 등에서 서구적이며 지적(知的)인 면모를 보이며(김종길), 관념이나 심적 상태를 사물로 비유하는 릴케적 수법, 그리고 김기림, 정지용 등의 스타일과의 유사성 등이 지적되기도 하였다. 이런 영향은 초기 스타일에 한정되는 것이고, 그 이후에는 독자적인 스타일로 발전한 것으로 보는 견해(채만묵)가 설득력을 얻었다. 아울러 그의 시에는 관념어가 많이 사용되는데, 그 관념어들은 유치환의 그것처럼 과거지향적인 것이 아니라, 서구라파적인 것, 기독교 문화권에서 만들어진 관념어들(김현, 279)이라는 사실도 중요한 특징으로 받아들여지고 있다. 앞에서 김기림, 정지용 등의 스타일과 흡사하다고 하는 것은 1930년대 모더니즘, 특히 이미지즘의 영향을 두고 하는 말인데, 이는 그의 시작 방법상의 근본 토대가 되었고, '릴케적 수법'인 관념의 사물화라는 한국시사상의 색다른 업적을 남긴 김현승 특유의 시적 자산으로 여겨진다.

그러나 김 현의 지적대로 그의 시는 정경묘사의 이미지즘과는 무관한 것이다. 그의 주제는 인간에 한정되어 있고, 그의 자연은 김광균의 복고주의적 자연도 아니며 장만영의 즉물적 자연도 아니다. 그의 자연은 인간의 유한성과 그것을 벗어나려는 초월에의 욕구를 보여주는 자연이며, 그런 의미에서 인간만을 위한 자연이다. 권영진이 그의 이미지즘 기법은 릴케, 발레리, 엘리어트를 사숙하여 상징주의를 거친 것이라고 파악한 것은 이런 사실을 뒷받침해주는 근거가 되었다.

김현승의 시어, 이미지, 스타일, 방법적 측면 등 형식적 관점에서 접근한 고찰은, 시어상의 특징으로 관념어가 지배적이며, 언어구사에 있어서는 서구적인 영향을 지적하고, 이미지 사용에 대해서는 1930년대 모더니즘의 영향을 언급하면서도 대상을 분석적으로 파악하여 감각화하는 독특한 시적 표현법을 주목하고 있다. 나아가 그의 시적 방법에는 주지적이며,

지성적인 시관이 작용하고 있으며, 그것은 인간의 내면성을 탐구하는 시인의 독특한 스타일로 발전해나간 것으로 정리되었고, 이러한 사실들은 김현승 시의 형식 내지 스타일상의 특징으로 기정사실화되고 있다.

그의 시적 방법상 모더니즘의 영향을 일정 부분 받고 있는 측면 때문에 자칫 '모더니스트'로 불리는 경우[3]를 볼 수 있는데, 모더니즘은 신의 죽음으로 상징되는 보편주의와 절대주의 그리고 초월의 가능성을 믿는 내세주의의 붕괴에서 생겨난 시운동이며, 김현승은 프로테스탄티즘의 경건성에 의지하여 과학주의, 상대주의의 한계를 쉽게 벗어난다(김현, 279)는 사실을 염두에 두어야 할 것이다. 아울러 그의 시가 다분히 서구적이고 서양의 주지적이며 지성적인 특성을 보인다고 하더라도, 김해성이 그 기본 바탕은 동양의 신비적이고 정관적인 데 있다고 보거나, 김우창(247)이 그의 시는 다분히 서구적이지만 다른 한편으로 그의 근본적인 자세는 한국 정신의 한 전형에로 이어지는 것이며, 그것은 시련의 시기에 꿋꿋할 수 있는 지조와 절의를 높이 샀던 선비주의에 통하는 것으로 파악한 점도 주목할 필요가 있다. 이는 "빈틈이 없고 깐깐하고 비타협적이고 고고한"(박두진, 306) 시인의 기질에서 비롯되는 것이기도 하지만, 그의 시적 자세나 스타일의 본질적 성격을 보다 근원적인 관점으로 파악할 필요성을 던져주는 것이기 때문이다.

시정신의 성격 : 기독교의 신과 '고독'의 관계

김현승론에서 가장 논란이 되고 있는 문제는 그가 남다르게 추구한 시정신인 '고독'의 성격과 의미를 어떻게 볼 것이냐 하는 것이다. 대부분의 논자들이 신과 인간 사이의 관계에서 고독을 파악하고 있는바, 구원을 포기한, 신을 떠난 고독인가, 아니면 신에 이르기 위한 또 하나의 방편으로서의 고독인가 하는 것이다.

3) 홍기삼(45)이 "(다형은) 불교와 샤마니즘의 동양적인 시인이 아니라 서구적이고 기독교적인 모더니스트"라고 규정한 경우는 그 단적인 사례이다.

인간과 신 사이에 넘을 수 없는 심연의 체험이 곧바로 고독이며, 그 고독은 절대화하여, 마침내 신과 해후하는 신에의 길(원형갑, 19 · 20), 신을 전제로 신의 구원을 바라는 의지와 내적 고뇌와 몸부림의 언어로 승화시켜 접신(接神)해 보려는 것(장백일), 외형적으로는 기독교와 담을 쌓고 있었던 것처럼 보였으나, 사색을 통해서 얻어진 그의 시적 고독은 역시 구도적이며, 따라서 '신앙의 또 다른 얼굴'에 불과한 것(범대순), 그의 시에는 인간존재의 불완전성에 대한 인식과 무한에의 끊임없는 동경, 하나님에 대한 겸허한 경배와 죄책감, 생명에 대한 사랑과 회한이라는 엇갈린 감정이 공존하고 있지만, 이같은 신앙고백적 태도와 고독에의 추구는 밝음과 어두움이 그러한 것처럼 한 뿌리에 난 두 개의 가지와도 같은 관계(김종철), 참다운 종교시는 늘 야누스적인데 이 양면성이야말로 다형의 시 전반에서 만나게 되는 특징(안수환) 등으로 본 것이나, 신앙이란 불안을 통하여 열려진 초월의 차원에서 얻어지는 존재에 대한 확신이라는 야스퍼스의 개념과 관련하여 그의 고독은 기독교로부터 얻은 회의의 산물이지만, 이것이 그의 원초적인 신앙의 부정을 뜻하는 것은 아니라는 견해(신익호), 실존적 자각에 의한 결단이었고, 창작의 원천이었으며, 신과의 참만남을 위한 저절한 대결로써 그의 고독은 구원에 이르는 방황의 과정이었고, 그래서 그의 시를 신앙에 의한 시로 보면 안 되고 오히려 시로 인해 신앙에 이른 시인으로 보아야 한다는 견해(권영진) 등은 모두 그의 시세계가 시의 표면적인 변모와 달리 본질적으로 어떤 내면적 동일성 위에서 연속성을 이루고 있다고 파악하는 관점이며, 궁극적으로 김현승의 고독은 신과 만나기 위한 또다른 회로였다는 입장에 서 있다.

반면, 그의 고독은 휴머니즘에 근거를 둔 것으로, 인간의 순수성을 추구한 결과 발견한 것(채만묵), 고독을 통해 자기동일성을 찾아낸 시인(김주연, 55), 시인이 신과 인간과의 사이에 넘을 수 없는 심연이 있음을 깨닫고, 이 심연의 체험을 시인 자신이 고독이라 명명한 것이며, 또 하나의 자기와 해후하는 길이자, 일상적인 인간을 이상화하여 인간의 원점으로 돌아가게 하는 길(원형갑), 신과 자기간의 수직적인 정면대결에서 급기야 허무와 절망이란 좌절에 빠지고 그 좌절 의식이 고독이라는 다형 특유의 문학세계를 이룩하기에 이르렀으며, 이 고독은 신앙에의 직선적인 통화에 좌절한 시인이 정신적으로 극복하기 위한 수단으로 천착해 나간 인간의식의 한계와 내면을 성찰하는 데 좋은 테에마가 된 것(박이도,73), 그의 고독은 시인이 지녔던 기독교적 관념을 적극적으로 부정하는 데 차용된 의지의 다른 말에 불과한 것(오규원, 425), 그가 선택한 고독의 세계는 동일성 회복과 실존적 각성을 통한 내적 자유 획득의 공간(손종호, 394), 인간적 고독을 통하여 절대선이나 영원성을 갈구하면서도 종교의 일원론이나 획일적 성격과는 구별되는, 종합과 극복의 순간들을 제시하고자 하였다고 본 이성부(1975, 18~23)의 견해 등은 신에 이르는 과정으로 보는 신앙적 관점과는 달리 인간적 관점을 중시하고 있다.

인간적 관점의 논의 가운데 김윤식(143~159)의 논고는 특히 주목되는데, 그는 신앙과 고독의 분리문제를 다루면서, 기독교적 인식의 문제는 신과 인간의 변증법이 아니라 죄와 신앙의 변증법에 속하는 과제라고 전제하고, 김현승의 시가 말하는 '신앙을 떠난 고독'은 처음부터 변증법의 관계설정이 차단된 것이며, 인간적 사변으로부터 고독의 분리를 시도한 것이 그의 고독이라면, 비록 그 출발이 기독교적 사유에서 출발하였다고 하더라도 결정적으로 비기독교적인 것이며, 그 정신의 비중은 상대적 가치로서의 인간 일반정신, 즉 휴머니즘에 놓여 있다고 하였다. 이는, 시종일관 신을 전제로 하여 인간의 원죄를 끌고 가면서 신의 구원을 추구하였고, 신을 추구하다가 회의 속에서 신을 증오하기도 하고 또다시 신의 사랑을 추구하는 변증법적 태도를 보이고 있다는 장백일 등의 견해를 정면으로 반박하는 것이다.

고독의 성격에 대한 논의는 이처럼 상반된 시각의 논란에 의해 김현승론에 활력을 불어넣었다. 그러나 신에 대한 시인의 부정적 표현들은 그가 신앙을 떠나는 것으로 이해되기가 일쑤였고, 그의 고독은 신에 이르기 위한 길이었다는 입장 또한 시인이 종국에 이르러 급작스레 신에 귀의하는 과정을 증명이라도 하려는 듯 타당한 근거 제시는 소홀한 채 일방적인 주장만 되풀이되기도 하였다. 논의의 열기에 비해 그 성과는 대부분 피상적인 수준에 머물렀다고 해도 과언이 아니다.

김현승은 종교, 특히 기독교 신앙에 대하여 인간적인 차원에서 자기 나름대로 철저하고자 했기 때문에 그 신앙을 회의하면서 인간정신을 옹호하기도 했으며, 신을 떠난 고독의 세계로 깊이 침잠하기도 했던 것이다. 이는 샤를르 뮐러가 문학을 종교의 한 변형으로 보고, 신의 침묵에 대한 반동으로 나타난 양식이 문학이라고 보는 관점에 부합하는 현상이기도 하다. 그의 신앙적 굴곡은 종교의식을 바탕으로 하여 삶에 있어 가장 본질적인 가치의 세계를 추구한 시적 표현이었으며, 그것은 또한 시인의 궁극적인 의식세계가 유한성과 소멸성을 그 존재방식으로 지닌 인간의 한계적인 상황을 형이상적인 사유로 뛰어넘고자 하는 초월지향성을 강하게 드러낸다는 사실에 유의하여 이분법적 경직성을 극복할 필요가 있다. 그런 면에서 김현승의 시세계를 '기본정신'과 '특수정신'의 변증법적 관계 속에서 살피면서, 김현승 시정신의 중심은 인간 중심의 '기본정신'이었고, 이의 확대와 심화가 '특수정신'인 기독교 정신과의 상호연계 속에 드러난다고 본 조태일의 견해는 그의 시의 본령에 온당하게 접근할 수 있는 바람직한 분석 틀이었다고 할 수 있다.[4)]

견고성 지향의 상상력

김종길(356)은 일찍이 시인의 생존 당시에, 그의 시에는 딱딱한 한자어와 단단한 물체를 가리키는 말들이 많이 등장하며 따라서 그의 이미지는 견고한 것이 되게 마련인데, 이는 그의 시적 사고에서 연유되는 것이라고 하였고, 김종철(62)도 시에서 '보석'이나 '마른 나뭇가지' 등의 견고한 사물들이 등장할 뿐만 아니라 번번이 '변함없는'이라는 형용사와 더불어 사용되고 있음을 주목하면서, 견고한 사물에 대한 시인의 줄기찬 집착은 비참과 불행 그리고 위협 속에서 삶을 건지고 새로운 삶의 가능성을 헤아

4) 신앙인과 시인의 이원성의 융합(박이도), 본능과 초자아의 싸움과도 같은 기독교 신앙과 현실적 합리적 사고 사이의 갈등(권오만)으로 파악한 논고는 어느 한쪽을 일방적으로 부정하거나 긍정하지 않는, 균형 있는 고찰로 일정한 성과를 거둔 사례들이다.

려 보기 위한 그 나름의 노력의 소산이라고 보았다. 이렇게 견고성은 다형시의 이미지와 시인의 상상력의 특질을 결정짓는 독특한 개념으로 자리잡았다. 그럼에도 '고독'이 작품세계에 내재되어 있는 시의 원리 혹은 상상력의 특성을 구체적으로 해명하는 논의는 활발하지 못했다.

김현승시의 본질을 제대로 규명하기 위해서는 그의 시세계에 흐르고 있는 시인의 일관된 지향성의 원리를 읽어내고 그것의 시적 의미를 새롭게 조명할 필요가 있는데, 곽광수와 권영진은 이미지 분석을 중심으로 상상력의 본질을 규명하는 가운데 시의 전체적인 흐름과 그 지향성이 가지는 의미를 설득력있게 제시해주었다.

곽광수는 김현승 시세계의 생성적 움직임을 사라짐과 영원성의 대립으로 파악하고, 그의 상상력의 지향은 지상적인 것의 사라짐의 인식과 그것에 따른 신에의 지향으로 요약된다고 하였다. 작품세계에 생성적으로 조직하는 어떤 움직임이 있는바, 그 세계의 생성적 움직에 있어서 사라짐 다음에 나타나는 근원회귀, 상승, 견고성, 공간적 무한으로 표현되는 것들을 영원성에의 지향으로 보았다. 결국 그의 시세계에서 생성적 움직임의 가장 중요한 양식은 '사라짐'이며, 사라지는 것을 위해 노래한 그 속에 오히려 영원성이 내포되어 있어, 사라짐이야말로 거꾸로 영원성에의 지향을 음각적으로 반영하는 것이라는 역설적 관점으로 시의 본질을 천착하였다.

일찍이 '고독의 의식화와 시적 변용' 과정을 중점적으로 분석했던 권영진은 곽광수와 같은해(1985) 그의 시에 나타는 주요 이미지들 대상으로 그것의 유기적 관련성을 분석함으로써 기독교적 세계관의 형상화 과정과 시인의 상상력의 특질을 규명하였다. 고찰 결과, 그의 초월지향의 사상은 현상적 존재의 소멸성과, 견고성, 그리고 비상성을 통해 다양하게 심화되어 갔으며, 그의 시세계는 자연(혹은 인간존재)의 유한성과 소멸성에도 불구하고 그것으로 하여 본질적이며 영원한 세계를 지향하는 초월적 정신의 창조적 상상력에 의해 영원한 존재성을 암시하고 상징하는 고통스럽고도 아름다운 이미지의 세계를 이루고 있다고 하면서, 시인의 초월적 정신의 시적 형상화로 우리 현대시에 사상적 깊이와 형이상시의 가능성을 아울러 보여준 시사적 의의와 가치를 지닌다고 하였다.

양자의 논의는 공통적으로 일관된 흐름에 주목하여 내재적인 시의 원리를 규명함으로써 의식의 지향성이 다양하게 심화되는 과정을 제시해주었을 뿐만 아니라 시적 창조력의 원천과 도달점까지 분명하게 규명해주었다. 그리고 필자가 그의 시에 나타나는 '밝음'과 '어둠'의 원형상징성을 시세계에 지속적으로 작용하고 있는 시의식의 큰 흐름으로 파악하고, 각각의 상징들이 내포하고 있는 의미가 어떻게 변이, 통합되는지를 살펴본 작업도 이러한 선행연구의 관점에 힘입은 바 크다. 뿐만 아니라 유성호는 김현승의 시적 궤적을 그의 시에 나타난 대위구조적 상상력이라는 준거를 토대로 꼼꼼이 읽어냄으로써, 한국 현대시사에서 보기 드문 '관념'의 진경을 보인 이채롭고 독보적인 시인으로서의 본질적 가치를 근거있게 해명하였다. 이로써 김현승론은 정밀성까지 확보하게 되었다.

앞으로의 과제

이런 성과에도 불구하고 김현승론은 앞으로도 적지 않은 과제를 안고 있다고 본다. 시적 방법에 대한 그동안의 논의들은 단편적인 언급에 그친 경우가 많았고, 그 범위도 시어와 이미지의 구사에 대한 것으로 한정되어 있는 실정이다. 시인의 시작태도나 방법이 그의 시정신과는 어떤 관련성을 지니는 것인지 보다 유기적인 논의가 요구되며, 시어나 이미지뿐 아니라 시적 화자와 어소의 문제 등 시의 다른 방법적 요소에 대한 각론으로 그 범위를 세밀하게 확대할 필요가 있다.

그의 시정신으로서 신앙과 고독의 문제는 비교적 심도있는 논의가 이루어졌음에도 불구하고 이분법적 경직성을 드러냄으로써 시의 본질 접근에는 불구성을 면키 어려웠다. 이의 극복을 위해서는 문학은 궁극적으로 인간을 탐구하는 예술이라는 기본적인 명제가 다시 환기되어야 할 것이다. 종교를 가진 시인도 시인인 이상 시를 통하여 인간을 추구할 수밖에 없으며, 종교의식도 시를 통해 인간성 탐구의 형태로 구현될 수밖에 없는 것이다. 김현승의 경우에도 그의 종교의식과 시정신이 상호의존적인 형태로 융합되어 있고, 그의 고독추구는 신앙과 불신앙의 문제가 아니라 일관된 존재론적 탐구였다는, 거시적이면서도 근본적인 관점이 요구된다 하겠다.

마지막으로, 김현승의 시에서 아직도 해명을 기다리고 있다고 생각되는 김현승론의 세목을 필자 나름으로 제시해보면 다음과 같다. 김현승 시인을 모랄리스트로 규정(김우창)하는 문제(프랑스 고전주의의 모랄리스트와의 상관성, 동양적 윤리주의와의 비교 등), 김현승 시에 엿보이는 동양적 정서나 시정신의 실체, 말년에 기독교 신앙으로 급격하게 귀의하면서 문학마저 부정하는 태도의 시적 근거 내지 논리, 흔히 4단계로 구분되는 그의 시적 변모과정이 현격한 이질성을 드러내는 근본원인, 기독교사상의 토착화라는 측면에서 김현승 시인의 갈등과 고뇌가 지니는 의미 등이다. 이에 대한 지속적인 고찰은 감각적이고 관능적이며 윤리나 영혼에 대한 성찰을 소홀히 하고 있는 오늘날의 문학적 상황에서 더욱 긴요한 과제라 할 것이다.

〈참고서지 목록〉

곽광수(1985), 「사라짐과 영원성-김현승의 시세계」, 『한국현대시문학대계17』, 지식산업사.

권영진(1980), 「김현승시연구-고독의 의식화와 시적 변용」, 고려대 석사학위논문.

---- (1985), 「시와 종교적 상상력-김현승시에 나타나난 사물(자연)의 심상구조와 '까마귀' 의 상징성을 중심으로」, 『숭실어문2』, 숭실어문학회.

권오만(1983), 「김현승과 성 · 속의 갈등」, 『한국현대시사연구』(김용직 외), 일지사.

김우창(1981), 「김현승의 시-세 편의 소론」, 『지상의 척도』, 민음사.

김윤식(1976), 「신앙과 고독의 분리문제-김현승론」, 『한국현대시론비판』, 일지사.

김종길(1968), 「견고에의 집념-김현승시의 스타일을 중심으로」, 『창작과 비평』여름호.

김종철(1978), 「견고한 것들의 의미-김현승의 시」, 『시와 역사적 상상력』, 문학과지성사.

김주연(1975), 「퓨리턴의 주관과 정관」, 『나의 칼은 나의 작품』, 민음사.

김해성(1973), 「김현승론-건강한 지성적 시관고」, 『한국현대시인론』, 진명문화사.

김 현(1982), 『한국문학사』(김윤식 공저), 민음사.

박두진(1974), 「정신의 승리」, 『한국현대시론』, 일조각.

박이도(1977), 「다형문학고-그의 시정신을 중심으로」, 숭전대학교대학원 석사학위논문

손종호(1994), 「김현승시에 나타난 구원의 의미」, 『어문연구25』, 어문연구학회.

안수환(1997), 「다형문학과 기독교」, 『시문학』69호, 『상황과 구원』, 시문학사.

1991) 재수록

오규원(1974), 「비극적 종교의식과 고독」, 『문학과 지성』여름호.

원형갑(1975), 「김현승시인의 고독」, 『수필문학』6월호. 이성부(1976), 「사랑의 실체」, 『창작과비평』 봄호.

---- (1975), 「신,인간,민족의 탐구」, 『현대문학』 6월호.

장백일(1969), 「원죄를 끌고 가는 고독-김현승시세계의 탐색」, 『현대문학』, 5월호.

정태용(1971), 「한국현대시인연구7-김현승론」, 『현대문학』2월호.

조재훈(1976), 「다형문학론-내용을 중심으로」, 『숭전어문학』5, 숭전대 국어국문학회.

채만묵(1975), 「김현승론-스타일,시적사상을 중심으로」, 『국어문학 17집』, 전북대학교 국어국문학회

최하림(1975), 「수직적인 세계-김현승의 인간과 문학」, 『창작과 비평』, 여름호.

홍기삼(1973), 「김현승론」, 『숭전어문학』2집, 숭전대 국어국문학회.

〈필자 소개〉 -가나다 순

곽광수 1941년생
서울대학교 불어교육과 명예교수
『문학 사랑 가난』, 『가스통 바슐라르』
역서 『구조시학』, 『공간의 시학』

권영진 1937년생
숭실대학교 국어국문학과 명예교수
『한국현대시해설』, 『시와 형이상적 상상력』
시집 『바다의 꿈』

권오만 1938년생
서울시립대학교 국어국문학과 명예교수
『한국 근대시의 출발과 지향』, 『시의 정신과 기법』, 『개화기 시가 연구』

김광일 1958년생
조선일보 편집국 문화부 부장

김우창 1937년생
고려대학교 영어영문학과 명예교수
『궁핍한 시대의 시인』, 『심미적 이성의 탐구』

김윤식 1936년생
명지대학교 국어국문학과 석좌교수
『한국근대문예비평사연구』, 『한국현대시론비판』, 『한국문학사』

김인섭 1961년생
숭실대학교 문예창작학과 교수
『김현승시의 상징체계 연구』, 『한국문학과 천주교』
편저 『김현승시전집』

김종길 1926년생
고려대학교 영어영문학과 명예교수
『시와 시인들』, 『현대의 영시』
시집 『성탄제』, 『하회에서』『달맞이꽃』

김 현 1942년생
前 서울대학교 불어불문학과 교수
『프랑스 비평사』, 『현대 프랑스문학을 찾아서』, 『상상력과 인간』
『사회와 윤리』, 『문학과 유토피아』, 『한국문학사』

문덕수 1928년생
前 홍익대학교 국어교육과 교수
『현대문학의 모색』, 『한국현대시론』, 『한국모더니즘시 연구』

안수환 1942년생
천안연암대학 교양학부 교수
『시와 실재』, 『상황과 구원』, 『우리시 천천히 읽기』
시집 『신들의 옷』, 『징조』, 『충만한 시간』, 『가야 할 곳』

오규원 1941년생
前 서울예술대학 문예창작과 교수
『현실과 극기』, 『언어와 삶』
시집『몇 개의 현상』, 『분명한 사건』, 『순례』,
『이 땅에 씌어지는 서정시』, 『가끔은 주목받는 생이고 싶다』

유성호 1964년생
한국교원대학교 국어교육과 교수
『한국현대시의 형상과 논리』, 『한국현대시인론』, 『한국현대시문학사』

홍기삼 1940년생
동국대학교 국어국문학과 명예교수
『상황문학론』, 『문학사의 기술과 이해』

황현산 1945년생
고려대학교 불어불문학과 교수
『얼굴 없는 희망』, 『아폴리네르-'알코올'의 시세계』
역서 『프랑스의 19세기문학』, 『라모의 조카』